普通高等教育"十三五"规划教材
应用型本科保险学专业系列　　总主编◇徐爱荣

主编／徐爱荣　李　鹏

保险学原理

立信会计出版社
LIXIN ACCOUNTING PUBLISHING HOUSE

图书在版编目(CIP)数据

保险学原理/徐爱荣,李鹏主编. —上海:立信会计出版社,2017.7(2020.8重印)

ISBN 978-7-5429-5544-9

Ⅰ.①保… Ⅱ.①徐…②李… Ⅲ.①保险学 Ⅳ.①F840

中国版本图书馆 CIP 数据核字(2017)第 158674 号

责任编辑　赵新民
封面设计　南房间

保险学原理
Baoxianxue Yuanli

出版发行	立信会计出版社		
地　　址	上海市中山西路 2230 号	邮政编码	200235
电　　话	(021)64411389	传　真	(021)64411325
网　　址	www.lixinaph.com	电子邮箱	lixinaph2019@126.com
网上书店	http://lixin.jd.com		http://lxkjcbs.tmall.com
经　　销	各地新华书店		
印　　刷	上海万卷印刷股份有限公司		
开　　本	787 毫米×1092 毫米　1/16		
印　　张	21.75		
字　　数	448 千字		
版　　次	2017 年 7 月第 1 版		
印　　次	2020 年 8 月第 2 次		
印　　数	3101—5200		
书　　号	ISBN 978-7-5429-5544-9/F		
定　　价	47.00 元		

如有印订差错,请与本社联系调换

前　言

保险业作为与银行业、证券业并列的现代金融三大支柱之一,在支持经济增长、促进社会和谐和参与社会管理等方面发挥着越来越重要的作用,保险业的社会影响也日益扩大。2014年8月,国务院《关于加快发展现代保险服务业的若干意见》正式发布,进一步开拓了中国保险业巨大的发展潜力和广阔的发展空间,同时也意味着保险行业的发展需要大量保险人才的参与。为了适应社会对保险人才的需求,许多高等院校纷纷设立了保险系部或保险专业,财经院校的经济类、金融类专业也都先后开设了保险基础课程。与保险热相呼应的是保险学教科书和论著如雨后春笋般地出现在我们的视野里,本书的编写也或多或少地受益于已经出版的保险学方面的教科书。

本书以市场经济条件下商业保险理论与实务为主要内容。全书共十三章,分为四个部分。第一部分是基础篇(第一章至第五章),主要介绍风险、风险管理与保险的基本概念,保险的产生与发展,保险合同及其基本原则;第二部分是实务篇(第六章至第九章),主要介绍财产保险、人身保险、再保险、政策保险与社会保险业务的基本内容;第三部分是经营篇(第十章至第十一章),主要介绍保险费率的计算和保险公司的业务运作流程;第四部分是市场篇(第十二章至第十三章),主要介绍保险市场的构成、供给与需求、保险监管的主要内容。

本书具有如下特点:①引用最新数据,介绍了与本学科相关的最新理论和最新法规;②每章的开头列有学习要点,中间编写若干专栏,章后有小结、关键概念索引与复习思考题,便于读者更好地掌握各章主要内容。本书适用于本科院校、成人高校的经济、金融、保险专业的教学,同时可以作为保险业界从业人员和自学者的参考读物。

本书由上海立信会计金融学院保险学院教师完成,徐爱荣教授、李鹏老师担任主编。各章分工为:第一章、第三章、第九章和第十三章由徐爱荣执笔;第二章和第十一章由徐英执笔;第四章、第七章由杜鹃执笔;第五章、第十章和第十二章由李鹏执笔;第六章和第八章由陈玲执笔。

本书在编写过程中参考了大量已出版和发表的研究成果,并以中国人民保险公司、中国人寿保险公司和中国太平洋保险公司的保险条款为依据。在此,我们向本书所用成果的作者及上述保险公司致以诚挚的谢意。

立信会计出版社对本书的出版给予了大力的支持和帮助,在此表示衷心的感谢。

由于主编和作者的水平所限,本书可能存在不完善之处,敬请各位专家及广大读者不吝赐教,提出宝贵的意见和建议,以便在再版时进行修正。

编者
2017年8月于上海

目　录

第一章　风险与风险管理 ... 1
本章要点 ... 1
第一节　风险概述 ... 1
第二节　风险管理 ... 6
第三节　风险管理与保险 ... 10
本章小结 ... 13
关键概念索引 ... 14
复习思考题 ... 14

第二章　保险概述 ... 15
本章要点 ... 15
第一节　保险的概念 ... 15
第二节　保险的分类 ... 17
第三节　保险的职能 ... 21
本章小结 ... 25
关键概念索引 ... 25
复习思考题 ... 25

第三章　保险的产生与发展 ... 26
本章要点 ... 26
第一节　保险的起源与发展 ... 26
第二节　世界保险业发展的现状与趋势 ... 35
第三节　我国保险业的产生和发展 ... 40
本章小结 ... 45
关键概念索引 ... 45
复习思考题 ... 45

第四章　保险合同 ... 47
本章要点 ... 47
第一节　保险合同概述 ... 47

第二节　保险合同的要素 …………………………………………… 52
　　第三节　保险合同的订立、变更与终止 ………………………………… 59
　　第四节　保险合同的解释原则和争议处理 ……………………………… 66
　　本章小结 …………………………………………………………………… 71
　　关键概念索引 ……………………………………………………………… 72
　　复习思考题 ………………………………………………………………… 72

第五章　保险的基本原则 …………………………………………………… 73
　　本章要点 …………………………………………………………………… 73
　　第一节　最大诚信原则 …………………………………………………… 73
　　第二节　保险利益原则 …………………………………………………… 77
　　第三节　损失赔偿原则 …………………………………………………… 83
　　第四节　近因原则 ………………………………………………………… 89
　　本章小结 …………………………………………………………………… 91
　　关键概念索引 ……………………………………………………………… 91
　　复习思考题 ………………………………………………………………… 92

第六章　财产保险 …………………………………………………………… 93
　　本章要点 …………………………………………………………………… 93
　　第一节　财产保险概述 …………………………………………………… 93
　　第二节　火灾保险 ………………………………………………………… 98
　　第三节　运输保险 ………………………………………………………… 107
　　第四节　责任保险 ………………………………………………………… 124
　　第五节　信用保证保险 …………………………………………………… 139
　　本章小结 …………………………………………………………………… 146
　　关键概念索引 ……………………………………………………………… 146
　　复习思考题 ………………………………………………………………… 146

第七章　人身保险 …………………………………………………………… 148
　　本章要点 …………………………………………………………………… 148
　　第一节　人身保险概念及特征 …………………………………………… 148
　　第二节　人寿保险 ………………………………………………………… 158
　　第三节　人身意外伤害保险 ……………………………………………… 164
　　第四节　健康保险 ………………………………………………………… 167
　　本章小结 …………………………………………………………………… 172
　　关键概念索引 ……………………………………………………………… 173

复习思考题 ··· 173

第八章　再保险 ···174
　　本章要点 ··· 174
　　第一节　再保险概述 ··· 174
　　第二节　再保险市场 ··· 184
　　本章小结 ··· 193
　　关键概念索引 ··· 193
　　复习思考题 ··· 194

第九章　政策保险与社会保险 ·· 195
　　本章要点 ··· 195
　　第一节　政策保险 ·· 195
　　第二节　社会保险 ·· 203
　　本章小结 ··· 211
　　关键概念索引 ··· 212
　　复习思考题 ··· 212

第十章　保险费率 ·· 213
　　本章要点 ··· 213
　　第一节　保险费率概述 ··· 213
　　第二节　财产保险费率的厘定 ····································· 218
　　第三节　人寿保险费率的厘定 ····································· 222
　　本章小结 ··· 230
　　关键概念索引 ··· 231
　　复习思考题 ··· 231

第十一章　保险经营 ·· 232
　　本章要点 ··· 232
　　第一节　保险经营的原则 ·· 232
　　第二节　保险营销 ·· 236
　　第三节　保险承保 ·· 245
　　第四节　保险防灾防损 ··· 248
　　第五节　保险理赔 ·· 251
　　第六节　保险投资 ·· 255
　　本章小结 ··· 263

关键概念索引 ··· 264
　　复习思考题 ··· 264

第十二章　保险市场 ··· 265
　　本章要点 ··· 265
　　第一节　保险市场概述 ··· 265
　　第二节　保险市场的构成 ··· 269
　　第三节　保险市场的供给与需求 ··· 275
　　第四节　世界保险市场 ··· 279
　　本章小结 ··· 282
　　关键概念索引 ··· 283
　　复习思考题 ··· 283

第十三章　保险监管 ··· 284
　　本章要点 ··· 284
　　第一节　保险监管概述 ··· 284
　　第二节　保险监管的主要内容 ··· 289
　　本章小结 ··· 298
　　关键概念索引 ··· 299
　　复习思考题 ··· 299

附录一　中华人民共和国保险法(修订) ··· 300
附录二　最高人民法院关于适用《中华人民共和国保险法》若干问题的解释 ··· 323
附录三　保险公司管理规定 ··· 330

参考文献 ··· 340

第一章　风险与风险管理

本章要点

- 风险的含义和特点
- 风险的组成要素
- 纯粹风险和投机风险的区别
- 风险管理的程序
- 风险管理技术
- 风险、风险管理与保险三者之间的关系
- 可保风险应该具备的条件

> 俗话说：天有不测风云，人有旦夕祸福。在现实生活中，存在着各种各样的风险，如人的生老病死，自然界的地震、台风、洪水等灾害。无论哪一事件的发生，都会影响人们的生命和财产安全，从而给人类造成一定的损失或增加开支。但我们不能坐待风险的降临，应主动加强风险管理意识，在了解风险的含义、性质和分类的基础上，熟练地运用风险管理的基本原理和技术，对风险实施有效的控制和管理，从而达到控制风险，减少损失的目的。

第一节　风　险　概　述

在人类的生存和生活环境中，存在着各种各样的风险。不但面临着自然界的地震、台风、洪水等自然灾害对自身财产造成的损失，还面临着生老病死等风险对身体或生命方面的损害。因此，如何正确认识人类面临的风险，对减少损失具有重要的现实意义。

一、风险的含义

在人类生产和生活活动中，无论是个人、家庭，还是经济单位，都可能因遭受灾害事故或意外事故而蒙受损失。从整个时间和空间角度来看,灾害和意外事故发生并造成损失是必然的;而在具体的时间、地点、损失程度等方面又是偶然的。这种必然性与偶然性的对立与统一正是风险概念的基础。

风险的概念可以从经济学、保险学、管理学等不同的角度进行定义,然而目前尚无一个被学术界和实务界普遍接受的定义。在保险理论与实务中,风险具有特定含义,即风险是指某种损失发生的不确定性。

二、风险的特点

(一) 客观性

地震、台风、洪水、瘟疫、意外事故等,都不以人的意志为转移,都是独立于人的意识之外的客观存在。这是由于无论是自然界的物质运动,还是社会发展的规律,都是由事物的内部因素所决定的,是由超过人们主观意识所存在的客观规律所决定。人们只能在一定的时间、空间内改变风险存在和发生的条件,降低风险发生的频率和损失程度,而不能彻底消除风险。旧的风险解除了,新的风险又产生了,风险始终存在着,与人们的工作、生活密切相关。正是风险的客观存在,决定了保险的必要性。

(二) 普遍性

自从人类出现后,就面临着各种各样的风险,如自然灾害、疾病、伤害、战争等。随着科学技术的发展、生产力的提高、社会的进步、人类的进化,又产生新的风险,且风险事故造成的损失也越来越大。在当今社会,个人面临生老病死、意外伤害等风险;企业则面临着自然风险、经济风险、技术风险、政治风险等;甚至国家政府机关也面临着各种风险。总之,风险渗入到社会、企业、个人生活的方方面面,可以说是无处不在,无时不有。

(三) 损失性

风险的发生必然造成一定程度的经济损失或形成特殊的经济需要。没有造成经济损失或经济损失甚微,或者损失不能用货币来计量的,这些都不是保险学上所指的风险。特殊的经济需要,主要是指人们因疾病、伤残、失业等原因暂时或永久丧失劳动能力后所需要的医疗、生活等费用,以及死亡后所需的善后费用和遗属的赡养费用等。

(四) 不确定性

风险的发生必须具有不确定性,必须是偶然和意外的。若某种随机现象没有发生的可能性或肯定发生,那就不是风险。其不确定性通常包括以下几个方面:

(1) 损失是否发生不确定。
(2) 损失发生的时间不确定。
(3) 损失发生的地点不确定。
(4) 损失程度不确定。

(五) 社会性

风险与人类社会的利益密切相关,即无论风险源于自然现象、社会现象还是生理现象,它都必须是相对于人身及其财产的危害而言的。就自然现象本身而言无所谓风险,如地震对大自然来说只是自身运动的表现形式,也可能是自然界自我平衡的必要条件,只是由于地震会对人们的生命和财产造成损害或损失,所以对人类来说才成为一种风险。因而,风险是一个社会范畴,而不是自然范畴。没有人类社会,就无风险可言。

(六) 可变性

风险虽然是客观存在的,不以人的意志为转移,但一定条件下,风险是可以变化的。即风险的性质、量、发生与否等在一定条件下是变化的,这种变化包括:

(1) 风险性质的变化。当汽车还没有成为人们的代步工具时,因遭遇车祸而发生风险损失的可能性很小,这种风险仅仅是特定的风险;在现代社会,汽车已成为主要的交通工具,交通风险事故的发生成为非常普遍的事件,使相当多的人在车祸中伤亡或财产受到损失,车祸就成为人类社会的基本风险。

(2) 风险量的变化。随着人们对风险认识的增强和风险管理方法的完善,某些风险在一定程度上得以控制,降低其发生频率和损失程度。如利用防火性能好的建材修建房屋,可降低火灾发生的可能性,即使发生火灾,其火势也可以得到一定程度的控制,从而降低损失程度。

(3) 风险种类的变化。随着科学技术的发展、社会生产力的提高,以及自然、社会环境的改变,某些风险会消失,但也会产生一些新的风险。如在电灯发明之前,人们使用油灯照明,人们面临的是燃烧着的油灯被打翻而发生火灾的风险;使用电灯之后,油灯引发火灾的风险消失了,但由于电源的不安全导致的火灾风险又产生了。

三、风险的组成要素

风险的组成要素包括风险因素、风险事故和损失。

(一) 风险因素

风险因素是指能增加或产生损失频率和损失程度的条件,它是风险事故发生的潜在原因,是造成损失的内在或间接原因。根据其性质,风险因素可分为实质风险因素、道德风险因素和心理风险因素。

(1) 实质风险因素。实质风险因素是指有形的,并能直接影响事物物理功能的因素,即某一标的本身所具有的足以引起或增加损失机会和损失程度的客观原因和条件。如地壳的异常变化、恶劣的气候、疾病传染等。

(2) 道德风险因素。道德风险因素是与人的品德教育有关的无形的因素,即由于个人不诚实、不正直或不轨企图,促进风险事故发生,以致引起社会财富损毁和人身伤亡的原因或条件。如欺诈、纵火等。

(3) 心理风险因素。心理风险因素是与人的心理状态有关的无形的因素,即由于人的不注意、不关心、侥幸或存在依赖保险的心理,以致增加风险事故发生的频率和损失程度的因素。例如,企业或个人投保财产保险后放松对财产的保护措施;投保人身保险后忽视自己的身体健康等。

实质风险因素与人无关,故也称为物质风险因素;道德风险因素和心理风险因素均与人密切相关,前者侧重于人的恶意行为,后者侧重于人的疏忽行为,因此这两类风险因素也可合并称为人为风险因素。

(二) 风险事故

风险事故是造成生命、财产损失的偶发事件,是造成损失的直接原因。只有通过风险事故的发生,才能导致损失。风险事故意味着风险的可能性转化为现实性,即风险的发生。

对于某一事件,在一定条件下,可能是造成损失的直接原因,则它成为风险事故;而在其他条件下,可能是造成损失的间接原因,则它便成为风险因素。如下冰雹使得路滑而发生车祸,造成人员伤亡,这时冰雹是风险因素,车祸是风险事故。若冰雹直接击伤行人,则它是风险事故。

(三) 损失

损失有狭义和广义之分。狭义的损失是指非故意的、非预期的、非计划的经济价值的减少,风险管理中所讲的就是狭义的损失。广义的损失不但包括物质上的损失,而且包括精神上的损伤。例如,折旧、报废、记忆力减退、时间的耗费等属于广义的损失,但不能称为风险管理中所涉及的损失,因为它们是必然发生的或是计划安排的。

(四) 风险因素、风险事故和损失三者之间的关系

风险是由风险因素、风险事故和损失三者构成的统一体,它们之间存在着一定的关系如图1-1所示。

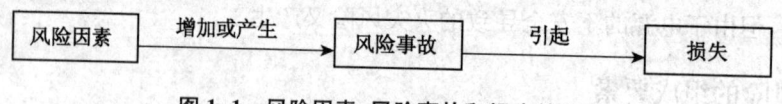

图1-1 风险因素、风险事故和损失的关系

必须指出,风险因素、风险事故与损失之间的上述关系并不具有必然性,即风险因素并不一定引起风险事故和损失,风险事故也不一定导致损失。因此,尽管风险因素客观存在,人们还是有可能通过运用适当的方法而减少或避免事故的发生,或在事故发生后减少或避免损失。

专栏1-1

2016年的自然灾害与人为灾难

2016年,全球因自然灾害与人为灾难导致的经济损失总额至少达到1 580亿美元,比2015年的940亿美元高68%。据sigma的初步估计,地震和洪水等自然灾害是导致损失的主要原因。2016年保险损失约为490亿美元,比2015年的370亿美元高33%。损失总额与保险损失之间的差距显示,许多灾害是发生于保险覆盖率较低的地区。

2016年人为灾难导致的保险损失为70亿美元。2016年,全球共有约10 000人在灾害中丧生。

(资料来源:瑞士Sigma杂志,2017年第1期;中国保险学会网站)

四、风险的分类

从不同的角度,运用不同的分类标准,可以把风险划分为不同的类别。

(一) 按风险损害的对象分类

按风险损害的对象分类,风险可划分为财产风险、责任风险、信用风险和人身风险。

1. 财产风险

财产风险是指导致财产发生毁损、丢失和贬值的风险。如威胁财产安全的火灾、雷电、台风、洪水等风险。

2. 责任风险

责任风险是指团体或个人因疏忽或过失造成他人的人身伤害和财产损失,依照法律应承担经济赔偿的风险。如由于公共场所存在的缺陷、产品的质量问题、专业技术人员的疏忽等易导致责任损失,从而面临责任风险。

3. 信用风险

信用风险是指是指在经济交往中,权利人与义务人之间,由于一方违约或犯罪而造成对方经济损失的风险。如在货物交易的过程中,由于某一方破产、片面毁约等原因造成另一方损失的风险。

4. 人身风险

人身风险是指因生老病死而导致的风险。人身风险主要包括由于经济主要来源人的死亡而造成其生活依赖人的生活困难,以及由于年老而丧失劳动能力,或由于疾病、残疾而增加医疗费用支出从而导致经济困难等。

(二) 按风险事故的后果分类

按风险事故所产生的后果分类,可将风险划分为纯粹风险和投机风险。

1. 纯粹风险

纯粹风险是指只会产生损失而不会产生收益的风险,其所致结果有两种,即损失和无损失。如水灾、火灾、车祸、疾病、意外事故等。

2. 投机风险

投机风险是指既可能产生收益又可能造成损失的风险,其所致结果有三种,即损失、无损失和盈利。如赌博、股票买卖、市场风险等。

有时同一标的,可能既面临纯粹风险又面临投机风险所致的损失。如一个工厂,既面临火灾、水灾这些纯粹风险,又面临技术风险、经营风险这些投机风险。尽管如此,区别纯粹风险和投机风险仍非常重要,纯粹风险的后果始终会有损失,对人类是不利的;而投机风险则不同,由于其具有盈利的可能性,有些人会心甘情愿地去冒险。在一般情况下,只有纯粹风险才是可以投保的,投机风险是不能投保的。

(三) 按损失产生的原因分类

按损失产生的原因,可将风险分为自然风险和人为风险。

1. 自然风险

自然风险是由于自然现象和意外事故所致财产毁损和人员伤亡的风险。如:地震、台风、洪水等。

2. 人为风险

人为风险是指造成物质损毁和人员伤亡的直接作用力与人的活动有关的风险。根据人们的不同活动,人为风险又可以分为社会风险、经济风险、政治风险和技术风险。社会风险是由于个人行为反常或不可测的团体过失、疏忽、侥幸、恶意等不当行为所致的损害风险,如盗窃、抢劫、罢工、暴动等;经济风险是指在产销过程中,由于有关因素变动或估计错误而导致的产量减少或价格涨跌的风险,如市场预期失误、经营不善、消费需求变化、通货膨胀、汇率变动等所带来的经济损失的风险等;政治风险是指由于政治原因,如政局的变化、政权的更替、政府法令和决定的颁布实施,以及种族和宗教冲突、叛乱、战争等引起社会动荡而造成损害的风险;技术风险是指伴随着科学技术的发展、生产方式的改变而发生的风险。如核辐射、空气污染、噪音等风险。

第二节 风险管理

随着社会生产力的飞速发展,现实生活中大量风险事故的发生造成了巨大的损失,特别是大量纯粹风险的存在。如何减少风险造成的损失,如何对风险实施有效的控制和管理,如何获得最大的安全保障已是人类考虑的重要课题,风险管理也就成为人类生存与发展中必须要采取的措施。

一、风险管理概述

伴随人类社会的发展,人类面临的风险也在不断地发展变化,人们的风险意识不断提高,对付风险的办法日益增多,技术越来越精良。风险管理作为一门系统的管理科学开始萌发,随后形成了近乎全球性的风险管理活动,这是社会生产力和科学技术发展到一定阶段的必然产物,另一方面,风险管理的发展也推动了人类文明的演变进程。

(一) 风险管理的定义

风险管理是研究风险发生规律和风险控制技术的一门新兴管理学科,各管理单位通过风险识别、风险衡量和风险评价,并在此基础上优化组合各种风险管理技术对风险实施有效的控制和妥善处理风险所致的后果,期望达到以最小的成本获得最大安全保障的目标。

(二) 风险管理的产生与发展

风险管理起源于美国,1929年爆发的经济大危机与社会政治变动,尤其是1953年8月12日通用汽车在密歇根州得佛你的一个汽车变速箱工厂因火灾而损失达1亿美元后,人们逐渐认识到风险管理的重要性,使风险管理逐步成为企业现代化经营管理的一个重要组成部分。

20世纪60年代以后,风险管理得到了迅速发展,在美国保险管理学会的推动下,风险管理教育在美国盛行起来,不少大学将传统的"保险系"改名为"风险管理与保险系";有关保险团体也纷纷改名,如"全美大学保险学协会"改名为"全美风险与保险学协会"。1975年又成立了"风险与保险管理协会",该协会于1983年通过了"101条风险管理准则",使风险管理更趋向规范化。同时,风险管理普及的范围越来越广,其概念、原理及实践已从美国传播到了加拿大、欧洲、亚洲、拉丁美洲的一些国家和地区,并得到了蓬勃发展。

在现代社会,风险管理已经在许多发达国家广泛运用,已成为企业的一个重要职能部门。其已从单纯转嫁风险的保险管理发展为以经营管理为中心的全面风险管理。它与企业的计划、财务、会计等部门一道,共同为实现企业的经营目标而努力。目前,由于衍生性金融商品使用不当引发的金融风暴以及后续市场的反应,促使风险管理得到了进一步的发展。同时,由于保险理财与衍生性金融商品的整合,保险业本身的创新打破了保险市场与资本市场的界限,新的风险评估工具——风险值(VAR:Value At Risk)使风险管理又迈向了新的里程。

专栏 1-2

什么是次贷危机?

次贷危机全称次级房贷危机,英文 subprime lending crisis,其意指发生在美国,因为次级抵押贷款机构破产而导致的投资基金被迫关闭,股市震荡反常剧烈的危机。次贷危机造成了全球金融市场流动性不足,包括美国、欧盟、日本等主要金融市场都受其影响。

什么原因导致了次贷危机呢?简单来说,美国次级按揭贷款是面向信用状况比较不好,还款能力不确定的人群发行的。因此,依照风险和收益成正比的原则,其相对于面向信用状况比较好的人群发行的贷款来说,利率会高一些。但是,放出这些贷款的机构为了尽快收回其资金,则将这些贷款发行成债券,相应的,此类次贷债券的利率也高于普通的债券。于是很多国际投资机构,包括投资银行,对冲基金等都纷纷投入了次级贷款债券。

这样就出现了一个问题,因为次级贷款发放的人群本身是信用状况比较差的,其出现违约的可能性比较大,在美国楼市走势良好的情况下,如果这些人出现违约现象,放贷机构可以收回抵押的房子,再将其卖掉来回笼资金。

但是,从2006年开始,美国楼市开始出现下滑,房价开始下跌,于是通过次贷购买来房子将难以出售或抵押获得融资。这样就造成了在次贷发放对象的违约率不变的情况下,放贷者即使将抵押的房子收回也不能完全收回其损失,而这将导致在其身后的购买了这些债券各大投资机构的亏损。于是国际金融市场流动性不足的危机产生了。

(资料来源:资金管理网)

(三) 风险成本

风险成本是指由于风险的存在和风险事故发生后,人们必须支出的费用和预期经济利益的减少。它是预防风险或风险发生所花费的代价,由于风险的客观存在,因此不管人们是否有意识,都在为风险的存在和风险事故的发生支付成本。一般包括风险损失的实际成本、风险损失的无形成本和预防与处理风险的费用,如图1-2所示。

$$\boxed{风险成本} = \boxed{风险损失的实际成本} + \boxed{风险损失的无形成本} + \boxed{预防与处理风险的费用}$$

图 1-2　风险成本的组成

(1) 风险损失的实际成本是风险事故发生而造成的直接损失和间接损失。如风险事故发生后造成房屋的直接损失和人员伤亡损失,同时这次事故使得该单位生产停顿,使预期利润减少,其他费用增加。

(2) 风险损失的无形成本是指由于风险发生的不确定性引起经济单位所付出的各种经济代价。如人们为了应付可能发生的风险事故,必须提留或保存大量损失准备金,这些准备金游离于社会再生产之外,处于备用状态而无法增值或无法为人们所享用。

(3) 预防与处理风险的费用是指预防与处理风险损失,必须采取各种措施所花的费用及人们精神上的忧虑。如消防设备的购置安装、相关人员的培训费用,担心风险事故的发生引起人们精神、生理上的各种疾病。

二、风险管理的基本原理

风险管理作为研究风险发生规律和风险控制技术的一门新兴管理学科,经过半个多世纪的发展,已经形成了一些具有普遍意义的基本原理,特别是对经济单位风险管理的目标、风险管理的基本程序等方面都具有比较成熟的理论和经验。

(一) 风险管理的目标

风险管理是一种目的性很强的工作,没有目标,风险管理就无从开展。只有通过目标,才能确定风险管理的方向,并且对风险管理的结果做出评价。风险管理作为风险主体经营管理的一部分,根本目标就应该与风险主体的总目标一致,即以最小的成本获得最大的安全保障。

按风险事故的实际发生为界,风险管理的目标分为损失发生前的风险管理目标和损失发生后的风险管理目标。前者是避免或减少风险事故形成的机会,包括制定合理的经济目标、安全系数目标和社会责任等目标;后者重在考虑最大限度地补偿和挽救风险事故带来的后果及其影响。包括维持企业的继续生存、正常生产经营、稳定的收益、持续发展和履行社会职责等目标。

(二) 风险管理的基本程序

在一定条件下,风险可以转化,风险管理作为一个连续的行为过程,它的基本程序包括风险识别、风险衡量、风险评价、选择风险管理技术和风险管理效果评价等环节,如图 1-3 所示。

(1) 风险识别。风险识别是风险管理的第一步,是对尚未发生的、潜在的和客观存在的各种风险系统地、连续地进行识别和归类,并分析产生风险事故的原因。它是对企业面临的和潜在的风险加以判断、归类并对风险性质进行鉴定的过程。风险识别是风险管理的基础,只有风险识别准确,才能对风险进行估测,才能有的放矢地选择和实施风险管理措施。而存在于企业自身周围的风险多种多样、错综复杂:有潜在的,也有实际存在的;有企业内部的,也有企业外部的。因此,对风险的识别一方面可以通过感知风险来调查、了解、识别风险,另一方面通过分类、分析掌握风险产生的原因和条件,以及风险所具有的性质来识别风险。同时,风险管理者要持续不断地识别随时发生新变化的风险,以及可能出现新的潜在风险。风险的识别方法主要有:流程图分析法、财务报表分析法、保险调查法、头脑风暴法等。

(2) 风险衡量。风险衡量是在风险识别的基础上,通过对所收集掌握的大量资料进行分析,利用概率、统计理论,估计和预测风险事故发生的频率和损失程度。也就是运用概率统计方法对风险事故的发生和后果加以估计,从而得出相对准确的数据。风险管理者将损失程度与损失频率结合起来,对风险进行重要程度的

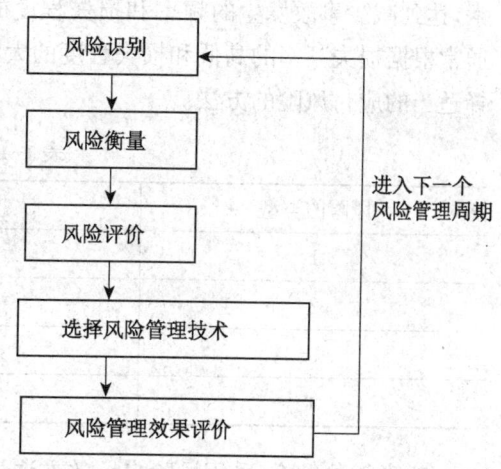

图 1-3 风险管理的基本程序

排序。风险衡量是一项极其复杂和困难的工作,但却是风险管理不可缺少的一环。其不仅使风险管理建立在科学的基础上,而且使风险分析定量化,为风险管理者进行风险决策、选择最佳的风险管理技术提供了可靠的科学依据。

(3) 风险评价。风险评价是指在风险衡量的基础上,对风险发生的频率、损失程度,结合其他因素全面进行考虑,评估风险发生的可能性及其危害程度,并与公认的安全指标相比较,以衡量风险的程度,并决定是否需要采取相应的措施,以及控制措施采取到什么程度。处理风险,需要一定费用,费用与风险损失之间的比例关系直接影响风险管理的效益。通过风险评价对风险性质进行定性、定量分析和比较,处理风险所支出的费用,来确定风险是否需要处理和处理程度,以判定为处理风险所支出费用是否有效益。风险评价对减少风险事故的发生,特别是重大恶性事故的发生具有重要的意义。

(4) 选择风险管理技术。根据风险评价结果,为实现风险管理目标,选择最佳风险管理技术并实施风险管理中最为重要的环节。风险管理技术分为控制型风险管理技术和财务型风险管理技术两大类。前者的目的是降低损失频率和减少损失程度,重点在于改变引起意外事故和扩大损失的各种条件。这种风险管理技术通常有风险回避、损失控制、风险分散等技术。后者的目的是以提供基金的方式,降低损失发生的成本,即对无法控制的风险所做的财务安排。这种风险管理技术主要有风险自留、保险和财务型非保险转移等技术。

(5) 风险管理效果评价。风险管理效果评价是指对风险管理技术适用情况及收益性情况的分析、检查、修正和评估。这是风险管理的最后一个环节,也是非常重要的一个环节。由于风险管理的过程是动态的,风险又是不断变化的,而且有时风险管理者的决策可能是错误的,通过检查和评估,可以使风险管理者及时发现错误,纠正错误,减少成本,同时总结经验,提高风险管理水平。

三、风险管理的技术

通过风险识别、风险衡量和评价,发现系统存在的风险因素,如何有效地控制这些因

素，达到减少事故发生的频率和损失程度的目的，就必须采用合理、可行的风险管理技术。通常根据损失频率的高低和损失程度的大小，将风险划分为不同的类型（见表1-1），然后选择适当的应付风险的方法。

表1-1 风险类型

风险的类型	损失频率	损失程度
1	低	小
2	高	小
3	低	大
4	高	大

对第1种风险，采用风险自留的方法最为适宜，主要在于其造成的损失比较少，风险管理者可以承担。对第2种风险应该加强损失管理，并辅之以风险自留和超额损失保险。保险方法最适用于对付第3种风险，损失程度严重意味着巨灾可能性存在，而低的损失频率表明购买保险在经济上承担得起，这种类型的风险包括火灾、爆炸、龙卷风、责任诉讼等。风险管理者也可结合使用风险自留和商业保险来对付这类风险。对付第4种风险的最好方法是风险回避，因为风险自留的办法不可行，也难以购买商业保险，即使能购买也得缴付高额保险费。当然风险管理者可以根据实际情况，灵活采用、组合各种风险管理方法，以达到以最小的成本获得最大安全保障的目标。

第三节　风险管理与保险

一、风险、风险管理与保险三者之间的关系

风险是损失发生的不确定性，需要加强管理，以减少损失频率和损失程度。在风险管理中，对不同的风险需要不同的风险管理技术，保险是其中风险转移的重要手段。正确认识和处理风险、风险管理与保险之间的关系，弄清三者之间的联系和区别，并在实践中互相配合，互相补充，充分发挥各自的效力，具有非常重要的意义。

（一）风险与保险的关系

（1）风险是保险产生和存在的前提。无风险则无保险。风险是客观存在的，时时处处威胁着人的生命和财产的安全，是不以人的意志而转移的。风险的发生直接影响社会生产过程的持续进行和家庭正常生活，因而产生了人们对损失进行补偿的需要。保险作为一种经济补偿方式，对付风险的一种方法被社会普遍接受，因此构成了保险产生的基础。

（2）风险的发展是保险发展的客观依据。随着社会进步、生产发展、现代科学技术的应用，社会、企业和个人在生产、生活过程中出现了更多的、新的风险。风险的发展、变化对保险提出了更多、更高的要求，保险业必须不断设计新险种、开发新业务来满足人类的需求，从而促使保险业的持续发展。

（二）风险管理与保险的关系

（1）保险是风险管理的传统有效的措施。人们面临的各种风险损害，一部分可以通过控制的方法消除或减少，但风险不可能全部消除。面对各种风险造成的损失，单靠自身力量解决，就需要提留与自身财产价值等量的后备基金，这样既造成资金浪费，又难以解决巨灾损失的补偿问题。转移就成为风险管理的重要手段，保险作为转移方法之一，长期以来被人们视为传统的处理风险手段。人们通过保险，把不能自行承担的集中风险转嫁给保险人，以小额的固定支出换取对巨额风险的经济保障，使保险成为处理风险的有效措施。

（2）保险经营效益受风险管理技术的制约。保险经营效益的大小受多种因素的制约，风险管理技术作为非常重要的因素，对保险经营效益产生很大的影响。例如，对风险识别是否全面，对风险损失的频率和造成损失的幅度估测是否准确，哪些风险可以承保，哪些风险不可以承保，保险的范围应有多大，程度应如何，保险的成本与效益的比较等，都制约着保险的经营效益。

二、可保风险应该具备的条件

可保风险是指符合保险人承保条件的特定风险。一般来说，理想的可保风险应具备以下条件。

一是风险不是投机性的；二是风险必须具有不确定性，就每一个具体单独的保险标的而言，保险当事人事先无法知道其是否发生损失、发生损失的时间和发生损失的程度如何；三是风险必须是大量标的均有遭受损失的可能性；四是风险必须是意外的；五是风险可能导致较大损失；六是在保险合同期限内预期的损失是可计算的。

（一）损失程度较高

潜在损失不大的风险事件一旦发生，其后果完全在人们的承受限度以内，因此，对付这类风险根本无需采用物品，即使丢失或意外受损亦不会给人们带来过大的经济困难和不便。但对于那些潜在损失程度较高的风险事件，如火灾、盗窃等，一旦发生，就会给人们造成极大的经济困难。对此类风险事件，保险便成为一种有效的风险管理手段。

（二）损失发生的概率较小

可保风险还要求损失发生的概率较小。这是因为损失发生概率很大意味着纯保费相应很高，加上附加保费，总保费与潜在损失将相差无几。如某地区自行车失窃率很高，有40%的新车会被盗，即每辆新车有40%的被盗概率，若附加营业费率为10%，则意味着总保费将达到新车重置价格的一半。显然，这样高的保费使投保人无法承受，而保险也失去了转移风险的意义。

（三）损失具有确定的概率分布

损失具有确定的概率分布是进行保费计算的首要前提。在计算保费时，保险人对客观存在的损失分布要能作出正确的判断。保险人在经营中采用的风险事故发生率只是真实概率的一个近似估计，是靠经验数据统计、计算得出的。因此，正确选取经验数据对于保险人确定保费至关重要。有些统计概率，如人口死亡率等，具有一定的时效性，像这种经验数据,保险人必须不断作出相应的调整。

(四) 存在大量具有同质风险的保险标的

保险的职能在于转移风险、分摊损失和提供经济补偿。所以,任何一种保险险种,必然要求存在大量保险标的。这样,一方面可积累足够的保险基金,使受险单位能获得十足的保障;另一方面根据"大数法则",可使风险发生次数及损失值在预期值周围能有一个较小的波动范围。换句话说,大量的同质保险标的会保证风险发生的次数及损失值以较高的概率集中在一个较小的波动幅度内。显然,距预测值的偏差越小,就越有利于保险公司的稳定经营。这里所指的"大量",并无绝对的数值规定,它随险种的不同而不同。一般的法则是:损失概率分布的方差越大,就要求有越多的保险标的。保险人为了保证自身经营的安全性,还常采用再保险方式,在保险人之间分散风险。这样,集中起来的巨额风险在全国甚至国际范围内得以分散,被保险人受到的保障度和保险人经营的安全性都得到提高。

(五) 损失的发生必须是意外的

损失的发生必须是意外的和非故意的。所谓"意外",是指风险的发生超出了投保人的控制范围,且与投保人的任何行为无关。如果由于投保人的故意行为而造成的损失也能获得赔偿,将会引起道德风险因素的大量增加,违背了保险的初衷。此外,要求损失发生具有偶然性(或称为随机性)也是"大数法则"得以应用的前提。

(六) 损失是可以确定和测量的

损失是可以确定和测量的,是指损失发生的原因、时间、地点都可被确定以及损失金额可以测定。因为在保险合同中,对保险责任、保险期限等都作了明确规定,只有在保险期限内发生的、保险责任范围内的损失,保险人才负责赔偿,且赔偿额以实际损失金额为限,所以,损失的确定性和可测性尤为重要。

(七) 损失不能同时发生

这是要求损失值的方差不能太大。如战争、地震、洪水等巨灾风险,发生的概率极小,由此计算的期望损失值与风险一旦发生所造成的实际损失值将相差很大。而且,保险标的到时势必同时受损,保险分摊损失的职能也随之丧失。这类风险一般被列为不可保风险。

可保风险与不可保风险间的区别并不是绝对的。例如地震、洪水这类巨灾风险,在保险技术落后和保险公司财力不足、再保险市场规模较小时,保险公司根本无法承保这类风险,它的潜在损失一旦发生,就可能给保险公司带来毁灭性的打击。但随着保险公司资本日渐雄厚,保险新技术不断出现,以及再保险市场的扩大,这类原本不可保的风险已被一些保险公司列在保险责任范围之内。可以相信,随着保险业和保险市场的不断发展,保险提供的保障范围将越来越大。

专栏 1-3

无人驾驶将成汽车保险公司的噩梦

据悉,无人驾驶汽车即将占领澳大利亚的道路。虽然这能显著降低车祸发生,消费者很是欢迎,但是汽车保险公司却感到了压力山大。

穆迪投资者服务公司的最新研究发现,智能汽车所具备若干特点能避免事故发生,如自动刹车和自适应巡航控制,这会降低未来5~10年车祸发生概率。

虽然这将在中短期提振汽车保险公司的利润,但从长远看来也有可能大幅削减保险公司的收益,伴随着索赔的急剧下降,修理高科技轿车零件成本会飙升。

汽车巨头如福特、尼桑、奔驰和特斯拉都明确计划会推出无人驾驶汽车,预计在2020年至2025年上市。穆迪分析,到2045年大多数汽车可能是自动驾驶,并有可能在30年后普及。"许多保险公司不会立马降低他们的价格,就因为他们在观望是否事故频率下降是持续的,这在未来5~10年可能会提高保险公司的盈利能力,"穆迪在最新的行业报告称。"这就是说,事故发生率的降低会部分抵销运用嵌入式技术替换零件的高昂成本。"

无人驾驶汽车的风行,也意味着对传统汽车保险需求的减少,从而降低保费和利润。

"私家车对于包括美国在内的许多国家,是财产和意外险的主要来源,它对保险业的影响会很显著,"报告说。保险业大约38%的行业保费收入来自汽车保险。

"监管机构、立法者和法院都必须确定责任如何合理地分散到保险公司、汽车制造商和技术公司之间"报告说。

穆迪预计,伴随着无人驾驶汽车生根发芽,保险公司将不会袖手旁观,眼睁睁地看着他们的利润慢慢流失。普华永道的研究发现,在最易受技术变革影响的行业排行榜上,全球保险业排名第二,仅次于传媒娱乐。

"尽管自动驾驶汽车将汽车保险业蒙上了不确定性,市场利润可能会收窄,但保险公司仍有时间去创新和多样化,以保持竞争力"穆迪的报告说。

"穆迪预测自动驾驶汽车会引发全球汽车保险业变革,触动行业巨变,包括合并,破产和新兴公司的崛起。"

(资料来源:金融评论、中国保险学会网站)

本 章 小 结

1. 风险的基本含义是损失发生的不确定性。风险具有客观性、普遍性、损失性、不确定性、社会性和可变性等特点。风险的组成要素包括风险因素、风险事故和损失。

2. 风险的分类非常广泛。按风险损害的对象分类,风险可划分为财产风险、责任风险、信用风险和人身风险;按风险事故的后果分类,风险可划分为纯粹风险和投机风险;按损失产生的原因可将风险分为自然风险和人为风险。

3. 风险管理是研究风险发生规律和风险控制技术的一门新兴管理学科,各管理单位通过风险识别、风险衡量、风险评价,并在此基础上优化组合各种风险管理技术对风险实施有效的控制和妥善处理风险所致的后果,期望达到以最小的成本获得最大安全保障的目标。风险管理技术分为控制型风险管理技术和财务型风险管理技术两大类。其中控制型风险管理技术通常有风险回避、损失控制、风险分散等;财务型风险管理技术主要有风险自留、保险和财务型非保险转移等技术。

4. 风险是保险产生和存在的前提,风险的发展是保险发展的客观依据。保险是风险管理的传统有效的措施,保险经营效益受风险管理技术的制约。

5. 不是所有的风险都是可承保的风险,可保风险必须具备一定的条件。

关键概念索引

风险 纯粹风险 投机风险 自然风险 人为风险 风险因素 风险事故 损失 风险管理 风险识别 风险衡量 风险评价 保险 可保风险

复习思考题

1. 简述风险的含义。
2. 简述纯粹风险与投机风险的区别。
3. 简述风险管理的含义。
4. 简述风险管理的基本程序。
5. 简述风险、保险与风险管理的关系。
6. 结合风险管理的方法,想想自己生活中曾经遇到哪些风险,而且对这些风险你又是如何应付的?
7. 可保风险必须具备哪些条件?

第二章 保险概述

 本章要点

- 保险的定义、要素
- 商业保险的分类
- 保险的职能

在我们的日常生活中,经常会用到"保险"这个概念,其含义为"稳妥可靠、安全、有把握"等,但在保险学中,保险有其特定的含义。作为一门经济学科,"保险"往往与某种特定的风险联系在一起,它是在商品经济中存在的风险和损失的基础上发生的一种经济关系,承保的是保险标的可能发生的各种风险,是现代风险管理的最佳方式之一。

第一节 保险的概念

一、保险的定义

关于保险的定义,众说纷纭。保险起初在英语中的含义是以缴付保险费为代价来取得损失补偿,但这样的说法作为保险的定义是很不完整的。后来,各国保险学者对保险下了各种定义,但迄今尚无举世公认的保险定义。现代保险学者一般从经济角度和法律角度两个方面来解释保险的定义。

(一) 从经济角度对保险的定义

从经济角度上说,保险是分摊意外事故损失的一种财务安排。投保人参加保险,实质上是将他的不确定的大额损失变成确定的小额支出,即保险费。而保险人集中了大量同类风险,能借助大数法则来正确预见损失的发生额,并根据保险标的损失概率制定保险费率,通过向所有被保险人收取保险费建立保险基金,用于补偿少数被保险人遭受的意外事故损

失。因此,保险是一种有效的财务安排,并体现了一定的经济关系。

(二) 从法律角度对保险的定义

从法律角度来看,保险是一种合同行为,体现的是一种民事法律关系。根据合同约定,一方为其提供的经济补偿或给付的权利,这正体现了民事法律关系的内容——主体之间的权利和义务关系。

《中华人民共和国保险法》第2条把保险的定义表述为:"本法所称保险,是指投保人根据合同约定,向保险人支付保险费,保险人对于合同约定的可能发生的事故因其发生所造成的财产损失承担赔偿保险金责任,或者当被保险人死亡、伤残、疾病或者达到合同约定的年龄、期限时承担给付保险金责任的商业保险行为。"

二、保险的要素

(一) 以特定的或约定的风险作为可保风险和保险责任

风险的客观存在使人们产生对保险的需求。尽管保险是人们处理风险的一种方式,它能为人们在遭受损失时提供经济补偿,但并不是所有破坏物质财富或威胁人身安全的风险,保险人都承保。可保风险是保险人可以接受承保的风险,它是有条件有范围的。一方面,从社会效益、保险企业效益和经营技术考虑,只能选择可保风险,即承保特定的灾害事故或事件作为我们的保险责任;另一方面,投保人从自身利益考虑,对其所面临的风险也要经过分析和筛选,有选择性地进行投保,从而降低成本。

(二) 保险必须对保险事故造成的损失给予经济补偿或给付

所谓经济补偿是指这种补偿不是恢复已灭失的原物,一般是用货币进行补偿。对于财产保险,主要针对保险标的的损失给予一定的经济补偿;对于人身保险是用经济补偿或给付的方法来弥补由于人的死亡或残疾而使个人或家庭的收入减少、支出增加的经济负担,并不是保证人们恢复已失去的劳动力或生命。

(三) 保险必须结合多数经济单位进行互助共济

保险是一种"一人为众,众人为一"的同舟共济、相互扶助的经济形式。保险这种互助共济形式的形成过程既是风险集合的过程,又是风险分散的过程。众多投保人将其所面临的风险转嫁给保险人,保险人通过承保而将众多风险集合起来。当发生保险责任范围内的损失时,保险人又将少数人发生的风险损失分摊给全部投保人,也就是通过保险补偿行为分摊损失,将集合的风险予以分散转移。故保险以多数经济单位的结合为必要条件。

(四) 合理计算保险费率,建立保险基金

保险在形式上是一种经济保障活动,而实质上是一种商品交换行为,保险人承保某一特定风险,必须在保险合同期间内收取足够数额的保费,以聚集资金支付赔款和各项费用开支,并获得合理的利润。因此,厘定合理的费率,便构成了保险的基本要素。保险费率要依据概率论、大数法则的原理进行科学计算。保险的费率过高,就会增加投保人和被保险人的负担,保险需求会受到抑制;反之,费率厘定得过低,保险供给得不到保障,又无法为被

保险人的损失提供可靠的足额补偿,因此费率厘定必须合理。

费率的厘定一般遵循两条原则:第一,要遵循区别对待的原则,即根据每个投保人的保险标的的风险程度来核定差别费率。如果对所有投保人实行相同费率,必然导致风险低者为风险高者作出补贴,最后致使一部分风险较小的人退出保险,而剩下风险较高的对象,这样每人的分担金额必然过大,以致无法分担;第二,要遵循收支平衡的原则,保持被保险人和保险人之间的保费与赔偿、给付总额的平衡。

保险的分摊损失与补偿损失功能是通过建立保险基金实现的。保险基金是用来补偿或给付因自然灾害、意外事故和人体自然规律所致的经济损失和人身损害的专项货币基金,它主要来源于开业资金和保险费。无保险基金的建立,也就无保险的补偿与给付,也就无保险可言。

(五)通过订立保险合同确定保险关系

保险是一种经济关系,是投保人与保险人之间的经济关系。这种经济关系是通过合同的订立来确定的。保险是专门对意外事件和不确定事件造成的经济损失给予赔偿的,风险是否发生,何时发生,其损失程度如何,均具有较大的随机性。保险的这一特性要求保险人与投保人应在确定的法律或契约关系约束下履行各自的权利与义务。倘若不具备在法律上或合同上规定的各自的权利与义务,那么,保险经济关系则难以成立。因此,订立保险合同是保险得以成立的基本要素,也是保险成立的法律保证。

第二节 保险的分类

保险业务的种类是根据不同的标准划分的,国际上并没有严格的分类规定。通常我们按保险的性质、实施方式、保障范围、赔付形式、业务承保方式等不同标准把保险分成不同的类型。

一、按保险的性质分类

以保险的性质为标准分类,保险可分为商业保险、政策保险和社会保险。商业保险体现的是保险经济领域中的商品性保险关系,政策保险和社会保险则体现的是保险经济领域中的非商品性保险关系。

(一)商业保险

商业保险是指按商业经营原则所进行的保险,是保险业者以盈利为目的经营的保险,所以又称盈利保险。具体地讲是投保人根据合同约定,向保险人支付保险费,保险人对于合同约定的可能发生的事故因其发生所造成的财产损失承担赔偿保险金责任,或者当被保险人死亡、伤残、疾病或者达到合同约定的年龄、期限时承担给付保险金责任的保险行为。它是一种合同关系,通过投保人与保险人签订保险合同而建立保险关系。一方面,投保人根据保险合同负有向保险人支付保险费的义务;另一方面,保险人在保险事故发生时负有赔偿或给付保险金责任的义务。

（二）政策保险

政策保险指政府为实现其政治、经济、社会、伦理等方面的政策目的，运用普通保险的技术而开办的一种保险。常见的政策保险业务主要有农业保险、出口信用保险、海外投资保险等。

（三）社会保险

社会保险是指国家通过立法，对国民收入进行分配和再分配形成专门的基金，对劳动者在因年老、失业、患病、工伤、生育而暂时或永久丧失劳动能力以致劳动收入减少或失去生活来源时给予经济补偿，使他们能够享有基本生活保障的一项社会保障制度，是每个公民的一项基本权利。社会保险通常包括养老保险、医疗保险、失业保险、工伤保险和生育保险等项目。

二、按保障范围分类

我国《保险法》按照保险保障的范围的不同将保险分为财产保险、人身保险两大类，这也是一种最基本的分类方法。

（一）财产保险

财产保险是以各种物质财产及其有关的利益、责任为保险标的物的保险。最初的财产保险标的物，只限于有物质实体的物，如房屋、机器、船舶、货物等，因此又称"产物保险"。后来随着社会经济的发展，财产保险的标的物又扩大到无形财产，即与财产有关的利益和责任。如房屋因火灾致使中断出租所丧失的利润等。因为这种利益和责任都直接、间接地与物质财产有关，所以都称作财产保险，这是一种广义的财产保险。财产保险包括有众多的业务品种，我国《保险法》第 95 条规定：财产保险业务包括财产损失保险、责任保险、信用保险等保险业务。

（二）人身保险

人身保险是以人的寿命、身体或劳动能力为保险标的的保险。保险人对被保险人的寿命或身体因意外伤害、疾病、衰老等原因，以致死亡、伤残、丧失劳动能力等，给付约定的保险金。最初的人身保险只承保被保险人的死亡，后来逐步扩展到生存、养老、残废、医疗、生育等方面。因为这些时间都与人的生命或身体密切相关，所以都称之为人身保险。我国《保险法》第 95 条将人身保险业务根据承保的保险事故不同，分为人寿保险、健康保险和意外伤害保险。

此外，国际上习惯将保险划分为"寿险"和"非寿险"两类。所谓"寿险"，仅指以人的生存或死亡为给付条件的人寿保险，而"非寿险"则除包括各种财产保险之外，还包括人身保险中的人身意外伤害保险、医疗保险。这种分类方法主要是根据寿险与非寿险业务不同的保费厘定、经营管理方法而划分的。目前，世界保险费收入数据即按照这一分类标准分别统计寿险与非寿险保费收入。

三、按业务承保方式分类

按照业务承保方式的不同，可以将保险分为原保险、再保险、重复保险与共同保险。

（一）原保险

原保险即再保险的对象，是指投保人与保险人直接签订保险合同而建立保险关系的一种保险。在原保险关系中，保险需求者将风险转嫁给保险人，当保险标的遭受保险责任范围内的损失时，保险人直接对被保险人负损失赔偿责任。

（二）再保险

再保险简称分保，是指保险人将其承担的保险业务，部分或全部转移给其他保险人的一种保险。再保险是保险的一种派生形式，分出保险业务的人称为分出人，接受分保业务的人称为分入人。原保险是再保险的基础和前提，再保险是原保险的后盾和支柱。

（三）重复保险

重复保险是指投保人以同一保险标的、同一保险利益、同一风险事故分别与数个保险人订立保险合同，且总的保险金额之和超过保险价值的一种保险。

（四）共同保险

共同保险是由两个或两个以上的保险人，就同一保险标的、同一保险利益、同一保险事故共同缔结保险合同的一种保险，而保险金额之和不超过保险价值的保险，也称共保。在实务中，数个保险人可能以某一家保险公司的名义签发一张保险单，然后每一家保险公司对保险事故损失按照各保险人各自承保的金额比例分摊责任。在发生赔偿责任时其赔偿按比例分摊。

共同保险与再保险的区别在于：一是反映的保险关系不同。共同保险反映的是各保险人与投保人之间的关系，这种关系是一种直接的法律关系；再保险反映的是原保险人与再保险人之间的关系，再保险接受人与原投保人之间并不发生直接的关系；二是对风险的分摊方式不同。共同保险的各保险公司对其承担风险责任的分摊是第一次分摊，而再保险则是对风险责任进行的第二次分摊；共同保险是风险的横向分摊，再保险则为风险的纵向分摊。

四、按保险价值确定方式分类

要搞懂这种分类，首先必须了解保险价值与保险金额这两个基本概念。保险价值是指保险标的的实际价值，即投保人对保险标的所享有的保险利益的货币价值。保险金额是指投保人对保险标的的实际投保金额；它是保险合同项下保险公司承担赔偿责任的最高限额，同时又是保险公司收取保险费的计算基础。保险价值是确定保险金额的基础和依据，保险金额应当反映保险标的的实际价值。根据保险价值确定的时间及方式的不同，财产保险的承保方式分为定值保险和不定值保险。定值保险和不定值保险的划分仅适用于财产保险合同，而不适用于人身保险合同。

（一）定值保险

所谓定值保险，是指合同双方当事人在订立合同时即已确定保险标的的价值，并将其载之于合同当中的保险合同。定值保险合同成立后，一旦发生保险事故，双方在合同中约定的保险价值就应该成为保险人支付保险赔偿金数额的计算依据。如果保险事故造成保险标的的全部损失,则无论保险标的实际损失如何,保险人均应支付合同所约定的保险金额的全部,不必对保险标的重新估价;如果保险标的仅遭部分损失,那么只需要确定损失的比例,该比例与双方确定的保险价值的乘积,就是保险人应支付的保险赔偿金额,同样无须对保险标的实际价值进行估算。

定值保险合同多适用于某些保险标的的价值不易确定的财产保险合同,如古玩、字画、船舶等。在货物运输保险中,尤其是海上货物运输保险中,由于运输货物的价值在不同的时间、地点可能差别很大,为了避免出险时在计算保险标的的价值时发生争议,这些合同的当事人也往往采用定值保险的形式。在定值保险合同中,保险价值由双方自愿确定,如果保险人对保险标的缺乏经验或专业知识,投保人即可能过高地确定保险标的的价值,谋取不正当利益。因此,为避免损失,保险人对订立定值保险合同多持谨慎的态度,其适用范围受到一定限制。

(二) 不定值保险

不定值保险合同不列明保险标的的实际价值,只列明保险金额作为最高赔偿额度。保险人的赔偿责任根据标的发生损失时的实际价值为准,按照保险金额与保险标的实际价值的比例赔偿其损失额。财产保险一般均采用不定值保险的办法。不定值保险合同的保险金额的确定有三种方法:由投保人根据保险标的的实际价值自行确定;由当事人双方根据保险标的的实际情况协商确定;按照投保人会计账目最近的账面价值确定。但无论哪种方法,保险金额的确定都是以保险标的的价值为基础的。

定值保险与不定值保险的最大区别就是在订立合同时前者预先确定保险价值,而后者并不确定保险价值,仅约定保险金额,而将保险标的的价值留待保险事故发生时再估算。由此决定了在保险事故发生后、确定赔偿金额时,定值保险合同只需确定损失比例,而不定值保险合同不但要确定损失比例,而且要确定事故发生时保险标的的实际价值,以实际价值作为保险赔偿金额的计算依据。

五、按是否足额投保分类

按照保险金额与保险标的实际价值的对比关系,保险合同分为不足额保险、足额保险与超额保险。

(一) 足额保险

足额保险是指保险金额与保险价值相等的保险合同。在足额保险合同的场合,保险事故发生造成保险标的全部损失时,保险人应依保险价值全部赔偿。如保险标的物存有残值则保险人对之享有物上代位权,也可作价折归被保险人,在赔付的保险金中扣除该部分价值,当保险事故发生造成部分损失时,保险人应按实际损失确定应赔付的保险金数额。如果保险人以提供实物或修复服务形式为保险赔付,保险人于赔付后享有对保险标的物的物上代位权。

(二) 不足额保险

不足额保险是指保险金额小于保险价值的保险合同。产生不足额保险的原因大致有以下三种：①投保人基于自己的意思或基于保险合同当事人的约定而将保险标的物的部分价值投保。前者如投保人为节省保险费或认为有能力自己承担部分损失而自愿将一部分危险由自己承担。后者如在共同保险中，应保险人的要求而自留部分保险；②投保人因没有正确估计保险标的物的价值而产生的不足额保险；③保险合同订立后，因保险标的物的市场价格上涨而产生的不足额保险。由于不足额保险合同中规定的保险金额低于保险价值，其差额部分的危险投保人并未转移给保险人，不足额部分应视为投保人自保。当发生全损时，保险人按约定的保险金额赔付保险金；当发生部分损失时，通常适用比例分摊原则，即保险人与被保险人就损失按比例分摊。

（三）超额保险

超额投保是指保险金额高于保险价值，也就是保险金额高于实际价值。超额保险出现的原因有四种：①投保人不了解市场行情，过高地估计了财产的价值；②经过与保险人协商后，保险人愿意对投保人的高额投保承保；③客观情况的变化，市场价格浮动导致保险金额高于财产实际价值；④投保人希望得到高额赔偿。

财产保险中保险人承担的是补偿实际损失责任，对保险金额中超过财产价值的部分无赔偿义务。在被保险人出于善意，过高估计财产价值而导致超额保险时，可按保险标的的实际价值相应比例减少保险金额和保险费，变更合同。在被保险人出于恶意诈欺，企图在保险事故发生后多获赔偿，而故意多报财产价值进行超额保险时，保险人有权解除合同，并享有要求其赔偿因此造成损失的权利。

除了上述几种主要保险分类方法以外，还存在着其他一些分类方法，按照保险的实施方式分类，可以把保险分为自愿保险和法定保险；按赔付形式的不同，保险可以分为定额保险与损失保险；例如按照保险经营的目的分类，可分为盈利性的商业保险和非盈利性的互助合作保险；按照保险所保的风险多少分类，可分为单一风险保险、综合风险保险和一切险；按照保障主体分类可将保险分为团体保险和个人保险等。

第三节 保险的职能

保险自产生以来，至今仍保持着在处理和管理风险、实施经济损失补偿等方面独特的优势与生命力，完全得益于保险所固有的职能以及派生出来的各种职能。保险职能是保险本质的表现形式。正确理解和运用保险的职能，对于正确制定保险工作的方针政策，保证保险业的健康发展，发挥保险的积极作用，都具有重要意义。

一、保险的基本职能

保险的基本职能是集中保费建立保险基金，为特定风险后果提供经济保障。简而言之，保险的基本职能有两个：即分摊损失和补偿损失。

（一）分摊损失

从本质上来说，保险是一种分摊损失的机制，这一机制建立在灾害事故的偶然性和必然性这种矛盾对立统一的基础上。对个别投保单位和个人来说,灾害事故发生是偶然的和不确定的,但对所有投保单位和个人来说,灾害事故发生却是必然的和确定的。保险机制之所以能运转自如,是因为被保险人愿意以小额确定的保险费来换取大额不确定的损失补偿。保险组织通过向众多的投保成员收取保险费来分摊其中少数不幸成员遭受的损失。

保险分摊损失职能的关键是预计损失,运用大数法则可以掌握灾害事故发生的规律,从而使保险分摊损失成为可能,大数法则是保险合理分摊损失的数理基础。

(二) 补偿损失

保险通过将参加保险的全体成员所交保费建立起的保险基金用于对少数成员因遭遇自然灾害或意外事故所受到的损失给予经济补偿,从而有助于人们抵抗灾害、保障经济活动的顺利进行以及帮助人们在受难时获取经济援助。

保险损失补偿的功能在不同的情况下和不同的险种中表现为不同的形式。在财产保险中表现为补偿被保险人因灾害事故所造成的经济损失,在责任保险中体现为补偿被保险人依法应负担的对第三方的经济赔偿,在人身保险中体现为对被保险人或其指定的受益人支付约定的保险金。虽然具体表现形式可以多种多样,但实质就是对被保险人遭遇灾害事故后给予一定的经济补偿,减少风险事件给被保险人带来的损失。保险损失补偿职能作用的发挥是基于人们对分散风险的需要和对安全感的追求,因此,这一职能是保险最本质的职能,也是保险的最终目的。

保险的两个基本职能是相辅相成的,分摊损失是达到补偿损失的一种手段,而补偿损失是保险的最终目的。没有损失分摊就没法进行损失补偿,两者相互依存,体现保险机制运行中手段与目的的统一。

二、保险的派生职能

保险制度随着生产力的发展而逐步完善,因此,其职能也有了新的扩展,在基本职能的基础上产生出资金融通、社会管理等派生职能。

(一) 资金融通职能

18世纪以来,随着资本主义商品经济的发展,保险制度得到了发展和完善。特别是精算制度的建立,大大促进了寿险业的发展。19世纪以后,西方主要资本主义国家相继完成了工业革命,生产力水平得到极大提高,金融业也随之得到长足发展。许多商业保险公司作为契约型储蓄机构筹集了大量资金,这些资金具有来源稳定、期限长、规模大的特点,内在的投资需求使保险公司不仅为经济发展提供了大量建设资金,而且成为资本市场的重要机构投资者,保险在经济补偿功能的基础上又具有了资金融通职能。

保险的资金融通职能主要体现在两个方面:一方面,保险公司通过开展承保业务,将社会中的闲散资金汇集起来,形成规模庞大的保险基金,即将各经济主体和个人的可支配收入中的一部分以保费的形式聚集起来,能够起到分流部分社会储蓄的作用,有利于促进储蓄向投资的转化;另一方面,保险公司通过投资将积累的保险资金运用出去,以满足未来支付和保险基金保值增值的需要。保险基金的资金来源稳定、期限较长、规模庞大,通过持股或者相互参股的形式,成为资本市场上重要的机构投资者和资金供应方,是金融市场中最为活跃的成员之一,同时由于其要考虑到未来对被保险人的偿付,因此投机程度不强,也是资本市场重要的稳定力量。

(二) 社会管理职能

1. 社会管理职能的产生

20世纪以来,随着西方发达国家市场经济的发展,保险业得到了快速发展,逐步融入现代社会经济制度。保险作为现代生活风险管理最基本、最有效的手段,贯穿于人的生、老、病、死全过程,在社会经济生活中扮演着越来越重要的角色。保险所提供的已经不仅仅是产品和服务,而且成为一种有利于社会安全稳定的制度安排,渗透到经济的各行各业、社会的各个领域、生活的各个方面,在参与社会风险管理、减少社会成员之间的经济纠纷、完善社会保障制度、维护社会稳定等方面发挥着积极作用,具有了社会管理职能。

近年来,保险的社会管理职能在我国也开始被逐渐认识。越来越多的人把保险作为改善对未来生活的预期、提高未来生活质量的重要手段,通过购买保险来解决子女教育、家庭健康以及自己的养老等问题。一些保险公司积极与公安、消防、交通、气象等部门配合,开展防火、防灾和预防交通事故等宣传工作,提高了社会对防灾防损重要性的认识,减少了可能发生的人民生命和财产损失。特别是在2003年抗击"非典"的斗争中,保险的社会管理职能得到社会的普遍认可。面对严峻的"非典"疫情,各保险公司及时开发应对"非典"的保险产品,提供多层次的保险保障,通过客户服务电话、互联网和发放宣传资料等方式,宣传"非典"防治知识,大大增强了人民群众战胜"非典"疫情的信心。在这场斗争中,保险业表现出了高度的政治意识、大局意识和责任意识,体现了"服务大局、勇担责任、团结协作、为民分忧"的行业精神。

2. 社会管理职能的内涵

一般来讲,社会管理是指对整个社会及其各个环节进行调节和控制的过程,目的在于正常发挥各系统、各部门、各环节的功能,从而实现社会关系和谐,整个社会良性运行和有效管理。保险的社会管理职能不同于国家对社会的直接管理,而是通过保险内在的特性,促进经济社会的协调以及社会各领域的正常运转和有序发展。具体来说,大体可以归结为四个方面:

(1) 社会保障管理职能,社会保障被誉为"社会的减震器",是保持社会稳定的重要条件。商业保险是社会保障体系的重要组成部分,在完善社会保障体系方面发挥着重要作用。一方面,商业保险可以为城镇职工、个体工商户、农民和机关事业单位等没有参与社会基本保险制度的劳动者提供保险保障,有利于扩大社会保障的覆盖面。另一方面,商业保险具有产品灵活多样、选择范围广等特点,可以为社会提供多层次的保障服务,提高社会保障的水平,减轻政府在社会保障方面的压力。此外,保险业为社会提供了大量就业岗位,也对缓解社会就业压力、维护社会稳定、保障人民安居乐业作出了积极贡献。

(2) 社会风险管理职能,风险无处不在,防范控制风险和减少风险损失是全社会的共同任务。保险公司从开发产品、制定费率到承保、理赔的各个环节,都直接与灾害事故打交道,不仅具有识别、衡量和分析风险的专业知识,而且积累了大量风险损失资料,为全社会风险管理提供了有力的数据支持。同时,保险公司能够积极配合有关部门做好防灾防损,并通过采取差别费率等措施,鼓励投保人和被保险人主动做好各项预防工作,降低风险发生的概率,实现对风险的控制和管理。

(3) 社会关系管理职能,通过保险应对灾害损失,不仅可以根据保险合同约定,对损失进行合理补偿,而且可以提高事故处理的效率,减少当事人可能出现的各种纠纷。由于保险介入灾害处理的全过程,参与到社会关系的管理之中,逐步改变了社会主体的行为模式,为维护政府、企业和个人之间正常、有序的社会关系创造了有利条件,减少了社会摩擦,起到了"社会润滑器"的作用,大大提高了社会运行的效率。

(4) 社会信用管理职能,完善的社会信用制度是建设现代市场体系的必要条件,也是规范市场经济秩序的治本之策。最大诚信原则是保险经营的基本原则,保险公司经营的产品实际上是一种以信用为基础、以法律为保障的承诺,在培养和增强社会的诚信意识方面具有潜移默化的作用。同时,保险在经营过程中可以收集企业和个人的履约行为记录,为社会信用体系的建立和管理提供重要的信息资料来源,实现社会信用资源的共享。

如上所述,现代保险的职能是一个历史演变和实践发展的过程。发展至今,保险已经具备了经济补偿、资金融通和社会管理三大职能,其中经济补偿职能是现代保险的最基本职能,这是由保险本质属性所决定的,是保险区别于银行、证券等其他行业最根本的特征,也是保险业生存与发展的本源所在。资金融通职能和社会管理职能是在保险经济补偿职能的基础之上衍生出来的职能,三者之间是本质与派生的关系。只有当保险具备了经济补偿职能,能够满足人们分散风险的需要和对安全感的追求时,人们才会去购买保险,由此保险基金才能够聚集起规模庞大的资金来发挥资金融通职能。正是由于具有资金融通职能,才使保险业成为国际资本市场的重要资产管理者,特别是通过管理养老基金,使保险成为社会保障体系的重要力量。现代保险的社会管理职能是保险业发展到一定程度并深入社会生活的诸多层面之后产生的一项重要职能。社会管理职能的发挥,在许多方面都离不开经济补偿和资金融通职能的实现。同时,随着保险社会管理职能逐步得到发挥,将为经济补偿和资金融通职能的发挥提供更加广阔的空间。因此,保险的三大职能之间既相互独立,又相互联系、相互作用,形成了一个统一、开放的现代保险职能体系。

 专栏

"6·1东方之星旅游客轮翻沉事故"理赔案

2015年6月1日晚,"东方之星"号游轮在湖北荆州监利县境内发生翻沉,事故造成442人遇难,获悉客轮翻沉事件后,保险行业启动重大突发事件应急预案响应程序,积极开展客户信息查询,安抚被保险人家属,开通理赔绿色通道,简化理赔手续,开展异地理赔、上门理赔等。涉及保险险种包括旅游意外险、年金保险、两全保险、团体意外伤害保险。其中,太保寿险赔付合计3 687万元、中国人寿赔付546.31万元、平安养老赔付170余万元、

人保健康赔付20万元、光大永明赔付10.5万元、中邮保险赔付5.42万元、人保寿险赔付2.39万元。上述7家寿险公司共赔付4 440余万元。

该事件是由突发罕见的强对流天气带来的强风暴雨袭击导致的特别重大灾难性事件，社会影响大、公众关注度高、涉及险种多，保险业积极配合各方面快速应对、克服困难、积极理赔。在重大突发全体灾难事件处理过程中，保险公司各项工作均做到了快速、及时、细致、周到，既做好了遇难家属的安抚慰问，又在最大化地尊重家属的诉求意愿的基础上完成了理赔工作，体现了保险公司专业的理赔服务，也体现了重大事故面前主动承担风险管理的社会责任，展现保险价值。

（资料来源：中金在线）

本章小结

1. 保险作为一种经济制度，它体现的是一种"一人为众，众人为一"的互助共济的精神和机制，这种制度的目的在于集合更广范围内的资源共同分担少数遭受风险的单位的损失。保险公司只承保可保风险。

2. 以保险的性质为标准分类，保险可分为商业保险、政策保险和社会保险；我国《保险法》按照保险保障的范围的不同将保险分为财产保险、人身保险两大类；按照业务承保方式的不同，可以将保险分为原保险、再保险、重复保险与共同保险。

3. 保险的职能分为基本职能和派生职能。保险的基本职能是保险本质的体现，即用收取保费的方法来分摊灾害事故损失，以实现经济补偿的目的。随着生产力的发展和社会制度的演进，出现了保险的派生职能、资金融通职能和社会管理职能。

关键概念索引

保险　商业保险　政策保险　社会保险　财产保险　人身保险　寿险　非寿险　原保险　再保险　共同保险　重复保险　经济补偿职能　资金融通职能　社会管理职能

复习思考题

1. 什么是保险？保险的要素有哪些？
2. 简述保险的分类。
3. 比较再保险与共同保险。
4. 什么是社会保险？社会保险通常包括哪些项目？
5. 保险具有哪些职能？

第三章 保险的产生与发展

 **本章要点**

- 我国和西方古代保险思想的产生
- 海上保险的起源和发展
- 火灾保险、人身保险、责任保险和再保险的产生与发展
- 世界保险业发展的现状与趋势
- 新中国保险业的建立与发展

> 保险不是与生俱来的,而是随着人类社会的不断发展逐步产生和发展的。由于人类社会从开始就面临着自然灾害和意外事故的侵扰,在与大自然抗争的过程中,古代人们就萌生了对付灾害事故的保险思想和方法。海上保险是最古老的险种,大约在公元前2000年就已经出现其萌芽。进入20世纪以后,现代保险的四大门类:财产保险、人身保险、责任保险和信用保证保险全部形成,保险业作为与银行业和证券业并驾齐驱的现代金融市场的三大支柱之一,在市场经济的发展过程中发挥了精巧的社会稳定器的作用。

第一节 保险的起源与发展

一、古代保险思想的产生

人类在改造自然、征服自然的漫长历史进程中,也在为抵御自然灾害和意外事故而不懈地努力着。除了利用已掌握的生产技能进行积极的防御外,还通过建立经济后备的形式来防止各种风险对社会经济生活造成的损失。当社会生产力有了提高,社会产品有了剩余的时候,保险思想也就随着产生了。

(一)我国古代的保险思想

我国早在夏朝就有积谷防饥、居安思危的思想和措施。《逸周书·文传篇·夏箴》指出:"小人无兼年之食,遇天饥,妻子非其有也。大夫无兼年之食,遇天饥,臣妾舆马非其有也。国无兼年之食,遇天饥,百姓非其有也。戒之哉,弗思弗行,祸至无日矣。"《逸周书·文传篇·开望》里说:"二祸之来,不称之灾。天有四殃,水旱饥荒,其至无时,非务积聚,何以备之?"由此看来,在我国的上古时代,我们的祖先已经看到了"积聚与救灾"的重要性,而且已经身体力行了。

大约2500多年前,我国古代著名的思想家孔子在《礼记·礼运》中有这样一段话:"大道之行也,天下为公;选贤与能,讲信修睦,故人不独亲其亲,不独子其子;使老有所终,壮有所用,幼有所长,矜(同鳏)、寡、孤、独、废、疾者皆有所养。"这一记载足以表明我国古代早有谋求经济生活之安定的强烈愿望,实为最古老的社会保险思想。此外,孔子的"拼三余一"的思想也是颇有代表性的见解。孔子认为,每年如能将收获粮食的三分之一积储起来,这样连续积储3年,便可存足1年的粮食,即"余一"。如果不断地积储粮食,经过27年可积存9年的粮食,就可达到太平盛世。

在这些先贤们思想的影响下,中国历代王朝都十分重视建立国家粮食后备仓储制度,用来对付不时出现的灾害饥荒,朝廷还设置了专门的官职对仓储进行管理,如汉朝的"常平仓"制度、隋唐的"义仓"制度、宋朝的"广惠仓"制度以及明清的"社仓"制度等。粮食是人类生活的支柱,古代的保险思想与粮食联系到一起是不足为怪的。

尽管我国保险思想和救济后备制度产生得很早,但因中央集权的封建制度和重农抑商的传统观念,商品经济发展缓慢,缺乏经常性的海上贸易,所以,在中国古代社会没有产生商业保险。

专栏 3-1

常平仓:兼具"保险"和"交易"功能

"常平"的思想,源于战国时李悝在魏所推行的"平籴"[音 dí,买进粮食,与"粜"(音 tiào)相对,"粜"是卖出粮食],即政府于丰年购进粮食储存,以免谷贱伤农,歉年卖出所储粮食以稳定粮价。

西周时期,中国人就开始了粮食储备,并且从那时起,粮食储备就具有了今天的主要功能:一是稳定粮价,二是防备凶年歉收,三是应对国家大事,例如军事或工程建设。春秋战国时期的李悝和范蠡都制定过具体的措施。古人怎么说呢?叫"救灾优抚",具体来说叫做"储存粮食以备灾荒",文言古语叫"仓储后备"。就是要平时储粮以备荒时所需,以使百姓能平稳度过灾年。这种思想是基于对百姓生存保障的考虑,就是古代的保险,类似于现在的"全体社会保障"。

西汉武帝时,正式形成了"常平仓"制度。"常平仓"制度简单地说就是,国家在各地设立仓库,丰收之年粮价较低,国家便以比市场价格高的价钱收购粮食,存入仓库;歉收之年粮价较高,国家便低价卖出粮食,平抑粮价。因此,"常平仓"制度的根本在于广大农民和全社会的利益,避免谷贱伤农和谷贵伤民。除了正常的农业丰歉外,"常平仓"制度还能保证重大自然灾害发生时,国家开仓放粮,无偿救济灾民。可以说,中国古代社会之所以能够保持长期稳定,与"常平仓"制度的确立有很大的关系。

常平,如果按"保障"和"交易"这两个功能来考量,它就是中国最早的保险交易场所,或者可以称之为"农业保险中心""保障交易中心""保险交易中心""农业保险交易所"。当然它不像现在的股票、石油、产权等交易所频繁交易,它大多在粮食价格低的时候,从农民手里以高于市场价的价格买进粮食,就是以"政府保护价"收购,而在灾荒粮价高时,低价卖出粮食。这种交易不是经常发生,所以,平时这些粮食就在粮仓里"睡大觉",不发生交易。但是,它一旦发生交易,就开始发挥"保险"和"交易"的功能。它平时交易换手很少,但在交易时,短时间内就会由零散交易集成大额的交易。

汉武帝时,桑弘羊发展了上述思想,创立平准法,依仗政府掌握的大量钱帛物资,在京师贱收贵卖以平抑物价。宣帝元康年间,连年丰收,谷价有贱到一石五钱的,"农人少利"。大约就在这以后,大司农中丞耿寿昌把平准法着重施之于粮食的收贮,在一些地区设立了粮仓,收购价格过低的粮食入官,以"利百姓"。这种粮仓已有"常平仓"之名。

所以,"常平仓"在非灾荒的时候,往往更多地发挥着"保障交易""保险交易"的作用。

(资料来源:《保险文化》2016年7月)

(二) 西方古代的保险思想

西方最早产生保险思想的并不是现代保险业发达的国家,而是处在东西方贸易通道上的文明古国,如古代的巴比伦、埃及和欧洲的希腊、罗马。据英国学者托兰纳利论证,"保险思想起源于巴比伦,传至腓尼基(今黎巴嫩境内),再传入希腊"。

早在公元前2000多年,古巴比伦国王汉谟拉比曾制定了被认为是世界上最早的一部比较系统的法典——《汉谟拉比法典》,在这部法典中对火灾救济基金的收集及货物运输中的风险转嫁作了一些规定。其中之一是,商人可以雇佣专人去国外的任何一个港口销售货物,销货员若顺利归来,商人可以收取一半的销货利润;如果销货员未归,或者回来时既无货又无利润,商人可以没收其财产,甚至可以把销货员的妻子、孩子没收过来作为债务奴隶。但如果货物是被强盗劫夺,或者销货员在外遭遇危险不幸身亡,则可以免除其债务,免除的销货员债务由整个商队共同承担(据说这是海上保险的一种起源)。

据史料记载,在古埃及的石匠中曾有一种丧葬互助会的组织,向每一成员收取会费以支付个别成员死亡后的丧葬费。在古希腊的一些宗教组织中,由会员分摊缴纳一定的会费,形成相当数量的公共基金,专门用于救济和补偿意外事故、自然灾害所造成的经济损失。在古罗马军队中,也曾经出现过一种称为士兵会的互助组织,以收取的会费作为士兵阵亡后对其遗属的抚恤费用。

到了中世纪,欧洲各国城市中陆续出现各种行会组织,这些行会具有互助性质,其共同出资救济的互助范围包括死亡、疾病、伤残、年老、火灾、盗窃、沉船、监禁、诉讼等人身和财产损失事故,但互助救济活动只是行会众多活动中的一种。这种行会或基尔特制度在13~

16世纪特别盛行,并在此基础上产生了相互合作的保险组织。

二、海上保险的起源和发展

(一) 共同分摊原则是海上保险的萌芽

海上保险的起源与海上风险的共同分摊原则有着密切的联系。大约在公元前2000年,古巴比伦的保险思想传入了地中海东岸的以航海业闻名的腓尼基帝国。当时,海上航行的冒险性很大,于是海上贸易商把这些保险思想引入航海业,逐渐形成了共同海损分摊的习惯做法。即在船舶航行途中发生危及船货共同安全的危险时,船长可以下命令抛弃部分货物以保剩下货物与船员的共同安全,但由此引起的货物损失必须由获救的船货共同分担。这项"一人为众,众为一人"的互助互济的共同分摊原则,为当时所普遍接受。公元前916年,在路德岛国王制定的《罗地安海商法》及再后来的罗马法典中都把共同海损分摊的做法以法律的形式确定下来,规定"凡因减轻船只载重投弃入海的货物,为全体利益而损失的,须由全体分摊归还"。这就是海上保险制度的萌芽。

(二) 船舶与货物抵押借款是海上保险的雏形

大约在公元前8世纪至公元前7世纪,人们在进行海上贸易的过程中,由于当时进行海上货物运输的主要工具木船抵御海上灾害的能力十分有限,为此船东和货主经常遭受损失,轻者造成资金周转困难,重者导致贸易经营的中断。为解决因灾害事故造成的经营中断,船东和货主常常以船舶或货物作为抵押,向资金所有者举债。如果船货安全抵达目的地,船东或货主就将偿还贷款与约定的利息,如果中途发生沉没,则借贷关系解除。公元533年,罗马皇帝查斯丁尼在法典中把这种借款的利率限制在12%,而当时普通放款利率为6%。在这种借贷关系中,船东或货主就是被保险人,而放款人就是保险人,贷款额就是保险金额,其中约定利率与普通利率的差额就是保险费率。它实质上就是最早形式的海上保险。

(三) 意大利是现代海上保险的发源地

真正以收取保险费进行经营的海上保险起源于意大利。11世纪末欧洲十字军东征以后,意大利商人控制了东方和西方的中介贸易,到14世纪意大利已经成为国际贸易中心,在地中海一带城市开始有了从事草拟和撰写保险契约的专业人员。意大利热那亚商人乔治·勒克维伦在1347年10月23日签发的船舶航运保险契约是迄今发现的一份最古老的保险单,承保"圣·克勒拉"号航船从热那亚到马乔卡的航程。但保单没有订明保险人所承保的风险,所以它还不是真正意义上的现代保险单。至于世界上第一份具有现代意义的保险单,是一组保险人在1384年3月24日为四大包纺织品签发的由法国南部到意大利比萨之间的货运保险单,历史上称为比萨保单,后者所承保的险种及责任范围,都比前者有所扩展。比萨保单的诞生,标志着海上保险乃至整个现代保险制度终于产生了。

(四) 英国在现代海上保险发展中的地位

15世纪初期,海上贸易中心西移,海上保险的中心也随之西移。经历一个多世纪的时间,自意大利经葡萄牙、西班牙各大城市于16世纪初期传入荷兰、英国。

随着英国对外贸易的迅猛发展,世界保险的重心开始向英国转移。1568年,伦敦成立了第一家海上保险交易所,取代了以前露天广场交易的做法。1601年英国颁布第一部海上保险法,为海上保险纠纷的解决提供了法律依据。17世纪下半叶爆发的三次英荷战争,使英国与荷兰的贸易遭受严重打击,进一步加深了人们对海上保险作用的认识。1720年,经英国皇家特许批准,专营海运保险的英国皇家交易保险公司和伦敦保险公司先后成立。当时法律规定,禁止再有其他公司经营海上保险,这两家公司曾一度垄断了英国保险市场。[①] 1829年,英国议会迫于金融保险界的强大压力,撤销了保险专利法,皇家交易保险公司和伦敦保险公司垄断经营海上保险业务的特权被取消,大批保险公司进入海上保险市场。1906年英国制定了《海上保险法》,总结了历史上海上保险遵循的惯例、案例和解释规则等,以成文法的形式固定下来。该法的问世,进一步促进了英国海上保险的发展,使英国真正成为世界海上保险的中心。这个法律的基本精神以及在这个法律指导下形成的许多规章制度,后来为许多国家所采纳或仿效。

在海上保险中占有特殊地位的劳合社始于1683年,一个名叫爱德华·劳埃德(Edward Lloyd)的人在伦敦泰晤士河畔开设了一家咖啡馆。由于其地处伦敦市中心,吸引了海陆贸易商人、船主、航运经纪人、保险商等光顾,逐渐成为交换海运信息、接洽航运和保险业务的活动场所。老板爱德华·劳埃德抓住这个机会,努力为买卖保险的双方提供便利,进而将咖啡馆变成了一个保险交易的市场。1688年2月18日《伦敦公报》刊登的一则广告中,第一次披露伦敦塔街的劳埃德咖啡馆为联系地点。因此,劳合社便以这一天为创始纪念日。

1691年,劳埃德咖啡馆从伦敦塔街迁至伦巴第街经营保险业务,并利用消息灵通之便,于1696年出版了一份单张小报——《劳埃德新闻》,每周出版三期,经常报道船舶起航、到达时间、货物运输、海难等航运消息。这份小报虽然只出版了76期,却使劳埃德的咖啡馆成为航运消息的传播中心。劳埃德死于1713年,由他的女婿接管咖啡馆,在1734年又出版了《劳合社动态》,每周一期,后易名《劳合社日报》,至今仍在出版。据说,除了官方的《伦敦公报》外,《劳合社动态》是英国现存历史最悠久的报纸。

随着海上保险业务的不断发展,在咖啡馆内进行保险交易已经变得不方便了。1771年,由79个劳埃德咖啡馆的顾客每人出资100英镑另觅新址专门经营海上保险。这笔资金由经过无记名投票选出来的一个委员会管理,它是第一个劳合社委员会,但直到1871年英国议会正式通过了《劳埃德法案》,劳合社才正式成为一个合法的社团组织。1774年,劳合社迁至皇家交易所,从而成为英国海上保险交易的中心。1720年英国议会通过的一项法律限制劳合社的成员只能经营海上保险,直到1911年的法律才取消这一限制,允许其成员经营一切保险业务。

[①] 注:由于法律禁止的对象是公司,而劳埃德咖啡馆的承保人均是个体保险商,使劳埃德咖啡馆的保险商有机会弥补海上保险公司锐减而出现的业务空白。上述的两家公司虽然得到法律特许,但对经营海上保险业务并不重视,这又使劳埃德咖啡馆的顾客组成了海上保险团体。

20世纪90年代前后,劳合社出现严重亏损,开始对业务经营与管理进行整顿和改革,允许接受有限责任的法人组织作为社员,并允许个人社员退社或合并转成有限责任的社员。因此改革后的劳合社,其个人承保人和无限责任的特色逐渐淡薄,但这并不影响劳合社在世界保险业中的领袖地位。在历史上,劳合社设计了第一张盗窃保险单,为第一辆汽车和第一架飞机出立保单,近年来又是计算机、石油能源保险和卫星保险的先驱。劳合社设计的条款和保单格式在世界保险业中有广泛的影响,其制定的费率也是世界保险业的风向标。劳合社承保的业务包罗万象,包括钢琴家的手指、芭蕾舞演员的双脚、赛马优胜者的腿等。劳合社对保险业的发展,特别是对海上保险和再保险作出的杰出贡献是世界公认的。

劳合社不是保险公司,它只是一个保险市场,向其成员提供交易场所和有关的服务,本身并不承保业务。将劳合社承保业务的所有辛迪加合起来,将构成世界最大的商业保险人之一,同时也是一家全球主要的再保险人。截至2008年年底,劳合社市场拥有51家管理代理公司和80个辛迪加,承接着来自世界各地逾200个国家和地区的业务,其业务类型如图3-1所示。(资料来源:劳合社网站 www.lloyds.com)

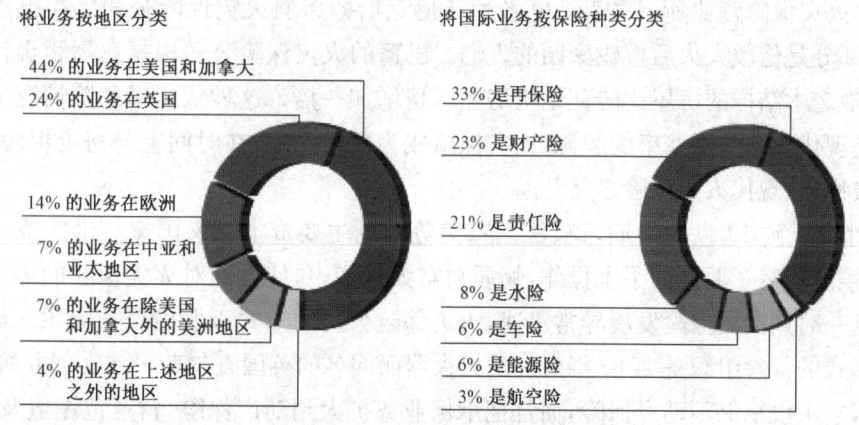

图 3-1 劳合社的业务类型

2000年11月,劳合社在北京设立了办事处,2005年11月,劳合社获得批准在中国内地成立一家再保险公司,这也是它首次成立此类公司。自2007年3月,劳合社在中国上海成立全资子公司——劳合社再保险(中国)有限公司(下称"劳合社中国"),从事非寿险再保险业务,为快速增长的中国保险市场提供再保险承保能力。2010年5月,劳合社中国获得中国保监会的批准,在经营原非寿险再保险业务的基础上,扩展经营非寿险直接保险业务。2010年10月,公司正式更名为"劳合社保险(中国)有限公司",以反映公司扩展的营业范围。从2011年9月开始,劳合社中国已正式开始按照扩展的营业范围经营保险业务。2014年9月,公司累计注册资本增加至人民币10亿元。2014年9月,公司获批筹建北京分公司。2015年3月,劳合社保险(中国)有限公司北京分公司正式开业。

劳合社中国承保的所有业务均得到劳合社安全链的全面保障,因而劳合社中国享有与劳合社市场同等的信用评级,即标准普尔评级"A+(稳健)"、惠誉评级"AA-(非常稳健)"贝氏评级"A(卓越)"。

三、其他保险的产生与发展

(一) 火灾保险的产生

火灾保险是继海上保险之后出现的又一重要的保险业务,其起源可以追溯到1118年在冰岛设立的互助社,该社对火灾及家畜死亡损失负赔偿责任。17世纪初,德国盛行互助性质的火灾救灾协会制度。1676年,第一家公营保险公司——汉堡火灾保险局由46个协会合并宣告成立。但真正意义上的火灾保险是在伦敦大火之后发展起来的。1666年9月2日,伦敦城被大火整整烧了5天,市内448亩的地域中373亩成为瓦砾,占伦敦面积的83%,13 200户住宅被毁,财产损失1 200多万英镑,20多万人流离失所,无家可归。灾后的幸存者非常渴望能有一种可靠的保障,来对火灾所造成的损失提供补偿,因此火灾保险对人们来说已显得十分重要。在这种状况下,聪明的牙科医生尼古拉斯·巴蓬于1667年独资设立营业处,办理住宅火险,开创了私人火灾保险的先例。1680年,他同另外三人集资4万英镑成立火灾保险营业所,1705年更名为菲尼克斯即凤凰火灾保险公司。在巴蓬的主顾中,相当部分是伦敦大火后重建家园的人们。巴蓬的火灾保险公司根据房屋租金计算保险费,并且规定木结构的房屋比砖瓦结构房屋保费增加一倍。这种依房屋危险情况分类保险的方法是现代火险差别费率的起源,火灾保险成为现代保险,在时间上与海上保险差不多。巴蓬也被称为"现代火灾保险之父"。

18世纪末到19世纪中期,英、法、德、美等欧洲主要资本主义国家相继完成了工业革命,机器生产代替了原来的手工操作,物质财富大量集中,使人们对火灾保险的需求也更为迫切。这一时期火灾保险发展异常迅速,火灾保险公司的形式以股份公司为主。最早的股份公司形式的保险组织是1710年由发明灭火器而闻名的英国查尔斯·波文创办的"太阳保险公司",它不仅承保不动产保险,而且把承保业务扩大到动产保险,营业范围遍及全国,它是英国迄今仍存在的最古老保险公司之一。

美国于1752年由本杰明·富兰克林在费城创办了第一家火灾保险社。这位多才多艺的发明家、科学家和政治活动家还在1736年成立了美国第一家消防组织。1792年专门经营航海保险的北美洲保险公司成立,它在两年后开始承办火险业务。

进入19世纪,在欧洲和美洲,火灾保险公司大量出现,承保能力有很大提高。1871年芝加哥一场大火造成1.5亿美元的损失,其中保险公司赔付了1亿美元,可见当时火灾保险的承保面之广。随着人们的需求增加,火灾保险所承保的风险也日益扩展,承保责任由单一的火灾扩展到地震、洪水、风暴等非火灾危险,保险标的也从房屋扩大到各种固定资产和流动资产。

(二) 人身保险的产生

在海上保险产生和发展的过程中,一度包括人身保险。15世纪后期,欧洲的奴隶贩子把运往美洲的非洲奴隶当作货物进行投保,后来船上的船员也可投保;如遇到意外伤害,由保险人给予经济补偿,这些应该是人身保险的早期形式。

17世纪中叶,意大利银行家洛伦佐·佟蒂提出了一项联合养老办法,这个办法后来被称为"佟蒂法"。1689年,法国国王路易十四采用佟蒂法筹措战争经费,具体做法是要求每一位国民交纳300法郎,筹集起总额140万法郎的资金,保险期满后,规定每年支付10%,并按年龄把认购人分成14个群体,对年龄高些的,分息就多些。"佟蒂法"的特点就是把利息付给该群体的生存者,如该群体成员全部死亡,则停止给付。由于这种办法不偿还本金,并引起了相互残杀,后被禁止。但"佟蒂法"引起了人们对生命统计研究的重视。因而,人身保险的创始人应首推洛伦佐·佟蒂。

1693年,著名的天文学家埃德蒙·哈雷以德国勃来斯洛市1687—1691年间的市民死亡统计为基础,编制了第一张生命表,精确表示了每个年龄的死亡率,提供了寿险计算的依据。18世纪中叶,英国人辛普森根据哈雷的生命表,制成了依死亡率增加而递增的费率表。之后,多德森依照年龄差等计算保费,并提出了"均衡保险费"的理论,从而促进了人身保险的发展。1762年成立的伦敦公平保险社才是真正根据保险技术基础而设立的人身保险组织,也标志着现代人身保险的开始。1774年,英国颁布了人身保险法,在人身保险的经营中引入了可保利益原则,将投保人对于被保险人具有可保利益作为投保的前提,这部法律对于防范道德风险、促进人身保险健康发展起到了重要作用。1870年,英国又通过了《寿险公司法》,要求寿险公司必须存放2万英镑作为保证金,而且必须公布账目。由于施行严厉的监管,人身保险业的发展走上了正轨。

工业革命在促进经济发展的同时,由于各种机器的应用以及各种交通工具的发明和推广,使人身职业伤亡和意外伤害事故增多,这为广泛开展人身保险业务开辟了市场。加上人身保险带有储蓄功能,年金能提供养老收入,准备金能用于投资,这就进一步加速了人身保险的发展。

(三) 责任保险的产生

19世纪初,法国《拿破仑法典》中开始出现民事损害赔偿责任的规定,奠定了责任保险产生的法律基础。真正的责任保险最早出现在英国。1855年,英国率先开办了铁路承运人责任保险,自此之后,责任保险引起人们的重视。1870年,保险商开始对因爆炸造成的第三者财产损毁和生命伤害提供赔偿。1875年,英国出现了马车意外事故第三者责任险,可以称为第三者责任险的先导。1880年,英国的雇主责任险通过立法,同年就有雇主责任保险公司宣告成立。1890年,海上事故保险公司就啤酒含砷造成的第三者中毒,对特许售酒商提供了保险,可谓最早的产品责任保险。1896年,北方意外保险公司对药剂师开错处方的过失提供职业损害保险,开了职业责任保险的先河。随后,运动责任保险(1915年)、航空责任保险(1919年)、会计师责任保险(1923年)、个人责任保险(1932年)、农户及店主责任保险(1948年)等相继出现。

19世纪末,汽车出现后,汽车责任保险随之产生。最早的汽车保险是1895年由英国一家保险公司推出的汽车第三者责任保险。1898年美国也开办了这项业务。进入20世纪后,汽车第三者责任保险得到了迅速发展,时至今日它已成为责任保险市场最主要的业务之一。20世纪后期大部分西方国家对各种公共责任采取了强制保险的办法,有些国家还实行了严格责任制度,进一步使责任保险成为市场经济国家不可或缺的风险保障工具。

(四) 信用保证保险的产生

信用保险产生于19世纪中叶的欧美国家,当时称为商业信用保险,主要由一些私营保险公司承保,业务限于国内贸易。第一次世界大战后,信用保险业务得到了发展。1919年,英国首先成立了出口信用担保局,创立了一套完整的信用保险制度,以后各国纷纷效仿,开始了政府介入出口信用保险的时代。1934年伯尔尼联盟(国际信用和投资人保险联合会)的成立标志着出口信用保险已为世界所公认。

保证保险实际上是一种担保业务,它是随着资本主义商业信用的普及和道德风险的频繁发生而产生和发展起来的。1702年,英国创办了一家专门经营保证保险的保险公司,开展忠诚保证保险业务,主要承担被保险人(一般是雇主)因雇员的不忠诚行为造成的经济损失。1840年和1842年,英国又相继成立了保证社和保证公司,开办保证保险业务。美国于1876年在纽约开展了确实保证保险业务。1901年,美国马里兰州的城市存款公司推出了合同担保保险。第二次世界大战后不久,美国于1948年4月根据"对外援助法"制订了"经济合作法案",开始实施马歇尔计划,并开始实行投资风险保险制度。

信用保证保险已成为现代经济生活中必不可少的一个险种,目前西方发达国家的保险公司对货物的买卖、租赁、工程承包等合同都提供信用保证保险的服务。

(五) 再保险的产生

现代保险制度从海上保险开始,随着海上保险的发展,产生了对再保险的需求。最早的海上再保险可追溯到1370年7月12日签发的一张保单,该保单的签发人格斯特·克鲁里杰承保了从意大利热那亚到荷兰斯卢丝之间的航程,并将从加的丝到斯卢丝段风险较大的责任部分转嫁给其他保险人承担,而自己只承担地中海段航程的保险责任。这种做法与现代再保险分配保额或分担赔款以控制责任的办法不同,但从分散风险的原理来看,仍属再保险的开端。随后,到了17世纪,英国的皇家交易保险公司和劳合社已经开始经营再保险业务。在欧洲大陆,根据1681年法国路易十四法令、1731年德国汉堡法令和1750年瑞士保险法令,再保险的经营均是合法和准许的。

早期保险业务的经营,一般是由保险人独立承保,如遇保额较大,一个保险人不能全部承担时,就采用共同保险的方式,由几个保险人联合承保。由于共同保险带来了保险人相互间的竞争,又出现了临时再保险,即由一个保险人先承保全部业务,再将超过自身承担能力的责任部分分保给其他保险人,分出人与分入人之间没有稳定的业务联系,只是在需要分保时,临时确定分出与分入的条件和费用。临时再保险比共同保险在分散风险方面有其优势,因而作为一种重要的经营方法为保险业所采用。但由于临时再保险需要各有关保险公司逐笔磋商,手续繁琐,联系松散,费时费力,且在未商妥之前,原保险人处于无保障状态,这种再保险安排方法已满足不了保险业务发展对再保险的需要;经过初期临时再保险同业相互之间的了解,合同再保险便应运而生了,不过当时的合同再保险都是比例分保的形式。1813年,纽约鹰星火灾保险公司与联合保险公司签订了最早的再保险合同。

再保险业务原来是在经营直接保险业务的保险人之间进行的,随着再保险业务的不断发展和保险公司之间竞争的加剧,要求再保险公司经营专业化。1852年,德国科隆再保险公司创立,成为世界上第一家独立的专业再保险公司。1863年瑞士再保险公司成立,1890年美国再保险公司成立,英国则于1907年才成立了商业综合再保险公司。专业再保险公司的出现对促进再保险业务的发展发挥了很大的推动作用,特别在分保技术方面显示出专业化的优越性。

传统的再保险方式是比例再保险,由分保双方以保险金额为计算基础分配责任。19世纪后期特别是进入20世纪以来,随着工业的持续发展和科学技术的日新月异,巨灾风险巨额损失不断增加,带来了对再保险的新的要求。因此,为解决巨灾风险和巨额风险的保障问题,以赔款为基础计算分保双方责任额的另一种分保方式——超额损失再保险(即非比例再保险)便产生和发展起来了,这是劳合社的希斯于19世纪80年代中期最早提出的。由于这种赔款分保方式对巨灾风险和巨额损失的保障作用显著,手续也较为简单,这种分保方式不断发展,现已成为各种保险业务特别是意外险和责任险所普遍采用的一种再保险方式。

第二节 世界保险业发展的现状与趋势

一、世界保险业发展的现状

数据显示,截至2015年年底,我国保险密度(人均保费)为1 766.49元/人(折合271.77美元/人),同比增长19.44%;保险深度(保费收入占国内生产总值的比重)为3.59%,同比增长0.41个百分点。而同期,全球市场保险密度为662美元,其中,美国、日本、英国和法国等发达经济体的保险密度约4 000美元/人,我国与其相比相差10多倍。全球保险深度为6.2%,其中美国、日本、英国和法国等发达经济体的平均保险深度在10%左右,我国的差距也非常明显。"十二五"期间,虽然我国保险市场在全球排名由第6位升至第3位,但也只能说我国是一个保险大国而非保险强国。

现代保险业从欧洲发源以后几百年,特别是20世纪以来,随着世界经济的发展而得到了迅速的发展。根据瑞士再保险公司Sigma杂志的统计资料,1987年全世界保费收入首次突破10 000亿美元大关,2015年已达到45 538亿美元,其中寿险业保费收入25 338亿美元,占55.6%,非寿险业保费收入20 200亿美元,占44.4%。

2015年保费收入最高的国家是美国,为13 163亿美元,占全球市场份额的28.9%;其次是日本,为4 497亿美元,占9.9%。中国的保费收入为3 740亿美元,占8.2%,在全球排名第3位。

二、世界保险业发展的趋势

20世纪70年代以来,世界保险业的发展明显呈现出如下的趋势。

(一) 保险保障范围日益扩大,创新产品层出不穷

随着科学技术的不断进步与发展,尖端科技日新月异,各种新型风险不断出现,一些传统不可保风险正在成为可保风险。尤其自20世纪70年代以来,保险的经济补偿从有形财产的损失补偿,逐步发展到贸易经济活动、技术开发、责任、信用及人身等领域的各种补偿,所承保的业务范围比历史上任何时期都要大。保险产品结构也出现了较大程度的转变,如在财产保险领域,传统的险种以货物运输、船舶、汽车、飞机、房屋等为对象,如今发展到了以海洋开发、人造卫星、航天飞机、核电站等为承保对象;在人身保险领域,投资连接产品和万能产品等的需求越来越大,打破了过去传统险一统天下的格局。

(二) 巨灾风险加大,保险市场面临巨大挑战

瑞士再保险公司的研究报告显示,损失以10亿美元(通货膨胀指数计算在内)计的自然灾害,从20世纪70年代的7起增加到80年代的9起,到90代则高达32起。造成巨灾发生频率和损失程度不断上升的原因,既有地震、风暴、洪水等自然因素,也有火灾和卫星损失等人为因素,还包括受灾地区人口密度增大、财富不断集中而导致的保险价值增高等间接因素。特别是2001年9月11日,美国世贸中心大厦和五角大楼遭恐怖分子袭击,造成的已保财产损失和已保营业中断损失达到190亿美元,成为有史以来保险业最大的非寿险损失事例之一。如果把责任险和寿险保单也算进去的话,则损失额将达到300亿~770亿美元。这是自20世纪90年代以来,人为已保损失第一次构成总损失额中的大部分(占70%),而以往都是由自然巨灾损失构成总损失额中的大头。这给全球保险业和各国政府带来了严峻的挑战,如何应对这类巨大风险成为一个新型的课题。

专栏 3-2

美国的《恐怖主义风险保险法案》简介

"9.11"恐怖事件使美国保险业受到严重打击,布什政府为了挽救处于困境边缘的保险业,于2002年11月26日签署了《恐怖主义风险保险法》,提出了应付恐怖活动的3年综合保险计划。这是一部联邦政府与保险业之间关于公共与个人风险共享的法律,其目的是确保有充足的资源提供给企业恢复与重建,如果他们成为恐怖分子袭击的受害者。这一法律的特殊规定包括:

(1) 由财政部官员确认为恐怖主义行为,事件造成的累计财产和意外伤害保险损失至少在500万美元以上。

(2) 本法只限于对任何外国人或在美国本土的外国利益遭受国际恐怖主义袭击(造成航空运输、或在美国之外的船只、或美国代表团的场所的损坏)。

(3) 每一保险人负责支付索赔的某个数额,超过部分由联邦政府提供。

(4) 高于保险公司免赔额度的损失,由联邦政府承担90%,保险人只承担10%。
(5) 2004年保险业的累计自留额为125亿美元,2005年为150亿美元。
(6) 由这一规划提供的损失保障总计为1 000亿美元。
(7) 本规划除外项目:个人限额(汽车和房子)、预定的再保险、联邦农业、抵押保证、财务保证、医疗失误、洪水保险和人寿健康保险。

据此法案,从2003年开始,一旦保险公司支付最初的100亿美元的保险赔偿金后,联邦基金将支付最高至90%的因恐怖袭击而造成的损失。2004年保险公司将负责赔付125亿美元的赔偿金,赔偿金的数额到2005年将上升至150亿美元。政府的资助金的最高金额为1 000亿美元。这项法案没有追溯力,它不包括对在"9·11"袭击事件中被毁坏的纽约世贸中心的赔付。它规定,对恐怖袭击导致的超过500万美元的理赔案,保险公司要拿出前1年保费收入的7%先行赔付,这一比例将在此后两年有所增加。剩余的赔偿金,由政府承担90%,保险公司承担10%。但法案规定,在2003年至2005年的3年内,政府理赔总金额不能超过2 625亿美元。

《恐怖主义风险保险法案》(TRIA法案)自2001年"9·11"恐怖主义袭击发生以来,一直作为全美保险商的"保护伞",分摊恐怖主义风险对保险公司可能造成的经济损失。由于TRIA法案将于2005年12月31日到期,敦促参、众两院通过对该法案的沿用,成为保险公司这1年工作的重中之重。2005年12月,美国众议院终于通过沿用该法案的请求,延长期限至2007年12月31日,这无疑是2005年全美保险业的一件大事。

(资料来源:圈中人保险网)

(三) 非代理化与个性化服务成为保险业发展的趋势

非代理化是目前国内外保险界普遍关注的一个话题,即保险公司通过代理商以外的销售渠道来推销保险产品,代理人的角色正在由传统的保险推销员向理财顾问转变。非代理化将增加银行和非传统交易者的参与,而代理人则通过向客户提供财务咨询等增值服务来获取利润。

随着客户收入的提高和投资渠道的增多,客户对于保险产品及服务的期望值也日益提升。新的财务产品层出不穷,使客户对金融顾问服务的需求大大增加。客户需要的不仅仅是一份保险合同,而是全方位的信息和服务。目前国外保险公司正在倡导实施24/7的服务理念,即通过建立呼叫服务中心等措施,使客户每天24小时、每周7天随时都可以与保险公司联系。保险公司还在电脑网络中建立了客户信息库,通过分析客户的心理及购买行为来估计客户个性化的需求,主动向客户推荐保险产品。

(四) 保险监管的国际化和放松监管的势头不断加强

保险资本和服务的国际化导致了保险监管国际化的呼声不断提高,其核心是要解决监管的协调化和相互认可问题。1993年成立的国际保险监督协会已经在加强各国监管机构之间交流、协调各国保险监管政策、制定某些国际标准方面发挥出了作用。此外,在欧盟、经合组织国家以及美国,都已开始了推动保险监管协调化的努力。

20世纪70年代以来的金融自由化浪潮不可避免地波及了保险业。从世界范围来看,无论是过去对保险业采取严格监管的国家还是采取相对宽松式监管的国家,目前都出现了放松监管的趋势,保险监管开始由事前监管为主向事后监管为主、由合同条款和价格监管为主向偿付能力监管和公司治理结构监管为主的转变。那些曾经身处高度保护、严格监管市场中的保险公司,随着自由化和放松监管趋势的发展,会面临无数全新的挑战。

(五) 亚洲保险市场的迅速发展和欧美保险市场的承保力量过剩

亚洲经济发展的起步较欧美各国晚,保险的发展自然也晚些。亚洲三个保险大国,日本是在20世纪60年代后期才有较大的发展,韩国还晚些,而中国直到1997年保费收入才突破100亿美元,但亚洲保险市场的发展速度相当快。1986年,亚洲的保险费为北美洲(美国和加拿大)的49.3%,还不到一半,1995年已经是114.3%;此后由于日本经济的不景气以及日元汇率的贬值,虽然其他亚洲国家(如中国)的保险业在飞速发展,但整个亚洲的保险费与北美洲的差距却在拉大,到2008年,亚洲的保费收入为9 333.58亿美元,仅有北美洲保费收入13 415.86亿美元的69.6%。

欧美各国保险市场竞争激烈,承保力量超过保险市场的需求,主要反映在财产保险及海上保险的范围之内,有些保险公司经营困难被大公司大集团乘机兼并,许多保险公司开始寻求在全球范围内,尤其是在亚洲等新兴市场开展业务。

(六) 保险业的全球一体化趋势越来越明显

随着经济的全球化,为社会和经济发展提供保障服务的保险业也不可避免地出现了全球化趋势。全球化意味着地理位置对保险人、保险中介、监管部门和客户来说,越来越不重要了。导致保险全球化的本质原因首先是客户保险需求的全球化,全球化的公司希望能在世界范围内安排它的保险计划,对巨灾保险的需求导致保险人和再保险人去利用国际保险资本乃至国际资本市场;其次,保险人出于自身的原因,也迫切需要在国际范围内需求新的生存和发展空间。

近10年来,保险业加快了国际化的趋势,通过国际间的保险资本运作、战略联盟等多种形式,出现了许多国际化的保险集团,可以在国际范围内为客户提供全球化的保险服务。这一趋势仍将持续下去,而且其重点将表现为国际保险资本向新兴市场国家的大量涌入。

(七) 国际保险业兼并收购愈演愈烈,行业集中度日益提高

20世纪90年代以来,全球保险业经历了一场前所未有的并购风潮,保险公司为了确保其市场份额的稳步增长和保持较高的盈利水平,进行了更加频繁且交易额巨大的行业整合活动,这种兼并与收购不仅出现在同一性质的保险公司之间,而且出现在寿险、财产险和再保险等不同性质的保险公司之间。1990—2001年,全球已有1.3万亿美元被用于收购保险公司,总交易次数达9 912件,并呈现出逐年递增的发展态势。其中,较大规模的并购案有美国国际集团(AIG)收购美国太阳公司、英国商联保险公司(CGU)与诺威奇联合保险公司(NU)合并组成英国最大的保险集团CGNU、英国保诚(Prudential)收购Scottish Amicable人寿等。行业整合的直接结果就是市场集中度增高,无论是发达国家,还是新兴工业化国家,排名前5位的大型保险公司都占据该国保险市场较大的份额。

专栏3-3

友邦保险亚洲寿险业务易主

美国国际集团(AIG)将以355亿美元的价格向英国保诚集团出售旗下友邦保险公司在亚洲的寿险业务。这笔交易将使美国国际集团得以偿还所欠美国政府巨额债务的近五分之一,并使英国保诚集团成为亚洲保险业巨头。

美国国际集团将获得总计355亿美元,其中250亿美元为现金,105亿美元为保诚集团新股及其他证券。

纽约联邦储备银行发言人表示:"纽约联邦储备银行支持美国国际集团董事会向保诚集团出售友邦保险的决定。这一交易表明,美国国际集团向重组公司结构及偿还政府债务迈出了重要一步。"

2008年,在全球金融危机最严重阶段,美国政府承诺向美国国际集团注入1 825亿美元,作为交易,政府将获得该公司80%的股份。目前,美国国际集团已获得约1 300亿美元救助资金。如果交易成功,美国国际集团获得的250亿美元现金将可以支付所欠美国政府债务的近五分之一。

该出售交易还包括美国国际集团位于中国的业务部门。友邦保险公司在中国内地的发展始于1992年,并于同年在上海设立分公司,是第一家获准在中国经营保险业务的外资保险公司。目前,友邦保险在中国内地的业务范围已经扩展到北京市、广东省和江苏省。

此项收购能让保诚集团在亚洲市场获得主宰地位,并极有可能让该公司获得价值被重新评估的机会。美国国际集团没有公布任何关于友邦保险盈利情况或售价的数据,但分析师和银行人士表示,亚洲业务约占保诚2009年全球销售总额三分之一、利润总额的一半,而在收购友邦之后,该公司80%~90%的销售额和利润都将来自亚洲。

《金融时报》援引一位知情者的话说:"亚洲将不再是保诚的增长市场,而是其核心市场。如收购成功,保诚就应该开始考虑是否要将其主要的上市地移至中国香港。"

(资料来源:解放日报,2010年3月3日)

与此同时,面对监管机构对资本充足率、负债估值以及动态风险管理等更加严格的监管要求所带来的挑战,小型保险公司要么退出市场,要么被大型保险公司兼并,留存下来的个别小型保险公司主要服务于专门业务领域。

(八)保险业与银行业进一步走向融合

为了顺应金融服务一体化的历史潮流,1999年11月,美国正式通过了《金融服务业现代化法》,取消了对金融业混业经营的限制,建立了一套允许商业银行、保险公司、证券公司和其他金融服务提供者之间可以联合经营、审慎管理的金融体系,明确了金融控股公司的基本框架和法律范畴。与美国金融市场的发展和改革交相呼应的是英国、日本等国在20世纪80年代以来出现的以分业经营向混业经营转变和从严格监管向放松监管转变为基本特征的金融改革。

国际保险业的发展趋势表明,世界保险资本正在进行一次大规模的资产重组和调整,总的来说,全球保险资本呈现一种过剩的趋势,但其在全球的分布却不均匀。这种保险资本分布不均匀的现象又导致了大量保险资本向保险尚不发达的国家、地区流动。随着全球金融服务业自由化的进程加快,这种国际保险业的相互渗透、相互影响的态势已经形成。任何一个国家或地区的保险业将不可能完全处于一种封闭及半垄断的状态;这种状态将不利于该地区保险业的健康、有序发展。

对中国的民族保险业来说,一方面,要加紧弥补和缩短我们与国际保险业发展趋势客观存在的差距,在日益变化的国际环境中,稳步发展我们自己民族保险业;另一方面,则应根据中国国情,谨慎地立足于长期发展战略,制定迎接挑战的策略。只有这样,才能在21世纪的竞争中立于不败之地。

第三节 我国保险业的产生和发展

尽管我国有久远的传统保险思想,但由于几千年的封建社会闭关锁国、商品经济落后,现代保险业迟迟未能诞生。我国现代形式的保险是随着19世纪西方列强侵略中国,外商保险公司作为保障资本输出和经济侵略的工具进入中国的,至今已经有200余年的历史,分为中华人民共和国成立前和中华人民共和国成立后两个历史阶段。

一、中华人民共和国成立前的保险业

(一) 国外保险势力的侵入

鸦片战争前,广州是当时中国唯一的对外通商口岸。外商为了应付海盗、战争和海上风险,需要保险保障。1805年,英国驻印度加尔各答和孟买的洋行与其在广州的洋行创办了"谏当保安行"(Canton Insurance Society),也曾译为"广州保险社"或"广东保险公司",这是外商在广州、也是在中国开设的第一家保险机构,标志着近代西方保险制度开始传入中国。第一次鸦片战争以后,清政府被迫签订《南京条约》,割让香港,开放广州、福州、厦门、宁波、上海为通商口岸。英国保险商乘机在中国拓展保险业务。1846年,英国人在上海设立永福、大东亚两家人寿保险公司。

19世纪中期,英国保险商对中国进行更大规模的入侵,所有保险条款、费率均由英商控制的外国保险公司同业公会制定。可以说,20世纪之前,英国保险公司基本垄断了中国保险市场。

(二) 民族保险业的开创与发展

19世纪后半期,随着洋务运动的兴起,中国民族资本开始涉足保险业。1865年,华商德盛号在上海设立"义和公司保险行",标志着中国民族保险业的诞生。1875年,在李鸿章的倡议下,由官督商办的轮船招商局在上海创办了保险招商局。1876年和1878年又先后设立"仁和水险公司"和"济和水火险公司",后来,这两家保险公司于1885年合并为"仁济和保险公司",主要承保招商局所有轮船、货栈及货物运输。中国自办的寿险公司出现时间较

晚,1912年才由吕岳泉先生创办了"华安合群人寿保险公司"。中国民族保险业的力量不断壮大,但在中国保险市场上由外资保险公司垄断的局面并未得到改变。

第一次世界大战期间,西方列强穷于应付战争,放松了对中国保险市场的控制,从而使中国的民族保险业得到了一个迅速发展的机会。当时外商在华保险公司除了保安、扬子两家公司的一部分还留在上海继续营业外,其余多已处于基本停业状态。为了适应保险市场需求,1916年我国成立了中国环保保险公司、永宁保险公司和华生保险公司,1917年成立了永安保险公司等,初步形成了一个中国民营保险公司的阵营。但好景不长,"一战"结束之后,在华营业的国外保险公司重新对我国的民营保险公司大加排斥和控制,中国民族保险业依然举步维艰。

20世纪20~30年代,民族保险业出现新形势,中国的银行业纷纷投资保险业。先后成立了太平保险公司、中国保险公司、中央信托局保险部等一批实力较强的保险公司,丰富了中国的保险市场。据1935年《中国保险年鉴》统计,当时全国华商保险公司有48家,外商保险公司有166家,分属美、英、德、日等16个国家,每年保险费总收入的80%左右流入外商保险公司。

抗战期间,外资保险公司纷纷关闭停业,中国民族保险则大举内迁入重庆,保险业的发展陷入停顿阶段。抗战胜利后,内迁的公司纷纷迁回上海,上海又恢复为我国保险业的中心。当时投机性保险公司不断出现,至上海解放前夕市场上共有中外保险公司近400家,其中华商保险公司126家,整个保险市场呈现一片虚假繁荣的景象。

二、新中国保险业的建立与发展

中华人民共和国的诞生开创了中国历史的新纪元,从而也揭开了中国保险史的新篇章,使保险事业的发展纳入了社会主义轨道,为社会主义建设事业和人民福利服务。

(一)中华人民共和国成立后保险业的建立与发展

1. 中华人民共和国成立前保险业的改造和整顿

发展中华人民共和国成立后的保险业,首先是从整顿和改造中华人民共和国成立前保险业和保险市场开始的。1949年5月上海解放后,人民政府立即接管了21家官僚资本的保险公司。并对私营保险业实行重新登记,缴存规定的保证金,经批准后方准复业。截至1949年7月5日,如数缴纳保证金的保险公司有104家,其中华商保险公司63家,外商保险公司41家。为了解决国内保险企业的业务分保问题,1949年7月20日由47家华商保险公司组织成立了"民联分保交换处",这样就割断了华商与外商的保险业务分保关系。外商保险公司因招揽不到业务,纷纷申请停业,到1952年年底,外资保险公司全部撤离上海。1951年年底和1952年年初有28家私营公司合并组成公私合营的太平和新丰保险公司,1956年这两家保险公司合并成为太平保险公司,专营海外业务,不再经营国内保险业务。

2. 中国人民保险公司的建立与发展

在对中华人民共和国成立前保险业改造的同时,经中央人民政府政务院财经委员会批准,中国人民保险公司于1949年10月20日在北京成立,以"保护国家财产、保障生产安全、促进物资交流、增进人民福利"为经营方针,这标志着中华人民共和国成立后保险业的发展从此开始了。

中国人民保险公司成立后,迅速在全国建立分支机构,并以各地人民银行为依托,建立起广泛的保险代理网。为配合国民经济的恢复和发展,中国人民保险公司积极开展业务,在城市相继开办了火灾保险、团体与个人寿险、国家机关和国营企业财产强制保险、旅客意外伤害保险、物资运输保险等,并在农村积极试办了牲畜保险、棉花运输收购保险和渔业保险。同时,为了摆脱西方国家对中国保险市场的控制,中国人民保险公司还致力于发展国外业务,与许多友好国家建立了再保险关系。

从1949年至1958年的十年中,中国人民保险公司累计收取保费16亿元,支付赔款3.8亿元,拨付防灾费用2 300多万元,上缴国库5亿元,积累保险资金4亿元,结余的资金都存入银行作为信贷资金使用。这一时期保险业务的发展,在发挥经济补偿职能、安定人民生活、积累建设资金、促进国家贸易等方面起到了积极的作用。

3. 国内保险业务的停办

由于对保险的积极作用认识不足,在1958年全国人民公社化的高潮中,错误地认为"一大二公"以后,生老病死和灾害事故统统可由国家和集体包下来,保险在中国已完成历史使命。1958年10月,在西安召开的全国财贸工作会议上,决定停办国内保险业务,对外保险业务转入中国人民银行总行国外局办理。旅客人身意外保险分别交给铁路、民航和交通部门自保。但是,这一决定在事实上很难贯彻执行,上海、哈尔滨的国内保险业务停不下来,广州、天津等地的国内保险业务停办后又申请恢复,这说明企业和群众确实需要保险。

1966年"文化大革命"开始以后,保险被认为是资本主义的产物,保险公司被认为是"剥削公司",应当彻底"砸掉"。到1967年,国内保险业务被迫全部停办,国外业务也遭到严重的摧残。最后从事保险的只剩下9个人,实际上已经没有能力办理业务了。

国内保险业务在全国范围内停办了20年的结果,使大量人员和资料散失,拉大了与国外保险业的差距,以致后来再恢复国内保险业务时,保险成了一门要抢救的学科。国内保险业务长期停办的原因是多方面的,客观的历史原因是当时的经济管理体制和"左"的经济方针,主观上的原因是没有深入研究社会主义保险理论,没有从理论上弄清社会主义保险性质、地位和作用。

(二) 我国保险业发展的新阶段

党的十一届三中全会以后,我国保险业又获得了新生。1979年的中国人民银行分行长会议上提出了恢复国内保险机构和业务的建议,经国务院批准,我国国内保险业务从1980年起恢复经营。自此中国保险业迎来了它快速发展的契机。

1. 保险经营主体逐步多元化

1980—1986年,我国只有中国人民保险公司一家国有独资的保险公司。随着1986年新疆兵团保险公司(2002年更名为中华联合财产保险公司)、1988年深圳平安保险公司和1991年中国太平洋保险公司的相继成立,在机构体系上打破了中国人民保险公司独家垄断保险市场的格局。从1992年9月美国友邦保险公司率先获准在上海设立分公司开始,外资保险公司便纷纷获准进入,中国保险市场的主体进一步增加。至 2008 年年底,全国共有保险机构 120 家;保险资产管理公司 10 家;专业保险中介机构 2 445 家;兼业保险代理机构 13.66 万家。保险从业人员达到 322.8 万人。多种所有制形式并存,功能相对完善、分工比较合理,公平竞争、共同发展的保险市场体系初步形成。

2. 保险法律法规体系和监管体系初步形成

改革开放以来,中国保险业开始注重法律法规体系的建设。尤其是《中华人民共和国保险法》于 1995 年 6 月颁布,并于同年 10 月 1 日起实施,它为规范我国保险市场提供了有力的法律依据,也为发展我国保险市场创造了良好的法律环境。由于保险业高速发展,这部保险法不久即在很多地方不适应形势发展的需要。为此,2002 年年底又颁布了第二部《中华人民共和国保险法》。这部保险法既修正了原保险法不合时宜的地方,又较好地适应了中国加入世界贸易组织后保险业与国际接轨的需要,为中国保险的进一步发展奠定了良好的基础。但是,此次修法基本未涉及"保险合同法"部分,而这部分内容本身存在缺陷较多,恰恰是保险法律关系中产生纠纷最多的领域。2009 年 2 月 28 日,第十一届全国人大常委会第七次会议表决通过了第三部《中华人民共和国保险法》,此次对保险法合同部分的修改,重点涉及投保人如实告知义务和保险人的说明义务、财产保险和人身保险理赔具体规范标准等内容。同时,这一次修法也大量涉及保险业法部分。保险法的完善有利于促进保险公司稳健经营,确保其偿付能力,最终体现了保护被保险人利益的目的。

1998 年 11 月 18 日,中国保险监督管理委员会正式成立,作为直属国务院的事业单位和全国商业保险的主管机关,依法监督和管理保险市场。中国保险业从此有了独立的监管机构,保险监管走向专业化和规范化的道路。中国保监会成立之后,及时确立了"市场行为监管与偿付能力监管并重"的监管原则,一方面积极为保险公司创造良好的外部环境,如规范保险市场行为,拓宽保险资金运用渠道,出台《保险公司管理规定》《保险保障基金管理办法》《保险公司偿付能力管理规定》等一系列行政规章和规范性文件,另一方面制定了中国保险业发展规划,明确了未来保险业的发展方向、任务和目标,并将完善公司治理结构作为今后深化保险业改革的中心工作。

3. 保险市场规模迅速扩大

自 1980 年以来,我国保险业务取得了令人瞩目的成绩,市场规模迅速扩大。继 2009 年保费收入首次突破 1 万亿元后,2016 年保费收入突破 3 万亿元,达到 3.1 万亿元,同比增长 27.5%。截至 2016 年年底,保险公司总资产突破 15 万亿元,达到 15.1 万亿元,如表 3-1 所示。

表 3-1 我国国内生产总值与保费收入情况一览表(1980—2016 年)

年份	GDP(亿元)	保费收入(亿元)	保险深度(%)	保险密度(元)
1980	4 517.8	4.6	0.10	0.47
1981	4 862.4	7.8	0.16	0.78
1982	5 294.7	10.3	0.20	1.01
1983	5 934.5	13.2	0.22	1.28

(续表)

年份	GDP(亿元)	保费收入(亿元)	保险深度(%)	保险密度(元)
1984	7 171.0	20.0	0.28	1.92
1985	8 964.4	33.1	0.37	3.13
1986	10 202.2	45.8	0.45	4.26
1987	11 962.5	71.04	0.59	6.51
1988	14 928.3	110.4	0.74	9.86
1989	16 909.2	97.63	0.58	12.64
1990	18 547.9	135.2	0.73	15.56
1991	21 617.8	178.2	0.82	20.35
1992	26 638.1	211.7	0.79	31.39
1993	34 787	395.5	1.14	42.16
1994	48 198	500.4	1.04	49.00
1995	60 794	594.9	0.98	56.39
1996	71 177	777.1	1.09	71.44
1997	78 973	1 087.9	1.38	90.00
1998	84 402	1 247.6	1.48	102.20
1999	89 677	1 393.22	1.55	114.20
2000	99 215	1 595.86	1.61	127.70
2001	109 655	2 109.35	1.92	168.98
2002	120 333	3 053.14	2.54	237.60
2003	135 823	3 880.40	2.86	287.40
2004	159 878	4 318.10	2.70	332.16
2005	184 937	4 927.34	2.66	375.64
2006	216 314	5 641.40	2.61	431.30
2007	265 810	7 035.76	2.65	533.87
2008	314 045	9 784.10	3.12	738.61
2009	335 353	11 137.30	3.32	836.52
2010	408 903	14 527.97	3.55	1 085.94
2011	484 124	14 339.25	2.96	1 066.81
2012	540 367	15 487.93	2.87	1 146.66
2013	595 244	17 222.24	2.89	1 268.79
2014	643 974	20 234.81	3.14	1 483.20
2015	689 052	24 282.52	3.52	1 770.87
2016	744 127	30 960.01	4.16	2 245.65

资料来源:《中国保险业发展报告(2003年)》、中国保监会统计数据、历年国民经济和社会发展统计公报。

通过对表3-1数据的分析可以看出,改革开放30多年来我国国民经济处于持久、快速的增长期,与此同时,保费收入也保持超常的增长速度;保险业的超常规发展有赖于市场化进程中原本被压抑的保险需求的释放,但更有赖于国民经济的增长。随着国民经济的持续增长,保费收入占 GDP 的比重也有所增大,这由保险深度和密度的变化可以看出,1980 年保险深度为 0.1%,保险密度为 0.47 元,到 2016 年已分别增加到 4.16% 和 2 245.65 元。但相比全球平均水平——6% 的保险深度和 600 多美元的保险密度来说,我国的这一指标值仍然偏低,不过同时也说明我国保险业还有很大的发展潜力。

本章小结

1. 最古老的保险是从海上保险发展起来的,英国在现代海上保险发展中处于重要地位。巴蓬 1667 年建立了世界上第一家火灾保险公司,被称为"现代火灾保险之父"。此后,人身保险、责任保险、信用保证保险和再保险相继产生与发展起来。保险业作为与银行业和证券业并驾齐驱的现代金融市场的三大支柱之一,在市场经济的发展过程中发挥了精巧的社会稳定器的作用。

2. 自 20 世纪以来,现代保险业随着世界经济的发展而得到了迅速的发展。目前,世界保险业的发展趋势呈现为:保险保障范围日益扩大,创新产品层出不穷;巨灾风险加大,保险市场面临巨大挑战;非代理化与个性化服务成为保险业发展的趋势;保险监管的国际化和放松监管的势头不断加强;亚洲保险市场的迅速发展和欧美保险市场的承保力量过剩;保险业的全球一体化趋势越来越明显;国际保险业兼并收购愈演愈烈,行业集中度日益提高;保险业与银行业进一步走向融合。

3. 我国现代形式的保险是随着 19 世纪西方列强侵略中国,外商保险公司作为保障资本输出和经济侵略的工具进入中国的。在中华人民共和国成立之前,民族保险业的发展举步维艰。中华人民共和国成立之后,由于没有从理论上弄清社会主义保险性质、地位和作用等原因,国内保险业务在全国范围内停办了 20 年,拉大了与国外保险业的差距。改革开放之后,我国国内保险业务从 1980 年起恢复经营,自此中国保险业迎来了它快速发展的契机。

关键概念索引

粮食后备仓储制度　常平仓　海上保险　共同分摊原则　船舶与货物抵押借款　劳合社　火灾保险　人身保险　佟蒂法　责任保险　信用保险　保证保险　再保险　保险深度　保险密度

复习思考题

1. 海上保险是怎样发展起来的?
2. 英国在现代海上保险发展中处于什么样的地位?
3. 试述火灾保险、人身保险、责任保险、信用保证保险和再保险的产生与发展。
4. 简述析世界保险业发展的状况与趋势。

5. 我国保险业发展的现状如何?

6. 在美国"9·11"恐怖袭击中,有近3 000人死亡,重伤者在400人以上,经济损失达数千亿美元,保险赔偿金额也高达381亿美元。"9·11"恐怖袭击事件成为全球历史上损失最为惨重的一次人为灾难。

请收集相关材料,具体分析"9·11"恐怖袭击事件对保险业产生了什么影响。

第四章 保险合同

 **本章要点**

- 保险合同的概念与特征
- 保险合同的要素
- 保险合同的订立、变更和终止
- 保险合同的解释原则和争议处理

> 保险是一种经济活动,在这种经济活动中,当事人之间的权利与义务是通过订立保险合同产生的。保险合同是联系保险人与投保人及被保险人之间权利与义务关系的纽带。各国保险制度也主要是依靠保险合同这一法律形式而运转起来的。因此,保险合同在保险保障补偿制度中起着重要的作用。

第一节 保险合同概述

一、保险合同的概念

(一) 合同的概念

合同是经济生活中经常使用的概念,又称契约,是指平等主体的自然人、法人或其他组织之间设立、变更、终止民事权利与义务关系的协议。协议一经订立,双方当事人必须受其约束,任何一方不得擅自变更或解除。合同具有如下法律特征。

1. 合同当事人的法律地位平等

合同双方当事人,在签订合同时,任何一方不得把自己的意志强加给对方,这是合同双方当事人自由表达意志的前提,也是双方当事人权利与义务对等的基础。

2. 合同是当事人之间自愿协商所达成的协议,是双方或多方的法律行为

合同必须经双方当事人意思表示一致才能成立,双方的意思表示不一致,合同就不能成立。

3. 订立合同的目的是为了确立一种法律关系,明确当事人之间的权利和义务。

(二)保险合同的概念

根据我国《保险法》第10条的规定"保险合同是投保人与保险人约定保险权利义务关系的协议。投保人是指与保险人订立保险合同,并按照合同负有支付保险费义务的人。保险人是指与投保人订立保险合同,并按照合同约定承担赔偿或者给付保险金责任的保险公司"。因而保险合同就是约定投保人和保险人之间权利义务的协议,根据合同规定,投保人有向保险人支付保险费的义务,而保险人则应在合同约定的保险事故发生后赔偿或者给付保险金。在保险业务中,由于保险标的的不同而区分为财产保险和人身保险两大类业务,在财产保险中是对因保险事故发生所造成的财产损失承担经济赔偿责任,而在人身保险中则是当被保险人死亡、伤残、疾病或达到合同约定的年龄、期限时,由保险人承担给付保险金的义务。由于标的不同而造成的保险人承担的责任不同,所以我们可以把保险合同分为两类根本不同性质的合同。

1. 补偿性保险合同

补偿性保险合同设立的目的在于补偿被保险人因保险事故所遭受的可以用货币量化的经济损失,即保险事故发生时,由保险人对被保险人所受损失进行评定,并在保险合同确定的保险金额范围内依据实际损失按照合同约定予以经济补偿。财产保险合同一般都属于补偿性保险合同。

2. 给付性保险合同

给付性保险合同属于非补偿性保险合同,绝大多数人身保险合同为给付性保险合同。这是因为,作为人身保险合同标的的人的生命或身体等的价值无法完全对其价值进行货币量化,所以当保险事故发生时,被保险人所遭受的人身伤害客观上是不能获得真正的补偿的。与此同时,在生存保险等保险合同中,只要保险期限届满时被保险人仍然生存,保险人即应向其支付合同约定的保险金,而在这种情况下,既无意外事故的发生,也无实际损失的存在,保险金的支付仅仅是为了满足特殊的保险需求。因此我们把这种性质的保险合同定义为给付性合同,即只要保险合同约定的特定事件出现或者期满,保险人就必须支付保险金的合同。给付性合同的履行并不意味着发生一般意义上的事故,也不一定会带来损害,只是为了满足被保险人的某种需要。人身保险合同,除了医疗保险合同可以是给付性合同,也可以是补偿性合同之外,均属于给付性合同。这是因为医疗保险合同是对确定的可以用货币来衡量的医疗费用提供保障。

二、保险合同的特征

(一)保险合同是射幸合同

射幸合同是和实定合同相对而言的。实定合同是指在合同订立时当事人的给付义务

即已确定的合同。而射幸合同是指在合同订立时当事人的给付义务尚未确定的合同。保险合同尤其是财产保险合同,是一种典型的射幸合同。在保险合同订立时,投保人一方交付保险费后,保险人是否履行赔偿或给付保险金的义务,取决于约定的保险事故是否发生。在保险期间内如果保险标的发生损失,被保险人可以从保险人那里得到远远超出其所支付的保险费的赔偿或给付金额;反之,如无保险事故发生,则投保人只付保险费而无任何经济收入。

保险合同的射幸性并不意味着保险人可能履行合同也可能不履行合同。在保险期限内如发生保险事故时,保险人给予了损失补偿或保险金给付,即为履行了保险合同规定的义务。即使保险事故没有在保险期限内发生,保险人在保险期限内承诺承担风险,也是在履行合同。因而保险合同的射幸性是就某个单个合同而言的,是由保险事故发生的偶然性决定的;而就某类保险合同的总体来说,保险事故的发生是确定的。因为就所有同类保险合同的总体来看,保险人收到的保险费总额与赔款、给付金额总额原则上是相等的。

(二) 保险合同是双务有偿合同

合同有双务合同和单务合同之分。单务合同是指仅有合同当事人一方负担给付义务的合同,双方当事人并不互相享有权利和负担义务,如赠与合同。而双务合同则是双方当事人互负对等给付义务的合同,或者说,一方当事人所享有的权利即为另一方当事人所负担的义务,如买卖、租赁合同。

合同又有有偿合同和无偿合同之分。有偿合同是指当事人一方享有合同规定的权益,须向对方当事人偿付相应代价的合同,如买卖、租赁合同。一般来说,双务合同都是有偿合同。无偿合同是指当事人一方享有合同规定的权益,不必向对方当事人偿付相应代价的合同,如赠与合同。

在保险合同中,投保人负有缴纳保费的义务,被保险人享有当保险事故发生时请求赔偿或给付保险金的权利;保险人负有当保险事故发生时对被保险人的损失赔偿的义务,同时享有收取保险费的权利。在这里,投保人所负的义务和保险人所承担的义务之间存在着对价关系,符合双务有偿合同的特征。

但保险合同中的对价关系与一般双务合同中的对价关系又有所不同。在一般双务合同中,双方的义务都是确定的。比如在买卖合同中,买方付款以后,卖方应当按照合同规定给付标的物,双方的对价关系很明确。而在保险合同中,就个别保险合同而言,对价关系不很明确。也就是说,投保人虽然缴纳了保险费,但只有在保险事故发生后,保险人才履行保险金赔偿或给付的义务,如不发生保险事故,保险人就无须任何支出。但从保险合同整体而言,投保人群体所缴纳的保险费和保险人对投保人群体所支付的保险金是对等的。

(三) 保险合同是非要式合同

要式合同与非要式合同是以合同的成立是否须采用法律或当事人要求的形式为标准而区分的。所谓要式合同,即指合同的成立必须要履行特定的程序或者采取特定的形式;反之,法律或当事人不要求必须具备一定的形式的合同,即为非要式合同。应指出,非要式合同并非排斥合同采取书面、公证、登记等形式,只是不强求特定的形式。

我国《保险法》第13条规定"投保人提出保险要求,经保险人同意承保,保险合同成立。保险人应当及时向投保人签发保险单或者其他保险凭证。保险单或者其他保险凭证应当载明当事人双方约定的合同内容。当事人也可以约定采用其他书面形式载明合同内容。"从该法律规定来看,保险合同成立的要件是双方达成合同协议,因而保险合同在保险单或其他保险凭证签发以前就已经成立,出具保险单或其他保险凭证,只是保险人的合同义务。如果保险人没有及时向投保人出具保险单或者其他保险凭证,由此产生的法律后果应由其自行承担。因此保险合同是非要式合同。

按照国外保险惯例,也通常不规定保险单的签发是合同成立的要件,保险合同的成立始于双方当事人意愿表示一致,即使在形式上保险单尚未作成交付,保险合同亦已成立。

(四) 保险合同是最大的诚信合同

每个合同的订立、履行都应当遵守诚实信用的原则。保险合同较一般合同对当事人的诚实信用有更严格的要求。保险合同是约定保险人对未来可能发生的保险事故进行损失补偿或保险金给付的合同。保险合同的订立,很大程度上依赖于投保人的诚实信用,一方面,它要求投保人在订立合同时,对保险人的询问及有关标的的情况要如实告知保险人,在保险标的风险增加时通知保险人,并履行对保险标的的过去情况、未来事项与保险人约定的保证;另一方面,它要求保险人在订立保险合同时,向投保人说明保险合同的内容,特别是合同免责条款,在约定的保险事故发生时,履行赔偿或给付保险金的义务。

(五) 保险合同是附合合同

附合合同又称格式合同、标准合同,是与协商合同相对的。协商合同是双方当事人经过协商,在意愿一致的基础上订立的。而附合合同则是由一方预先拟定合同的条款,另一方只有附合该条款方能成立合同的缔约方式。保险合同属于附合合同,保险人根据保险标的的性质和风险状况,对不同险种分别拟订了若干保险条款,供被保险人选择。对此,被保险人只有依照保险条款,表示同意投保或不保,不能提出自己所需要的保单,或修改其中的内容。即使被保险人有某种特殊要求,也只能采用保险人事先准备的附加条款作为对原有条款的补充,或另附特别约定批单。

附合合同的优点在于节省时间,有利于事先分配风险,降低交易成本;弊端在于提供商品或服务的一方在拟定格式条款时,经常利用其优越的地位,制定有利于己而不利于消费者的条款,例如免责条款等。因而法律上通常对附合合同的非起草者有保护,如我国《保险法》第17条规定"订立保险合同,采用保险人提供的格式条款的,保险人向投保人提供的投保单应当附格式条款,保险人应当向投保人说明合同的内容。对保险合同中免除保险人责任的条款,保险人在订立保险合同时应当在投保单、保险单或者其他保险凭证上作出足以引起投保人注意的提示,并对该条款的内容以书面或者口头形式向投保人作出明确说明;未作提示或者明确说明的,该条款不产生效力"。同时第30条规定"采用保险人提供的格式条款订立的保险合同,保险人与投保人、被保险人或者受益人对合同条款有争议的,应当按照通常理解予以解释。对合同条款有两种以上解释的,人民法院或者仲裁机构应当作出有利于被保险人和受益人的解释。"

但需要注意的是,虽然大部分保险合同属于附合合同,但是有些保险合同是协商合同,如高风险项目的保险合同、工程保险合同以及团体保险合同等。

专栏 4-1

投保人未履行如实告知义务的法律后果

案情简介

周某于 2015 年 8 月 1 日为自己投保康宁终身重大疾病保险产品,合同生效日期 2015 年 8 月 21 日,基本保险金额 10 万元。2016 年 7 月 27 日,周某向公司提出理赔申请,称其于 2016 年 4 月 20 日发现甲状腺肿物到河北医科大学第四医院住院治疗,并于 2016 年 4 月 22 日诊断为甲状腺滤泡型乳头状腺癌,向公司申请给付重大疾病保险金 10 万元。

鉴于周某患病时间距离投保时间较短,为了排除投保人逆选择风险,公司理赔人员对被保险人的既往病史情况进行了调查,发现周某于 2016 年 4 月 20 日到河北医科大学第四医院耳鼻喉科住院治疗的入院记录中记载:"现病史:患者 1 年余前发现颈前肿物,于当地医院行检查,不伴有发热,局部无红肿、疼痛,无声音嘶哑、进食水呛咳、呼吸困难及吞咽困难,也无多汗、易激怒及顽固性腹泻等症。8 个月前就诊于我科,行颈部超声提示甲状腺肿物,建议手术治疗。未行治疗。1 天前患者为行手术治疗而来我院,遂收入院。"

根据《保险法》第十六条之规定,公司对投保人周某未如实告知行为,作出解除保险合同并不予给付重大疾病保险金的理赔核定,并向其发送了解除合同通知书和拒付保险金通知书。周某对此理赔核定不予认可,并向法院起诉。

争议焦点

本案中,争议焦点为:周某的行为是否属于未如实告知的情形? 公司是否应当向周某给付重大疾病保险金?

法院审理与判决

审法院审理后认为:保险公司辩称周某带病投保,因周某在投保前没有确诊,故不能确定其在签订保险合同前已经患有疾病,被告辩称的原告带病投保的观点不能成立,一审法院不予支持。最终,一审法院判决保险公司给付周某某 10 万元。一审判决后,保险公司对该判决有异议,并向市中级人民法院提出上诉。二审时,保险公司理赔人员通过耐心细致的解释举证,二审法院审理后认为:根据周某在河北医科大学第四医院的入院记录(2016 年 4 月 20 日),可以证实周某就诊前 1 年余已发现颈前肿物,并且 8 个月前就诊时医生建议其手术治疗。足以证实周某在投保前对于其甲状腺肿物的事实是了解的,周某在投保过程中,隐瞒了这一影响到保险人决定是否承保以及如何确定保险费率的事实,保险公司要求依据合同约定解除合同的请求成立。故原审判令保险公司给付周某 10 万元保险金明显不当,依法纠正。

(资料来源:www.cnfol.com)

第二节 保险合同的要素

保险关系属于民事法律关系的范畴,任何一项民事法律关系都包括主体、客体和内容三个要素,保险合同的民事法律关系也由这三大要素组成。

一、保险合同的主体

保险合同的主体是参加保险这一民事法律关系,并享有权利和承担义务的人,包括当事人、关系人和中介人。

(一) 保险合同的当事人

1. 保险人

保险人也称承保人,是指依法成立的,与投保人签订保险合同,经营保险业务、收取保险费并建立保险基金,在保险事故发生时负责履行损害赔偿或给付保险金义务的人。保险人一般为法人,在世界上,只有少数国家和地区允许以个人身份经营保险业务,如英国劳合社的自然人承保人等。我国《保险法》将保险人定义为"保险人是指与投保人订立保险合同,并按照合同约定承担赔偿或者给付保险金责任的保险公司"。另外,根据我国《保险法》第6条和第181条的有关规定,除依法设立的保险公司外,法律、行政法规规定的其他保险组织经营的保险业务,同样适用《保险法》。因此,广义的保险人还包括依法设立的其他保险组织,如相互保险组织。保险人经营保险业务,必须事先取得政府有关部门的批准,并严格限定在核准的业务范围内经营,如果超出经营范围,则其进行的保险活动无效。

按照我国《保险险法》的规定,保险人在保险合同中的法律义务主要包括订约说明义务、风险承担和保险给付义务、及时签发保险单证义务和客户信息保密义务。

2. 投保人

投保人也称要保人,是指与保险人签订保险合同,并按照保险合同负有支付保费义务的人。投保人可以是自然人,也可以是法人或非法人组织,但投保人必须要有民事权利能力和民事行为能力,同时投保人也必须对保险标的具有保险利益。无完全民事权利能力和完全民事行为能力的组织不能成为保险合同的投保人,无完全行为能力的自然人也不能成为保险合同的投保人。否则,无权利能力和行为能力的主体即使合同订立也是无效的。投保人承担合同最基本的是缴纳保险费的义务,同时还需承担告知义务、出险通知和损失证明等其他重要合同义务,同时也享有变更、终止保险合同和领取退保金的权利。

(二) 保险合同的关系人

保险合同关系人是指与保险合同有经济利益关系,而不一定直接参与保险合同订立的人。保险合同关系人包括被保险人和受益人。

1. 被保险人

被保险人是指其财产或者人身受保险合同保障,享有保险金请求权的人。在财产保险合同中,被保险人是保险标的所有人、经营管理人或其他有经济利害关系的人,被保险人在享受保障的同时需要承担危险增加时的通知义务和安全维护及施救义务以及事故发生时的出险通知和索赔时的损失证明义务;在人身保险合同中,被保险人是以自己的生命或健康作为保险标的的人;在责任保险合同中,被保险人是对他人财产毁损或人身伤亡依法负有经济赔偿责任的人。

被保险人与投保人的关系通常有两种情况。当投保人以自己的身体、生命及财产作为保险标的,为自己的利益投保时,投保人即为被保险人。如果投保人是为他人的利益,以他人的身体、生命及财产作为保险标的,和保险人签订保险合同,则投保人和被保险人是两个不同的行为主体。

为了保护未成年人的合法权益,各国保险法禁止以未成年人为被保险人而订立死亡保险合同。我国《保险法》规定:"投保人不得为无民事行为能力人投保以死亡为给付保险金条件的人身保险,保险人也不得承保。父母为其未成年子女投保的人身保险,不受前款规定限制。但是因被保险人死亡给付的保险金总和不得超过国务院保险监督管理机构规定的限额。"

2. 受益人

受益人是指人身保险合同中由被保险人或者投保人指定的享有保险金请求权的人。在保险合同中,受益人享受了保险金请求权这一最主要合同权利,而不承担缴付保费的义务,实际上,除了出险通知义务和索赔时提供单证的损失证明义务,受益人几乎不承担合同其他义务。受益人可以是一人,也可以是数人。投保人可以为受益人。按照保险合同的规定,被保险人在保险事故发生时作为享受合同保障的人当然享有保险金请求权,因而受益人一般仅指身故保险金受益人,即只是在被保险人死亡时享有死亡保险金请求权的人。

人身保险合同中的受益人必须由被保险人或投保人指定。由投保人指定受益人的,须经过被保险人同意方才有效。我国法律对受益人资格并无限制,因此,受益人可以是自然人,也可以是法人或其他组织团体,但我国实务中以自然人为主。受益人可以是有民事行为能力人,也可以是无民事行为能力人或限制民事行为能力人。在国外,未出生的胎儿也可以被指定为受益人,若出生时为死体,受益资格自然消失。当受益人犯罪被剥夺政治权利时,其享有保险合同的受益权并不因此而丧失。我国《保险法》仅对保单中受益人指定有一条法律限定,即投保人为与其有劳动关系的劳动者投保人身保险的,不得指定被保险人及其近亲属以外的人为受益人。通常情况下,受益人如果不是投保人,则多为与其有利害关系的自然人。合同指定的受益人为一人的,保险金请求权由该人行使,并获得全部保险金。若受益人是多人的,保险金请求权由多个人共同行使,其受益顺序和受益份额由被保险人或投保人在合同中事先确定;未确定顺序或份额的,受益人按照相等份额享有受益权。

保险合同生效后,被保险人或者投保人可以中途变更受益人,或撤销受益人的受益权,但应书面通知保险人,变更通知以发出时生效。保险人收到变更受益人的书面通知后,应当在保单或保险凭证上批注或附贴批单,否则保险人对原指定受益人给付保险金后不再承担任何责任。投保人变更受益人时须经过被保险人同意。

受益人的受益权以被保险人死亡时尚生存为条件,若受益人先于被保险人死亡,则受益权应回归被保险人,而不能由受益人的继承人继承受益权。但若被保险人先死亡,受益人其后死亡,则受益权由受益人的继承人继承。为了解决因受益人和被保险人同时遇难而没有证据表明谁先死亡的情况下造成的保险金给付难题,国际上有通行的"共同灾难条款",我国《保险法》第42条也作了相应规定。该条款规定,当受益人和被保险人共同遇难无法判断死亡顺序时,推定为受益人先死亡,保险金作为被保险人的遗产支付给其继承人。

受益人的身故保险金请求权直接来自于人身保险合同的规定,受益人在被保险人死亡后领取的保险金是根据合同的约定而取得的,不得作为死者遗产,不得纳入遗产分配,也不能用来清偿死者生前的债务,受益人以外的他人无权分享保险金。我国《保险法》第42条规定:被保险人死亡后,有下列情形之一的,保险金作为被保险人的遗产,由保险人依照《中华人民共和国继承法》的规定履行给付保险金的义务:①没有指定受益人,或者受益人指定不明无法确定的;②受益人先于被保险人死亡,没有其他受益人的;③受益人依法丧失受益权或者放弃受益权,没有其他受益人的。

专栏4-2

养老金生时未领取,身故后该给谁

张某于1999年8月20日在某保险公司投保了累积年金保险,根据保险责任,从2001年8月20日起张某可以一次性领取养老金;在领取日前,如果张某身故,保险公司将向保单受益人其女儿小红支付身故保险金。由于张某经济状况良好,因此在2001—2004年没有办理领取手续。然而不幸在2004年1月降临,张某因意外不幸身故。2004年5月20日该保单的受益人小红向保险公司提出领取被保险人的养老金的申请,并提供了被保险人张某身故的证明。那么被保险人的养老金是应该给受益人还是作为其遗产由其法定继承人来处理呢?

根据保险条款中的规定,领取身故保险金及养老固定年金的人均为合同受益人,但养老金的受益人为被保险人本人,保险人不受理其他指定。由此可见,养老金应该是由被保险人张某享有,领取日期2001年8月20日到时,被保险人并未死亡,即成为现实享有的财产权利,只是被保险人一直未办理领取手续。因此该部分养老金应作为被保险人的遗产,根据《中华人民共和国继承法》的相关规定,由其法定继承人共同享有。

(资料来源:沃保网 www.vobao.com)

(三) 保险合同的中介人

保险合同的中介人也称为辅助人,是指在保险合同的订约、履约过程中起辅助作用的人,包括保险代理人、保险经纪人和保险公估人。

1. 保险代理人

我国《保险法》规定:保险代理人是根据保险人的委托,向保险人收取佣金,并在保险人授权的范围内代为办理保险业务的机构或者个人。保险代理机构包括专门从事保险代理业务的保险专业代理机构和兼营保险代理业务的保险兼业代理机构。因此,保险代理人是保险人的代理人,其根据与保险人签订的委托代理合同,在保险人授权的范围内代表保险人办理保险业务,帮助保险人招揽客户,如代理销售保险产品、代理收取保险费、代理检验理赔工作等,保险人则以佣金的形式给予保险代理人一定的劳务报酬。保险代理人在授权范围内,以被代理人的名义,独立实施法律行为,代为办理保险业务,其行为后果由被代理人即保险人承担责任。但代理人不得超出代理人的权限范围,也不得滥用代理权。若因代理人的无权以及滥用代理权行为造成的损失后果,代理人应独自承担赔偿责任。但保险代理人没有代理权、超越代理权或者代理权终止后以保险人名义订立合同,使投保人有理由相信其有代理权的,该代理行为有效,此种情况下保险人对保险代理人的行为需承担责任,但此时保险人仍可以依法追究越权的保险代理人的责任。

各国法律对取得保险代理人资格和代理人的业务范围都有所规定。根据我国保险法规规定,保险代理人包括个人代理人、兼业代理机构和专业代理机构三类。专业代理机构是专门从事保险代理业务的保险代理公司,业务范围比较广泛,包括代理销售保险单,代理收取保险费,代理保险人进行损失查勘和理赔等业务。在我国,专业代理机构可以以股份有限公司或有限责任公司形式设立。兼业代理机构是指受保险人委托,在从事自身业务的同时,指定专人为保险人代办保险业务的机构,其业务只限于代理销售保险单和代理收取保险费。个人代理人是指根据保险人委托,向保险人收取代理佣金,并在保险人授权范围内代为办理保险业务的个人,主要是指保险营销员。个人代理人在代为办理人寿保险业务时,不得同时接受两个以上保险人的委托。个人代理人应当具备保险监管部门规定的保险销售从业人员相关资质并办理执业登记,保险代理机构则应取得监管部门颁发的经营保险代理业务许可证,向工商行政管理机关办理登记,领取营业执照,缴存保证金或投保职业责任保险。

专栏 4-3

个人独立代理人制度备受期待

2015年9月17日,保监会下发了《关于深化保险中介市场改革的意见》,明确提出推进独立个人代理人制度,探索鼓励现有优秀个人代理人自主创业、独立发展。北京、广东、浙江等省市曾先后试水独立个人保险代理人制度建设试点,目前多家保险企业也正在积极探索中,有产险公司已在5个省市进行专属门店试点,独立个人代理人与保险公司签署销售协议,门店自主独立经营,形成了以所在社区为经营范围,除车险销售以外还能提高相关服务的经营格局。另外,在宁波已经开始有个人保险工作室开始试点。不过,由于独立代理人制度与目前的保险代理人存在很大不同,改革创新涉及多个层面,目前尚有相关问题未明确,税制方面的细则还有待完善。

同时,独立代理人制度的推出,对于目前市场上众多以服务保险中介和代理人的互联网第三方平台而言形成利好。在政策激励下,越来越多的保险专业中介机构借助互联网探索"互联网+保险中介"新的业务模式,一些互联网第三方保险服务平台跃跃欲试,力图借势崛起。

2. 保险经纪人

保险经纪人是指基于投保人的利益,为投保人与保险公司订立保险合同提供中介服务,并依法收取佣金的机构,包括保险经纪公司及其分支机构。保险经纪机构可以经营为投保人拟订投保方案、选择保险公司以及办理投保手续、协助被保险人或者受益人进行索赔、办理再保险经纪,或为委托人提供防灾、防损或者风险评估、风险管理咨询等保险经纪业务。在我国,保险经纪机构可以以股份有限公司或有限责任公司形式设立。

保险经纪人与保险代理人不同,他是基于投保人的利益,为投保人提供风险管理咨询和办理投保索赔等事宜。保险经纪人在得到投保人的委托授权时可以代为订立保险合同,但经纪人的洽订必须基于投保人的利益,故必须在最优惠的条件下为投保人订立保险合同。而在订立合同之后,经纪人的佣金则由保险人支付。

设立保险经纪公司,应当符合保险监管机关规定的资格条件,取得经营保险经纪业务许可证,向工商行政管理机关办理登记,领取营业执照,并缴存保证金或投保职业责任保险。因保险经纪人在办理保险业务中的过失,给投保人或被保险人造成损失的,则由保险经纪人承担赔偿责任。

3. 保险公估人

保险公估人是指接受委托,专门从事保险标的或者保险事故评估、勘验、鉴定、估损理算等业务,并按约定收取报酬的机构。在我国设立保险公估机构,应当符合保险监管机关规定的资格条件,取得经营保险公估业务许可证。保险公估人可以接受保险人的委托,也可以接受投保人或被保险人的委托,并向委托人收取公估费用。在我国,保险公估机构可以以有限责任公司、股份有限公司或合伙企业形式设立。

保险公估人接受当事人委托后,独立执行业务。在保险业发达的国家和地区,保险公估人因其能合理地维护当事人各方的利益,因此对维护保险业健康发展具有重要的作用。保险公估人除了应精通保险资产评估等专业知识外,还必须具有良好的职业道德,以保持其良好的职业形象。随着我国保险市场的发展,保险公估人及其业务也将会得到发展。

二、保险合同的客体

保险合同的客体是指保险合同当事人双方权利和义务所共同指向的对象。保险合同的客体既不是保险标的本身,也不是简单的赔偿或给付行为,而是投保人或被保险人对保险标的所具有的合法的经济利害关系,即保险利益,也叫可保利益。所谓合法的经济利害关系,是指因标的的完好、健在而使利害关系人获得经济利益;因标的的损坏、伤害而使利害关系人遭受经济损失和痛苦。保险利益是投保人投保签约的起因,也是保险人决定是否可以承保的标准。

保险合同的客体不是保险标的,而是投保人或被保险人对保险标的所具有的保险利益,这是因为投保人或被保险人向保险人投保,要求经济上的保障,保障的并不是保险标的本身,而是对其保险标的所具有的经济上的利益提供保障。风险是客观存在的,保险合同的订立并不会保证保险标的不发生风险,而只是保障当标的发生事故造成损失时可以从保险人处得到补偿。

但是,保险标的是保险利益的载体。没有保险标的,保险利益就无从谈起。保险标的是构成保险关系的一个重要条件,当保险人与投保人签订保险合同时,必须明确保险标的,即明确保险所要保障的对象。对投保人来说,只有在投保的时候明确了保险标的,才能在发生保险事故时,向保险人索赔。但对于保险人来说,其承担的责任并不是保证保险标的不发生意外事故,而只是承担被保险人因保险标的的损失所带来的经济上的补偿责任。

保险利益与保险标的含义不同,但两者又是相互依存的关系。投保人或被保险人在投保或索赔时须对保险标的具有保险利益,否则保险人不予承保或赔偿。保险利益又以保险标的的存在为条件,体现在当保险标的存在时,投保人或被保险人对保险标的的经济利益也继续存在,当保险标的遭遇损失时,被保险人将蒙受经济上的损失。

三、保险合同的内容

保险合同的内容是指双方当事人依照法律,经过协商一致明确记载于合同中的权利和义务的总和。一般体现为保险条款,即反映保险合同内容的文字条文。它规定了保险双方当事人的具体权利和义务及其他有关事项,是当事人双方履行合同义务、承担法律责任的依据。保险条款分为基本条款和基本条款以外的其他条款。

(一) 基本条款

保险合同的基本条款各国规定不一。按我国保险法规定,保险合同应当包括下列事项:

(1) 保险人的名称和住所。

(2) 投保人、被保险人的姓名或者名称、住所,以及人身保险的受益人的姓名或者名称、住所。

(3) 保险标的,保险标的是指作为保险对象的财产及其有关利益或者人的寿命和身体。

(4) 保险责任和责任免除。

保险责任是指保险合同约定的保险事故或事件发生后,保险人所应承担的保险金赔偿或给付责任。其法律意义在于确定保险人承担风险责任的范围,通常包括基本责任和特约责任。基本责任是指保险人对基本险承担的保险责任,特约责任则是保险人对附加险和特约危险所承担的保险责任。保险责任和保险事故是密切联系在一起的,保险人承担保险责任的前提是保险事故的发生。保险事故是指保险合同约定的保险责任范围内的能够引起保险人对被保险人或者受益人承担赔偿或给付保险金责任的各种事故或者事件。保险事故由保险合同约定。

责任免除也称除外责任,是指保险人依照法律规定或合同约定,不承担赔偿或给付保险金责任的范围。其法律意义在于进一步明确保险责任的范围,剔除部分责任以及避免误解,防止保险人过度承担责任,以维护公平和最大诚信原则。

(5) 保险期间和保险责任开始时间。保险期间又称保险期限,是指保险合同的有效期,是保险人对被保险人承担经济补偿或给付责任的起讫时间。保险期限可以按年、月、日计算,也可以按一个航程期、一个工程期或一个生长期计算。保险责任开始时间即保险人开始承担保险责任的时间。一般保险责任开始时间从订立保险合同之日的次日零时起算,但是有一些险种规定了免责观察期,在免责期内若发生约定事故,保险人不负赔偿或给付责任。例如,健康保险一般规定有 6 个月的免责期,保险责任在 6 个月以后才开始。在我国的保险实务中,一般以约定起保日的零点为保险责任开始时间,以合同期满日的 24 点为保险责任终止时间。将保险期限和保险责任开始时间作为保险合同基本条款的法律意义在于:声明保险合同的有效期和当事人在合同中享有权利和承担义务的起止时间,以便保险双方当事人履行权利和义务。

(6) 保险金额与保险价值。保险金额是保险人计算保险费的依据和负责赔偿或给付保险金的最高限额,是投保人对保险标的实际投保的金额。财产保险金额可按照保险财产的实际价值、重置、重建价格或估价等方法来确定。人身保险的保险金额是根据被保险人的实际需要和缴付保险费的能力来确定的,因为人的生命价值难有客观标准。在保险合同中规定保险金额条款的法律意义在于:为计算保险费和确定保险赔偿的最高限额提供依据。

在财产保险合同中,保险价值也是合同的基本条款之一。保险价值是经保险合同当事人约定并记载于保险合同中的保险标的的价值,或保险事故发生后保险标的的实际价值。保险价值的确定主要有三种方法:由当事人双方在订立保险合同时在合同中约定;按事故发生后保险标的的市场价值确定,保险人的赔偿金额不超过保险标的在保险事故发生时的市场价值;根据法律确定保险价值。例如,《海商法》关于船舶保险和海上运输保险中保险价值的确定。规定保险价值条款的法律意义是:为确定保险金额提供计算依据和确定保险责任的大小。保险价值只适用于财产保险合同,人身保险合同中不存在保险价值的问题。

(7) 保险费以及支付办法。保险费是指投保人或被保险人为取得保险保障,按合同约定向保险人支付的费用。保险费是保险基金的来源。缴纳保险费是投保人应履行的基本义务,其多少取决于保险金额的大小、保险期限的长短和保险费率的高低等。保险费的支付方式,有一次性缴清、分期缴清、限期缴清等多种方式,由当事人双方在保险合同中约定。规定保险费及其支付方式的法律意义在于:明确投保人所承担的基本义务和履行义务的方式、期限,并且投保人支付保险费通常被约定为保险合同生效的条件。

(8) 保险金赔偿或者给付办法。发生保险合同约定的保险事故,被保险人或受益人有权要求保险人赔偿或给付保险金。保险金应当如何给付,保险合同有约定的,按照合同约定;没有约定的,按照法律的规定办理。否则,应承担违反合同的责任。保险合同一般应规定赔偿数额或给付保险金数额的计算方法、保险金的申请人、应提交的证明及资料、保险金给付的期限和索赔时效等。

(9) 违约责任和争议处理。违反合同的责任,也称违约责任,是指合同当事人一方不履行合同义务,或者不按照合同规定的条件履行合同义务,应当承担的法律责任。保险合同应对违约责任作出明确规定。争议处理条款则规定如何解决因保险合同发生的争议。

（10）订立合同的年、月、日。订立合同的日期对于认定保险合同的成立时间、判定保险利益的存在和保险风险事故是否在保险合同成立后发生，都有积极的意义，必须在保险合同中载明。

（二）其他条款

保险合同除了前述基本条款以外，往往还存在其他一些条款，如保险合同构成、投保范围和投保人解除合同的处理等。尤其是在人身保险合同中，还存在一些特有的条款，如年龄计算及错误处理条款、宽限期条款、自杀条款、合同效力中止和复效条款等。这些其他条款也成为保险合同的重要内容，是全面确定各类保险合同双方当事人权利和义务的重要组成部分。

第三节 保险合同的订立、变更与终止

一、保险合同的订立与效力

（一）保险合同的订立及成立

合同订立的过程，就是双方当事人之间就合同内容通过协商达成协议的过程，任何合同的订立，都必须经过要约和承诺两个阶段。保险合同的订立，则是保险人和投保人为了建立保险合同关系，就合同内容达成合意的过程。而合同的成立则意味着双方当事人之间的意思表示一致，标志着合同的产生和存在，是合同订立的组成部分。根据《保险法》的规定，投保人提出保险要求，经保险人同意承保，保险合同成立。因此，保险合同的订立，经过投保人提出保险要求和保险人同意承保两个阶段。这就是保险合同的要约和承诺两个程序。

1. 要约

要约是一方当事人以缔结合同为目的，向对方当事人提出合同条件，希望对方当事人接受的意思表示。发出要约的人称为要约人，接收要约的人称为受约人。一个有效的要约应具备以下要件：

（1）要约必须向相对人提出。

（2）要约应明确合同的主要内容。

（3）要约应明确表示缔约愿望。

（4）要约在有效期内对要约人具有约束力。

要约具有一定的法律意义，要约生效后，要约人不得撤回或变更其要约。因为在要约有效期内，受约人可能因接到要约而拒绝他人的要约，或已为履行合同作了某些准备，如果要约人随意撤回或变更其要约，受约人可能为此而蒙受损失。要约生效后，受约人即获得承诺的权利，但受约人没有必须承诺的义务。要约发生后，遇到下列情况要约人不再受要约的约束：要约被受约人拒绝；承诺期限已过；要约在其发生效力之前由要约人撤回。

保险合同的要约又称为要保，在订立保险合同的过程中，一般由投保人向保险人提出

投保的请求。虽然在保险业务中,保险公司及其代理人进行展业时是主动开展业务,希望潜在客户订立保险合同,但这并不构成法律上的要约,保险合同在投保人填写投保单时并不成立,因此,保险人及其代理人的展业只能被认为是要约邀请。而投保人填写投保单,提出投保申请,构成要约,只要保险人同意承保,保险合同就成立。同时,保险合同的要约内容比一般合同要约更为具体和明确。保险合同具有的不确定性和保障性,决定了其内容关系到当事人的重大经济利益,因而投保人与保险人都需要明确合同的细节内容。

订立投保人在投保时,首先应考虑自己需要何种保障,可能面临的风险有哪些,进而通过咨询等方式,明确所要投保的险种;其次,选择经营稳健、有良好信誉的保险人,询问其是否可提供所需的险种,并索取获取有关条款或资料进行认真研究;再次,投保人提出投保要求,并按照保险人的要求如实告知保险标的的主要危险情况及所需的风险保障,同时可要求保险人提供有关保险条款,保险人根据规定对合同主要内容特别是免责内容进行详细而明确的说明。

保险合同要约一般为投保单或者其他书面形式。在保险实务中,多由保险公司印制标准格式的投保单,提供给投保人,由投保人填写。投保人有特殊要求的,也可与保险公司协商,约定特约条款。

2. 承诺

承诺是指受约人作出的同意要约的全部内容以成立合同的意思表示。承诺要约的人可称为承诺人,承诺人一定是受约人,但受约人不一定是承诺人。承诺一般要具备以下条件:

(1) 承诺必须由受约人本人或有订立合同代理权的人向要约人作出。
(2) 承诺的内容应当与要约的内容完全一致。
(3) 承诺必须在要约规定的期限内作出。
(4) 承诺必须以要约要求的形式予以答复。

承诺的法律效力表现为要约人收到受约人的承诺时合同即告成立。承诺和要约一样,准许在送到对方之前或同时撤回,但迟到的撤回承诺的通知不发生撤回承诺的效力。

保险合同一般由保险人予以承诺,在投保人提出投保要约后,保险人在审查保险标的是否符合投保要求及其主要危险情况的基础上,认为符合承保条件的,一般予以接受,作出承保承诺,此时保险合同成立。但保险合同在签订过程中,双方当事人往往有一个协商的过程。如果投保人对保险人提出要约,保险人对投保人的要约提出修改或需附带一些条件,这时保险人的行为就被认为是提出新的要约,原要约人和受约人的法律地位互换,投保人为新的受约人,保险人成为新的要约人,投保人无条件接受新要约后,投保人即为承诺人,保险合同随之成立。从以上内容可看出,保险合同的订立过程也可能是一个反复要约,直至一方承诺,合同最终成立的过程。保险合同成立后,保险人应及时签发保险单或其他保险凭证。

(二) 保险合同的效力

1. 保险合同的生效

合同的成立与生效是两个不同的法律概念。合同的成立,意味着缔约当事人之间的意思表示一致。保险合同的成立是在受要约人(一般为保险人)作出承诺时成立。而合同的生效是指已经成立的合同因符合法定或约定的有效要件,从而使其所具有的法律效力得以实际发生。保险合同的生效即是指保险合同对当事人双方发生约束力,即保险合同条款产生法律效力。

所谓合同的生效要件,包括法定生效要件和约定生效要件两大类。法定生效要件是法律明确规定的合同生效条件。在我国,法定生效条件按《合同法》规定,包括当事人有相应的民事权利能力与民事行为能力,双方意思表示真实,合同内容不违反法律或者社会公共利益。凡不符合法定生效条件的合同,即使已经由当事人达成了合意,也不能产生合同的效力,此类合同应属于无效合同、可撤销合同或效力待定的合同。保险合同作为合同的一种,上述法定合同生效要件原则上都适用于保险合同,这是保险合同的一般法定生效要件,但《保险法》还规定了保险合同的特别生效要件。特别生效要件主要有人身保险合同订立时,投保人对被保险人必须具有保险利益;死亡保险合同必须经被保险人同意并认可保险金额。

合同除了法定生效要件外,当事人还可在合同中规定一定的条件,将条件的成就作为合同效力产生的依据,此即是约定生效条件。合同中所附的条件可以是条件,也可以是期限。在约定生效条件存在的情况下,合同必须在法定生效条件和约定生效条件均符合的情况下才能生效。就保险合同而言,一般来说,依法成立的保险合同,自成立时生效。但我国《保险法》明确规定投保人和保险人可以对合同的效力约定附条件或者附期限。因此,保险合同的生效,除了要符合法定生效要件外,还需要符合合同约定生效条件。在实务中,保险合同多为附条件和附期限生效的合同,通常都以签发保险单、缴纳保险费为合同生效的要件,同时又常见以零时起保制规定签单次日或约定日零时为合同生效起始期限。所以,保险合同往往是在合同成立后才生效。

2. 保险合同的无效

无效保险合同是指不发生法律效力,法律不予保护的保险合同。按照无效的程度,保险合同的无效可分为全部无效和部分无效两种。全部无效是指合同的全部内容自始不产生法律约束力,按我国《合同法》规定,如一方以欺诈、胁迫的手段订立的损害国家利益的合同;恶意串通,损害国家、集体或第三人利益的合同;合法形式掩盖非法目的的合同;损害社会公共利益的合同;违反法律和行政法规的强制性规定的合同被认定为无效合同。而根据《保险法》规定,违反保险利益原则的保险合同等也为无效合同。而部分无效是指合同的部分内容不具有法律约束力,但合同的其余部分内容仍然有效,如在保险合同中善意的超额保险其超额部分无效,但非超额部分仍然有效;提供格式条款一方免除自己责任、加重对方责任、排除对方主要权利的条款无效,但其他条款有效等情况。

对于全部无效保险合同,存在如何处理的问题。全部无效保险合同的处理方式一般有三种:

(1) 返还财产。保险合同被确认无效后,因其自始无效,当事人双方应将合同恢复到履行之前的状态,即保险人应将收取的保险费退还投保人;发生保险金额赔偿或给付的,被保险人应将该项金额返还给保险人。

(2) 赔偿损失。对无效保险合同给当事人造成损失的,由过错的一方赔偿;如果是双方的过错,则相互赔偿。

(3) 追缴财产。对于违反国家利益和社会公共利益的保险合同,应当追缴财产,收归国库。追缴的财产包括当事人双方已经取得和约定取得的财产。追缴时应注意保护非故意方的利益。

(三) 保险合同的形式

保险合同成立后,保险人需及时签发保险单以证明合同关系的存在,记载双方权利和义务内容。在实务中,书面保险合同的签发通常被约定为合同生效的依据。但在实践中,保险合同并不仅仅体现为保险单,一般而言,保险合同的书面形式主要有投保单、保险单、保险凭证、暂保单和批单等多种形式。

1. 投保单

投保单也称要保书,是投保人向保险人提出保险要约的书面形式。在投保单中列明订立保险合同所需要的项目,例如,被保险人姓名、地址、保险标的和坐落地点、投保险别、保险金额、保险期限、保险费率等,供保险人据以考虑是否接受承保;如果接受承保,凭投保单确定保险险别、保险条件和保险费结算办法,投保单一经保险人签章承保后,保险合同即告成立。由保险人签章同意承保的投保单原件由保险人保存,作为保险合同的证明,保险人应向投保人出具保险单或保险凭证。

2. 保险单

保险单简称保单,俗称大保单,是保险合同的证明,由保险人签发后,交给被保险人收执的一种书面凭证。保险单将保险合同的全部内容详尽列明,包括当事人的权利和义务,以及保险人承担的风险责任等。保险单也是保险人向被保险人赔偿或给付的依据。被保险人在保险事故发生后遭受保险标的损失时,可以凭保险单向保险人索赔。在保险合同有效期内,保险双方必须全面履行保险单规定的各项内容。

3. 保险凭证

保险凭证简称保险证,俗称小保单,指保险人签发给被保险人的承保凭证,是保险单的一种简化形式,与保险单具有同等的法律效力。保险凭证中只记载投保人和保险人约定的主要保险内容,如保险金额、保险有效期、保险费等。凡是保险凭证中没有列明的事项,均以同类保险单上所载内容为准。我国目前在货物运输保险和人身意外伤害保险等极短期保险业务中使用保险凭证较多。

4. 暂保单

暂保单是在保险单或保险凭证未出立之前出具的临时单证。暂保单上一般只列有保险的基本条件,包括被保险人、保险标的、保险金额、保险险种及费率等重要事项以及双方的特别约定,经保险人或保险代理人签章后,交付投保人。暂保单在保险人出立保险单以前,具有与保险单同等的效力,但其有效期限较短,通常以 30 天为期限,并在正式保险单签发时自动失效。正式保险单签发前,保险人可以终止暂保单,但须提前通知投保人。暂保单在如下情形时签发:①签订保险合同的分支机构受经营权限或经营程序的限制,需要经过保险公司批准,在未批准之前,以暂保单为保险证明;②保险人与投保人在洽谈或续订合同时,就合同的主要事项已达成协议,但还有一些条件尚待商洽的,以暂保单为保险临时证明;③保险代理人承揽到业务后,暂时还没有办妥全部手续时,以暂保单为保险证明;④为出口结汇需要,在正式保单或保险凭证尚未出立前,以暂保单为保险证明进行结汇。

5. 批单

批单是保险合同双方对保险合同进行修改、补充或增删内容的证明文件,是由保险人出立的一种凭证。保险合同订立后,在合同有效期内,双方当事人都有权通过协议更改保险合同的内容。如被保险人需要更改险别、户名、地址、运输工具的名称、保险期限、保险金额等,均需经保险人同意后出立批单。批单是在原保险单或保险凭证上批注,也可以另外出立一张批单变更保险合同的内容。批单一经签发,自动成为保险合同的组成部分,需加贴在原保险单证中。批单的法律效力优于保险单,当批单内容与保险单不一致时,保险人应以批单所规定的内容为准,如多次批改,应以最后批改为准。

二、保险合同的变更

保险合同的变更是指保险合同在有效期内,当事人依法对合同条款所作的修改或补充。合同的变更,有狭义和广义之分,前者是指当事人双方权利和义务的变更;后者不仅包括权利和义务的变更,而且包括主体和客体的变更。《保险法》第 20 条关于保险合同的变更,指的是广义上的保险合同变更,即包括主体、客体和权利和义务的变更。

(一) 保险合同的主体变更

保险合同的主体变更即保险人、投保人、被保险人或受益人的变更。一般情况下,在保险合同中保险人一方是不允许变更的。保险人变更主要是指因保险企业破产、解散、合并、分立等原因导致保险人所承担的全部保险合同责任转移给其他保险人或政府有关基金承担而产生的变更。例如,1995 年中国人民保险公司根据《保险法》规定,产、寿险分设子公司,这一行为即属于保险人变更的一种情况。而在保险活动中,投保人、被保险人或受益人的变更则更为常见。

1. 在财产保险合同中投保人、被保险人的变更

财产保险合同中,投保人、被保险人经常随保险标的的转让而发生变更。为及时对新所有权人提供保险保障,我国《保险法》第 49 条规定保险标的转让的,保险标的的受让人承继被保险人的权利和义务。但是,考虑到所有权转让可能导致标的的风险加大从而损害保险人利益,该条同时规定除货物运输保险合同和另有约定的合同外,保险标的转让的,被保险人或者受让人应当及时通知保险人。若保险标的转让导致危险程度显著增加的,保险人自收到前款规定的通知之日起 30 日内,可以按照合同约定增加保险费或者解除合同。保险人解除合同的,应当将已收取的保险费,按照合同约定扣除自保险责任开始之日起至合同解除之日止应收的部分后,退还投保人。在被保险人、受让人未履行该项通知义务的,因转让导致保险标的的危险程度显著增加而发生的保险事故,保险人不承担赔偿保险金的责任。

2. 在人身保险合同中投保人、受益人的变更

（1）投保人的变更，人身保险合同中可能因为原投保人死亡等原因产生变更投保人的需要，变更投保人时，新的投保人必须对被保险人具有法律认可的保险利益，并应通知保险人，由保险人批改保险单变更投保人。如果是以死亡为保险金给付条件的保险合同，同时须经被保险人本人同意。

（2）受益人的变更，只要投保人、被保险人指定变更，无须经保险人同意，但须书面通知保险人，并办理变更手续。另外，投保人变更受益人的，须经被保险人同意，否则变更行为无效。

在人身保险中，被保险人变更属于保险标的的变更，是保险合同内容变更的一部分，一般导致保险合同终止，用新的保险合同加以代替，尤其是在个人人寿保险中，被保险人不允许变更，因为人与人之间健康状况、年龄状况、职业状况等均不相同，所应缴纳的保险费也不相同。然而，人身保险的被保险人变更通常出现在团体保险中，由于职工的流动而导致具体被保险人的变更。

（二）保险合同的客体变更

保险合同的客体变更就是标的所具有的保险利益的变更。在财产保险中，标的物价值的增减、升值、贬值，导致保额变更，须保险合同当事人双方协商确定；此外，被保险人对保险标的的所有权、债权或其他权利的变化，引起保险利益的变化，也应如实告知保险人。

人身保险中，投保人投保了与之有合法经济利害关系的他人的寿险时，这种合法经济利害关系的变化，将引起保险利益的变化，因而也须告知保险人。

（三）保险合同的内容变更

保险合同的内容变更是指保险合同主体的权利和义务的变更，表现为保险合同条款事项发生变化。例如，财产保险合同中保险标的的价值、数量、存放地点、危险程度、保险期限等发生变化；人身保险合同中被保险人职业、保险金额、缴费方法等发生变化。保险合同内容的变更一般由投保人提出。投保人变更保险合同的情形有两种。

1. 投保人根据自身需要提出变更保险合同的内容

例如，增加或减少保险金额，延长或缩短保险期限，改变缴费方式等。在这种情况下，保险合同内容的变更主要取决于投保人或被保险人的主观意志。

2. 投保人根据客观情况提出变更保险合同的内容

在保险合同的履行过程中，由于某些客观情况的变化，如保险标的的危险情况发生变化，投保人必须根据法律规定及时通知保险人。在这种情况下，变更保险合同的内容，不是取决于投保人的主观意志，而是取决于法律和合同的规定。

保险合同的变更必须符合法定程序和形式。关于变更保险合同的法定程序，经投保人和保险人协商同意，由保险人在原保险单或者其他保险凭证上批注或者附贴批单。关于变更保险合同的法定形式，《保险法》第20条规定，变更保险合同的，应当由保险人在保险单或者其他保险凭证上批注或者附贴批单，或者由投保人和保险人订立变更的书面协议。

三、保险合同的终止

保险合同的终止是指合同双方当事人之间确定的权利和义务关系的消灭。保险合同订立后,可以由于下列原因而终止。

(一) 保险合同的解除

保险合同解除是指在保险合同有效期限尚未届满前,当事人双方依照法律或合同约定解除原有的法律关系的行为。保险合同解除的形式有两种:法定解除和协议解除。

1. 法定解除

法定解除是法律赋予合同当事人的一种单方解除权。大部分国家的保险法都规定,在一般情况下,保险合同成立后,投保人可以提出解除保险合同。我国《保险法》第15条也规定"除本法另有规定或者保险合同另有约定外,保险合同成立后,投保人可以解除合同,保险人不得解除合同。"投保人无论在投保前还是在保险合同成立后,均有自由选择的权利,既有投保的自由,也有退保的自由。根据我国《保险法》规定,保险责任开始前,投保人要求解除合同的,应当按照合同约定向保险人支付手续费,保险人应当退还保险费。保险责任开始后,投保人要求解除合同的,保险人应当将已收取的保险费,按照合同约定扣除自保险责任开始之日起至合同解除之日止应收的部分后,退还投保人。但是,投保人解除保险合同的权利也受到特殊限制,《保险法》第50条规定"货物运输保险合同和运输工具航程保险合同,保险责任开始后,合同当事人不得解除合同。"作此规定的主要原因是这两种保险合同的标的流动性很大,航程或运程中所遇风险经常发生变化,保险人所承受的风险更是难以估计,因此,此类险种保险责任开始后保险合同双方当事人都不得解除保险合同。如果允许双方当事人随意解除,双方的利益都得不到根本的保障。

保险人在保险合同中一般不享有解除权,其有权解除保险合同的情况主要是在投保人违反合同基本义务时才能享有:如投保人因故意或重大过失未履行如实告知义务,足以影响保险人决定是否承保或者承保条件时;投保人、被保险人未履行维护保险标的的义务;投保人、被保险人未履行风险增加通知、防灾减损的义务等;在人身保险合同中,投保人申报的被保险人的年龄不真实,并且其真实年龄不符合合同约定的年龄限制的,保险人在合同成立之日起2年内有解除权;人身保险合同中投保人逾期不缴纳分期保费并超过中止复效期限的,以及保险欺诈行为发生时等。

2. 协议解除

协议解除是指当事人双方经协商同意解除保险合同的一种法律行为。保险合同当事人在不违反法律强制规定或公序良俗的前提下,可以在合同中任意约定,基于一定的事由的发生,一方或双方可以解除保险合同,同时还可以约定其解除权的行使期间。例如,我国船舶战争险条款规定,保险人有权在任何时候向被保险人提出注销战争险责任的通知,在发出通知后7天期满时生效。协议解除保险合同,都规定了对解除条件的限制,对保险人提出解除保险合同的限制更加严格。明确规定了保险人要解除保险合同须先发解除通知,经过一段时间后合同才终止。这主要是为被保险人对解除保险合同后的安排有所准备。

(二) 保险合同因期限届满而终止

这是保险合同终止的最常见、最普遍的因素。保险合同一般都订明保险期限,如保险期限届满后,保险人的责任即告消失,合同因此而终止。如果被保险人另办续保手续,则属于新合同的开始。

(三) 保险合同因保险标的的非保险事故原因灭失而终止

如果由于非保险事故发生而导致保险标的灭失,保险标的已实际不存在,保险合同也终止。例如,在人身保险合同中,被保险人因遭受责任免除的情况而死亡,人身保险合同无法继续履行的情形。在财产保险合同中,财产由于非承保事故完全灭失,保险合同也同样终止。

(四) 保险合同因完全履行而终止

在保险合同有效期内,一旦保险事故发生,保险人在履行赔偿财产损失或给付人身伤亡保险金后,达到保险金额全数时,保险合同终止。例如,在人寿保险合同中,保险人按合同规定的条件给付保险金额全数或给付期届满时,保险合同终止;在财产保险合同中,保险标的一次或数次遭受保险事故,可以得到数次赔款,保险赔偿额达到保险金额全数后,保险合同终止。但船舶保险是个例外,若船舶连续数次部分损失,每次损失都在保险金额限度内赔付,经数次赔付后,即使赔款总额已达到或超过保险金额,保险人仍需负责到保险合同期满自然终止,这是国际通行惯例,目的是保证遭受保险事故的船舶修复后继续航行。

第四节 保险合同的解释原则和争议处理

一、保险合同的解释原则

所谓保险合同的解释即指对保险合同条款的理解和说明。通常是受理保险合同纠纷的法院或仲裁机关,为确定当事人权利和义务,依法对保险合同及其相关资料的含义所作的具有约束力的分析和说明。在保险实务中由于各种复杂的原因,常会导致保险当事人对合同条款内容有各不相同的解释,以致造成保险合同履行的困难。因此,确定保险合同的解释原则具有重要的意义。在我国,当保险合同双方就合同内容发生争议时,应从最大诚实信用和公平原则出发,综合考虑该合同的性质、特点、目的、内容等诸多因素,努力探求当事人的真实意思,明辨是非,分清责任。保险合同的解释一般要遵循以下原则。

(一) 文义解释的原则

文义解释是解释保险合同条款最主要的方式,它是指按照保险合同条款所使用文句的通常含义和保险法律、法规及保险习惯,并结合合同的整体内容对保险合同条款所作的解释,即从文义上对保险合同进行解释。我国保险合同的文义解释主要有两种情形:

(1) 保险合同一般文句的解释。对保险合同条款适用的一般文句尽可能按文句公认的表面含义和其语法意义去解释。双方有争议的,按权威性工具书或专家的解释为准。

(2) 保险专业术语和其他专业术语的解释。对保险专业术语或其他专业术语,有立法解释的,以立法解释为准;没有立法解释的,以司法解释、行政解释为准;无上述解释的,亦可按行业习惯或保险业公认的含义解释。

(二) 意图解释的原则

保险合同是根据双方当事人自由意志的结合而订立的。因此,在解释过程中,必须尊重双方在订约时的真正意图。当事人在订约时的真正意图,应当根据保险合同的文字、订约时的背景和实际情况,进行逻辑分析、演绎而推定,而不能由当事人在发生争执时任意改动。意图解释是在无法用文义解释方式时的辅助性解释方法,即只能在遇有文义不清、用词混乱模糊的情况下,才可以采用。如果保险合同条款文字和表达的含义清楚,必须进行文义解释,而不能以运用意图解释方式为由对保险合同条款进行推测。

(三) 有利于合同非起草人的解释原则

《保险法》第30条规定:"采用保险人提供的格式条款订立的保险合同,保险人与投保人、被保险人或者受益人对合同条款有争议的,应当按照通常理解予以解释。对合同条款有两种以上解释的,人民法院或者仲裁机构应当作出有利于被保险人和受益人的解释。"这也是各国保险立法的惯例,其原因是,当保险合同是附合合同情况下,订立保险合同时,被保险人只能就保险人所制订的合同条款进行选择,不能提出修改意见,因而被保险人对保险条款的选择处于相对弱势的地位,而保险人则具有优势。因此为了保证被保险人的利益,此时对于保险合同格式条款的解释,在按照通常理解予以解释但仍存在两种以上解释可能,也即按照文义解释和意图解释仍有多种解释可能,无法得到统一解释的情况下,应当作有利于非起草人即被保险人和受益人的解释。

这里需要特别指出的是,我国商业保险的基本条款和保险费率,依法由保险监督管理部门审批或备案,且保险人在拟订保险条款时也必须贯彻国家关于保险事业的方针政策,充分发挥保险的经济补偿和社会稳定作用,因而不可能完全为自身利益而拟订保险条款。所以,人民法院或者仲裁机关在使用保险格式合同解释要有利于被保险人和受益人原则时须特别慎重,只有在保险合同条款含义不清,按通常理解不能得出唯一解释时才能使用这一原则,同时,对于协商性保险合同,该原则并不适用。

专栏 4-4

保险合同条款产生争议时应作出何种解释?

【案情】

2011年12月18日,原告吴某为其私有的苏FLS675号轿车在被告处投保了机动车交强险、机动车损失保险、机动车第三者责任保险,其中机动车损失保险赔偿限额为99 800元、机动车第三者责任保险赔偿限额为200 000元,并约定了不计免赔率特约条款。保险责任期间自2011年12月18日0时至2012年12月17日24时。原告于2011年12月16日向被告缴纳了保险费2 858.72元。

2012年5月2日,原告吴某驾驶苏FLS675号小客车与骆某驾驶的电动三轮车发生碰撞,导致骆某及电动三轮车乘员吕兰(系骆某之妻)受伤,骆某经抢救无效死亡,两车不同程度损坏。

2012年6月7日,公安局交通巡逻警察大队出具道路交通事故认定书,认定吴某、骆某负事故的同等责任,吕兰无事故责任。

事故发生后,原告将骆某送至医院抢救,骆某于当日17时30分经抢救无效死亡,花费医疗费6 974.58元。

2012年6月30日,被告保险公司出具机动车辆损失情况确认书,确认原告所有的车牌号为苏FLS675号小汽车在涉案事故中的定损金额为24 000元。

2012年8月,保险公司在交强险责任限额内赔偿吕兰关于骆某事故损失11万元。原告吴某与吕兰就交强险以外的损失达成调解协议:原告吴某赔偿吕兰交强险限额外损失89 000元,原告吴某在事故后为抢救骆某所垫支的医疗费用6 974.58元及吴某的车辆损失由原告向保险公司主张。

另查,事故发生时,原告吴某所持的驾驶证有效期限至2012年4月17日,驾驶证已逾期。事故发生后,吴某换取了新证。

原告向保险公司索款无着,于2013年向法院起诉,请求判令被告立即给付原告垫付的医疗费6 974.58元,赔偿给吕兰的损失89 000元,车辆损失24 000元,合计119 974.58元。

被告辩称,原告在事故发生时,所持有的驾驶证有效期已届满,原告持逾期驾驶证驾驶,其行为属于约定的责任免除范围,保险公司不负赔偿责任。

【分歧】

本案中事故刚好发生在超过被保险人持有的驾驶证上注明的有效期间,但尚在换取新证的宽展期内。双方的争议涉及对"驾驶证有效期已届满"的理解。

一种意见认为:保险条款中明确约定驾驶证有效期已届满保险人免责。"驾驶证有效期已届满"应解释为事故发生时,驾驶员所持驾驶证上载明的有效期届满,故该免责条款适用于本案。

另一种意见认为,"驾驶证有效期已届满"应解释为事故发生时,驾驶证本身效力期限届满,也即是否有驾驶机动车的资格问题。本案中事故发生时驾驶证尚在换取新证的宽展期内,并未丧失驾驶机动车的资格,故该免责条款不适用于本案。

【评析】

笔者同意第二种意见,具体分析如下:

《保险法》第三十条规定:采用保险人提供的格式条款订立的保险合同,保险人与投保人、被保险人或者受益人对合同条款有争议的,应当按照通常理解予以解释。对合同条款有两种以上解释的,应当作出有利于被保险人和受益人的解释。上述规定即为疑义利益解释原则在我国保险法上的法律依据,其对于保护被保险人和受益人等处于弱势地位的合同关系人具有极其重要的意义。

(1) 本案中,对于"驾驶证有效期已届满"从文义上来理解,确实存在驾驶证本身效力期限届满和驾驶证上载明的有效期限届满两种理解。驾驶证本身效力期限届满属于驾驶证效力的丧失,包括但不限于驾驶人在宽展期内未换取新证或未被许可换取新证的后果。而超过驾驶证上载明的有效期限的驾驶证,驾驶人可以在宽展期内换取新证,在宽展期内该驾驶证仍合法有效。

(2) 从保险合同相关条款的构架上来看,格式合同制定者将驾驶证有效期已届满与无证驾驶用"或者"一词连接,实际上要表达为两者具有相同的法律效果,即应为驾驶证有效期限届满的理解。

(3) 从投保人的合理期待看,投保人希望通过订立保险合同在保险事故发生时得到理赔,从而减少损失。虽然其在事故发生时持有的驾驶证超过驾驶证上注明的有效期限,但在合理的换证宽展期限内,投保人要求保险人理赔事故损失,属于合理期待。

(4) 保险合同订立的目的是分散风险,免责条款订立的目的是控制保险风险,本案驾驶人的驾驶证有效期虽然届满,但尚在换取新证的有效期内,并没有加大保险风险,且与保险事故的发生并无事实上的因果关系。

(5) 从公平、诚实信用原则来看,如将免责条款的内容理解为所持驾驶证上注明的有效期届满,在本案情况下,实际缩短了保险人的保险期间,与诚实信用不符,亦对被保险人不公平。因此,在对保险合同条款有两种以上解释的情况下,应当作出有利于被保险人和受益人的解释。"驾驶证有效期已届满"应理解为驾驶证本身效力期限届满,实质上与无证驾驶有相同的法律后果,不仅符合该条款的本意,亦符合公平、诚实信用原则,有利于保护非提供格式条款一方的利益,更有利于平衡双方利益。原告的诉讼请求应予支持。

(来源:中国法院网 www.chinacourt.org)

二、保险合同的争议处理

保险合同争议是指在保险合同成立后,合同主体就保险合同内容及履行时的执行约定具体做法等方面产生不一致甚至相反的理解而导致意见分歧或纠纷。由于保险合同比较特殊,主体之间的争议不仅产生于投保人与保险人之间,有时还会产生于投保人与被保险人、被保险人与受益人以及上述主体与第三人之间。因此,如何采用适当的方式,公平合理地处理这些争议,对于投保人和保险人来说,直接影响到双方的权益,是一个十分重要的问题。按照惯例,对于保险业务中发生的争议,可采取和解、调解、仲裁、诉讼等方式予以解决。

(一) 和解

和解是指保险当事人双方在互谅互让的基础上,本着合法和平等互利的原则,进一步磋商,对于合同不能履行的情况,实事求是地探讨可行的解决办法,在共同都能接受的条件下达成和解协议,消除纠纷。这种解决合同争议的方式,是节约费用和快捷、有效地解决争议的好办法,而且还能增进彼此的了解,气氛比较友好,有利于合同的继续执行。

(二) 调解

调解是指在第三者主持下,根据自愿合法的原则,在双方当事人明辨是非,分清责任的基础上,互谅互让,达成协议,以解决纠纷的方式。根据调解时第三者身份的不同,保险合同的调解分为民间调解、仲裁调解和司法调解。

民间调解是由第三者充当调解人,这种第三者通常是双方当事人所信任并具有丰富实践经验,熟悉保险业务和法律知识的人。从法律效果来看,民间调解是非诉讼调解,没有强制执行的效力的调解,一方当事人不履行调解协议,另一方当事人只能就该争议提交仲裁机关或人民法院进行解决,不能直接请求人民法院强制执行调解协议。仲裁调解和司法调解则是在仲裁机关和人民法院主持下在仲裁和诉讼过程中的调解。仲裁调解和司法调解则具有强制执行的效力,对于已经生效的仲裁调解协议或司法调解协议,当事人必须严格履行,任何一方不履行调解协议,另一方当事人都可以申请人民法院强制其履行调解协议。当事人不得再就同一争议提交仲裁或提交诉讼。

(三) 仲裁

仲裁是由保险合同双方当事人在争议发生之前或在争议发生之后,达成书面协议,自愿把他们之间的争议交给双方同意的第三者进行裁决。仲裁的特点是有仲裁员参加,而且仲裁员是以裁判的身份而不是以调解员的身份对双方争议的事项作出裁决的。

我国国内的仲裁机构是在直辖市和省、自治区人民政府所在地的市设立的仲裁委员会。仲裁委员会由上述市的人民政府组织有关部门和商会统一组建,并经省、自治区和直辖市的司法行政部门登记。涉外经济贸易、运输和海事中发生的纠纷可由涉外仲裁委员会进行仲裁。涉外仲裁委员会由中国国际商会组织设立。我国仲裁实行一裁终局的制度,仲裁判决书自作出之日起即发生法律效力。对已发生法律效力的仲裁判决书,当事人应当按照规定的期限自动履行。一方逾期不履行的,另一方可向有管辖权的人民法院申请强制执行。

合同双方如订有仲裁协议,发生争议时应通过仲裁解决,仲裁协议是仲裁机构受理争议案件的依据。仲裁机构只能受理双方当事人根据仲裁协议提交仲裁的案件,而不能受理没有仲裁协议或者不在协议约定范围内的案件。

仲裁的优点在于,提交仲裁是双方自愿的,而不是一方强求另一方的行为;仲裁机构多为有丰富经验的专家组成,在仲裁时可以更多地考虑商业惯例,具有较大的灵活性,仲裁的裁决是终局性的,能保证受损方的利益;能比较及时地解决争议,提高工作效率;能在比较友好的气氛中解决争议,有利于保持双方今后的友好关系。

目前,国内保险合同纠纷很少采用仲裁方式解决,主要是因为保险条款中没有仲裁条款或者在纠纷发生后没有订立仲裁协议。许多保险条款中虽然有"在发生争议时提交仲裁或向人民法院起诉"的字样,但这不是仲裁条款,仅提示争议处理的方式。仲裁条款或仲裁协议要订明仲裁机构和仲裁地点。

(四) 诉讼

保险诉讼主要是指争议双方当事人通过国家审判机关——人民法院解决争端,进行裁决的办法。当保险合同双方的纠纷不能用前三种方式解决时,就会采取诉讼的方法。它是解决争议最激烈的方式。

保险合同的纠纷,应由保险标的物所在地或被告住所地的人民法院管辖。在审理过程中,人民法院应以事实为依据,以法律为准绳,在辨明是非、分清责任的基础上,对当事人之间的争议可以先行调解。调解不成,及时判决。

为确保人民法院判决的执行,当事人可以申请诉讼保全,要求扣押或冻结当事人的财产,防止出现人民法院作出判决后已无法履行的情况;对当事人没有申请的,人民法院也可依职权作出诉讼保全,以保障当事人的权益。

我国现行诉讼制度实行公开审判和二审终审的制度。对于一审人民法院判决不服,当事人可以在收到判决书15日内,向上一级人民法院提出上诉,由上一级人民法院作二审审理。二审人民法院所作判决为终审判决。地方各级人民法院已超过上诉期限未起诉的一审判决、二审判决和最高的一审判决,是发生效力的判决。

 专栏 4-5

什么是保险合同纠纷的诉讼时效

诉讼时效是指民事权利受到侵害的权利人在法定的时效期间内不行使权利,当时效期间届满时,债务人获得诉讼时效抗辩权。《中华人民共和国保险法》第 26 条规定:人寿保险以外的其他保险的被保险人或者受益人,向保险人请求赔偿或者给付保险金的诉讼时效期间为 2 年,自其知道或者应当知道保险事故发生之日起计算。人寿保险的被保险人或者受益人向保险人请求给付保险金的诉讼时效期间为 5 年,自其知道或者应当知道保险事故发生之日起计算。

保险法规定的诉讼时效可以中止、中断或延长。诉讼时效的中止是指在诉讼时效期间的最后 6 个月内,因不可抗力或者其他障碍不能行使请求权,从而使诉讼时效中止,从中止时效的原因消除之日起,诉讼时效期间继续计算。诉讼时效的中断是指诉讼时效因提起诉讼,当事人一方提出要求或者同意履行义务而中断。从中断时起,诉讼时效期间重新计算。

本 章 小 结

1. 保险合同是约定投保人和保险人之间权利和义务的协议,根据业务标的不同分为补偿性保险合同和给付性保险合同。保险合同是射幸合同、双务有偿合同、非要式合同、最大诚信合同和附合合同。

2. 任何法律关系都包括主体、客体和内容三个不可缺少的组成部分,保险合同的法律关系也是由这三大要素所组成的。保险合同的主体为保险合同的当事人、关系人和中介人,保险合同的客体为保险利益,保险合同的内容为保险双方当事人之间的权利和义务关系。

3. 保险合同的订立、变更与终止必须符合法定的程序和形式。

4. 保险合同的解释一般要遵循文义解释的原则、意图解释的原则和有利于格式合同非起草人的解释原则。对于在保险业务中发生的争议,保险双方可采取和解、调解、仲裁、诉讼等方式予以解决。

关键概念索引

保险合同　补偿性保险合同　给付性保险合同　射幸合同　双务合同　有偿合同　非要式合同　最大诚信合同　附合合同　保险利益　保险责任　保险价值　保险金额　保险期限　要约　承诺　保险合同的生效　无效　投保单　保险单　保险凭证　暂保单　批单　法定解除　协议解除　文义解释的原则　意图解释的原则　有利于合同非起草人的原则

复习思考题

1. 保险合同有哪些特点？
2. 保险合同的当事人包括哪些人？财产保险合同与人身保险合同的被保险人在合同中的地位可能有什么不同？
3. 什么是保险合同的客体？
4. 财产保险标的转让时合同转让中的权利和义务关系是怎样的？
5. 有哪些原因导致保险合同终止？
6. 保险合同的解释有哪几项原则？并如何运用这几项原则？

第五章 保险的基本原则

 **本章要点**

- 保险利益原则的意义及财产保险、人身保险中保险利益的确定
- 最大诚信原则的意义,如实告知义务的内涵
- 损害赔偿原则的基本功能,适用和派生原则
- 近因的认定

> 保险在其发展的历史过程中,逐渐形成了一系列为人们所公认的基本原则,这些原则是保险经营活动的基础,贯穿于整个保险业务之中,是保险双方都必须严格遵守的。坚持和贯彻保险基本原则,有利于维护保险双方的合法权益,更好地发挥保险的职能和作用,保证保险业健康地发展。这些原则主要包括最大诚信原则、保险利益原则、损失赔偿原则和近因原则。

第一节 最大诚信原则

一、最大诚信原则概述

任何一项民事活动,各方当事人都应当遵循诚信原则。诚信原则是世界各国立法对民事、商务活动的基本要求。一般认为,诚实信用原则起源于罗马法,在罗马法中称为"善意"原则。诚实信用原则要求民事主体在从事民事活动时,应诚实守信,以善意的方式履行其义务,不得滥用权力及规避法律或合同规定的义务。同时,诚实信用原则要求维持当事人之间的利益及当事人利益和社会利益之间的平衡。我国《民法通则》第4条规定:"民事活动应当遵循自愿、公平、等价有偿、诚实信用的原则。"

最大诚信原则是诚实信用原则的功能和作用在保险法中的体现。保险合同对诚信原

则的要求较之其他合同更高,因而被称为最大诚信原则,或最大善意原则。最大诚信原则最早起源于海上保险。在海上保险中,保险双方签订合同时,往往远离船舶和货物所在地,保险人对保险财产一般不可能做实地查勘,仅凭投保人叙述的情况来决定是否予以承保和以什么条件承保,所以,特别要求投保人诚信可靠。英国1906年海上保险法曾规定:"海上保险是建立在最大诚信之基础上的保险合同,如果任何一方不遵守这一原则,他方可以宣告合同无效。"我国《保险法》第5条对该原则也做了规定:"保险活动当事人行使权利、履行义务应当遵循诚实信用原则。"

所谓诚实,就是一方当事人对另一方当事人不得隐瞒、欺骗;所谓信用,就是任何一方当事人都必须善意地、全面地履行自己的义务。保险合同对当事人诚实信用的要求,比一般民事活动更为严格。因而,不仅在保险合同订立时要遵守此项原则,在合同履行的整个期间也都要求当事人具有"最大诚信",即保险的最大诚信原则,此项原则贯穿于保险合同的始终。最大诚信原则的基本含义是:保险双方在签订和履行保险合同时,必须保持最大限度的诚意,双方都应恪守信用,互不欺骗和隐瞒。

二、规定最大诚信原则的原因

在保险活动中,之所以规定最大诚信原则,主要归因于保险信息的不对称性和保险合同的特殊性。

(一) 保险经营中信息的不对称性

在保险经营中,无论是保险合同订立时还是保险合同成立后,投保人与保险人对有关保险的重要信息的拥有程度是不对称的。对于保险人而言,投保人转嫁的风险性质和大小直接决定着其能否承保与如何承保。然而,保险标的是广泛而且复杂的,作为风险承担者的保险人却远离保险标的,而且有些标的难以进行实地查勘。而投保人对其保险标的的风险及有关情况却是最为清楚的,因此,保险人只能根据投保人的告知与陈述来决定是否承保、如何承保以及确定费率。这就使得投保人的告知与陈述是否属实和准确会直接影响保险人的决定。于是要求投保人基于最大诚信原则履行告知义务,尽量对保险标的的有关信息进行披露;对于投保人而言,由于保险合同条款的专业性与复杂性,一般的投保人难以理解与掌握,对保险人使用的保险费率是否合理、承保条件及赔偿方式是否苛刻等也是难以了解的,因此,投保人主要根据保险人为其提供的条款说明来决定是否投保以及投保何险种。于是也要求保险人基于最大诚信,履行其应尽的此项义务。

(二) 保险合同的附合性与射幸性

如前所述,保险合同属于典型的附合合同,所以,为避免保险人利用保险条款中含糊或容易使人产生误解的文字来逃避自己的责任,保险人应履行其对保险条款的告知与说明义务。另外,保险合同又是一种典型的射幸合同。按照保险合同约定,当未来保险事故发生时,由保险人承担损失赔偿或给付保险金责任。由于保险人所承保的保险标的的风险事故是不确定的,而投保人购买保险仅支付较少量的保费,保险标的一旦发生保险事故,被保险人所能获得的赔偿或给付将是保费支出的数十倍甚至数百倍或更多。因而,就单个保险合同而言，保险人承担的保险责任远远高于其所收取的保费，倘若投保人不诚实、不守信，必将引发大量保险事故陡然增加保险赔款，使保险人不堪负担而无法永续经营，最终将严重损害广大投保人或被保险人的利益。因此，要求投保人基于最大诚信原则真诚履行其告知与保证义务。

三、最大诚信原则的基本内容

最大诚信原则的基本内容包括如实告知义务、保证、如实说明义务、弃权与禁止反言。如实告知与保证是对投保人与被保险人的约束，而如实说明与弃权与禁止反言的规定主要是约束保险人的。

（一）告知

告知是投保人的一项基本义务，指投保人在订立保险合同过程中，向保险人所作的口头或书面的陈述应当遵守诚实信用原则，不得欺骗和隐瞒。

1. 告知的内容

要求投保人告知的主要内容是指在保险合同订立时，投保人应将已知或应知的与保险标的及其危险有关的重要事实如实告知保险人。所谓"重要事实"，是指那些足以影响保险人决定是否承保和确定费率的事实。比如财产保险中保险标的的价值、品质、风险状况等；人身保险中被保险人的年龄、性别、职业、健康状况、既往病史、家庭遗传病史、居住环境、嗜好等等。

在保险合同的履行中，有些事实是被保险人无须申报的事实，主要包括：①减低风险的任何情况；②保险人知道或推定应该知道的情况；③保险人表示不要知道的情况；④根据保险单明示保证条款，无须申报的事实。

2. 告知的形式

投保人的告知形式有两种：一是无限告知，即法律或保险人对告知的内容没有明确规定，投保人须主动地将保险标的的状况及有关重要事实如实告知保险人；二是询问告知，指投保人只需对保险人询问的问题如实告知，对询问以外的问题无须告知。早期保险活动中的告知形式主要是无限告知，随着保险技术水平的不断发展和提高，目前世界上大多数国家，包括我国在内的保险立法都采用了询问告知的形式。如我国《保险法》第16条规定"订立保险合同，保险人就保险标的或者被保险人的有关情况提出询问的，投保人应当如实告知。"实务中，一般操作方法是保险人将需要投保人告知的内容列在投保单中问询栏上，要求投保人如实填写。投保人或被保险人对某些事实在未经询问时可以保持缄默，无须告知。

3. 违反告知的表现和法律后果

投保人或被保险人违反告知的表现主要有四种：第一是漏报，投保人一方由于疏忽对某些事项未予申报，或者对重要事实误认为不重要而遗漏申报；第二是误告，投保人一方因过失而申报不实；第三是隐瞒，投保人一方明知而有意不申报重要事实；第四是欺诈，投保人一方有意捏造事实，弄虚作假，故意对重要事实不作正确申报并有欺诈意图。

各国法律对违反告知的处分原则上是区别对待。首先要区分其动机是无意还是有意,对有意的处分比无意的重;其次要区分其违反的事项是否属于重要事实,对重要事实的处分比非重要事实的重。比如我国《保险法》第16条第二款规定"投保人故意或者因重大过失未履行前款规定的如实告知义务,足以影响保险人决定是否同意承保或者提高保险费率的,保险人有权解除合同。"但为了在寿险等长期合同中保护投保人和被保险人利益,我国《保险法》已经引入了国际上通行的不可抗辩条款,该条条文第三款明确限定"前款规定的合同解除权,自保险人知道有解除事由之日起,超过三十日不行使而消灭。自合同成立之日起超过二年的,保险人不得解除合同;发生保险事故的,保险人应当承担赔偿或者给付保险金的责任。"同时,该条还规定保险人在合同订立时已经知道投保人未如实告知的情况的,保险人不得解除合同;发生保险事故的,保险人应当承担赔偿或者给付保险金的责任。

如果在合同前发生保险事故的,根据投保人的主观过错程度的不同,我国《保险法》第16条第四和第五款分别规定"投保人故意不履行如实告知义务的,保险人对于合同解除前发生的保险事故,不承担赔偿或者给付保险金的责任,并不退还保险费。""投保人因重大过失未履行如实告知义务,对保险事故的发生有严重影响的,保险人对于合同解除前发生的保险事故,不承担赔偿或者给付保险金的责任,但应当退还保险费。"

(二)保证

保证是指保险人和投保人在保险合同中约定,投保人或被保险人担保对某一投保事项的作为或不作为或担保某一事项的真实性。保证可以分为明示保证和默示保证。

1. 明示保证

明示保证是以条款形式在合同内载明的,这种条款可以作为保险单的一部分,被保险人必须遵守,否则保险人可以宣告保险单无效。例如,汽车保险条款订明:"被保险人或其雇佣的司机,对被保险的汽车应妥善维护,使其经常处于适宜驾驶的状态,以防止发生事故。"这一条款是对被保险人要求的承诺性保证,即"使汽车经常处于适宜驾驶的状态"。又如,在家庭财产保险条款中列有"不堆放危险品"的保证条款。英国的保险单上则列有"证明我们填报的投保单各项事实属实,并作为合同的基础"这样的保证条款。

2. 默示保证

默示保证虽然在保险单上没有文字记载,但从习惯上或社会公认的角度看,被保险人应该保证作某种行为或不作某种行为。默示保证与明示保证一样,被保险人也必须遵守,如有违背或破坏,保险人也可以宣告保险合同无效。默示保证多应用在海上保险中,如船舶保险单要求保险船舶必须有适航能力,即船舶的一切方面,都能合理地适于所投保航次的一般海上风险;在航行中要按预定航线航行,不得绕航;还必须经营合法的运输业务等。

保证根据具体内容的不同,又可以分为确认保证和承诺保证。确认保证涉及过去和现在,是指投保人对过去或现在某一特定事项存在或不存在的保证。如某人保证从未得过某种疾病,是确认患有某种疾病的事实并不存在,但并不保证将来是否会患该种疾病。而承诺保证涉及现在和将来,则是指投保人对将来某一事项作为或者不作为的保证。如某人承诺不从事高危险性的运动。

在保险活动中,无论是明示保证还是默示保证,保证的事项均为重要事实,因而被保险人一旦违反保证的事项,保险合同即告失效,或者保险人拒绝赔偿或给付保险金,而且除寿险外,保险人一般不退还保险费。

告知与保证都是根据最大诚信原则,投保人或被保险人应尽的义务,但两者是有区别的。前者告知的是一个事实问题,只要如实反映便算履行了义务,而且告知的内容是可以撤回或更改的;而后者则要求事实绝对正确,要求实际事实与保证中的事实完全一致,一旦违反,不管违反保证的事实对风险是否重要,保险人即可宣告保险单无效。在邓哈诉哈特莱(Dehann v. Hartley)一案中,一艘船舶被保证开航前需配备50名以上船员,可是事实上船舶开航时只配备了46名船员,以后在航行途中又增加了6名船员。法院判定,保险人有权宣告保险单无效。

(三) 弃权与禁止反言

弃权是保险合同一方当事人放弃他在保险合同中可以主张的某种权利。通常是指保险人放弃合同解除权与抗辩权。构成弃权必须具备两个要件:首先,保险人须有弃权的意思表示。这种意思表示可以是明示的,也可是默示的。或者说,这种弃权的意思表示可以是明确的弃权声明,也可以从其行为中推定。其次,保险人必须知道有权利存在;如果保险人不知道投保人、被保险人有违背义务的情况及可享有的抗辩权或解约权,其作为或不作为均不得视为弃权。

禁止反言是指保险合同一方当事人既然已经放弃某种权利,日后不得再向对方主张这种权利,也称为禁止抗辩。弃权与禁止反言在实务中主要约束保险人。

弃权与禁止反言常因保险代理人的原因产生。保险代理人出于增加保费收入以获得更多佣金的需要,可能不会认真审核标的的情况,而以保险人的名义对投保人作出承诺并收取保险费。一旦保险合同生效,即使发现投保人违背了保险条款,也不得解除合同。因为代理人放弃了本可以拒保或附加条件承保的权利。从保险代理关系看,保险代理人是以保险人的名义从事保险活动的,其在授权范围内的行为所产生的一切后果应由保险人来承担。所以,代理人的弃权行为即视为保险人的弃权行为,保险人不得为此拒绝承担责任。弃权与禁止反言的限定,不仅可约束保险人的行为,要求保险人为其行为及其代理人的行为负责,同时也维护了被保险人的权益,有利于保险双方权利和义务关系的平衡。比如在美国汽车保险中,一般限制行驶区域在本国和加拿大,但投保人在投保汽车险时,告知保险代理人,他将在某时期驱车去欧洲旅行,一旦在旅行期间保险汽车发生保险事故,保险人不能拒绝赔款。

第二节 保险利益原则

一、保险利益原则的含义

保险利益又称可保利益,是指投保人或者被保险人对保险标的具有的法律上承认的利益。衡量投保人或者被保险人对保险标的是否具有保险利益的标志是看其是否因保险标的的损害或丧失而遭受经济上的损失。如果因保险事故的发生给投保人或者被保险人带来了经济利益上的损失,则表明该投保人对该保险标的具有保险利益;反之,则不具有保险利益。

例如,某人拥有一所房屋,如房屋安全存在,他就可以居住,或者出租、出售来获得利益;如房屋损毁,他就无法居住,更谈不上出租、出售,经济上就要受到损失。正是因为他对自己拥有的房屋具有利害关系,他才考虑房屋的安危,将房屋保险,而保险人也正因为他对这所房屋具有利害关系,才允许他投保。这就说明房屋的所有人对其所拥有的房屋具有保险利益。

保险利益原则是保险合同必须遵循的原则,是指只有在投保人或者被保险人对保险标的具有保险利益的前提条件下,保险合同有效,发生保险事故时可以获得保险金的补偿或给付,否则保险合同无效。

为了使保险利益原则发挥作用,应当规定在保险事故发生时有保险金请求权的人对保险标的具有保险利益。因此在保险利益的主体规定上,财产保险合同与人身保险合同有所区别。在财产保险合同中,被保险人是享有保险金请求权的人,因此我国《保险法》规定,财产保险的被保险人对保险标的应具有保险利益。而在人身保险合同中,人身保险合同中被保险人的生命或身体成为合同保障的具体标的,在被保险人发生保险事故时保险人将支付保险金,获得保险金的可能是被保险人自身,而在被保险人死亡时则是合同中指定的身故保险金受益人。毫无疑问,被保险人对于自己必然具有保险利益,因而为了保障被保险人的生命安全,国外保险法一般要求人身保险合同中受益人必须对被保险人必须保险利益。在实务中,由于投保人经常是受益人,或是与受益人有密切的经济利害关系,因此为确保被保险人生命安全起见,也有同时规定不仅受益人对被保险人需具有保险利益,人身保险的投保人对被保险人也应具有保险利益。而在我国《保险法》中,仅做了人身保险的投保人对被保险人应当具有保险利益的规定,至于受益人则不在保险利益原则的限定范围内,而仅是规定受益人由被保险人指定或其指定必须要经过被保险人同意以保证被保险人的生命安全。

二、保险利益构成的条件

保险利益是保险合同得以成立的前提,无论是财产保险合同,还是人身保险合同,必须以保险利益的存在为前提。投保人或被保险人对保险标的不具有保险利益的,保险合同无效,因此,如何确定保险利益就显得十分重要。

投保人或者被保险人对保险标的具有的经济利益,并非都构成保险利益,构成保险利益必须具备以下条件。

(一) 保险利益必须是合法的利益

投保人或者被保险人对保险标的所具有的利益要为法律所承认。只有在法律上可以主张的合法利益才能受到国家法律的保护,因此,保险利益必须是符合法律规定的,符合社会公共秩序,为法律所认可并受到法律保护的利益。例如,在财产保险中,投保人或被保险人对保险标的的所有权、占有权、使用权、收益权或对保险标的所承担的责任等,必须是依照法律、法规、有效合同等合法取得、合法享有、合法承担的利益,因违反法律规定或损害社会公共利益而产生的利益,不能作为保险利益。如以盗窃得来的赃物投保家庭财产保险,或以走私物品投保海洋货物运输保险,这些利益都不能作为保险利益。

(二) 保险利益必须是一种具有经济价值且可以估价的利益

保险利益必须是可以用货币计量的经济利益。保险合同的目的是为了弥补投保人或被保险人因保险标的出险所受的经济损失。这种经济损失正是基于当事人对保险标的的存在的经济利益为前提的。如果当事人对保险标的不具有经济利益或具有的利益为非经济的、且不能用货币计量的,保险赔偿或者给付就无从实现。

在财产保险中,保险利益一般可以精确计算,对那些像纪念品、日记、账册等不能用货币计量其价值的财产,虽然对投保人或者被保险人有利益,但一般不作为可保财产。在人身保险中,由于人的身体和生命无价,一般情况下,只要求投保人与被保险人具有利害关系,就认为投保人对被保险人具有保险利益;在个别情况下,人身保险的保险利益也可以计算和限定,比如债权人对债务人生命的保险利益可以确定,为债务的金额加上利息及保险费。

(三) 保险利益必须是确定的利益

此项利益是基于保险标的的价值而存在的,必须是投保人或者被保险人对保险标的在客观上或事实上已经存在或可以确定的利益。这种利益可以分为现有利益和期待利益。现有利益是指在客观上或事实上已经存在的经济利益,如被保险人对一座已经建成并在使用过程中的楼房具有的经济利益,可视为现有利益。期待利益是指在客观上或事实上尚不存在,但根据法律、法规或有效合同的约定可以确定在将来某一时期内将会产生的经济利益。期待利益确定的前提必须有合法、合理的依据,如根据有效的租赁合同所产生的对预期租金的收益可视为期待利益。在投保时,现有利益和期待利益均可作为确定保险金额的依据,但在受损索赔时,这一期待利益必须已成为现实利益才属索赔范围,保险人的赔偿或给付,以实际损失的保险利益为限。

总的来说,确定的经济利益体现出来就是保险标的的损失将会造成投保人的直接经济损失。如果保险标的的损失不会造成投保人或者被保险人的直接经济损失,则说明投保人或者被保险人对保险标的所具有的利益不是保险意义上的利益,即投保人或者被保险人对保险标的没有保险利益。

三、规定保险利益的意义

(一) 与赌博从本质上划清界限

从表面上看,赌博与保险都具有一定的射幸性质,以小博大,并有赖于偶然事件的发生。但根据保险利益原则,保险的目的在于排忧解难,求得经济上的保障,是应用风险分散原理,通过科学的统计、分析和计算,向投保人收取保费,在自然灾害或意外事故发生时为投保人提供经济补偿,而且补偿数额应与其损失相等。也可以说,保险是对被保险人的损失进行补偿的行为,是建立在合理、科学的基础上的,虽然是以较少的保险费换取有可能高出千倍的利益,但它是人类互助精神的一种体现。而赌博则是有悖于社会利益和社会公共秩序的不良行为,其手段和结果都表现出以单纯获利为目的,以小的损失谋取较大的经济利益的投机行为。其获取的赌博利益是以不发生一定数额的损失为前提,也不是以补偿其损失为原则的,与保险有着本质的区别。保险利益的确立从本质上划清了保险与赌博的界限,有利于保险业的健康发展。

(二) 防止道德风险的产生

投保人或者被保险人以与自己毫无利害关系的保险标的投保,就会出现投保人、被保险人为了谋取保险赔偿而任意购买保险,并盼望事故发生的现象;或者保险事故发生后,不积极施救的;更有甚者,为了获得巨额赔偿或给付,采用纵火、谋财害命等手段,制造保险事故,增加了道德风险事故的发生。在保险利益原则的规定下,由于投保人、被保险人与保险标的之间存在利害关系的制约,投保的目的是为了获得一种经济保障,一般不会诱发道德风险。

(三) 可以限制赔付额度

保险利益是保险人根据保险合同对被保险人的经济损失所能补偿的最高限度。在财产保险合同中,赔偿应以保险利益为依据,被保险人所主张的赔偿金额,不得超过其对该保险标的所具有的保险利益的金额。如果不坚持补偿的最高金额以利益为限的原则,则被保险人可以因较少的损失而获得较大的赔偿额,对超过保险利益的部分,同样会导致道德风险,对此保险人可以拒赔。所以坚持保险利益的原则,可以防止通过保险获得原来所没有的利益。

四、各类保险的保险利益

由于各类保险所承保的风险责任不同,因而在保险合同的订立以及履行过程中对保险利益原则的运用,也不尽相同,现分述如下。

(一) 财产保险的保险利益

财产保险的保险标的是财产及其有关利益,凡因财产及其有关利益而遭受损失的投保人,对其财产及有关利益具有保险利益。财产保险的保险利益有下列情况。

1. 财产所有人、经营管理人的保险利益

财产的所有权人、经营管理人,因其所有或经营管理的财产一旦损失就会给自己带来经济损失而对该财产具有保险利益,可以为该项财产投保。例如,房屋所有权人可以为房屋投保家庭财产险;货物所有人可以为货物投保运输险;企业的经营者,可以为其经营的财产投保企业财产险。

2. 抵押权人、质权人的保险利益

抵押与出质都是债权的一种担保,当债权不能获得清偿时,抵押权人或质权人有从抵押或出质的财产价值中有限受偿的权利。抵押权人与质权人因债权债务关系对财产具有经济上的利害关系,因而对抵押、出质的财产均具有保险利益。就银行抵押贷款的抵押品而言,在贷款未偿还之前,抵押品的损失会使银行蒙受损失,因此银行对抵押品具有保险利益;在借款人还款后,银行对抵押品的抵押权消失,其保险利益也随之消失。抵押权人、质权人的保险利益是以未清偿的债权为限的,并不体现为抵押与出质的财产价值。

3. 财产受托人或保管人的保险利益

财产的受托人或保管人对所保管的财产有保险利益,这种保险利益来自法律责任,如受托人或保管人对某项财产的安全负有责任,那么,如果该财产受损他就要负法律责任,所以他对该项财产就有保险利益。例如:旅店对住客的行李、修理部对委托者的财物需承担法律责任,所以受托人或保管人(即旅店和修理部)对这些标的物具有保险利益。

4. 合同产生的保险利益

由于合同关系,当事人一方或双方对合同的标的物具有保险利益。例如,租房合同中订明,承租人在承租前一次性交付房租,如果房屋毁损,租金不予退还,这样承租人对因发生的房屋火灾造成的租金损失有保险利益。又如,在进出口贸易中,出口方或进口方均具有投保货物运输保险的保险利益。

(二) 人身保险的保险利益

根据《保险法》第31条规定,人身保险合同的保险利益的确定方式是采取限制利益关系范围并结合被保险人同意的方式。对于利益关系范围的限制是通过列举式进行规定的。法律承认的对被保险人有保险利益的投保人有以下几类:

(1) 本人。任何人对于自己的身体或寿命都具有保险利益。

(2) 配偶、父母、子女。配偶之间、父母与子女之间拥有的法定的相互抚养、赡养或扶养关系,并且有较近的血缘亲属关系,相互之间具有密切的经济利害关系,因此法律确定他们具有保险利益。

(3) 与投保人有抚养、赡养或扶养关系的家庭其他成员、近亲属。此项是针对前两项关系以外的家庭成员、近亲属而确定的,他们之间血缘关系可能不是很密切,但在社会生活当中相互有抚养、赡养或扶养关系的情况也很常见,相互之间也具有相当的经济利害关系,因此法律确定投保人对于与自己有抚养、赡养或扶养关系的家庭其他成员、近亲属具有保险利益,无论投保人是提供抚养、赡养或扶养的一方,还是接受抚养、赡养或扶养的一方,他对对方均有保险利益。

(4) 与投保人有劳动关系的劳动者。在现代企业中,雇主为了增加团体的员工福利和保障,为雇员办理商业养老保险或医疗保险是普遍常见的,雇主对于其有劳动关系的劳动者具有法律认可的保险利益关系。

(5) 被保险人同意投保人为其订立人身保险合同的,视为投保人对被保险人具有保险利益。在社会生活当中,除了家庭成员、近亲属之外,人与人之间还存在很密切的朋友关系或一定的经济联系等,如合伙人关系、债权债务关系等,法律也允许他们为保障自己的合法利益或保障被保险人的利益而为被保险人投保,但必须在被保险人同意的前提下,这种投保行为才能有效,才可视同投保人对被保险人具有保险利益。

需要注意的是,在人身保险合同中,具有保险利益只是对投保人的最基本的要求,而投保人并不能仅凭具有法律上承认的利益就可以为被保险人投保任何险种。如我国法律规定,投保以死亡为保险金给付条件的险种时,必须经被保险人同意并认可保险金额,否则该合同无效。这是人身保险合同的又一特殊性。而对于未成年人,则只有父母才可以为其投保以死亡作为给付保险金条件的保险合同,并且金额受到一定限制。

(三) 责任保险的保险利益

责任保险的保险标的是被保险人对第三者依法应负的赔偿责任,因承担经济赔偿责任而支付损失赔偿金和其他费用的人具有责任保险的保险利益。责任保险的保险利益主要有四种情况:

(1) 各种固定场所的所有人或经营人,如饭店、商店、电影院等,对其顾客、观众等人身伤害或财产损失,依法承担经济赔偿责任的具有保险利益,可以投保公众责任险。

(2) 各类专业人员,如医生、律师、会计师等,对由于工作上的疏忽或过失致使他人遭受损害而依法承担经济赔偿责任的具有保险利益,可以投保职业责任险。

(3) 制造商、销售商等因商品质量或其他问题给消费者造成人身伤害或财产损失,依照法律承担经济赔偿责任的具有保险利益,可以投保产品责任险。

(4) 雇主对雇员在受雇期间因从事与职业有关的工作而患职业病或伤残、死亡时应依法承担的医药费、工伤补偿、家属抚恤责任具有保险利益,可以投保雇主责任险。

(四) 信用保证保险的保险利益

信用保证保险的保险标的是一种信用行为。在经济合同中,因义务人不履行合同条件,致使权利人遭受经济损失,可以通过投保信用保证保险,由保险人承担经济赔偿责任。在这里保险人承担的是一种信用风险,权利人或义务人对于这种信用具有保险利益。

信用保险是权利人要求保险人担保对方(义务人)信用的保险。一旦义务人不履行义务,就会造成权利人的经济损失。因而权利人对于义务人的信用具有保险利益。

保证保险是义务人根据权利人的请求,要求保险人担保自己本人信用的保险。由于义务人不履行义务,致使权利人受到损失,由义务人的担保人(保险人)负责赔偿。因而义务人对请求保险人对信用给予保证有保险利益。

五、保险利益的变动与适用时限

订立和履行保险合同必须坚持保险利益原则,但在财产保险和人身保险中保险利益会发生变动,并且保险利益的适用时限是有区别的。对此,我国《保险法》第12条明确规定:人身保险的投保人在保险合同订立时,对被保险人应当具有保险利益。财产保险的被保险人在保险事故发生时,对保险标的应当具有保险利益。

在财产保险中,保险利益一般由于标的物所有权的转让而产生变动。当保险标的物转让他人时,原被保险人不再对标的物具有保险利益,如果允许保单继续有效,则原被保险人会在保险标的发生但自身没有任何损失的情况下获得保险赔偿,违背了保险合同的基本宗旨,因而财产保险单要求在保险事故发生时,被保险人必须对保险标的具有保险利益。如果仅在投保时具有保险利益,发生损失时已丧失保险利益,则保险合同无效,被保险人无权获得赔偿。

在人身保险中,保险利益也会由于人身关系、婚姻关系的变化而产生变动,但由于人身保险期限长并具有储蓄性,因而强调在订立保险合同时投保人必须具有保险利益,而索赔时不追究有无保险利益。即使投保人对被保险人因离异、雇佣合同解除或其他原因而丧失保险利益,也不影响保险合同的效力,保险人仍负给付被保险人保险金的责任。否则,投保人会因保险利益的消失而丧失原来可以预期获得的保险金的取得,或不能继续享受人寿保单所产生的红利及投资收益,使投保人购买保单时享有权益处于不确定状态中,损害人身保险作为长期财务规划的功能。同时,这也是为了保证人身保险单作为有价证券而可以转让、质押所必须具有的稳定性和确定性。

专栏 5-1

离婚后保险金谁享有

某保险公司接到一份特殊的索赔申请:刘某于 2002 年 2 月为其妻王某投保了一份养老保险,并经妻子同意将受益人确定为自己。2003 年 12 月,刘某与王某离婚。离婚后刘某仍然按期缴纳这笔保险费用。2004 年 3 月,王某因车祸意外身亡。王某的父亲和刘某在得知这一消息后都向保险公司提出领取保险金的申请。保险公司在收到两份申请后,认为是一个新问题,到底该给付给谁? 一时决定不下。

于是刘某、王父分别将保险公司告上法院,要求保险公司给付死亡保险金。刘某认为自己是保险合同唯一的指定收益人,依法应由其受领保险金。王父则认为刘某与其女早已离婚,刘某对王某没有保险利益,无权领取保险金,自己是王某唯一的继承人,故保险金应由其受领。一审法院将两案并案审理后,判决保险公司支付刘某 18 万元保险金,驳回了王父的诉讼请求。

(资料来源:www.qzr.net)

第三节 损失赔偿原则

一、损失赔偿原则的含义

损失赔偿原则是指当保险事故发生导致被保险人的经济损失时,保险人给予被保险人的经济损失赔偿,以恢复被保险人遭受保险事故前的经济状况为准,它是补偿性保险合同处理赔偿时需要遵循的一项基本原则,主要适用于财产保险。而给付性人身保险合同是采用定额(保险金额)给付保险金的原则,损失赔偿原则并不适用,因为人身价值是无限的,而人的身体、生命的损害也是无法用货币来衡量的。

损失赔偿原则包括两层含义:一是"有损失,有赔偿",即被保险人因保险事故所导致的经济损失，依据保险合同有权获得赔偿，保险人也应承担合同所约定的保险保障义务。二是"损失多少，赔偿多少"，即保险人对被保险人的赔偿量，应以被保险人的保险标的所遭受的经济损失为限，也即赔偿数额应以使保险标的恢复到受损前的经济状态为限，不能少于或大于受损前的经济状态。

二、损失赔偿原则的基本内容

（一）对被保险人遭受的实际损失赔偿

当被保险人的财产遭受保险责任范围内的损失后，保险人应对被保险人所受的实际损失给予赔偿。在实践中，应掌握下列几点。

1. 被保险人只有对保险标的有保险利益才能获得赔偿

按照保险利益原则，如果投保人或被保险人在投保时对保险标的具有保险利益，但在保险合同的履行过程中，由于情况发生变化，在保险事故发生时，被保险人的保险利益已经不存在，这样被保险人就不能获得赔偿。例如，银行将贷款人抵押给它的一栋房屋投保，这时银行对保险标的一房屋具有保险利益，但银行在保险事故发生前已全部收回贷款，即使保险事故的发生是在保险期限之内，银行也不能获得保险人的赔款。因为在保险事故发生时，它对保险标的已无保险利益可言。所以，被保险人在索赔时必须对标的具有保险利益。

2. 被保险人遭受的损失只有在保险责任范围之内才能获得赔偿

如果被保险人的财产损失并非保险责任范围内的原因所致，就不能获得赔偿。例如，货物在运输途中遭受雨淋而受损，如果被保险人在水渍险的基础上加保了淡水雨淋险，则保险人应负赔偿责任；但如果被保险人只保水渍险，则保险人不负赔偿责任。

3. 被保险人遭受的损失必须能用货币来衡量

如果被保险人遭受的损失不能用货币衡量，也就无法赔偿。例如对被保险人具有特殊珍藏意义的照片，如果烧毁，因无法衡量其价值，既不能修复，也无法赔偿。

（二）保险人对赔偿金额有一定限度

保险人在赔偿时，应掌握以下三个限度。

1. 以实际损失为限

在补偿性保险合同中，保险标的遭受损失后，保险赔偿以被保险人所遭受的实际损失为限，全部损失全部赔偿，部分损失部分赔偿。例如，医疗保险中以被保险人实际花费的医疗费用为限；财产保险中以受损标的当时的市价为限，赔款额不应超过该项财产损失时的市场价格。只是因为财产的价值经常发生变化，只有以受损时的市价作为依据计算赔款额，才能使被保险人恢复到受损前的经济状况。如假定某栋房屋投保时的市价为60万元，发生保险事故时的市价跌至55万元，保险人只应赔偿55万元，尽管保险金额为60万元。因为被保险人所遭受的实际损失为55万元而非60万元，55万元的赔偿足以使被保险人恢复到受损前的状况。

2. 以保险金额为限

保险金额是指保险人承担赔偿或者给付保险金责任的最高限额，赔偿金额只应低于或等于保险金额而不应高于保险金额。因为保险金额是以保险人已收取的保费为条件确定的保险最高责任限额,超过这个限额,将使保险人处于不平等的地位,即使发生通货膨胀,仍以保险金额为限。在上例中,如果房屋受损时的市价涨至 65 万元,被保险人所遭受的实际损失虽然为 65 万元,但保险人只能按保险金额 60 万元赔偿。

3. 以保险利益为限

保险人的赔偿以被保险人所具有的保险利益为前提条件。被保险人在索赔时,对遭受损失的财产要具有保险利益,索赔金额以其对该项财产所具有的保险利益为限。如果发生保险事故时,被保险人对保险标的已不具有保险利益,保险人则不予赔偿。上述的"以实际损失与保险金额为限",都是基于这一条件。例如,在商品房抵押贷款综合保险合同中,银行以第一受益人出现,如果银行的贷款为 55 万元,房屋价值为 60 万元,保险金额为 60 万元,保险人只能赔偿被保险人银行 55 万元,因银行对该房屋的保险利益只有 55 万元,而不是 60 万元。

上述三者之中,以最低赔偿额为限。

(三) 保险人对赔偿方式可以选择

被保险人参加保险的目的,是为了获得经济保障,如果发生灾害事故遭受损失,可以通过赔偿,使其恢复到他在发生损失前的经济状态,所以保险人只要保证被保险人的经济损失能够得到补偿就行,至于赔偿方式,保险人有权选择。保险人可以选择的赔偿方式有以下三种。

1. 货币赔偿

这是赔偿中最常见的一种方式。由于财产保险中的损失都可以用一定的价值来衡量,保险人可根据损失的金额,支付相应数量的货币。货币的种类,应是双方事先约定的。

2. 置换

置换即保险人还给被保险人一个与被损毁标的的规格、型号、新旧程度、性能等相同或相近的标的。

3. 恢复原状

恢复原状是指在物质标的遭受损坏后,保险人出资把损坏部分修好,使标的恢复到损坏前的状态。

(四) 被保险人不得通过赔偿而额外获利

被保险人通过赔偿能够恢复到受损前状态,但不能因此而获得更多的利益,否则将导致被保险人故意或纵容损毁财产而额外获利,影响保险业务的经营,危害社会。为了避免或制止被保险人通过赔偿而额外获利,在保险业务中,常采取下列措施:

(1) 如果保险财产遭受部分损失后,仍有残值,保险人在计算赔款时,对残值应作相应扣除。

(2) 保险事故发生后,保险人已支付了全部保险金额,并且保险金额相等于保险价值的,受损保险标的的全部权利归于保险人;保险金额低于保险价值的,保险人按照保险金额与保险价值的比例取得受损保险标的的部分权利。

(3) 如果保险事故是由于第三者责任方造成的,保险人可以根据保险条款赔付给被保险人,但被保险人必须将其对第三者进行追偿的权利转让给保险人,他不能再从第三者那里得到任何赔偿。

(4) 如果一个被保险人将一份财产向多家保险人同时投保,当保险事故发生时,被保险人获得的赔款不得超过其财产的价值。

(五) 损失赔偿原则的例外

损失赔偿原则虽然是保险的一项基本原则,但在保险实务中有例外的情况。在财产保险中有不定值保险和定值保险两种,绝大部分险种均为不定值保险,所以损失赔偿原则在绝大部分险种中得到应用。而定值保险则是一个例外。所谓定值保险,是保险当事人在订立保险合同时,约定保险标的的价值即保险价值,并依其确定保险金额,两者均书写于保险合同中。当保险事故发生时,保险人以约定的保险金额为基础,根据损失程度计算保险赔款,而不按保险标的在保险事故发生时的实际价值计算,即不论保险标的在保险事故发生时的实际价值大于或小于保险金额,均按保险金额和损失程度十足赔偿。仅在这种情况下,保险赔款可能大于实际价值或实际损失,是损失赔偿原则的例外。例如,在海洋货物运输保险中,货物的保险金额是按当事人约定的保险价值确定的,一经确定且两者相等,就视为足额保险。当运输的货物出险时,不论出险当地、当时的市场价格是多少,保险人均按投保时的保险金额,根据损失程度十足赔偿。

三、损失赔偿原则的派生原则

(一) 代位求偿原则

1. 代位求偿的含义

代位求偿是指保险人按照保险合同规定,对保险标的的全部或部分履行赔偿义务后,有权取得被保险人的地位,向对保险标的的损失负有法律赔偿责任的第三方进行追偿。保险人的这种权利,称为代位求偿权。我国《保险法》第60条明确规定了保险人的代位求偿权:"因第三者对保险标的的损害而造成保险事故的,保险人自向被保险人赔偿保险金之日起,在赔偿金额范围内代位行使被保险人对第三者请求赔偿的权利。"

实行代位求偿的依据是,保险合同为损害补偿合同,被保险人所得到的赔偿不得超过其对保险标的的可保利益。即不能因一笔财产的损失而从保险人和第三者责任方那里得到双份的补偿。如果不实行代位求偿,由第三者赔偿,往往使被保险人得不到及时补偿。被保险人如果从保险人那里取得补偿后,应该将向第三者的赔偿请求权转移给保险人。

2. 代位求偿权成立的条件

(1) 被保险人因保险事故对第三者有损失赔偿的请求权。这一条包括三层含义:一是事故的发生必须是保险责任范围内的原因所致,否则与保险人无关,受害人直接请求责任方赔偿或自己承担损失,也就谈不上代位求偿权的问题;二是保险事故的发生是由第三者责任方造成的,这样被保险人可以向第三者请求赔偿,并将赔偿请求权转移给保险人,从保险人那里取得赔偿;三是被保险人不能损害保险人的代位求偿权,我国《保险法》规定:"保险事故发生后,保险人未赔偿保险金之前,被保险人放弃对第三者请求赔偿的权利的,保险人不承担赔偿保险金责任。保险人向被保险人赔偿保险金后,被保险人未经保险人同意放弃对第三者请求赔偿的权利的,该行为无效。被保险人故意或者因重大过失致使保险人不能行使代位请求赔偿的权利的,保险人可以扣减或者要求返还相应的保险金。"并且"保险人向第三者行使代位请求赔偿的权利时,被保险人应当向保险人提供必要的文件和所知道的有关情况。"

(2) 保险人履行了赔偿责任。保险人先行赔偿了被保险人的损失后,才能获得代位求偿权。而如果保险事故发生后,被保险人已经从第三者取得损害赔偿的,保险人赔偿保险金时,可以相应扣减被保险人从第三者已取得的赔偿金额。如果保险人没有赔偿被保险人的损失,被保险人就无权益可以转让,保险人也就不可能取得代位求偿权,因此保险法明文规定保险人自向被保险人赔偿保险金之日起,才能行使代位求偿权。

(3) 保险人在代位求偿中享有的利益,不能超过其赔付给被保险人的金额。如果保险人从第三者责任方那里追偿到的金额大于其赔偿给被保险人的金额,则超出部分应归被保险人所有,即保险人不能因为行使代位求偿权而获利。

(4) 被保险人有权就未取得保险人赔偿的部分向第三者请求赔偿。按照《保险法》规定,保险人行使代位请求赔偿的权利,不影响被保险人就未取得赔偿的部分向第三者请求赔偿的权利。

3. 代位求偿权的例外

(1) 代位求偿权仅适用于补偿性保险合同,而不适用于给付性保险合同。给付性的人身保险合同中被保险人伤残或死亡,被保险人、受益人可以同时得到保险人给付的保险金和第三者负责的赔偿金额。因为人身价值是无法确定的,不存在额外收益问题。

(2) 在财产保险合同中,保险人不得对被保险人的家庭成员或者其组成人员行使代位请求赔偿的权利,除非被保险人的家庭成员或者其组成人员故意造成保险事故。

(二) 委付

1. 委付的含义

委付是指当保险标的发生推定全损时,被保险人放弃保险标的的所有权并将一切权益移交给保险人,由保险人按保险金额全部赔偿的行为。委付是海上保险业务中的一种特殊赔偿制度,我国《海商法》对此有明文规定。

在海上保险中,委付常常作为处理保险标的损失的一种手段。按照委付制度,当保险标的虽未达到全部损失,但有全部损失的可能;或其修复费用将超过财产本身价值;或者确认为全部损失但又无法证明时,被保险人可以将其残余利益,或标的物上的一切权利转移给保险人。委付时,被保险人必须向保险人发出委付的通知,保险人接受后委付才能有效。

2. 委付的条件

(1) 委付以推定全损为前提条件。如果保险标的物全部灭失,就没有什么权利可以转移,保险人则应赔偿全部损失,无委付可言。

(2) 委付不能付有条件。在提出委付请求后,又附上条件,这必然使保险双方关系复杂化。例如船舶失踪,被保险人提出委付时,又附上条件:要求日后船舶有着落时返还其船舶,同时向保险人返还受领的保险金。这是不允许的。因为这样做必然影响到保险人的权益。一般来说,保险人在接受委付前,都要慎重地调查、了解,查明损失是否在保险责任范围以内,是否有扩大或超过赔偿的可能。

(3) 委付须经承诺方为有效。被保险人向保险人提出委付申请后,保险人可以承诺,也可以拒绝,但保险人应当在合理的时间内将接受委付或者不接受委付的决定通知被保险人。保险人承诺后委付依法成立;若拒绝也不影响被保险人的索赔权利。委付一经成立,不得撤回,也不能因其他原因而反悔。

3. 委付的效力

委付成立后,可委付的标的物的权利自发生委付的条件出现之日起开始转移。保险人对保险标的物的所有权、利益和义务必须同时接受。如委付的标的物——船舶在发生事故时或事故后应收的运费,均为保险人所有,但应当扣除其中发生的费用。如船舶因沉没而影响航道,需要清除,清除费用也应由保险人承担。由于标的物的所有权已经转移,保险人在处理标的物时,如所得到的利益超过所赔偿的保险金,超过部分也应当归保险人所有。同时,如对第三人有损失赔偿请求权,其索赔金额超过其给付保险金的部分,也同样归保险人所有。这一点与代位求偿权是有所不同的。

(三) 重复保险的比例分摊原则

重复保险是指投保人对同一保险标的、同一保险利益、同一保险事故分别向两个以上的保险人订立保险合同,且保险金额总和超过保险标的价值的保险。在重复保险的情况下,被保险人有可能就该保险标的的损失,从不同的保险人那里得到赔偿,为了防止因赔偿而获得额外利益,一般采取各保险人之间分摊的办法。分摊的方式主要有以下三种。

1. 比例责任分摊

比例责任方式,是以保险金额为基础计算分摊责任,即各保险人按其承保的保险金额与他们承保的保险金额总和的比例(即承保比例)来分摊责任。其计算公式如下:

$$各保险人承担的赔偿金额 = 损失金额 \times 承保比例$$

$$承保比例 = \frac{该保险人承保的保险金额}{所有保险人承保金额总和}$$

2. 限额责任分摊

这一方式规定,各保险人的损失分摊额并不以其保险金额为基础,而是按照在没有其他保险人重复保险的情况下,单独应付的赔偿责任限额来分摊赔款。它与比例责任的共同点是,各保险人都是按照比例来分摊赔款的;与比例责任的不同点是,计算比例的基础不同。比例责任方式的计算基础是保险金额,限额责任方式的计算基础是赔款限额。其计算公式如下:

$$各保险人承担的赔偿金额 = 损失金额 \times 赔偿比例$$

$$赔偿比例 = \frac{该保险人的赔偿限额}{所有保险人赔偿限额总和}$$

3. 顺序责任分摊

这一方式规定,各保险公司按出单时间顺序赔偿,首先出单的公司先在其保额限度内负责赔偿,后出单的公司只在损失额超过前一家公司的保额时,在自身保额限度内赔偿超出部分。

现举例来说明上述三种计算方法。某投保人分别与 A、B、C 三家保险公司签订了一份火灾保险合同。A、B、C 公司承保的金额分别为 100 000 元、150 000 元、250 000 元。因发生火灾损失 200 000 元,各公司的赔偿情况如表 5-1 所示。

表 5-1　重复保险的分摊运用举例　　　　　　　　　　　　　单位:元

	A公司	B公司	C公司
比例责任	40 000	60 000	100 000
限额责任	44 444	66 667	88 889
顺序责任	100 000	100 000	0

在保险实务中,各国较多采用的是比例责任和限额责任分摊方式,因为顺序责任分摊方式下各承保公司承担的责任有欠公平。在我国,按照《保险法》第 56 条规定:"重复保险的投保人应当将重复保险的有关情况通知各保险人。重复保险的各保险人赔偿保险金的总和不得超过保险价值。除合同另有约定外,各保险人按照其保险金额与保险金额总和的比例承担赔偿保险金的责任。重复保险的投保人可以就保险金额总和超过保险价值的部分,请求各保险人按比例返还保险费。"

第四节　近　因　原　则

一、近因原则的含义

近因原则是保险当事人处理保险赔偿或者给付责任,法庭审理有关保险赔偿或者给付的诉讼案件,在调查事件发生的起因,确定事件的责任归属时所遵循的原则。英国 1906 年《海上保险法》第 55 条第一款规定:除保险单另有约定外,保险人对于由所承保的风险近因所致的损失,负赔偿责任,但是对于非由所承保的风险近因所致的损失,概不负责。这是第一次以法律的形式,确立了判断承保风险与保险标的损失之间因果关系的"近因原则"。

近因是指在风险和损失之间,导致损失的最直接、最有效、起决定作用的原因,而不是指时间上或空间上最近的原因。这既指原因和结果之间有直接的联系,又指原因十分强大有力,以致在一连串事件中,人们从各个阶段上可以逻辑地预见下一事件,直到发生意料中的结果;如果有多种原因同时起作用,那么近因是其中导致该结果的起决定作用或强有力的原因。

近因原则的基本含义是指:若引起事故发生,造成保险标的损失的近因属于保险责任范围,则保险人承担损失赔偿责任;若近因属于除外责任,则保险人不负责赔偿。即只有当承保危险是损失发生的近因时,保险人才负赔偿责任。

当多种风险成为引起损失的原因时,判断其中哪一个为近因,国际上通常采用约翰·

I·斯蒂尔先生所提出的两种确定因果关系的方法。第一种,从最初事件出发,按逻辑推理,下一步将发生什么。若最初事件导致了第二事件,第二事件又导致了第三事件……如此推理导致最终事件,那么最初事件即为最终事件的近因。若其中两个环节间无明显联系,或出现中断,则其他事件为致损原因。第二种,从损失开始,沿系列自后往前推理,为什么会发生这样的情况,若追溯到最初事件,且系列完整,则最初事件即为近因。若逆推理出现事件中断,则其他原因为致损原因。

二、近因原则的运用

近因原则在理论上讲简单明了,但在实际运用中却存在相当的困难,即如何在众多复杂原因中判断出引起损失的近因。因此,对近因的分析和判断成为掌握和运用近因原则的关键。在实践中,近因原则的运用可以分为以下几种情况。

(一) 单一原因造成的损失

如果造成损失的原因只有一个,而这一原因又是保险人承担的风险,那么这一原因就是损失的近因,保险人应负赔偿责任;反之,则不负赔偿责任。例如,货物在运输途中遭受雨淋而受损,如果被保险人在水渍险的基础上加保了淡水雨淋险,则保险人应负赔偿责任;如果被保险人只保水渍险,则保险人不负赔偿责任。

(二) 多种原因造成的损失

如果造成保险标的损失的原因不止一个,而是两个或两个以上,就应作具体分析。

1. 多种原因同时发生

造成损失的风险事故,有时为一个以上并同时出现的原因所致,而且这些原因对保险标的的损失均有直接的、实质性的影响,则它们全部属于导致损失的主要原因。如果这多种原因全部属于承保范围,保险人应负全部责任;反之亦然。但如果在这多种原因中,有些是在承保范围之内,有一些则属于除外责任,那么,保险公司的责任就要根据损失是否可以划分来决定。能够区分的,保险人将承担所保风险导致的损失部分;不能区分的,则保险公司可以与被保险人协商赔付。如货物在运输中既遭受了海水浸泡,又遭受了装卸货物时的钩损,如果投保了水渍险,又加保了钩损险,则保险人对所有损失给予赔偿。如果投保人只投保了水渍险,则要区分损失是否可分:如果水渍损失和钩损的受损程度可以区分,则保险人负责水渍损失;如果不可区分,则都不负责。

2. 多种原因连续发生

如果损失的发生为两个以上的原因连续发生所致,并且各原因之间的因果链未中断,则最先发生并造成一连串事故的原因即为近因。因此只要前因在承保责任范围以内,后因是前因导致的必然结果,保险人都负赔偿责任,而不论后因是在承保责任范围以内还是属于除外责任。例如,英国有一个著名的判例:有一艘装载皮革和烟叶的船舶,遭遇海难,大量海水浸入船舱,皮革腐烂。海水虽未直接接触包装烟叶的捆包,但由于腐烂皮革的恶臭,使烟叶完全变质。当时被保险人以海难为近因要求保险人全部赔付,但保险人却以烟叶包装没有水渍的痕迹为由而拒赔。最后法院判决,本案烟叶全损的近因是海难,保险人应付赔偿责任。

但如果前因是除外风险或未保风险,后因是承保风险,后因是前因的必然结果,保险人则不负任何责任。如英国有一诉讼案,敌机投弹燃烧到一仓库、仓库起火受损、保险财产是火灾引起损失的,但起火原因又是敌机投弹引起的,因果关系是敌机投弹引起火灾,火灾引起保险财产的损失,经法院判决,其近因是战争行为,不属一般的火灾范围,因此不予赔付。

3. 多种原因间断发生

在一连串连续发生的原因中,有一个新出现的而又完全独立的原因介入,导致损失。若新的独立原因为承保风险,保险责任由保险人承担;反之,保险人不承担损失赔偿或给付责任。例如,李某为自己买了一份人身意外伤害险。一天李某骑车被汽车撞倒,造成伤残并住院治疗,在治疗过程中李某因急性心肌梗死而死亡。由于意外伤害与心肌梗死没有内在联系,心肌梗死并非意外伤害的结果,故属于新介入的独立原因,心肌梗死是被保险人死亡的近因,它属于疾病范围,不包括在意外伤害保险责任范围之内,因此保险人对被保险人死亡不负责任,只对其意外伤残按规定支付了保险金。

专栏 5-2

艾思宁顿诉意外保险公司案

被保险人打猎时不慎从树上掉下来,受伤后的被保险人爬到公路边等待救援,因夜间天冷又染上肺炎死亡。肺炎是意外险保单中的除外责任。保险公司对被保险人死亡是否应给付保险金?

(资料来源:《中国保险报》2006年4月3日)

本 章 小 结

1. 最大诚信原则是投保双方所要遵守的首要保险合同原则,它的基本内容包括要求投保人履行的如实告知和保证义务,要求保险人履行的如实说明义务和弃权与禁止反言。

2. 保险利益是指投保人或被保险人对保险标的具有的法律上承认的利益。对于财产保险合同,被保险人在索赔时必须对保险标的具备保险利益。在人身保险合同,则投保人在投保时对被保险人具有保险利益即可。

3. 损失赔偿原则是补偿性保险合同处理赔案时的一项基本原则,在给付性合同中并不适用。保险人对赔偿的金额应以实际损失为限、以保险金额为限、以保险利益为限,三者之中以最低的为限。代位求偿、委付和重复保险的比例分摊是损失赔偿原则应用的延伸。

4. 近因原则中的近因是指在风险和损失之间,导致损失的最直接、最有效、起决定作用的原因,而不是指时间上或空间上最近的原因。

关键概念索引

最大诚信原则　如实告知　重要事实　保证　弃权与禁止反言　保险利益

损失赔偿原则　代位求偿　委付　重复保险　比例分摊　近因

复习思考题

1. 什么是最大诚信原则？它的主要内容有哪些？
2. 解释保险合同规定保险利益的目的，以及各类保险中的保险利益。
3. 为防止被保险人不当获利，保险人应注意什么问题？
4. 什么是近因原则？在运用近因原则中要注意哪些问题？
5. 计算：假定一个代理人把一项价值为 240 万元的财产安排给 A、B、C 三家保险公司承保，这三家保险公司承保的金额分别为 120 万元、60 万元、120 万元。因发生火灾损失 180 万元，根据按比例分摊赔偿责任条款，每家保险公司的赔偿各为多少？若按限额责任方式赔偿，又该如何分摊？

第六章 财产保险

本章要点

- 财产保险的概念、种类与特征
- 火灾保险
- 运输保险
- 责任保险

财产保险通过各财险公司的社会化经营,客观上满足着人类社会除自然人的身体与生命之外的一切风险保障需求。它是当代社会向前发展必不可少的经济补偿制度,与人身保险并列为现代保险业的两大部类。人类社会越是向前发展,财产保险也越是成为人们控制或减轻各种灾害事故风险的重要手段。尤其是进入工业时代并发展到现在,财产保险业务主要发生了下列显著变化:一是保险公司大量出现,以股份公司形式组织的财产保险公司日益增加,表明了财产保险业务的经营主体走向现代化;二是承保范围急剧扩大,承保标的从只保海上运输中的船货和陆上建筑物扩大到一切有形财产以及无形的物质利益、责任,承保风险则从传统的海上风险和火灾风险扩大到一切自然灾害,意外事故及社会风险、工业风险等;三是保险经营技术和经营手段走向科学化,如大数法则和计算机技术得到广泛应用,尤其是进入 20 世纪中叶以后,各种法律、信用、高科技风险保险业务的开办,使现代财产保险进入了一个崭新的时代,传统的财产保险和新兴的责任保险、信用保险、高风险保险等均得到了全面的发展。

第一节 财产保险概述

一、财产保险的概念

财产保险是指以各种财产物资和有关利益为保险标的,以补偿投保人或被保险人的经济损失为基本目的的一种社会化的经济补偿制度。作为现代保险业的两大部类之一,财产保险通过各保险公司的社会化经营,客观上满足着人类社会除自然人的身体与生命之外的各种风险保障需求,是当代社会不可缺少的一种风险管理机制和经济补偿制度。

根据经营业务的范围,财产保险可以分为广义财产保险与狭义财产保险。其中,广义财产保险是包括各种财产损失保险、责任保险、信用保证保险等业务在内的一切非人身保险业务。狭义财产保险则仅指各种财产损失保险,它强调保险标的是各种具体的财产物资。因此,狭义财产保险是广义财产保险的一个重要组成部分。

根据承保标的的虚实,财产保险又可以分为有形财产保险和无形财产保险。其中,有形财产保险是指以各种具备实体的财产物资为保险标的的财产保险,它在内容上与狭义财产保险基本一致。无形财产保险则是指以各种没有实体但与投保人或被保险人有利害关系的合法利益为保险标的的保险,如责任保险、信用保险、利益损失保险业务等。有形财产保险和无形财产保险共同构成了广义财产保险。

需要指出的是,由于一些国家对保险业的部类划分依据不一,亦造成了财产保险概念在内涵和外延上的不统一。例如,有的国家称为产物保险,有的称为损害保险,有的则称为非寿险。其中,产物保险强调以各种财产保险物资为保险标的,经营业务的范围较窄。损害保险则从产物保险扩展到有关的法律风险与信用保险业务,而非寿险则还将各种短期性的人身保险业务包括在内。根据各种保险业务的性质和经营规则,将整个保险业务分为非寿险和寿险是一种国际惯例。我国将保险业分为财产保险与人身保险,显然与国际通行的划分存在着一定的差异。不过,上述各种概念之间的差异,主要表现在业务经营范围的大小方面,而不会对认识财产保险性质及经营规则产生影响。

二、财产保险的业务种类

财产保险的分类方法很多,可按保险价值和保险金额的确定方法划分为定值保险和不定值保险,以及原值保险、实际价值保险、重置价值保险等;按保险金额与保险价值的数量关系可分为足额保险、不足额保险、超额保险等。在此主要介绍的是我国财产保险按财产保险标的的分类。

(一)财产损失保险

财产损失保险即以被保险人的有形物质财产及其相关利益的损失风险为保障内容的各种保险业务的统称,是财产保险业传统的,也是最主要的业务来源,通常将财产损失保险按承保对象的性质不同划分为以下几类。

1. 火灾保险

火灾保险简称火险,是指以存放在固定场所并处于相对静止状态的财产物资为保险标的,由保险人承担被保险财产遭受保险事故损失的经济赔偿责任的财产损失保险。因早期此类保单中基本承保风险为火灾、雷电、爆炸而得名"火险"。

2. 运输保险

运输保险是指以流动状态下的财产为保险标的的一种保险,通常包括运输货物保险和运输工具保险两类。

3. 工程保险

工程保险是指以增值中的各种在建工程项目为主要承保对象的一种财产保险，基本可分为建筑工程险、安装工程险、科技工程险。

4. 农业保险

农业保险是以生长中的农业财产为承保标的，以农业生产经营者为保险对象，承保其在种植业、养殖业生产经营中发生合同约定事故造成的损失承担赔偿责任的保险，一般划分为种植业保险和养殖业保险两类，种植业保险是各种农作物保险及林木保险的总称，养殖业保险是畜禽保险、水产养殖保险等险种的总称。农业保险的经营管理有自身的特色。由于农业保险的经济意义重要性、风险广泛性及经营高难度性的特点，在国外，农业保险基本上都有专门的农业保险立法保护。在经营形式上，可采取合作保险形式，或由政府对农业保险经营者实行减、免税政策，或采取政府分保，承担部分费用支出、超赔补偿、保费补贴等方式，并对部分险种实施强制保险，以体现政府对农业保险的扶持，促进农业保险的健康发展。我国在2013年3月1日颁布施行了《农业保险条例》，这标志着我国农业保险工作终于有法可依，推动农业保险发展的财政补贴、税收优惠、大灾风险分散机制等在法律制度层面得以明确。

（二）责任保险

责任保险是以被保险人的民事损害赔偿责任为保障对象的财产保险，是财产保险中发展较晚的险种。在西方发达国家，责任保险发展迅速，成为与传统财产保险相独立的一类重要业务。除了依附于运输工具保险的第三者责任险外，专门的责任保险品种主要有：

（1）公众责任保险，承保被保险人在固定场所进行生产、营业或其他各项活动中由于意外事件造成第三者人身伤害或财产损失，依法应承担的赔偿责任。

（2）产品责任保险，承保制造商或销售商因生产或销售有缺陷的商品致使消费者或用户遭受损害依法应承担的赔偿责任。

（3）雇主责任保险，承保雇主根据法律或雇佣合同对雇佣人员人身伤亡等应承担的经济赔偿责任。

（4）职业责任保险，承保各种专业人员因工作上的疏忽或过失造成他人损害的经济赔偿责任。

（三）信用保证保险

信用保证保险承保的主要是保险客户的各种商业信用风险，可分为信用保险和保证保险。

1. 信用保险

信用保险是以在商品赊销和信用放款中的债务人的信用作为保险标的，在债务人未能如约履行债务清偿而使债权人遭受的损失，由保险人向被保险人（即债权人）提供经济赔偿的一种保险。信用保险的主要种类可分为国内信用保险和出口信用保险。国内信用保险包括贷款信用保险、赊销信用保险、预付款信用保险和个人贷款信用保险等。承保这些保险应对债务人的资信情况和偿债能力做细致的调查。出口信用保险主要承保出口商以商业信用付款方式签订的合同,因买方不付货款给卖方所造成的损失。承保的风险主要包括商业信用风险、政治风险、外汇风险等。出口信用保险不以盈利为目的,目的在于鼓励本国出口,提高本国出口产品在国际市场上的竞争能力。出口信用保险一般由政府直接办理,或由政府投资成立经营实体或委托保险公司代理,由政府给予财政支持或免税优待。

2. 保证保险

保证保险是保险人为被保险人向权利人提供信用担保的一种保险,当被保险人违约不履行义务致使权利人遭受经济损失时,由保险人承担经济赔偿责任。保证保险的主要种类有忠诚保证保险、履约保证保险、投资保证保险。忠诚保证保险承保权利人因被保证人的不诚实行为,例如雇员的伪造、私用、非法挪用、故意误用等造成雇主的损失时,由保险人负责赔偿。履约保证保险承保因被保证人不按约定履行义务,从而给权利人造成的经济损失。投资保证保险亦称政治风险保险,它保障被保险人(投资人)的投资项目由于投资所在国的政治风险而遭受的资本和收益损失。投资保证保险的保险责任主要是战争行为、叛乱、罢工及暴动;政府有关部门征用或没收;政府有关部门汇兑限制等。

三、财产保险的特征

财产保险的特征主要体现在业务性质的补偿性、承保范围的广泛性、经营内容的复杂性、单个保险关系的不等性等方面。

(一) 业务性质具有补偿性

投保人投保各种险别的财产保险,目的在于转嫁自己在有关财产物资和利益上的风险,当风险发生并导致保险利益损失时能够获得保险人的补偿。因此,财产保险费率的制定,需要以投保财产或有关利益的损失率为计算依据,财产保险基金的筹集与积累,也需要以能够补偿所有保险客户的保险利益损失为前提。

(二) 承保范围具有广泛性

财产保险业务的承保范围,覆盖着除自然人的身体与生命以外一切风险保险业务,它不仅包括各种差异极大的财产物资,而且包容着各种民事法律风险和商业信用风险等。

(三) 经营内容具有复杂性

(1) 投保对象复杂。既有法人团体投保,又有居民家庭和个人投保;既可能只涉及单个保险客户,也可能涉及多个保险客户和任何第三者。

(2) 投保标的复杂。财产保险的投保标的,包括从普通的财产物资到高科技产品或大型土木工程,从有实体的各种物资到无实体的法律、信用责任乃至政治、军事风险等。

(3) 承保过程复杂。在财产保险业务经营中,既要强调保前风险检查、保时严格核保,又须重视保险期间的防灾防损和保险事故发生后的理赔查勘等,承保过程程序多、环节多。

(4) 风险管理复杂。对每一笔财产保险业务,保险人客观上均需要进行风险评估、分析选择或风险限制,并需要运用再保险的手段来分散风险。

(5) 经营技术复杂。即要求保险人熟悉与各类型投保标的相关的技术知识。

可见,财产保险的经营内容具有明显的复杂性,这种复杂性决定了财产保险经营的每一个业务领域均极富挑战性,保险人必须同时具备保险知识和与投保对象相关的各种技术知识。

(四) 单个保险关系具有不等性

保险人根据大数法则的损失概率来确定各种财产保险的费率,这就决定了保险人从保险客户那里所筹集的保险基金与所承担的风险责任是相适应的。因此从整体上看,保险人和被保险人的关系是完全平等和等价的。

然而就单个的保险关系而言,却又明显地存在着交易双方在实际支付的经济价值上的不平等现象。一方面,在保险人承保的各种财产保险业务中,每一笔业务都是按照确定的费率标准计算并收取保险费,其收取的保险费通常是投保人投保标的的实际价值的千分之几或百分之几,而一旦被保险人发生保险损失,保险人往往要付出高于保险费若干倍的保险赔款;另一方面,在无数笔财产保险业务中,又有许多被保险人在保险期限内并未发生保险事故或保险损失,保险人即使收取了保险费,也不存在经济赔偿的问题,交易双方同样是不等的。

四、财产保险的作用

从共同海损分摊制度到现代财产保险制度,财产保险的发展壮大本身表明了社会经济发展过程中对风险保障需求的不断增长,也表明财产保险是一种能够对社会经济发展起重要促进作用的制度,从财产保险在现代社会经济生活中发挥的作用来看主要表现在以下几方面。

(一) 补偿财产的损失,维护社会再生产的顺利进行

保险人可以对遭受灾害的被保险人进行及时的经济补偿,受灾单位或个人能够及时恢复受损的财产,从而保障生产和经营的持续不间断地进行,有利于整个国民经济有计划按比例地协调发展。

(二) 有利于企业经营,完善经济核算

随着企业经营自主权的进一步扩大,由企业自身承担的经济责任和风险也相对增大。企业通过投保财产保险可以把无形的不定的财产可能损失转化为固定的少量的保险费支出。固定而均衡的保险费支出可以列入产品成本,从而为企业准确核算经营成果、产品成本和反映产品的实际价值提供基础,最终完善了企业的经济核算制度,加强了企业的经营管理。

(三) 有利于安定城乡居民的日常生活,稳定社会秩序

随着经济的持续发展,城乡居民的收入水平不断提高,家庭财富也日益增长。如果没有财产保险,灾害将给个人或家庭带来很大的经济损失。如果参加了财产保险,城乡居民的财产或利益损失就能够从保险人处获得补偿,从而消除了生产、生活方面的风险之忧,避免了灾后要依靠政府救济、单位扶持、亲友帮助、民间借贷的连锁反应,最终维护了社会秩序的稳定和城乡居民生活的正常化。

（四）有利于提高社会防灾减损意识，减少灾害的发生和财产的损失

财产一旦发生损失，从整个社会来看，终究是社会总产品的减少和灭失。而财产保险制度的建立，首先是形成了一支专门从事各种灾害事故风险管理的专业队伍，其次是保险人从自身利益出发高度重视对被保险人的风险管理工作，并积极参与社会化的防灾防损工作，如加强对保险财产的安全检查、配合消防和防汛部门开展防火防汛工作等。因此，财产保险的发展，客观上使社会防灾防损的力量得到了壮大和强化，最终使灾害事故及其损害后果得以减轻。

第二节 火灾保险

一、火灾保险的概念

火灾保险简称"火险"，是以存放在固定场所并处于相对静止状态的财产物资为保险标的，由保险人承担被保险财产遭受保险事故损失的经济赔偿责任的一种财产损失保险。火险的名称来源自英国。1666年，英国伦敦发生严重火灾，其后第二年，尼古拉·巴蓬在伦敦开办了房屋火灾保险，并于1680年集资成立了凤凰火灾保险所。此后，火灾保险业的经营者不断增多，形成了与"水险"相对立的另一类重要保险业务，成为西方保险业务的两大分类。

我国的保险业务中，未沿用西方国家火险的称呼，一般地将与国外火险业务相同的保险品种称之为财产保险。我国火险业务主要险种有团体火灾保险、机器损坏保险、利润损失险和家庭财产保险等。

（1）团体火灾保险适用于企事业单位和机关团体的固定资产和流动资产等的保障。

（2）机器损坏保险则是主要承保工厂、矿山等企业的机器本身的损失，保险人对各类安装完毕并已转入运行的机器设备因人为的、意外的或物理性原因造成的物质损失负责。该险种既可单独投保，也可作为财产保险基本险和综合险的附加险投保。

（3）利润损失险又称营业中断保险，它赔偿企业遭受灾害事故并导致正常生产或营业中断造成的利润损失。在国外利润损失险可作为单独险种，也可设计为火险的附加险，在我国利润损失险作为财产保险基本险或综合险的附加险承保。

（4）家庭财产保险适用于城乡居民家庭或个人生产、生活资料的保障。

二、团体火灾保险

（一）适用范围

主要适用于一切企事业单位和机关团体。作为该险种的承保标的，必须符合以下三项条件：属于被保险人所有或与他人共有而由被保险人负责的财产；由被保险人经营管理或替他人保管的财产；其他具有法律上承认的与被保险人有经济利益关系的财产。符合上述三项条件的财产，财产保险保单条款按财产的不同形态与性质将其划分为三类：可保财产、

特约保险财产与不保财产。

(1) 可保财产:财产保险基本险与综合险主要承保的财产是房屋及其他建筑物和附属装修设备、机器及设备、工具、仪器及生产用具、管理用具及低值易耗品、原材料、半成品、在产品、产成品或库存商品、特种储备商品、账外及已摊销的财产等固定资产和流动资产。

(2) 特约保险财产:指必须经保险双方当事人特别约定,并在保险单上载明才能成为保险标的的财产。主要包括:①金银、珠宝、钻石、玉器、首饰、古币、古玩、古书、古画、邮票、艺术品、稀有金属等市场价格变化较大,保额难以确定的财产;②堤堰、水闸、铁路、道路、涵洞、桥梁、码头等价值高,风险特别的财产;③矿井、矿坑内的设备和物资等风险较大,需增加保费承保的财产。

(3) 不保财产:财产保险不予承保的财产主要有:①土地、矿藏、矿井、矿坑、森林、水产资源以及未经收割或收割后尚未入库的农作物;②货币、票证、有价证券、文件、账册、图册、技术资料、电脑资料、枪支弹药以及无法鉴定的财产;③违章建筑、危险建筑、非法占用的财产;④在运输过程中的物资;⑤领取执照并正常运行的机动车;⑥牲畜、禽类和其他饲养动物。

(二) 保险责任

团体火灾保险主要分为财产保险基本险和综合险,两者的区别存在于保险责任范围规定不同,我国财产保险基本险保险责任主要是承保火灾、雷击、爆炸等原因造成的标的损失。另外,凡是空中飞行或运行物体的坠落,如空中飞行器、人造卫星、陨石坠落、吊车、行车、在运行时发生的物体坠落都属于本保险责任,在施工中,因人工开凿或爆炸而致石方、石块、土方飞射、塌下而造成保险标的的损失,建筑物倒塌、倒落、倾倒造成保险标的的损失,都属本条责任范围。

保险标的的下列损失保险人也负责赔偿:

(1) 被保险人拥有财产所有权的自用的供电、供水、供气设备因保险事故遭受损坏,引起停电、停水、停气以致造成保险标的的直接损失。

(2) 在发生保险事故时,为抢救保险标的或防止灾害蔓延,采取合理的必要的措施而造成保险标的的损失。

另外,保险事故发生后,被保险人为防止或者减少保险标的的损失所支付的必要的合理的施救、抢救、保护费用,由保险人负责赔偿。

财产保险基本险的责任免除主要有:

(1) 免于负责的损失:包括战争风险、罢工、暴动或骚乱;被保险人及其代表的故意行为或纵容所致;核反应、核辐射和放射性污染;地震、暴雨、洪水、台风、暴风、龙卷风、雪灾、雹灾、冰凌、泥石流、崖崩、滑坡;水暖管爆裂;抢劫及盗窃风险等造成的损失。

(2) 免于负责的风险:包括保险财产遭受保险事故引起的各种间接损失;保险标的本身缺陷,保管不善导致的损毁;保险标的变质、霉烂、受潮、虫咬、自然磨损、自然损耗、自燃、烘焙所造成的损失;由于行政行为或执法行为所致的损失及其他不属于保险责任范围内的损失和费用。

财产保险综合险的保险责任与基本险不同之处在于：其在基本险承保范围基础上扩展承保了暴雨、洪水、台风、暴风、龙卷风、雪灾、雹灾、冰凌、泥石流、崖崩、滑坡、地面下沉下陷的自然灾害风险。与基本险相同的是综合险虽然扩展承保了一系列自然灾害，但地震所造成的一切损失，以及抢劫及盗窃风险，水暖管爆裂风险及堆放在露天或罩棚下的保险标的以及罩棚由于暴风、暴雨造成的损失仍是综合险的除外责任。

(三) 保险金额

财产保险基本险与综合险中保险金额通常要根据投保标的分项确定，一般划分为三项：固定资产、流动资产、账外财产和代保管财产，每项保额确定的方法各自不同。

1. 固定资产保额

固定资产的保额一般可由以下几种方式确定：

(1) 按账面原值确定：账面原值是指在建造或购置固定资产时所支出的货币总额。

(2) 按账面原值加成数确定：账面原值与实际价值差距过大时，为使被保险人的保障充分，可在固定资产账面原值基础上再附加一定的成数，使其趋近于重置价值。

(3) 按重置价值确定：重置价值即重新购置或重建某项财产所需支付的全部费用。

(4) 按其他方式确定：可以依据公估价或评估后的市价由被保险人确定。

固定资产的保险价值是按出险时重置价值确定。

2. 流动资产保额

流动资产(存货)的保额由被保险人按最近12个月任意月份的账面余额确定，或由被保险人自行确定。流动资产的保险价值是出险时的重置价值或账面余额。

3. 账外财产和代保管财产的保额

账外财产和代保管财产可以由被保险人自行估价或按重置价值确定，其保险价值是出险时的重置价值或账面余额。

(四) 赔款处理

财产保险基本险与综合险采取的是不定值保险方式，因而保险标的发生保险责任范围内的损失，保险人按保额与保险价值的比例承担赔偿责任，按以下方式计算赔偿金额：

全部损失：当保额等于或高于保险价值时，其赔偿金额以不超过保险价值为限；保额低于保险价值时，按保额赔偿。

部分损失：当保额等于或高于保险价值时，其赔偿金额按实际损失计算；保额低于保险价值时，其赔偿金额按保险金额与保险价值的比例赔偿实际损失。

财产保险基本险与综合险处理赔款的基本原则采取不定值保险方式处理之外，在处理赔款时还要注意以下问题：

(1) 当保单所载财产不止一项时，应分项按本条款处理。

(2) 施救费用的理赔：发生保险事故时，被保险人所支付的必要、合理的施救费用的赔偿金额在保险标的损失以外另行计算，最高不超过保险金额的数额。若受损保险标的按比例赔偿时，则该项费用也按与财产损失赔偿相同的比例赔偿。

(3) 残值的处理：残值是指被保险财产受损后尚有经济价值的残留部分。财产保险标的遭受损失后的残余部分，协议作价折归被保险人，保险人可在支付赔款时扣除残值后予以赔付。

(4) 有效保额的处理：保险标的遭受部分损失经保险人赔偿后，其有效保额应相应减少。被保险人需恢复保险金额时应补交保险费，由保险人出具批单批注。

(5) 财产险理赔中要遵循代位求偿与重复保险的比例分摊原则。

（五）保险期限和保险费率

财产保险基本险与综合险的保险期限一般为1年，从约定起保的当日零时起，到保险期满日的24时止。

财产保险基本险与综合险的保险费率，通常以每千元保额为计算单位，表现为千分比。影响承保人确定某项财产的保险费率的主要因素有建筑结构及建筑等级、占用性质、承保风险的种类及多寡、地理位置、投保人的防灾设备及防灾措施及以往承保业务的损失记录。保险人对财产保险采取固定级差费率制度，即按上述各因素的不同将承保对象划分为不同类别的若干等级，分别设定该级费率，办理承保时按固定费率表执行。同时为满足短期保障的需要，一般也指定短期费率表。

三、机器损坏保险

机器损坏保险主要承保工厂、矿山等保险客户的机器本身的损失，保险人对各类安装完毕并已转入运行的机器设备因人为的、意外的或物理性原因造成的物质损失负责。该险种既可以单独投保，也可以作为财产保险基本险或综合险的附加险投保。

（一）保险责任

在机器损坏险中，保险人通常负责被保险机器及其附属设备因下列原因造成的损失：①设计、制造或安装错误、铸造或原材料缺陷；②工人、技术人员的操作错误以及缺乏经验、技术不善、疏忽、过失、恶意行为；③离心力引起的断裂、电器短路或其他电气原因；④锅炉缺水、物理性爆炸等。

由于保险客户投保机器损坏险的目的不仅在于保险，还在于获取保险人的防损服务，保险人提供防损服务是该险种的重要内容，防损费用甚至超过赔款。

（二）保险金额和保险费率

机器损坏保险一般根据各类机器的重置价值确定保险金额。即：

$$保险金额＝购置新机器的价值＋关税＋运费＋保险费＋安装费$$

如果机器设备价格增长较快，被保险人应主动将价格变动通知保险人，以便及时调整保额，避免不足额保险。被保险人如果中途另外添购新机器，应立即通知保险人，以便及时承保。

机器损坏保险的费率是根据每一类机器以往几年的损失情况以及被保险人的经营管理水平、产品的可靠性及用途等确定的。同其他财产保险相比，机器损坏保险的损失率较高，因此该险种的费率也相对较高。

(三) 保险赔偿

(1) 全部损失。在投保的机器设备发生全部损失后,只要在保险责任范围内且属于保险损失,保险人即按损失当时机器的市价赔偿,但以保额为限,如有残值应从赔款中扣除。

(2) 部分损失。当投保标的发生部分损失时,保险人按机器的修理费用赔偿。修理费用包括修理工时费、零部件换置费、机器拆装费、运费、保费、税款及其他保险人同意支付的费用。

四、利润损失保险

利润损失保险又称为营业中断保险,它赔偿企业遭受灾害事故并导致正常生产或营业中断造成的利润损失。在国际保险市场上,利润损失保险既有使用单独保单承保的,又有作为前述团体火灾保险的附加保单承保的。我国保险人一般将利润损失保险作为一项附加险承保。

(一) 保险责任

利润损失保险以附加险种的形式出现,只有保险损失的原因与基本险种的承保风险一致,保险公司才负责赔偿因此引起的营业中断损失。

利润损失保险主要承保保险责任事故引起的利润损失及营业中断期间仍需支付的必要费用等间接损失。其保险责任可以扩展到因其他相关单位(如供应商、销售商)遭受同样风险致使被保险人停业、停产造成的利润损失。

(二) 保险赔偿期限

在利润损失保险经营实务中,保险人应当充分注意其保险赔偿期限与保险期限的区别。保险期限是指保险单的起讫期限,保险人负责承保保险有效期内发生的灾害事故;保险赔偿期限则是指在保险期限内发生灾害事故起到恢复正常生产经营止的一段时期。利润损失保险只负责保险赔偿期内所遭受的损失。由保险双方当事人事先估计企业财产受损后要恢复原有的生产经营状况所需要的时间(如从财产受灾之日起、3个月、半年或1年等),商定赔偿期限。

(三) 保险金额

利润损失保险的保险金额一般按本年度预期毛利润额确定,即根据企业上年度账册中的销售额或营业额、本年度业务发展趋势及通货膨胀因素等估计得出。如果赔偿期限为1年以内,保额为本年度预期毛利润额;若赔偿期限在1年以上,则保额按比例增加。

(四) 保险赔偿

利润损失保险既赔偿毛利润损失,又承担中断期间支付的必要费用。其计算公式为:

$$毛利润损失 = (标准营业额 - 实际赔偿期内的营业额) \times 毛利润率$$

其中,标准营业额是指上年度同期的可比营业额;实际赔偿期内的营业额是指从损失发生之日起到安全恢复生产经营为止的营业额,实际赔偿期以保险赔偿期限为限;毛利润率是指上年度的毛利润额与营业额之比。

此外,利润损失保险一般都规定了免赔额,由被保险人自己承担一部分损失。

五、家庭财产保险

(一) 适用范围

家庭财产保险,简称家财险,是为城乡居民家庭开办的以其个人财产为保险对象的财产保险,它属于火灾保险范畴,简称为家财险。凡属于城乡居民、个体工商户、家庭手工业者家庭成员或个人的自有财产、代他人保管财产或与他人共有的财产,都可以投保家财险。

家财险实务中,凡是坐落在保险单上所载明的地点,属于被保险人自有或代保管或负有安全管理责任的财产,均可以投保家财险。家财险保单中将家庭财产划分为两种类型:可保财产、不保财产。

1. 可保财产

家财险规定的可保财产主要有:自有房屋及其附属设备、各种家庭生活资料、农村家庭的农具、工具和已经收获的农副产品、个体劳动者的营业用器具、工具、原材料和商品、代保管财产或与他人共有的财产经特约后可予以承保。

2. 不保财产

家财险的不保财产包括:金银、珠宝、首饰、有价证券、票证、邮票、古玩、字画、文件、账册、图表等价值难以确定的财产;正处于危险状态的财产,如危房、处于常年警戒水位以下的财产;以及应当投保其他专项财产保险的财产,如机动车辆、生长期的农作物等。

(二) 保险责任

1. 家财险的主要责任范围

(1) 火灾、爆炸;

(2) 雷击、冰雹、雪灾、洪水、海啸、地面突然塌陷、崖崩、龙卷风、泥石流;

(3) 空中运行物体的坠落及外来建筑物和其他固定物体倒塌、砸坏保险财产的损失,但对保险建筑物在未发生灾害事故条件下自行倒塌所致损失不予赔偿;

(4) 暴风、暴雨使房屋主要结构倒塌造成保险财产的损失;

(5) 保险事故发生时,为防止灾害蔓延或因施救、保护所采取必要的措施而造成保险财产的损失和支付的合理费用。

2. 家财险的主要责任免除

(1) 战争、类战争行为、军事行为或暴力行为;

(2) 被保险人及其家庭成员的故意行为;

(3) 电器、电机、电气设备因使用过度和超负荷等原因造成的本身损毁;

(4) 堆放于露天的保险财产;

(5) 其他不属于保险条款所列保险责任范围的损失。

家财险基本险的责任范围并未将盗窃风险包含在内,但在家财险实务中,盗窃风险是城乡居民家庭或个人财产面临的一项主要风险,所以为满足广大投保人的需要,家财险开办了家庭财产盗窃保险,其保险责任主要是承保凡存放于保单所载明的保险地点室内的保险财产,因遭受外来的、有明显痕迹的盗窃行为所致的损失。对存放于保险地点室内、院内、楼道内的自行车遭到全车失窃或部分被盗的损失,保险人亦负赔偿责任。但凡是被保险人及其家庭成员、服务人员、寄居人员的盗窃或纵容他人盗窃所致保险财产的损失,保险人不负赔偿责任。

(三) 保额

家财险中家庭财产一般都无账可查,而且财产的品种、质量、新旧程度千差万别,所以保额一般由投保人根据财产的实际价值自行估价确定。保额应分项列明,一般可分为房屋及附属设备、室内家庭财产及代保管或与他人共有财产等项目。

(四) 赔款处理

在我国的家财险实务中,普遍采用第一损失赔偿的方式来承保家财险业务。所谓第一损失赔偿方式,是将被保险人的财产的价值视为两个部分,投保的一部分为保险金额部分,也是保险人应当负责的第一损失部分;而超过的另一部分则为第二部分,应当由被保险人自己负责。当发生家财险损失时,无论是足额投保与否,凡在保险金额限度内的保险标的损失,均由保险人负责赔偿;凡超过保险金额的损失,均由被保险人自己负责。

家庭财产保险中的房屋和装修部分的赔偿,仍然沿用不定值保险的赔偿方式。

(五) 家财险的主要险种

为满足不同投保人的需要,市场上常见的家财险险种主要有如下。

1. 普通家财险

普通家财险是家财险险种中的一种主要险种,其他家财险险种基本上都是从普通家财险的基础上衍生出来的业务。普通家财险的保额并不代表投保人投保标的的实际价值,而是在发生赔案时充当保险人赔偿的最高限额。普通家财险的保险期限为1年,费率通常考虑房屋结构等级分为不同档次,以千分比表示。

2. 家财两全险

家财两全险是兼具家财险和满期还本两全性质的家庭财产保险业务,它是在普通家财险的基础上产生的。它的主要特点是被保险人缴纳保险储金,当保险期满时,无论是否发生过保险赔款,该保险储金均如数退还给被保险人,从而体现满期还本性质。保险人以储金所生利息充当保险费收入。家财两全险的保险期限一般是长期业务,既有1年期,更多地设计为3年期甚至5年期,市场上还存在一种"长效家财还本保险"业务,在保险期满时,只要被保险人未主动退保,保单自动续保,继续有效。家财两全险在承保方式上有别于普通家财险,但保障内容却完全相同于家财险。

专栏6-1

占比长期不足1%,国内家财险为何"长衰不盛"

家财险是我国恢复国内保险业务以来的第一批险种之一,却发展缓慢;多数财产险公

第六章 财产保险

司对这一业务的经营发展积极性也不足。

由知名法国童话《小王子》改编的电影《小王子》颇受好评,电影中有一个情节,小女孩儿和妈妈刚搬到新家,就遭到了住在隔壁的飞行员试飞古董飞机失败的"波及",新家的墙壁被炸出一个大窟窿,室内也有一定的损坏。下班回来的妈妈看到新家已然成了事故现场,第一反应就是,"我得给保险公司打电话"。

只此简单的一句话,便能够反映出国外成熟保险市场中家庭财产保险的渗透度以及发展水平。

反观国内,如果用一个词来形容家财险的发展现状,"长衰不盛"似乎很贴切。家财险是我国恢复国内保险业务以来的第一批险种之一,却发展缓慢,目前在财险业务中的占比不足1%;多数财产险公司对这一业务的经营发展积极性也不足;家财险产品保障的形式仍仅限于赔付,距离提供服务还有很长的路要走。

投保不到一成 算乐观

家庭财产保险简称家财险,是以城乡居民家庭住宅的有形物质财产为保险对象的一种保险。我国14亿人口、3亿个家庭,给这个险种提供了广阔的市场前景。不过,现实数据与此并不匹配。

天津港8·12爆炸事故发生后,人保财险天津分公司的数据显示,10天内事故涉及家财险报案仅为50件左右,相比于爆炸波及的范围和居民区住户数量,投保比例还不到一成。

尽管家财险逐渐为民众所了解和关注,但其在财险公司的全部业务中占比仍极小,保费规模远排在车险、企业财产保险、保证保险、责任保险、意外险、货运险等险种之后。

如人保财险年度业绩报告甚至未单独列示出家财险业务的数据,其2014年年报显示,包含家财险在内的"其他险种"的合计保费,占全部业务的2.4%。而即便是推出投资型家财险的安邦财险,其2014年家财险业务在全部业务中也只占1.4%。

有研究报告的相关数据显示,1998年家财险在财险业中的占比为2.4%,而10年后,2009—2011年,家财险的占比降至0.5%、0.47%、0.48%。到目前,家财险在整个财险业务中的占比亦不足1%。

人保财险精算总监陈东辉对《证券日报》记者称,在国外成熟市场,家财险占比基本在10%以上,部分地区市场中的家财险业务规模甚至与商业车险不相上下,渗透率非常高。

畅销产品保额 也很低

一位资深精算师认为,家庭财产保险是一个容易忽视的领域,天津爆炸、上海胶州路大火、奉化房屋倒塌等事故都提醒我们,完全可以用很低的保费购买几百万元甚至上千万元的家庭财产(房屋)保障。

很低的保费能够对应数百万元的家财险,理由在于财产险的保额与保费之间的关系并非线性。

比如,据《证券日报》记者对某大型财产险公司官网家财险产品进行的保费测算,在房屋主体保额100万元、房屋装修保额5万元固定情况下,室内财产损失的保额从25万元增加到50万元时,每份的保费仅从120元增加到170元;而房屋保额100万元、室内财产保额2万元的情况下,房屋装修的保额从5万元增加至100万元时,保费仅从120元增加至180元。

在某第三方网销平台,销量居前的几款家财险产品,较低档保额的保费在几十元,对发生概率较高的室内财产损失的保额最高为5万元,而其中的多数产品对室内财产的保额设定在1万元甚至以下,与动辄数万元的室内财产价值并不匹配。

之所以保额万元的家财险最畅销,陈东辉认为,一定程度上与国内普遍的对保险的理解有关,家财险保额买1万(元)的潜台词是说,买多少能赔回来才不会吃亏,民众购买保险的目的还在于补偿,还没有认识到买保险为的是防范自己承担不了的财务风险。

强制性要求 国外有

陈东辉认为,与民众最贵的财产紧密相关的家财险在国内卖不动的原因,主要来自保险意识以及客观上渠道的不足两方面。

不像国外普遍的独栋房,我国民众居住在楼房单元房的更普遍,这就造成一种侥幸心理,大家认为出现风险事故的可能性比较小,或者即使出事故也不会是只有自己一家,所以风险防范的动力不足;另外,国内经济发展水平还没有使得民众认识到需要买保险把风险覆盖掉,国内民众即使买保险也更多地考虑如何能够赔付回来。这是保险意识没有到位,不过陈东辉分析,这不是主要原因。

陈东辉称,国外家财险好卖的一个重要原因是有特定的销售渠道,不少国家的银行给民众办理住房按揭贷款时要求其必须给抵押的房产购买家财险,为的是防范房子抵押期间遭遇事故造成损失。而国内目前没有这方面的强制性要求,甚至还有不允许银行放贷款时捆绑销售家财险的规定,因此最主要的销售渠道被割断。"如果我们也像国外那样要求,家财险的规模会是现在的5倍甚至10倍不止。"

另外,在家财险保费规模及利润贡献都有限的情况下,保险公司亦缺乏经营和推广的积极性。

发展家财险业务,陈东辉认为,还是要寻求与银行之间达成合作,培养民众对于家庭财产的保险意识。而如果考虑到长期,要深耕细作家财险,推出服务型的产品则是一个方向。比如,当客户有对房屋修补、清洁等需求时,保险公司负责联系相关公司给客户提供对应服务,将相关服务整合进家财险的保障范围。而目前,我国家财险的功能更多停留在赔付层面,与客户接触的频率低,客户的感受和体验不足。

(资料来源:《证券日报》资本证券网)

3. 投资型家财险

投资性家庭财产保险产品的引入是保险产品金融性的一种衍生,是财产保险保险性与金融性的融合,是对客户投资偏好的开发运用,是对保险产品消费者潜在保险意识的变现。因此它兼具投资保障双重功能。投保人只需像在银行存款一样存入一定的钱,无需另交保费,合同终止时,可得到高于同期国债和银行利率的回报,同时在保险期间获得一份家庭财产保险。

第三节 运输保险

　　火灾保险主要用于承保存放在固定场所和处于相对静止状态的一些物质财产及相关利益。在日常生活中,另有一类物质财产,如国内贸易、国际贸易运输过程中的货物,机动车辆、火车、船舶、飞机等,虽然本身它们也具有一般财产的物质价值,但由于这类物质总是处于不断地运动状态中,因而不仅会面临静止中的风险,更多地还面临运动中的风险,如碰撞、倾覆等,一旦这类财产受损,不仅会引起物质损失,还会产生利润及营运收入损失、运费损失、第三者责任赔偿损失等。所以对于这一类财产,必须要采用特定的专门的保险条款,因此在此类业务基础上逐步地产生了运输保险。

一、运输保险概述

(一)运输保险定义

　　运输保险是以处于流动状态下的财产为保险标的的一种保险。运输保险通常分为两大部分:一是运输货物保险,二是运输工具保险。运输货物保险是指保险人对货物在运输中所遭受保险责任范围内的损失承担补偿责任的保险。运输货物保险由于运输方式有海运、陆运、空运之分,所以根据运输方式不同,运输货物保险可分为水路、陆路运输货物保险、海洋运输货物保险、航空运输货物保险、邮包保险及集装箱运输货物保险等。运输工具保险是指保险人对运输工具在使用过程中所受损失负赔偿责任的一种保险。

(二)运输保险的特征

　　运输保险包含众多的具体业务种类,如飞机保险、船舶保险、海洋运输货物保险等,这些业务与一般财产保险业务相比,表现出以下鲜明的特征。

　　1. 保险事故发生频率高、损失金额大

　　运输保险标的具有流动性,无论是运输货物,还是运输工具,总是处于流动过程中或经常处于流动过程中,尤其在一些长途国际运输中,途经路程长,自然地理情况复杂,这一特点决定了保险标的及其风险很难为保险人所控制,货物运输中的风险即便是被保险人也无法控制。

　　2. 运输保险涉及关系的多面性

　　一般财产保险所承保的财产都局限在某一特定地区内,因而涉及的有关各关系人多属同一地区内,受相同的法律关系的调节。而运输保险由于所承保的标的是流动的,许多运输保险事故往往发生在途中异地,即远离保险合同签订地或被保险人所在地。运输保险异地出险的现象,给保险人处理赔案增加了难度,出现赔案时,往往涉及货物买方、卖方、运输方的各方利益,特别是运输保险中的国际运输保险,所涉及的保险关系人,不仅是本国的公民,而且包括不同国家和地区的贸易商、承运人或货主等。由于各国国内法之间的差异性,必须依赖于国际性的法规、公约。

　　3. 运输保险责任确定的复杂性

　　在运输保险中,保险人对被保险人所遭受的损害是否承担赔偿责任,首先应以导致该项损害的危险事故是否属于保险合同内所约定的承保事项来加以确定。也即只有保险合同内所约定的危险事故是被保险人遭受损害的近因,保险人才应承担赔偿责任。同时在运输货物保险中,由于货物直接受承运人控制,在货物运输合同中往往规定有承运人承担对货物损失赔偿责任的范围,因而在保险人认定属保险责任的同时,还必须确定承运人是否存在责任,以及时利用代位求偿权向承运人或其他责任方进行追偿以保障自身利益。

二、运输货物保险

(一) 运输货物保险的概念

运输货物保险是以运输过程中的货物为保险标的,承保它们因自然灾害及意外事故造成的损失的一种保险。

运输货物保险所承保的货物,主要是指具有商品性质的贸易货物,一般不包括个人行李或船上使用的库存品及供应物资。但在国际经济贸易合作关系日益发展的今天,货物的涵盖面也逐步延伸至对外经济援助物资、供展览用的展览品及其工具设备、艺术品、技术资料等非贸易商品。

(二) 运输货物保险的分类

由于运输方式的多样性,因而运输货物保险的品种是丰富多彩的,对运输货物保险进行分类往往有以下几种方式。

1. 按运输方式分类

根据具体运输方式的不同,运输货物保险一般可划分为水路运输货物保险、陆上运输货物保险、航空运输货物保险、邮包保险及联运险。其中联运险是指运输货物需要经过两种或两种以上的主要运输工具联运,才能将其从起点地运送到目的地的保险。

2. 按运输范围分类

根据运输货物的运送范围,一般将运输货物保险划分为国内运输货物保险和涉外运输货物保险。

3. 按货物承保方式分类

根据对货物提供保障的方式不同,可以将运输货物保险划分为:逐笔保险、流动保险、总括保险和预约保险。

(1) 逐笔保险是由保险人与投保人双方一笔一笔来商定承保项目和承保条件的保险。投保人逐笔申请,保险人逐笔考虑是否承保,以及确定费率和签发保单,逐笔保险是最普遍的承保方式。

(2) 流动保险是一种预约的定期保险,即保险人对投保人在约定的期限内所运输的一定量的保险货物实行总承保的保险。在保险人与投保人双方签定的保险合同内载明货物名称、险别以及总保额等,并预付一笔保费。在合同有效期内,投保人每发运一批货物便得到保险人自动承保,待分批计算的保额总和达到合同约定的总保额时,合同终止。保费则分批计算,预付保费多退少补。

(3) 总括保险与流动保险基本类似,不同之处在于总括保险确定总保额后,投保人一次缴清保费,不再分批通知保险人承保、分批计算保费。

(4)预约保险则是保险双方约定总的保险范围并签订预约保险合同的长期保险。在预约保险合同中规定承保货物范围、险别、费率以及每批货物的最高保额等。当货物分批装运时,分批通知保险人自动承保。与流动保险、总括保险不同的是,预约保险不约定总保额,保费定期结算,故也称"开口保险"。

4. 按险别承保范围及相关关系分类

根据险别承保范围及相关关系,可以将运输货物保险划分为基本险、附加险及专门保险。基本险亦称主险,是指可独立承保,不必附加在某一险别项下的险别。附加险是在主险上附加承保的一种保险,即投保人只有在投保了基本险之后,才可以投保附加险。专门保险,则是为配合某些特殊属性的货物的保障需要而单独设计的专门险种,如散装桐油保险等。

(三)运输货物保险的特征

运输货物保险作为运输保险的一种,具有运输保险的一般特征,同时与运输工具保险相比,仍具有特殊之处。

1. 承保对象的多变性

一般财产保险,保单是不能随标的的所有权的转移而转移的。而运输货物保险,由于经营贸易的需要,按照规定,保单可经被保险人背书同意转让,随物权单据即货运提单的转移而转移。所以运输货物保险的投保人与被保险人经常是不同的两个人,而且随着货物转手,被保险人不断改变,直至保单最后持有人提货为止。

2. 保险期限以约定航程为准

普通财产的保险期限一般为1年,而运输货物保险的保险期限一般不以时间限制而以一个航程为准,一般承保起运地指定仓库至目的地指定仓库之间的运输风险。

3. 采用定值保险方式

财产保险的承保方式有定值保险与不定值保险两种。在一般财产保险中,不定值保险方式普遍采用。运输货物保险为避免货物价值经常受市场价格变动及地域价格差异的影响,一般采用定值保险方式,即双方订约时约定货物的保险价值,并据此确定保额,当发生损失时,在保额范围内按损失程度赔偿。

三、运输工具保险

(一)运输工具保险概述

运输工具保险是以载人或载运货物或从事某种交通作业的工具为保险标的,承保各类运输工具因遭受自然灾害和意外事故造成的损失及运输工具所有者采取施救、保护措施而支出的合理费用的保险。

运输工具标的物也是处于不断流动中的,因而运输工具险的特征也具有承保风险的广泛性、承保损失的多样性,但相比较运输货物保险,运输工具险具有以下两个鲜明特征。

1. 第三者责任保险与运输工具险联系紧密

运输工具第三者责任保险是指以被保险人或其允许的人在使用运输工具过程中对第

三者造成的人身伤害和财产损失依法应承担的民事损害赔偿责任为保险标的的保险。

2. 运输工具险具有鲜明的属人性

在运输货物保险中，由于运行中的风险与被保险人是谁无关，故为方便贸易需要，运输货物险保单可自由转让给新的货主，而无需保险人同意。但在运输工具险中，运输工具的所有单位（如航运公司等）不同，具体的经营管理水平不同，运输工具的维修保养就不同，其所雇佣的驾驶人员的素质也就不同，而这些因素将直接影响到运输工具的出险概率及损失程度，因而我们说运输工具险具有鲜明的属人性，即保险人承担的风险与被保险人的个人因素有关。

（二）机动车辆保险

机动车辆保险所承保的机动车辆是指汽车、电车、电瓶车、摩托车、拖拉机、各种专用机械车及特种车。机动车辆保险合同为不定值保险合同，主要险别包括车辆损失险、第三者责任险两种基本险。另外，我国2006年7月起开办机动车交通事故责任强制保险（简称"交强险"）。

车辆损失险简称车损险，承保的是车辆本身因各种自然灾害、碰撞及其他意外事故所造成的损失，以及施救费用。车损险的保险金额由投保人和保险人选择以下三种方式之一协商确定：①按新车购置价确定；②按投保时实际价值确定；③由投保人与保险人协商确定。车损险保费的计算公式为：基本保险费＋保额×保险费率，其中基本保费是统一的，保额保费则由车辆价值不同而有较大差别。采取此种计算方法主要是缩减新旧车因保险金额差别较大而造成的保费悬殊。因为承保汽车，不论车辆新旧，保额高低，其出险的机会或修理费用一般差别不大，有时旧车出险机会反而高，修理费用也不因旧车而低，故悬殊的保费存在一定的不合理性。保险车辆发生保险损失时，保险人根据其受损情况进行赔偿：当发生全损时，若保险金额高于实际价值时，以出险当时的实际价值计算赔偿；保险金额等于或低于实际价值时，按保险金额计算赔偿。当发生部分损失时，以新车购置价确定保额的车辆，按实际修理及必要的、合理的施救费用计算赔偿；保险金额低于新车购置价的车辆，则按投保比例赔偿。保险车辆损失赔偿及施救费用分别以不超过保额为限。如果保险车辆部分损失一次赔款金额与免赔额之和等于保险金额时，车损险保险责任即行终止。被保险人在投保车损险的基础上可加保全车盗抢险、玻璃单独破碎险、车辆停驶损失险、自燃损失险及新增加设备损失险五种附加险，以扩展承保车损险不负责的特殊风险，特殊损失及利润损失。

机动车辆第三者责任险也是机动车辆险的基本险别之一，可选择单独承保。在绝大多数国家，机动车辆第三者责任险均是强制性保险，以维护广大公众的安全，因为各国每年因车祸而死亡、伤残的人数一直名列意外死亡的首位。机动车第三者责任险的经营原则与赔偿处理类同于其他责任保险。在承保第三者责任险业务时，因承保的风险是法律风险，承担的责任是不确定的民事损害赔偿责任，故保险人通常以赔偿限额的方式来控制自己的风险。即保险人规定若干等级的每次责任事故的赔偿限额或累计赔偿限额，投保人可以选择，其保费按不同的赔偿限额收取固定保费，与车辆新旧、价格高低无关。投保人可在投保第三者责任险的基础上加保车上责任险、无过失责任险、车载货物掉落责任险等三种附加险,以扩展承保第三者责任险的免责内容。另在同时投保车损险和第三者责任险的基础上还可加保不计免赔特约险。

交强险是我国首个由国家法律规定实行的强制保险制度。《机动车交通事故责任强制保险条例》规定:交强险是由保险公司对被保险机动车发生道路交通事故造成受害人(不包括本车人员和被保险人)的人身伤亡、财产损失,在责任限额内予以赔偿的强制性责任保险。

专栏 6-2

新闻背景:交强险的由来及现行费率

为解决道路交通事故的损害赔偿问题,国际上普遍建立了机动车强制责任保险制度。我国于2004年5月1日开始实施的道路交通安全法首次提出,"建立机动车第三者责任强制保险制度,设立道路交通事故社会救助基金",并规定了强制保险的赔偿范围和原则。2006年3月,国务院颁布《机动车交通事故责任强制保险条例》,正式确立交强险制度,于当年7月1日起施行。《条例》确定了交强险制度的基本框架,成为交强险制度实施的最主要的法律规范。

交强险作为一种责任保险,主要功能是:对被保险机动车在使用过程中,因交通事故造成的本车人员、被保险人以外的受害人的人身伤亡、财产损失,依法应当由被保险人承担损害赔偿责任时,由保险公司在交强险责任限额内进行赔偿。该制度的创设目的在于为交通事故受害人提供救助,促进道路交通安全。

与传统商业三责险相比,交强险在保障范围上有非常显著的扩大。一是采取了严格责任的赔偿原则("无过错责任"原则),即只要发生交通事故,无论机动车方是否存在事故责任,无论事故责任大小,承保公司均需对受害人的损失承担赔偿责任;二是未设定任何的免赔额或免赔率;三是除法律规定外,几乎无任何其他除外责任。

交强险不是一项孤立的制度,而是一个涉及立法、司法、交通、运输、保险、财税、医疗等多个领域的系统工程。《条例》对各有关部门在交强险制度运行上的职责进行了明确规定,涉及五大部门,其中:保监会负责对保险公司经营交强险业务实施监督管理,审批保险公司从事交强险业务的资格,审批交强险基础费率;公安交管部门、农业机械部门负责对机动车的投保情况实施监督检查;财政部会同保监会、公安部、卫生部、农业部负责制定道路交通事故社会救助基金的具体管理办法;卫生部负责组织制定用于指导交通事故受伤人员治疗的有关临床诊疗指南;保监会会同公安部制定交强险费率与机动车交通违法行为记录、交通事故记录相联系的费率浮动标准;保监会、公安部、农业部及其他有关部门负责建立交强险信息与交通违法信息、交通事故信息的共享机制;保监会会同公安部、卫生部、农业部负责规定交强险的责任限额。

交强险实施两年半来,已就社会关心的基础费率及责任限额问题进行了首次调整,调整之后,交强险的责任限额由原来的6万元提高到12.2万元,整体费率平均下调了6.8%。新版交强险自2008年2月起实施至今。

交强险在现行的12.2万元总责任限额下,实行分项限额为死亡伤残赔偿限额11万元、医疗费用赔偿限额1万元和财产损失赔偿限额2 000元。无责情况下,死亡伤残赔偿限额为1.1万元、医疗费用赔偿限额1 000元,财产损失赔偿限额100元。

交强险现行的基础费率共分43种,家庭自用车、非营业客车、营业客车、非营业货车、营业货车、特种车、摩托车、拖拉机和挂车九大类四十三小类车型实行不同费率。如6座以下家庭自用汽车全国统一的基础费率为每年950元。

(资料来源:新华网北京2009年6月29日)

(三) 互联网车险

1. 互联网车险发展内在因素及条件

"降低成本"。根据中国保险行业协会公布的2016年Q1数据,中国汽车保险行业的综合费用率超过43%。这个数字背后是什么含义呢?保险公司每实现100元的车险保费,投入的各项费用及运营成本就超过43元,这个比例从国家间对比、从国内其他产业间的横向对比均大幅超出其他产业平均水平。以京东商城作为参照,京东商城的运营成本中包含了资金、仓储及库存(主要指仓库的保管运营型成本支出、库存主要指库存周期带来的额外资金成本及压库及产品过期、变质或价值缩水性风险成本)、平台建设、运营、配送、客服的全链条服务,其整个商城的运营成本在10%左右。

车险对比一般性电商产业来看,无资金、仓储、配送(电子保单)成本,无产能制约,产品标准(相较电商产品的繁杂),完成网络化后前端销售成本不高于6%,对比现有市场前端30%左右的销售成本,可节约前端销售成本80%,主要包括传统销售渠道的渠道成本(含利润)、人力成本、税费成本(现有保单价格返还的佣金需要缴纳各项额外税费,网络直销在保单上直接降低价格后可免去相关税费成本),成本管控的提升空间巨大。

"提升效能"。目前车主车险购买一般环节如下,各渠道询价、对比、选择、投保、拿到保单,主要的方式有熟人、4S店、业务人员、电话、代理等,用户自主性网络投保目前占比极低。而且车险价格的不透明性,同车型、同风险不同用户最终实际支付的价格相差最高可以超过20%(500~2 000元),加剧了车主投保的选择焦虑及购买环节周期,对车主及社会来讲都是一种低效的产业形式。

从现有的实际状况看,有相当一部分车主投保过程中信息获取、选择、完成投保的总耗时都超过1天,隐形的额外耗损时间价值也在500元左右(一二线城市上班族的人力成本/日)。因此,通过网络化,直观、快速、透明地将保险公司与车主进行链接起来,可极大地提升产业效率。如果说需要参照一些其他行业的变化,机票、酒店行业的网络化预订即为车险行业可期的明天,而车险行业相较酒店业的供应商过渡分散化、机票行业过渡行政化及垄断化,其网络化的条件更好,效能提升空间更大!

"做优服务"。中国车险行业车主的年度性出险比例大致在20%多一点,现有的行业服务体系下,重事故性理赔服务、轻日常的关怀维系服务,造成将近80%的车主对所选保险公司无明显的感知,造成品牌认知度不高、用户主动性续保率不高(目前人保、平安的高续保率主要依靠到期续保跟踪、市场优质服务提供能力不足产生的品牌比较优势,与发达国家的用户品牌认同、服务认同仍然有较大的差距)。通过互联网的手段,不断优化用户接触频次、丰富非事故性服务内容、提升事故性服务质量、增强安全用车引导,建立保险公司与车主的良性互动互助关系,将风险识别与风险处置定位升级到引导、辅助车主主动性避损减损定位上,通过这种优质的管家秘书式服务,增强竞争的核心能力。当然,在互联网时代,这一切都离不开互联网,特别是"移动互联网"这个工具。

"**整合产业**"。从历年中国保险行业协会公布的数据看,车险行业综合赔付率长期低于70%,商车费改后甚至很多地区低于60%,加上保险业保守的投资收益率5%,车险行业有40%以上的运营费用空间。可以说,在中国特有的保险监管环境下[七折令、投保礼管制、费改对多次出险用户的NCD系数强制大幅上浮、部分地区交通违规(不一定与风险呈线性关系)与保费定价的强制关联等],财险公司的车险业务可以轻松实现盈利。

然而从近些年数据看,计算投资收益后,仍有近一半的财险公司亏损;不计算投资收益下,承保盈利的保险公司为个位数,不可谓不惨烈!究其原因,行业历史原因形成的重代理、轻直销的模式,形成了大部分公司"有业务、无客户"的现状,保险公司在客户的信息真实性及接触点上严重受制于中间商(区别于中介,这里主要是指保险公司作为产品提供方,其公司的管理核心团队缺乏与客户的有效接触,公司的部分基层网点、业务人员都可以看成是公司与车主之间的中间商),造成每年都要在业务获取上花费高昂的费用。

如果说个人及小团队性的中间商还不足以绑架保险公司,那国内特有的经销商体系下,主机厂商对4S店的利益榨取,使得4S店等渠道商在车险佣金比例及后端维修定价上对保险公司利润的挤压,可以说已经完全绑架了保险公司(类似渠道业务保险公司根本拿不到用户的信息,直赔更加方便了这些渠道商的假案或案件损失的扩大进行骗保)。本质上,这种关系产生于主机厂商(及其配件配套体系)建立的产业链体系,不断追求自身利益最大化,经销商卖车不盈利甚至亏损后,将成本压力向保险产业转移。

要打破这种畸形的产业关系,保险公司需要快速提升其直销能力,提高直销业务占比,通过巨量的车主用户群,整合产业链上下游资源,建立以保险业为中心的产业链体系。毕竟:车企只是造车,无法直接与车主建立直接的服务关系与接触点;4S店经销商虽然在卖车与维修保养上与用户的接触频次上更占优势,但国内单一经销商的份额不足以与单一保险公司相提并论,因此保险公司具有整合产业上下游的天然优势。中国平安在此方向上已经取得一定的突破,未来不排除较大的第三方车险平台在同样的领域具备较明显的优势。

2. 互联网车险在国内发展的机遇环境

任何一个产业,理论上存在相应的市场机会,仍需要有成熟的外部环境及条件,才能快速发展成熟,网络车险也是同样,下面我们看看国内网络车险发展的机遇环境。

(1)互联网作为一种生活方式对车险服务的深度渗透。当下,国内一、二、三、四线城市可以说全部已完成初步的移动互联网化,24小时除睡觉外的其他时间都已经互联网化。机票问去哪、火车票问12306、酒店问携程、吃饭问美团。我们的信息摄取、学习、生活、娱乐、社交的网络化迁移,催生商业机会从线下转移到线上,这也是传统产业模式感受到凋敝的深层次原因(不一定是经济不行了)。可以预见,车险的网络化也会在5~7年内完成。

(2) 大数据在C端应用中的经营落地条件成熟。首先数据管理及分析科学作为大数据应用的理论基础及实践指导,已经在众多行业应用中被验证其重要的商业价值。而IT数据的数字化体系是数据管理及应用的高效工具,IT工程师中已经出现了众多的行业性数据应用工程师。其次平台(化)帮助大数据应用得以低成本、高效地在商业活动中推广落地。

(3) 商业价值的空间巨大。互联网对车险行业产业效能的大幅提升,利好用户、保险公司、大的第三方平台,将会逐步取代传统中小型代理渠道(效能低、成本高),潜在的行业效能优化价值每年大于1 000亿元。根据中国未来2亿辆家用车保有量,车均保费3 500元,家用车保险总规模在7 000亿元。按照70%车主通过互联网投保车险,互联网车险比现有传统销售渠道销售成本降低20个点的销售费用,全行业每年节约销售成本1 000亿元左右。

(4) 商业模式变革。新兴技术及新的商业模式,有可能推动互助保险、相互保险在中国快速发展,新的商业模式带来的产业效能大幅提升,可能从根本上改变现有的产业机构及运营模式。国内已经出现部分平台机构借助区块链等前沿技术探索互助车险模式落地。

(互助保险:即由一些具有共同要求和面临同样风险的人自愿组织起来,是预交风险损失补偿分摊金的一种保险形式。这种互助形式曾存在于古今各种以经济补偿为目的的互助合作组织之中。互助保险或称相互保险公司,是一种保险公司,没有股东,而是完全拥有其保单。本所有权或者延伸到所有的投保人或仅限于某些类别的保单。职工互助保险是由社会团体提倡和组织,广大职工在自愿的基础上所开展的一种操作成本低廉、形式灵活多样,以互助互济、分散风险为目的的民间保险。)

3. 互联网车险发展历史

美国网络车险市场占比超过40%以上,主要以官网销售为主。以Geico、Progressive、Statefarm为代表的大型汽车保险公司网络车险业务发展已经比较成熟,主要以官网直销为主,其官网建设在设计风格、流程、用户交互体验上均已经成熟。Geico公司官网以一只灵巧的蜥蜴作为网站萌宠,给人印象特别深刻。

需要特别之处的是,也有部分发达国家网络车险发展水平较低,譬如德国,网络车险在其汽车保险市场的占比不超过5%。

英国网络车险极其发达,超七成车主要通过网络方式投保。英国网络车险市场主要为比价格模式,超过七成车主的车险投保首先是从比价网站入口获取报价,进而决策后投保。目前英国网络保险市场主要为5家网络车险比价平台分享绝大多数的市场占有率。

日韩网络车险占比也已经接近或超过四成。

国内的网络车险发展分为萌芽期、探索期、发展期三个阶段,目前仍处于发展期。

萌芽期。2000年前后,中国人保财险成立了电子商务部,逐步开始在互联网上销售一些简单的旅游险等产品,直至 2011 年 9 月份上线网络车险。这一时期,国内电子商务市场发展尚未成熟,网络车险处在萌芽阶段。

探索期。2011 年下半年开始,平安车险、人保车险率先成立专门部门,独立推进网络车险的发展。这一时期的主要特征为:人才缺乏、经验缺乏、体制性制约、资金充足、粗放发展、市场环境不成熟、发展效果较差。

人才缺乏:起初网络车险行业从业主要人员为来自保险公司内部的业务人员、IT 人员及部分社招的技术人才,主要内容为搭建电商网站,实现车险的网上投保功能及推广等。

经验缺乏:因为网络车险与传统的一般性电商产品差异较大,国内无可借鉴的成熟经验,国外相关经验无中文资料,发展主要依靠"发现问题→解决问题→总结经验→继续优化→发现问题"这样摸着石头过河式的循环发展模式。

体制性制约:互联网所需要的开放、包容、平等、尊重、探讨、快速迭代等特点,受制于传统公司体制原因,一部分工作推进缓慢或不能落地,直接影响到发展进程。

资金充足:平安车险、人保车险早年都投入每年≥5 亿元的专项经费发展网络车险,迅速成为各种媒体的重点新增广告主。

粗放发展:因为缺乏经验,公司管理层对发展的期待较强,出现了比较粗放的广告投放。一是车险计算器铺天盖地占领各种互联网入口,门户站、搜索站、视频、社区、社交平台、快钱等,出现持续近 1 年的"车险快速计算器"形式的硬广;二是通版承包凤凰网首页框架广告达 1 年;三是投入巨额资金抢占搜索引擎关键词排名;四是在一些移动互联网项目上投入不必要的资金,考核未有效跟进或者注水严重,很多几乎无任何效果。

市场环境不成熟:全行业包括线上投保流程、用户体验、支付便捷性、保单配送体系、用户认知度等均未成熟,业务发展主要依靠网电结合方式(网络获取客户意向,后台电话呼出跟进用户成单)。

市场缺乏专业咨询及代理:受制于行业发展初期因素,市场缺乏专业的网络车险咨询公司,为保险公司提供有效的外部咨询或代理服务。几乎所有的咨询及代理商这一时期几乎都未能给保险公司提供有价值的外部建议,只是平添帮助保险公司快速花掉了预算资金。

发展效果欠佳:探索期因为各种原因,各家公司的真实网络车险业务(由用户端自主发起的网络车险业务)。规模虽然有较快的增长,但主要为基数较低等原因。

探索期也是整个产业发展的试错期,是绕不开的阶段,用科学化的方法及管理,可以尽量缩短这个周期。探索期最大的成果就是教育了市场参与方、培养了一批有经验的网络车险从业者、为行业的下一步发展打下了基础。

费改停滞期。从 2015 年起,全国车险分省市开始启动商业车险费率市场化改革工作,费改后渠道系数目前全部相同,导致电网销渠道之前的 15% 费率优惠消失。在电网销渠道投保赠礼监管严格、线下代理渠道销售费用猛涨的情况下,线上线下渠道价格出现倒挂,网上车险的最终价格往往高于用户通过其他渠道获得的车险价格。可以说,费改阶段及费改完成后一定周期内,纯网络直通车险业务已经出现停滞发展并将维持 12~

24个月。

发展期（部分先行者）。从2015年起,在行业整体发展缓慢的背景下,出现了少数几家第三方平台,在产品设计、用户交互、营销推广上开始起步并逐步超过现有保险公司的网络车险发展水平。

特别说明：

① 行业发展缓慢的特例。国内的网络车险发展中,平安直通车险在网络车险的发展探索中已经较为成熟,建立起一套完整的体系架构,实际经营效果大幅超过其他保险公司,但因为只有该公司一家发展较好,因此将全行业定性为发展缓慢,特此说明。

② 关于第三方网络车险平台。国内网络车险发展中,出现了很多第三方平台,其中2015年之前成立的第三方车险平台,未能把握发展先机,反倒因为多年投入效果不佳,成为现有阶段的发展包袱。2015年前后开始成立的第三方车险平台中,出现了几家定位准确、目标明确、起步较高、发展迅速的第三方平台。这种情况一方面与行业发展阶段有关,另一方面也是受从2014年起,大量的保险公司专业化网络车险人才流向一些拥有丰富车主资源的第三方平台。

成熟期展望。国内车险市场空间巨大、互联网电商发达、中间成本过高,决定了网络车险的潜在市场巨大。而车险产品的相对标准化,保险公司日趋增强的差异化定价能力,都为车险的自动比价提供了良好的土壤,预计未来中国网络车险市场将在车险比价模式上快速发展,网络车险每年的保费可达1 400亿～4 900亿元。（根据中国未来2亿辆家用车保有量,车均保费3 500元,家用车保险总规模在7 000亿元。按照20%～70%车主通过互联网投保车险,网络车险每年的保费规模将达到1 400亿～4 900亿元。）

4. 互联网车险市场现状

业务形态。目前国内网络车险业务主要有四种形态。一是保险公司业务人员通过保险公司官网（PC/移动端）帮助客户出单；二是自然用户通过网络提交简单信息,保险公司客服人员通过电话给客户去电促成保单的；三是自然用户通过网络直接完成网上投保的所有动作；四是保险公司通过第三方合作而来的网络车险业务。

业务规模。根据中国保险行业协会统计,2015年全行业网络车险实现保费716亿元,同比增长51.94%。但大部分业务为保险公司业务人员通过保险公司官网帮助客户出单,车主主动通过网络发起投保成交的业务占比较小。根据从各家公司不具名人士获取的大概数据相加,2015年车主主动通过网络端投保（填写信息成功投保或电话客服跟进成单）最终成交的保费不超过50亿元,车主自主提交保单并自主完成线上保单提交及在线支付的业务规模不超过10亿元。可见,国内网络车险市场的真实业务规模仍然较小。

保险公司的网络化建设水平。此处所讲网络化的建设水平主要指架构及服务器、UI/UE、产品逻辑模块设置、自动化技术及新技术应用、支付便捷性、人才储备等方面。

服务器处于小型机或小型机集群阶段,响应能力、稳定运营性均有待提升,行业内已经有新兴的互联网保险公司将服务部署在云平台,未来应该会成为一种趋势。从服务器的稳定运营能力和服务器响应情况看,目前平安车险领先其他公司较多。

PC端平安车险官网UE/UI大幅领先其他公司,移动端除平安车险外,安盛天平、阳光车险移动端UE/UI也较好。

人保车险、平安车险依靠自身海量的数据库,在自动化续保方面优势明显,平安车险在业务逻辑的差异化自动匹配上优势明显。

自动化技术及新技术应用。平安在这个方面的领先优势明显,譬如在VIN码自动解析车辆型号、车型选择的模糊查询等方面均领先行业(相关技术均为外部合作方提供,体现出整个行业对外部技术的集成应用度较低,其他很多保险公司了解到新技术,内置应用的想法和推进效率也较慢)。但与外部第三方车险平台比,仍有一定差距,包括OCR识别技术、VIN码自动解析品牌车型精准度上,均有一定差距。

目前互联网支付主要有四大派系:一是支付宝;二是微信支付;三是京东白条支付;四是传统第三方支付工具,从用户体验看,前三者得益于庞大的用户账号体系,支付的便捷度大幅超过传统第三方支付工具。而目前仅有少数保险公司收银台页面支持微信或支付宝的支付功能,用户支付的便捷体验性不好。

人才储备。保险公司不缺乏保险专业人才,但互联网车险目前更多承担的是网络营销与销售职能,因此做互联网车险,保险人才是基础,互联网人才是重点。在网络车险人才储备方面,各家公司恰恰在互联网人才这个重点上储备不足。一是因为保险公司薪酬及体制机制上很难与互联网接轨;二是保险公司培养起来的复合型人才受体制制约也很难发挥、大多外走他处。

综合来看,保险公司网络化建设水平仍然较低。

网络车险第三方平台发展情况。第三方和保险公司的合作一般有三类:一是跳链式,成本低,但用户跳出场景后的用户感受和体验较差;二是iframe嵌套式,部分解决场景融合问题,但第三方无法对保险公司的投保流程及嵌套的页面进行任何优化;三是API接口化对接,能完美解决大部分的用户交互及用户体验问题。三种方式技术难度越来越大,对资源的要求也越来越高。

综合类移动平台。

① Baidu目前在其Baidu地图中开辟了车险频道,主要是跳转至保险公司页面。

② 阿里/蚂蚁金服在支付宝的加油服务中内置了车险商城,商城中的车险服务由一家第三方网络车险平台提供,蚂蚁金服尚未推出自己与保险公司对接的车险服务。

③ 腾讯主要分两块。手Q在钱包的城市服务外接了第三方车险服务。微信目前无车险服务,只能在搜索中搜索相关的公众服务账号,下一步有可能外界相关服务商,推出微信车险服务。

④ 京东。京东主要分两块,京东商城APP,目前无车险相关服务。京东金融APP,近期会在白条板块增加白条车险服务,为外接第三方车险服务。

垂直类保险电商平台。

在移动端不太活跃,缺乏市场影响。

独立车险第三方平台。

目前技术、产品、业务发展相对比较好的三家。

- 易鑫车险，通过 API 接口与保险公司对接，覆盖了国内排名前 3 的人保、平安、太平洋。市场成熟后会向用户开放车险自动比价服务。
- 北京融保科技，向用户提供车险自动比价服务，自动比价目前暂未涵盖平安车险与人保车险。
- 灵犀金融，向用户提供车险自动比价服务，自动比价目前暂未涵盖平安车险与人保车险。

车主网络投保意愿。网民对网络上有价值的新生事物能快速接受，从 2011 年起，所有网络保险的参与方总耗资保守估计也在 30 亿元以上。为何投入如此巨大，但市场迟迟未能启动并快速发展？用一句简单的话总结恰如其分："群众的眼睛是雪亮的"。现有网络车险价格，没有体现出网络投保的便捷性与成本优势，相反大部分时候比线下传统渠道价格更贵，用户自然很难通过网络完成车险投保。根据与众多车主的交流及访谈，在车险购买中，只要网络车险价格与其他渠道价格一致或比其他渠道更加便宜，几乎所有的年轻车主均会选择通过网络投保，毕竟网络的便捷性及可选择性更加丰富。因此，当下大的环境下，车主通过网络投保的内在意愿性较强，需等待监管部门、保险公司在网络车险的定价上更加开放，更多地考虑渠道成本优势重新厘定渠道优惠系数。

市场模式。

- 保险公司官网直销。为单一品牌报价，不可议价，选择性不够丰富，适合品牌粘性较高、价格不太敏感的车主人群。
- 大型垂直类平台的车险超市模式。用户选择性较多，适合品牌与价格兼顾，愿意承受一些麻烦在各家公司分别独立报价的车主用户。
- 自动比价平台。适合价格敏感型，愿意牺牲品牌偏好及一定的潜在服务折损，比价的用户体验性较好，基本可以做到一次信息填写，直观了解各家公司的价格差异性。

5. 互联网车险发展预测

第三方呈现方式走向何种模式？

一般来讲有三种模式的可能性，分别是保险超市、自动比价、保险超市与自动比价融合模式。基于前两者不能满足所有车主用户群体的需求，保险超市与自动比价融合的模式将逐步成为主要的第三方平台呈现方式，一方面首屏呈现的主要几家大品牌可满足强品牌偏好性用户。另一方面比价入口可满足强价格敏感型用户在投保选择中对价格的关切。

网络车险前端销售未来主要依靠第三方平台还是保险公司？

从非垄断型产品的服务型行业看，前端的销售环节都会在商业规律下，逐步由专业的销售服务商完成，鲜有例外。譬如航空公司提供承运人服务，但销售主要由携程、去哪儿网完成。短期住宿服务主要由酒店提供服务，但销售也主要由第三方代理商完成。因此，网络车险前端销售未来将以第三方平台为主，保险公司官网为辅。

市场平衡点。网络车险对车险产业最大的价值就在于效率提升带来的运营成本下降，根据国内未来 2 亿辆家庭自用车保有量计算，市场每年将有超过 7 000 亿元的车险保费收入,按照其中 5 000 亿元通过网络完成投保,比传统销售方式平均节约 20 个点的销售费用计算,行业有 1 000 亿元的溢出价值。其中预计有 700 亿元左右将通过直接的价格降低回馈给车主,200 亿元将以新增利润流向在互联网转型中最成功的几家公司,100 亿元流向前几大第三方车险平台作为运营成本及利润。

资源投入需求。网络车险最终成熟后的大平台模式,需要具备的几个方面刚性资源,亦是资源投入的重点。

较强的品牌声量及流量资源。

主要依赖于品牌性广告投入及与大的垂直类、综合类车主应用型平台的合作,发展的成熟过程中每年品牌及流量资源投入在 5 亿~20 亿元之间甚至更高。

极好的用户交互及营销传达性。

主要依赖顶级互联网产品设计人才、营销人才及可能的用户消费心理学人才,总薪酬类成本不高,但最优秀的人才可能需要依靠期权激励等方式才能持续留住。

有竞争力的价格优势。

需要有相关互联网保险精算或业务专家,根据对市场数据的跟踪、监控,及时与合作保险公司灵活调整产品定价。通过碎片离散化的网络数据,寻找新的可依赖风险因子辅助用户与保险公司之间的双向精准匹配。

科技化的避损、减损指引力。

通过科技及安全教育等方式,为用户提供"超保险化"的关怀服务,从生命、人员安全角度出发,以人的主动风险防范、标的车辆的自动化风险防范上进行前端干预,降低平均损失发生率。

以强有力的车主综合服务提升用户粘性。

整合车主类的服务应用,以单台车险较大价格优势+高频低单均的其他服务,营造高频的车主应用场景。

网络车险成熟后市场达成新的稳态下的各方关系。

与现有的市场稳态相比,网络车险成熟后,现有产业链条上的车主(客户)、保险公司(产品提供方)、传统中介等业务代理方(中间商)中,因为互联网对交易效率的根本性提升,大约能使现有车险交易环节 30% 的成本降低至 10% 以内,使得车主的保费将得以明显降低,保险公司获得一部分产业效率提升带来的额外利润,而传统的中间商受制于无法降低的运营成本要么向网络车险转型,要么市场份额逐渐萎缩,市场将出现几家大的第三方网络车险平台,瓜分市场份额。

网络车险市场成熟后对汽车产业链整体的影响。现有汽车后市场产业链主要由主机厂商完成产业链整合。主机厂商及核心配件厂商为了获取高额利润,通过对车源及核心零配件供应体系的绝对把控,挤压经销商正常利润实现其经营目标。通过压力传导,经销商为了维持其正常运转,在车险业务上不断抬高佣金比例,提高维修价格,挤压保险公司合理利润。随着国内家用车的供需关系变化,主机厂对市场的整合能力逐步下降,根据国际经验,网络车险集中度较高的市场,保险公司会依托其市场集中度优势,逐步在汽车后市场产业链中起到决定性作用,逐步打破经销商以汽车金融类收益补贴其新车销售亏损,继而打破主机厂商对新车定价及渠道体系的畸形控制,最终表现为主机厂商利润率下滑、保险公司在销售端成本下降,利润由主机厂商流向保险公司,形成新的产业链平衡状态。

UBI&OBD 发展情况 UBI:是 Usage Based Insurance 的缩写,即基于使用量的保险。由于 UBI 主要在车险领域被提出,所以又被称为 Pay As You Drive。

OBD:是 On-Board Diagnostic 的缩写,是汽车内部 CAN 总线的一个接口。由于 OBD 检测设备可以通过该接口读取车况,比如车速、里程、油耗、机油量以及发动机参数等信息。

车载智能硬件:基于 OBD 等设备监测、记录、分析、反馈、辅助控制车辆的硬件技术总称。

智能硬件快速发展有助于实现车险风险管理的核心功能。互联网技术、智能终端、物联网、人工智能、机器人等应用将推动智能硬件成为互联网时代下一个热点,硬件与人将更好结合,数据产生的源头可能由软件过渡到软件和硬件并重。车联网 UBI. OBD 设备之于车险,可能解决定价不精准、运营粗放低效等问题,实现风险和保费正确匹配。通过智能硬件的数据监测配合大数据分析,对于以往核保中的不可保风险,都可以有相应的解决方案,推动实现风险管理的核心功能。

国内 UBI 发展情况。

① 保险公司。2013 年,人保车险内部即已经启动 UBI 定价相关研究工作,通过向 20000 台车辆免费发放 OBD 车载数据记录设备,进行用户行为与风险的关联关系研究,其后相关研究结果被封存,未立刻在公司业务中进行大规模推广。

② 外部独立 UBI 方案提供方:2015 年,斑马行车 APP 发布,其定位在"互联网保险+大数据"模式,目标是进行车主驾驶行为的数据采集、建模以及算法分析,并和保险公司进行创新产品的合作。其数据是通过手机 GPS、传感器和基站信号,完成车主驾驶行为的数据采集工作,上传到云端的数据分析系统,完成对车主数据的分析建立 UBI 模型。最大优势为系统的耗电量较低、数据采集及分析模型较好、不依赖车载 OBD 设备。

③ 国内 UBI 车险现阶段存在的两个最大问题:一是监管政策不明了,车险现有的价格形成机制不能兼容 UBI,目前市场上的 UBI 车险均为虚假性 UBI 车险,都还只是第三方自己对车主的补贴行为;二是短期内大的保险公司不可能将后端理赔数据完全开放给 UBI 技术提供方,相关模型的验证及优化较慢。

国内 OBD 产业的发展。

车载 OBD 分为三类:主机厂前装、出厂后装、外接设备。其中前装的设备开启及主机厂对数据的应用目前都不成熟。出厂后装的占比极低,且成本较高、车主较为敏感。外接设备较为麻烦,短周期使用后极易被拔掉。目前外接设备市场较火,主要为 OBD 设备厂商的自我宣传造势以及一些第三方 UBI 车险推动方的概念性推广。综合来讲,OBD 设备在国内车险发展方面仍显不足,在汽车金融行业的车辆防盗及骗贷方面应用较深,这一点和国际市场基本一致。

第六章 财产保险

专栏 6-3

商车费改对市场影响

国内商车费改的情况

商车费改的背景:为努力营造公平竞争、优胜劣汰的市场环境,更好地发挥市场配置资源的决定性作用。引导财产保险公司提高自主经营意识,增强财产保险行业可持续发展能力。加快转变政府职能,更好地发挥政府的作用。加大简政放权力度,强化事中事后监管,不断提高财产保险监管的科学化、现代化水平。

商车费改的目的:建立健全科学合理、符合我国国情的商业车险条款费率管理制度。以行业示范条款为主体,创新型条款为补充,建立标准化、个性化并存的商业车险条款体系。以大数法则为基础,市场化为导向,逐步扩大财产保险公司商业车险费率厘定自主权。

商车费改的意义:营造出公平竞争、优胜劣汰的市场环境,更好地发挥市场配置资源的决定性作用。引导财产保险公司提高自主经营意识,增强财产保险行业可持续发展能力。可以说,商车费改是快速提升我国汽车保险行业经营效率与国际竞争力的有效手段,是不断降低我国汽车保险价格、提升汽车保险服务的助推器。

商车费改截至 2016 年 6 月底情况:2016 年 6 月底全国各地均已经完成商车费改工作。除无赔优等折扣因子外,部分地区引入了交通违章等新的定价因子。从市场价格变化看,大部分地区的车险价格保持相对稳定,电网销 0.85 的渠道优惠系数暂时在各家公司消失,电网销业务出现同比下滑,而传统渠道的手续费水平大幅上涨,传统渠道业务手续费竞争激烈。最明显的特点是:两大巨头车险业务快速发展,增速跑赢市场,市场份额有所提升。譬如 2016 年 Q1,福建市场人保和平安两家公司在当地的市场份额合计超过 75%,市场第 3 名的太平洋车险市场份额跌破 5%。可以说,费改后巨头公司的定价能力、品牌优势、费用投放能力都得到更大、更加充分的放大。

可以说,在对费改后市场不确定因素的担忧下,市场手佣金被迅速拉高,部分佣金以直接返现形式返还到投保人手中,实质上已经形成了间接的车险价格下降。随着商车费改推进的逐步深入,市场将逐步由间接降价向直接降价过渡。

德国汽车保险费改后的情况对比

德国汽车产业高度繁荣,大众、奔驰、宝马、奥迪、保时捷都著名汽车品牌均诞生于此。同样德国的汽车保险业务也非常发达,车险费率市场化,市场集中度低,竞争激烈。

1. 德国汽车保险种类丰富

德国的汽车保险险种有第三者责任险、机动车部分保险、机动车总括保险、机动车畅行保险、诉讼费用险、租车意外附加险等。第三者责任险是强制投保险种,除了第三者责任险外,其他保险品种均为"双向选择",车主可根据需要自愿投保。其中,机动车部分保险主要对盗抢险、由暴风雨、冰雹、闪电或洪水等自然灾害,或者火灾、爆炸以及与牛、羊、马等哺乳动物相撞、车辆玻璃破损等情况产生的损失进行赔付。

值得一提的是，目前，德国保险公司的这一险种，普遍采用自留风险额的保险形式，即投保人可选择每次赔付中自己承担一定数额的损失，有150欧元、200欧元、500欧元三个自留风险额可供选择，自留风险额度越高，投保时的保费越低。这种形式不仅可以直接降低投保人的投保费用，也可有效降低保险公司的赔付成本。

2. 德国车险费率计算复杂，保费差距大

德国的车险定价计算方式非常复杂、细致，可分为基本参数和附加参数两大部分，基本参数信息包括驾驶人职业、行驶区域、车型、历史赔付记录、车辆年行驶里程、车辆保养情况以及停车地点情况。附加参数则包括驾驶人年龄、驾龄、性别、信用记录、结婚年限、投保人个人不动产等。在基本参数中，车型是最重要的参考因素。

与美国相似，德国也采取将不同品牌、不同车型按照风险划分为不同等级，等级越低，说明这款车出故障的概率越低，需要缴纳的保费也越低，比如POLO，按照德国汽车工业联合会和保险公司的评级，它的保险评级为10级，而与它同级别的车型往往在13级、14级的水平，POLO每年保费约为350欧元，而其他同级别车型则高达700欧元左右。因而，车辆的保险等级也是德国人在购车时的一个重要参考指标。

这种保费计算方式，使得汽车制造商们为了保住市场，不得不想方设法获得一个好的保险等级，倒逼他们提高产品质量和产品安全系数。行驶区域，通常被理解为汽车注册地，在确定保费时主要考虑该地区的汽车保有量、治安情况、维修费用高低等因素，比如同一个型号的汽车，在柏林注册要比在伯恩注册保费高出一大截。

人的因素也非常重要。如果投保人为新手，其保险费用会按照标准费率的260%来计算，如果在当年投保期间出现事故，第二年保费收入会在前一年的基础上再提高大约35%。但是如果能一直保持无事故记录，则第二年可降低至标准费率的140%，第三年则按照政标准费率来收取，最低可降低至标准费率的35%。这种政策不仅能够激烈投保人安全驾驶，也有助于保险公司提高盈利能力。

市场集中度低代理渠道占九成份额。在德国，大概有120家保险公司经营车险业务，自1995年启动车险改革后，一直处于激烈的竞争状态。与我国国内高度集中的市场现状不同，德国车险业务集中度非常低，即便是车险市场份额最大的安联保险，其市场占有率也不足20%，而排名前10位的保险公司市场份额，累计起来也只占市场的六成，其中还有两家为外资财险公司。可以说，德国车险市场处在一个真正的市场化竞争状态。从车险销售渠道来看，在德国，代理渠道是车险销售的主要途径，占据九成份额，是绝对的市场主导。代理机构又分为只代理一家保险公司产品和同时代理多家保险公司产品两种，前者在车险市场上的地位要远高于后者。而尽管近年来各大保险公司提供网络直销等投保方式，但是整个直销只占2.2%，另外，通过银行渠道销售的份额约为4.6%。形成这种格局的原因，一部分是因为德国规定，保险合同到期后，如果投保人和被保险人均未提出异议，被视为自动续保，因此各个渠道的客源相当稳定。另外，德国车险费率计算复杂，车主通过网络投保实在称不上简便快捷，因此在我国方兴未艾的网络直销，在德国却并不受消费者待见。

在1995年启动车险市场化改革时,德国政府将车险费率定价权一步到位放权给保险公司,这种相当极端的改革方式,因为市场主体认识不足或反应呆滞,导致恶性费率竞争不可避免地出现了,车均保费出现大幅度下滑,车险赔付率一路上扬,其中车损险综合赔付率由1994年的75%上升至1999年的95%,第三者责任险综合赔付率更是一路从95%飙升至117%,车险市场出现全面亏损。因此,从1999年开始,各大保险公司纷纷调整战略,通过上调费率、收缩业务范围、进一步细分市场等举措提高盈利能力。

不过,虽然恶性费率竞争得到一定的遏制,但是由于市场竞争过于激烈,车险价格仍然一路走低,1995年时一辆汽车的汽车强制险为289欧元,全险为431欧元,两者合计720欧元,但是2012年这两种保险合计才504欧元,这使得以安联为代表的保险公司不得不在2013年下半年酝酿了一次提价以缓解压力。

不过,虽然仍未摆脱价格战的阴影,但是经过市场近10年来的自我调整,德国的车险市场已经十分严谨和成熟,不仅车主直接从市场化改革过程中受惠,保险公司也在改革的阵痛中不断提升自我能力,车险产业整体向着好的方向前进,它的经验和教训,对我们有非常重要的参考价值。

中国商车费改对市场未来的预测

随着费改的持续深入和市场发酵,中国的汽车保险市场运行效率及成本将进一步降低,从而影响车险的费率可能进一步下调,车均保费有可能进一步降低。随着竞争的进一步加剧,国内市场有可能出现类似德国较高的单次事故绝对免赔额,增强竞争力。根据对市场发展的研究及预判,国内的汽车保险行业有可能在两种模式上取得较大的发展。一是依靠技术进步及互联网技术发展,互助车险可能通过精准化的用户筛选能力,在风险定价端出险较大优势,从而取得较快发展;二是针对国内较高的佣金成本,会出现大的第三方车险平台,帮助整个产业提升交易环节效率,降低交易成本,迅速取得发展。

(资料来源:2017/03/17 08:07:00 来源:车云网)

(四)船舶保险

船舶保险是指以各类船舶为保险标的的保险。我国开办的船舶保险按运输区间的不同主要分为国内船舶保险和远洋船舶保险两大类。船舶保险主要承保船舶在水上航行或在港内停泊时遭遇自然灾害和意外事故所造成的全部或部分损失,以及可能引起的责任赔偿。船舶保险责任仅以水上为限。

1. 船舶保险的保障范围

(1)危险保障。船舶保险承保的风险基本上可以划分为两类:一是海上风险主要包括海上自然灾害或意外事故、火灾、爆炸、来自船外的暴力盗窃或海盗行为、抛弃货物、核装置或反应堆发生的故障或意外事故;二是船员疏忽或过失所致的损失,主要有装卸或移动货物或燃料时发生的意外事故、船舶机件或船壳的潜在缺陷、船长船员有意损害被保险人利益的行为、船长船员和引水员、修船人员及租船人的疏忽行为、任何政府当局为防止或减轻因承保风险造成被保险船舶损坏引起的污染,所采取的行动,即"油污风险"。

(2) 损失保障。船舶保险承保的损失范围可以划分为三大类：船舶的物质损失、船舶的有关利益及对第三者的责任。船舶的物质损失指船壳、机器以及海洋船舶的导航设备、燃料、给养等发生的全部损失或部分损失。船舶的有关利益是指当船舶发生事故时，因船舶停航、修理，使被保险人遭受到的运费、租金、营运费用、保险费以及船员工资等各种利益损失。船舶保险保障的船舶对第三者责任主要就是船舶在水上与其他船舶或物体碰撞引起财产损失和人身伤亡，在法律上应负的民事损害赔偿责任，船舶险中对碰撞责任的赔偿也是以一个单独保额负责。船舶保险承保以上三类标的遭受的全部损失或部分损失，单独海损或共同海损。

(3) 费用保障。船舶保险保障的费用项目基本相同于海洋货物运输保险，包括施救费用和救助费用。施救费用同样以一个单独保额负责，也即在船舶保单下船舶本身损失、碰撞责任和施救费用损失三项项目分别以船舶保险的保险金额为最高赔偿限额。

2. 船舶保险的主要条款

船舶保险的险别包括全损险和一切险两个基本险。全损险的承保范围较小，主要负责船舶保险合同约定的风险导致船舶的全部损失，一切险则是在全损险的基础上扩展负责船舶的部分损失，并且在负责保单列明风险所致的碰撞责任、施救费用、共同海损和救助费用。船舶保险一般将船舶不适航、被保险人及其代表的疏忽或故意行为、被保险人恪尽职责应予发现的正常磨损、锈蚀、腐烂或保养不周，或材料缺陷，包括不良状态部件的更换或修理等作为责任免除范围。

船舶保险在承保时所采用定期保险的形式，定期期限最长为1年，最短不少于3个月。在确定保额时，与机动车辆保险不同的是船舶保险一般是定值保险，船舶的保险价值在签订保险合同时由双方商定，并以此确定保额。影响船舶保险费率的因素主要有船舶的种类和结构、船龄、航行区域、吨位大小、使用性质等，同时参照历史损失记录和国际船舶保险界的费率标准。

第四节 责任保险

责任保险是随着法律的发展而逐步发展起来的新兴险种，以被保险人的民事损害赔偿责任为保障内容。早期的责任保险出现于19世纪中期的英国。1885年，英国铁路乘客保险公司就向曼彻斯特和林肯铁路系统提供意外事故责任保险。进入20世纪以后，责任保险在世界各国迅速普及。从近几年的世界保费统计看，英、美、日等国的非寿险业务中，责任保险的保险费已占到了总保费的一半左右。而在我国，责任保险还处在起步阶段，在财产险业务中还处于小险种地位，多为涉外业务。除了运输工具第三者责任险之外，市场上较多的专门责任保险包括产品责任保险、雇主责任保险、职业责任保险与公众责任保险。近年来，由于我国经济的迅速发展，法律制度的不断完善，企业及个人的法律意识不断加强，我国保险市场上责任保险也取得了较快的发展，新的责任保险品种不断出现，如律师职业责任保险、建筑师职业责任保险等。

一、责任保险概述

(一) 责任保险的涵义和特点

1. 责任保险的涵义

责任保险是指以被保险人对第三者依法应负的赔偿责任为保险标的的保险。凡是根据法律规定,被保险人因疏忽或过失,造成他人的人身伤害或财产损失应负的经济赔偿责任,均可由保险人代为赔偿。

现实社会中,无论是企业、团体,还是家庭和个人,在日常生产经营和生活中,都可能由于自身的疏忽、过失、甚至在自身无过失的情况下,根据法律或合同的规定,对自身的行为引起他人财产损失或人身伤亡需承担起民事损害经济赔偿责任。这种责任风险是客观存在的,一旦发生,致害人将不得不承担一定甚至是巨额的赔偿金,对其生产和生活造成严重影响。尤其是西方发达国家对人身伤害的损害赔偿金没有上限限额的规定,一旦致害人造成受害人人身伤害,其赔偿金额是异常高的。如20世纪80年代初的美国石棉案,使美国最大的石棉制造厂家曼维尔公司面临巨额损害赔偿金而不得不根据破产法寻求保护。如果致害人无力承担该笔赔偿金,则受害人将无法实际获得一笔金钱来弥补自身的财产损失及满足自己伤残后的生活需要。在这种情况下,如果致害人购买了责任保险,则可将这一风险转移给责任保险人,由保险人承担致害人(即被保险人)应向受害人负责的民事损害赔偿责任。由于保险人通过提供风险保障积聚保费形成了充分的保险基金,因此可确保被害人获得经济补偿。从这点来看,责任保险具有积极的、重要的社会意义。虽然在责任保险的发展初期,责任保险因对被保险人的违法行为提供保障而遭遇过社会的非议,但在长期的实践中其对社会的稳定作用,对受害人的保护作用功不可没,并借此得到了迅速稳步的发展。随着我国民事法律制度的不断完善,公民法律意识的不断增强,我国社会对责任保险的需求也在不断增长。

2. 责任保险的特点

责任保险独立于普通财产保险,虽然它也是损失补偿性险种,但同其他财产保险比较,具有以下特点:

(1) 法律制度的发展完善是责任保险产生与发展的基础。责任保险产生的基础不仅是民事责任风险的客观存在和社会生产力发展到了一定的阶段,而且是由于人类社会的进步带来了法律制度的不断产生和发展。正是因为人们在社会中的行为都在法律的一定规范之内,所以才可能因触犯法律造成他人的损害而承担经济上的赔偿责任。比如近年来在我国受害人对其精神损害要求赔偿金的索赔权不断为法律所承认,民事损害赔偿金里逐渐包括了对受害人精神损害的赔偿内容。又如因为有了环境保护法,造成环境污染的人才会对受害者承担赔偿责任。可见,法律制度尤其是民事法规的发展完善是责任保险产生和发展的基础。因此,目前在世界上,民事法规最发达、最完善的国家也是责任保险最发达的国家,如美国。

(2) 责任保险的保险标的是被保险人承担的民事损害赔偿责任。责任保险的保险标的是被保险人承担的民事损害赔偿责任,因其不是实体财产,故责任保险不存在保险价值和保险金额。在责任保险中,保险人根据被保险人缴费能力和可能损失的规模大小在保单中规定赔偿限额作为保险人的最高赔偿责任。被保险人的赔偿责任若超过限额,超过部分仍由自己负责。

(3) 责任保险受益范围广。责任保险的受益方形式上是被保险人,而最终的受益人是受损害的第三人。故责任保险直接保障被保险人的利益,间接保障第三者的利益,受益范围广。

(4) 责任保险的赔偿金额确定方式特殊。责任保险的赔偿责任产生后,被保险人承担的赔偿金额通常是由法院根据责任的大小及受害人的财产或人身实际损害程度裁定的,其中对财产损失的赔偿取决于该财产的损失程度和财产价值。对人身伤害的经济补偿部分是有客观依据的,如医药费、丧葬费、收入损失补偿等,其他部分则具有主观色彩。

(二) 责任保险承保责任类型

责任保险是以被保险人的民事损害赔偿责任为承保对象的,但从保险的本意出发,由于被保险人故意行为而导致的责任不可获得保障。同时被保险人由于同一行为而导致的刑事责任及由其承担的非财产性的民事责任(如恢复名誉、消除影响等)也不予负责。从法律实践而言,被保险人的民事损害赔偿责任可分为两类:侵权责任和合同责任。

侵权责任是指被保险人侵害他人的财产权利或人身权利而使他人遭受损失时依法应对受害人负责赔偿损失的民事责任。这种法律责任,一般分为过失责任和绝对责任两种。过失责任是指被保险人因疏忽或过失违反法律应尽义务或违背社会公共准则而致他人遭受损失而承担的责任。如司机因违反交通规则撞伤行人而承担的赔偿责任。绝对责任是指不论致害人有无过失,根据法律规定均须对他人受到的损害负赔偿责任。在绝对责任下,损害后果或事实是确定民事责任的关键。即在一起民事损害事故中,受害人只要不是自己故意所为,其人身伤害或财产损害就须由致害人承担赔偿责任,而无须过问致害人是否存在过失。如我国《民法通则》规定饲养动物造成他人损害的民事责任是过失责任,因环境污染造成损害的民事责任是绝对责任。

合同责任是指订立契约的一方(被保险人)根据契约规定对所致另一方或其他人的损害应负的赔偿责任。合同责任并不是责任保险的主要承保对象,一般除非经过特别约定,责任保险人是不负责被保险人的契约责任的。责任保险特别承保的合同责任多为运输合同责任、雇佣合同责任与建筑工程、安装工程合同责任。这些承保的契约责任可分为直接责任与间接责任两种。合同一方(被保险人)违反合同规定的义务造成对方的损害应承担的赔偿责任是直接责任,如承运人对托运人的货物或旅客损害的赔偿责任。合同一方(被保险人)对另一方造成他人的损害后根据合同规定应负的赔偿责任是间接责任,如工程合同中规定业主对承建人的过失在施工期间造成他人损害应负的赔偿责任。

(三) 责任保险的赔偿条件

责任保险的赔偿条件包含三个方面的要求:

(1) 被保险人因自己的行为而受到第三者客观财产损失和人身伤害的赔偿请求;
(2) 依据法律或合同,被保险人对第三者的损害必须承担民事赔偿责任;
(3) 被保险人该项民事损害赔偿责任属于责任保险单承保责任范围。

(四) 责任保险的承保方式

责任保险的承保方式大体包括以下几种形式。

1. 法定责任保险和自愿责任保险

法定责任保险即通过制定有关法律、法规而强制实施的责任保险。如很多国家都将汽车第三者责任险、雇主责任险作为法定保险。我国从 2006 年 7 月 1 日开始也将机动车辆第三者责任保险实行法定投保。确定为法定责任保险的品种大都是具有重大社会意义,影响全社会公众利益的责任风险。如每年都有成千上万的人丧命于交通事故,因而规定车主必须投保汽车第三者责任保险后才能取得汽车牌照,以确保车祸受害人可以从保险人处获得赔偿。

自愿责任保险是企业和个人根据自己的需要及缴付保费的能力选择投保响应的责任保险。在责任保险中,绝大多数都是自愿保险。

2. 附属责任保险和专门责任保险

附属责任保险,即作为财产保险的基本责任之一或附加责任予以承保的责任保险。这类责任保险实际上是从属于某种财产保险而不作为一种独立的责任保险,也不为其制订专门保单。属于这种承保方式的责任保险主要有飞机保险中的旅客责任保险,船舶保险中的碰撞责任保险和油污责任保险以及建工险、安工险中的第三者责任险。只要投保了该类财产的某一险种,与其相关的责任风险则作为财产险的基本责任包含在责任范围内了。而机动车辆第三者责任保险甚至是作为单列的一项基本责任,可以选择单独投保,不依附于车身险。

专门责任保险,即指保险人单独设计专门保单以承保的责任保险。它与上述附属责任保险的不同之处主要在于它与特定的物质标的没有保险意义上的直接联系,如我国目前开办的产品责任保险、展览会责任保险等即属于此类。这类责任保险是保险人为满足投保人需求而特制条款,设计保单以专门承保被保险人的责任风险的。目前国际保险市场上存在的专门责任保险基本上可以划分为四类:产品责任保险、雇主责任保险、职业责任保险与公众责任保险。一般所指的责任保险也即指这四类责任保险。

二、产品责任保险

(一) 产品责任保险的涵义

1. 产品责任的概念及法律规范

产品责任是指因销售、供应、修理、保养或实验任何有缺陷的产品致使用户或他人遭受人身伤害或财产损失,有关方依法应承担的赔偿责任。产品责任的概念是在 20 世纪初才以法律形式确定的一种赔偿依据。由于现代商品交换的高度发展以及消费者索赔意识日益增强,产品责任风险发生频频,使产品责任保障也越来越重要。相对其他责任风险,产品责任风险一般具有以下特点：

(1) 发生区域分布广。由于现代产品销售经常是国际性的，因而可能受到广布海内外的消费者的索赔，且由于产品的种类越来越多，产品责任在消费者日常用品及日常用品以外的各类商品中都可能产生。

(2) 发生频率高。由于新产品不断研制，新的产品风险、缺陷也不断产生，再加上消费者权益保护深入民心，因而产品责任索赔案件不断发生，增长幅度飞快。

针对产品责任纠纷频繁发生的状况，目前，主要发达国家已订有专门的产品责任法，如美国的《产品责任法》、欧盟的《关于造成人身伤害与死亡的产品责任的欧洲公约》（1977年）（又称《斯特拉斯堡公约》）、日本的《制造物责任法》等。我国现行处理产品责任纠纷的法律基本上是以《民法通则》《产品质量法》以及一些专门的产品责任法规，如《食品卫生法》《药品管理法》等为基础。各国的产品责任法规都强调保护消费者权益，规定了归责原则、产品概念、主体范围、缺陷种类、赔偿范围及限额、举证责任和诉讼时效等内容。从各国的产品责任法规对产品责任的归责原则的适用上看，在20世纪的发展过程中也存在一个责任趋于严格的趋势。例如在美国的产品责任法规发展过程中产生过几种原则：

(1) 合同关系原则。在1916年以前美国的产品责任法遵循的是"合同关系原则"。按照该原则，产品事故的受害人必须同生产商或销售商订有生产或销售合同，才能向生产商或销售商提起诉讼，且只能在合同规定的范围内向被告索赔。众所周知，产品的消费者往往和生产商或销售商没有合同关系，因而无权向生产商或销售商索赔。即使受害人是合同的一方，通常也只能获得合同规定范围内的不超过产品价值的赔偿，这远远不足以补偿受害人所遭受的损失，所以这一原则是从维护生产商和销售商的利益出发的，对受害人极为不利。

(2) 疏忽责任原则。1916年从麦克弗森诉别尔克汽车公司一案后，美国的产品责任法废弃了合同关系原则，代之以"疏忽责任原则"。根据此原则，用户在使用产品过程中受到损害就可以向生产商或销售商提出索赔。但受害人以疏忽责任控告致害人必须负举证责任，证明：第一，致害人在产品的设计或制造中存在缺陷；第二，该缺陷直到受害人受害时保持原状；第三，受害人对该缺陷是未知的；第四，受害人对产品的使用与产品的用途一致。对受害人而言，疏忽责任原则比合同关系原则大大有利，这项原则目前在某些种类产品的责任处理中还被应用。

(3) 严格责任制。1944年的埃斯科勒诉可口可乐制瓶公司一案标志着美国法院开始采用严格责任制，也称绝对责任原则。按照该原则，客户因使用某种产品造成损害，即使未能证明制造商或销售商有过失，制造商或销售商也要负赔偿责任，而且不能引用其在销售合同项下的免责规定来推脱对受害人的赔偿责任。目前，美国各州法院几乎都把严格责任原则作为产品诉讼案的判案依据。由于该原则使生产商责任过重，也遭到代表中小生产商利益的人反对，但该项原则的影响力仍已扩大到许多国家，严格责任原则在产品责任领域被广泛应用。

2. 产品责任险的概念及特征

产品责任保险是指保险人根据保险合同的规定,承保被保险人因生产、销售、供应、修理、保养或测试任何有缺陷的产品致使用户或他人遭受人身伤害或财产损失而依法承担的赔偿责任,即产品责任保险的承保对象是被保险人承担的产品责任。因而,产品责任保险是随着产品责任风险的加强而发展起来的。产品责任保险最早产生于英国,至今已有近百年历史。早期的产品责任保险主要局限于承保与人体健康有关的少数产品,如食品、饮料、药品等。20世纪70年代以后,随着严格责任原则的确立和运用,产品责任保险迅速发展,从各种日用、轻纺、机械产品到飞机、船舶、卫星等大宗产品均开始办理责任保险,产品责任保险成为西方国家财产保险中的主要业务之一。

我国的产品责任险从1980年起开办,最初局限于办理我国出口商品的产品责任保障。1985年以后,沿海地区的保险公司率先将产品责任险推向国内市场,出现了电热毯、电视机等产品责任保险业务。目前我国国内的产品责任险业务量也取得了一定发展,不少食品、家电厂家投保了产品质量险。下面将以我国开办的涉外产品责任保险条款为例介绍产品责任险内容。

(二) 产品责任保险的责任范围

我国产品责任保险的责任范围包括两项。

(1) 在保险有效期内,由于被保险人所生产、出售的产品或商品在承保区域内发生事故,造成使用、消费或操作该产品或商品的人或其他任何人的人身伤害、疾病、死亡或财产损失,依法应由被保险人负责时,保险人根据保单规定,在约定的赔偿限额内负责赔偿。

(2) 除上述责任范围外,对被保险人为产品责任事故而支付的必要诉讼、抗辩费用及其他经保险公司书面同意的费用,也可由保险公司负责。如果赔偿中含有非保险责任赔偿时,保险公司将按比例承担所发生的此类费用。有时由于预计中的诉讼费用、律师费用很高,保险人为避免或减少这项支出,对一些索赔金额不大,责任比较明确的案件,常常与受害者协商解决或通融赔付。有时生产厂家或销售商为了避免在法院诉讼影响其对外声誉,也愿意和受害人私下协商解决索赔问题,保险人也可同意承担有关费用的补偿。

(三) 产品责任保险的除外责任

(1) 被保险人根据与他人的协议应承担的责任,即使没有这种协议,被保险人仍应承担的责任不在此限。也即产品责任保险承保的只是法律责任,而不负责合同责任。

(2) 根据劳动法应由被保险人承担的责任。

(3) 根据雇佣关系应由被保险人对雇员应承担的责任。

(4) 保险产品本身的损失。

(5) 产品退换回收的损失。产品责任保险是不承担因产品事故导致的产品损坏损失以及由此引起的调换、修理责任的,这两条属于产品质量保证保险的范畴。产品质量保证保险是以被保证人因制造或销售的产品丧失或不能达到规定的效能而应对买主承担经济赔偿责任为保险标的的保险,是以保险产品本身的损失为保障对象的,是保险人针对产品质量违约责任提供的带有担保性质的保证保险。在实务中,产品质量保证保险常与产品责任保险同时担保。

（6）被保险人所有、保管或控制的财产损失。因被保险人不是第三者,故其自身财产损失不能列入产品责任赔偿范围,包括被保险人未出售的产品。被保险人可对此标的投保财产险取得保障。

（7）被保险人故意违法生产、出售的产品造成任何人的人参伤害、疾病、死亡或财产损失。

（8）保险产品造成的大气、土地及水污染及其他各种污染所引起的责任。

（9）保险产品造成对飞机或轮船的损害责任。

（10）由于战争及类战争行为、敌对行为、武装冲突、恐怖活动、谋反、政变直接或间接引起的任何后果所致的责任。

（11）由于罢工风险直接或间接引起的任何后果所致的责任。

（12）由于核风险所引起的直接或间接的责任。

罚款、罚金、惩罚性赔款。

（13）保单中规定的免赔额。

（四）产品责任险的赔偿条件

保险人处理产品责任险的索赔案时,所要求的赔偿条件必须满足下列几条:

（1）事故必须是偶然、意外发生的,被保险人预先无法预料的。原因是保险人只承担偶然的产品缺陷而并非必然的产品缺陷所引起的索赔。

（2）产品事故必须在被保险人制造或销售场所以外的流通领域并在规定的期限内发生。如果存在缺陷的产品在被保险人的生产场所内发生事故,不属于产品责任险范围。如生产烟花爆竹的工厂发生爆炸导致人员伤亡、财产损失,不属产品责任险事故。但是如果烟花在消费者燃放时突然爆炸致使其受伤,受害者向制造商提出的索赔则属产品责任险范畴。

（3）产品的所有权必须已转移至用户或消费者手中,经被保险人同意赊欠或分期付款的产品视同所有权转移。

（4）索赔的首次提出必须是在保单有效期内,因为产品责任险的责任是以索赔发生制为基础的,也即对保单期限内的索赔事故负责,而不论引起该事故的有缺陷产品是否是在保险期限内生产或销售的。

（五）产品责任险的承保方式

1. 保险标的及承保区域

产品责任险承保的是被保险人可能负担的产品责任,而被保险人的经营管理水平直接影响产品责任风险大小。为了有效控制风险,我国的产品责任保险一般都提供给专业进出口公司以及具备出口资格的生产厂家。同时一般都要求以被保险人生产、销售的某类产品的全部品种办理承保,而不论产品销往何处,并按被保险人当年该类产品的生产、销售总额确定保额。为明确保险人责任,在保单明细单内还需规定保险人予以负责的产品索赔案件的特定发生区域,即约定承保区域。承保区域可为特定国家或地区,也可为全世界。

2. 赔偿限额及免赔额

赔偿限额是责任险里保险人承担的最高赔偿金额。保险双方可根据可能发生的赔偿责任风险的大小协商确定限额的高低。产品责任险的赔偿限额由每次事故赔偿限额及累计赔偿限额组成,保险人所指的一次事故是指一次意外事故或由同一意外事件引起的一系列事故。一般每次事故及累计限额多以100万美元为限。

保险人为避免小额责任的索赔,及为达到控制风险、损失共担的目的,在保单内都规定有每次事故免赔额,此免赔额为绝对免赔额,同时适用于财产损失索赔和人身伤害索赔。

3. 保险期限及保险费

产品责任险的保险期限多为1年。保险费的计算在产品责任险里较为特别。它并不是以赔偿限额为计算基础,而是以销售额乘以费率计算保费,也即其保额是根据预计的出口产品销售金额计算。承保时,投保人应尽量按接近实际销售数字办理投保,并在合同订立后支付按费率计算的预付保费,年终结算时按实际销售额对保费予以调整。为保证保险人的利益,保单中还可约定最低保费。产品责任险的费率是按产品种类、承保区域、赔偿限额、产品销售额及以往赔案记录确定的。

4. 司法管辖权

司法管辖权的约定是责任险的特殊内容。由于责任险承保的是被保险人的法律责任,因而由何地的司法机关处理产品责任纠纷会直接影响到保险人的赔偿金额高低。保险人一般在保单内需实现订明负责的司法管辖权区域,被保险人可选择投保中国司法管辖或世界其他国家或地区司法管辖(北美地区除外),这一般可根据其产品主要销售区域决定。

5. 追溯期

追溯期也是责任险的特有概念。鉴于保险人出具的产品责任险保单是负责有效期内提出的索赔,意味着保险人可能承担承保之前的产品质量风险,故保单中一般都以追溯期来限定保险人的责任。保险人只予负责在保险期间或规定追溯期(最长3年)内发生的产品责任事故而在保险期内提起的索赔。但追溯期只适用于续保保单,且追溯期不应早于首次投保日期。

三、雇主责任保险

(一) 雇主责任保险的涵义

雇主责任是指雇主对其雇员在受雇期间执行任务时,因发生意外事故或因职业病而造成人身伤残或死亡时依法应承担的经济赔偿责任。雇主责任保险则是以被保险人的雇主责任为保险标的的保险。投保了雇主责任险,雇主对雇员在受雇期间发生的责任事故依法应承担的赔偿责任,就可转嫁给保险人负责。

(二) 雇主责任保险的保险对象

中国人民保险公司1999年推出的国内雇主责任保险条款规定,三资企业、私营企业、国内股份制公司、国有企业、事业单位、集体企业以及集体或个人承包的各类企业都可为其所聘用员工(包括正式在册职工、短期工、临时工、季节工和徒工)依照保险条款的规定向中国人民保险公司投保雇主责任保险。所称"所聘用员工"是指在一定或不定期期限内,接受被保险人给付薪金工资而服劳务,年满十六岁的人员及其他按国家规定和法定途径审批的特殊人员。

(三)雇主责任保险的保险责任范围

凡被保险人所聘用的员工,于保险有效期内,在受雇过程中(包括上下班途中),从事与保险单所载明的被保险人的业务工作而遭受意外或患有与业务有关的国家规定的职业性疾病,所致伤、残或死亡,对被保险人根据劳动合同和中华人民共和国法律、法规,须承担的医疗费及经济赔偿责任,保险人依据保险单的规定,在约定的赔偿限额内予以赔付。对被保险人应付索赔人的诉讼费用以及经保险人书面同意负责的诉讼费用及其他费用,保险人亦负责在约定的分项赔偿限额内赔偿。

在保险期限内,保险人对保险单项下的各项赔偿的最高赔偿责任之和不得超过保险单明细表中列明的累计赔偿限额。

(四)雇主责任保险的责任免除

保险人对下列各项不负赔偿责任:

(1)战争、军事行动、罢工、暴动、民众骚乱或由于核子辐射所致被保险人所聘用员工伤残、死亡或疾病。

(2)被保险人所聘用员工由于职业性疾病以外的疾病、传染病、分娩、流产以及因这些疾病而施行内外科治疗手术所致的伤残或死亡。

(3)由于被保险人所聘员工自加伤害、自杀、违法行为所致的伤残或死亡。

(4)被保险人所聘用员工因非职业原因而受酒精或药剂的影响所发生的伤残或死亡。

(5)被保险人的故意行为或重大过失。

(6)除有特别规定外,在中华人民共和国境外发生的被保险人所聘用员工的伤残或死亡。

(7)直接或间接因计算机2000年问题造成的损失。

(8)其他不属于保险责任范围内的损失和费用。

(五)雇主责任保险的赔偿限额、保险费和保险期限

1. 赔偿限额

保险人按照与被保险人约定的限额对被保险人所聘员工发生保险责任范围内的保险事故造成的损失予以赔偿。

2. 保险费

保险人按照被保险人具体的风险情况参照费率表确定具体适用的费率,以赔偿限额乘以费率计算出被保险人应缴纳的保险费。

3. 保险期限

雇主责任保险的保险期限为1年,自起保日的零时起到期满日的24时止。期满时另办理续保手续。

若雇主限于某些特殊的劳动合同期限的需要,也可按该劳动合同的期限投保不足1年或1年以上的雇主责任保险。如果保险责任期限不足1年,应按短期费率表相应的比例收取保费;如果保险责任期限为两年或两年以上,保险费应以年费率乘以年数计算,也可按年计收保费。

(六)雇主责任保险的赔偿处理

1. 被保险人申请赔偿

被保险人申请赔偿时,应向保险人提交以下资料:事故证明书、事故处理报告、保险人认可的医疗机构的医疗证明、伤残证明、法庭判决书、医疗费用单据,发生死亡时,还应提供死亡及户口注销等证明文件。

2. 保险人理赔

保险人在接到被保险人的赔偿申请及各项材料后,应立即进行认真审核,确定赔偿责任,计算应赔金额,按规定的权限履行审批和报批手续,并在审批或接到上级公司批文后10天内一次赔偿结案。

3. 赔偿标准

员工身体伤害或职业病引起的伤残,主要依据医院出具的证明,按赔偿金额表的规定计算赔付金额。每一员工均适用自己的赔偿限额。

员工死亡或永久丧失全部工作能力,保险人按最高赔偿额度进行赔偿,此外不再承担任何责任。死亡和伤残赔偿不能兼得。

员工丧失部分工作能力,保险人在规定的最高赔偿限额内按其伤残程度按一定百分比赔付。

如果同一雇主向两家或两家以上的保险人投保雇主责任保险,构成重复保险,则保险人对工伤津贴、医药费和诉讼费用仅承担比例责任,在不超过赔偿限额的条件下,按自己承担的赔偿限额占全体保险人累计赔偿限额的比例计算赔偿金额。如果重复保险只涉及一个员工,就以该员工的赔偿限额作为保险人承担责任的赔偿限额参与分摊;若涉及多个员工,就以该若干人赔偿限额之和作为保险人承担责任的赔偿限额参与分摊。当保险人实际保障人数超过被保险人投保的人数时,保险人就按投保人数占实际保障人数的比例在赔偿限额内与被保险人分摊受害员工的赔偿金额。

(七)雇主责任保险附加险

1. 第三者责任保险

雇主责任保险中被保险人如果要求扩展承保其所聘员工在保险有效期内,在从事业务工作时,由于意外或疏忽造成第三者人身伤亡或财产损失,以及所引起对第三者的抚恤、医药费和赔偿费用,依法应由被保险人赔付的金额,可加批此附加险条款。但扩展责任中不包括机动车第三者责任。

2. 暴乱、罢工、民众骚乱保险

本险承保在保险单中列明的地点范围内直接由于暴乱、罢工、民众骚乱而导致被保险人所雇佣人员在保险单有效期内从事保险单所载明的被保险人的业务工作时发生意外造成其伤残或死亡,被保险人依照合同应承担的医疗费和经济赔偿责任。

3. 核子辐射责任险和员工公(劳)务出国险

这两个附加险分别承保因核泄漏与因公(劳)务出国发生意外或患职业病而致被保险人所聘员工伤残、死亡,被保险人依法及依合同应承担的医疗费和经济赔偿责任。

四、职业责任保险

(一) 职业责任保险的涵义

职业责任保险是承保各种专业技术人员因工作上的疏忽或过失造成第三者损害的赔偿责任保险。职业责任保险产生于19世纪末西方保险市场上的医生职业责任保险。20世纪初又产生了独立的会计师责任保险业务。职业责任保险虽已有百余年的历史,但在60年代以前并没有得到注意。自20世纪60年代以来,因职业过失而引起的诉讼案在西方国家日益增多,职业责任保险的业务量也随之大大增加,品种也从单一的医生职业责任发展到包括医生、律师、会计师、建筑师、工程师等在内的数十种不同职业责任保险。在我国,近几年部分发达地区也出现了某些职业责任保险业务,如目前开办的律师执业责任保险,说明我国的职业责任保险也有了一定的发展,存在巨大潜力。

职业责任保险之所以在近几十年获得迅速发展是和职业责任诉讼案迅速增加相联系的。在国外职业诉讼案涉及的行业越来越广,导致的赔偿金也与日俱增。职业责任诉讼案增加的原因主要有以下几点。

1. 原材料或产品缺陷

这一点在医生、美容师职业中体现得最明显。药品及美容品往往存在一些副作用或过敏反应,在临床应用中会发生损伤人体事故。

2. 从业人员专业知识、技术和经验的局限

随着社会生产力的长足发展,现代社会中对从业人员专业技能的要求越来越高,而从业人员自身的认识力与经验是有限的,往往会发生失职事件。

3. 主观上的疏忽或过失

工作中出现疏忽或过失是任何人也难以避免的。如药剂师可能会因为药物名称太接近而发生混淆,长时间值班造成疲劳过度也可能会发生失误,建筑设计师可能考虑不周而设计有缺陷,而这种错误一旦发生将导致严重后果。

由此可见,客观原因的存在使职业责任的产生不可避免,因而除采取各种防范措施避免风险产生之外,有必要通过保险方式转移风险,以保证从业人员及受害方的共同利益,促进各行各业稳定发展。

(二) 职业责任保险种类

(1) 根据投保方式不同可将职业责任保险划分为普通职业责任保险和个人职业责任保险。普通职业责任保险多以单位为投保人,以在投保单位工作的个人为被保险人;个人职业责任保险是个人投保以自身为被保险人的职业责任保险。

(2) 根据承保责任不同将职业责任保险划分为期内发生式责任保险与期内索赔式责任

保险。

期内发生式责任保险是指保险公司对保单有效期内发生的事故所引起的损失负责,而不论原告是否在保险有效期内提出了索赔。期内发生式责任保险的优点是被保险人支付的保费与其保险期内的风险责任相适应。其缺点是往往会形成"长尾巴"保险,即保险合同终了后,保险人仍可能面临索赔。且保险人在保单项下承担的赔偿责任常常拖很长时间才能确定,在货币贬值环境下最终赔偿的数额可能大大超过事故发生当时的水平。这个缺点甚至使美国20世纪70年代中期的医疗责任险发生危机。因而目前保险人已不出售这种保单。

期内索赔式责任保险是指保险人仅对在保险有效期内提出的索赔负责,而不管导致索赔的事故是否发生在该保险有效期内。期内索赔式责任保险避免了"长尾巴"风险,可以使保险人确切地把握该保单项下应支付的赔款。但在此类保单下,保险人有可能承担合同订立以前的职业事故。为了便于控制风险责任,各国保险人普遍采用追溯期的规定来限制责任,即保险人只对追溯期开始后发生的疏忽行为并在保单有效期内提出的索赔负责。例如保单有效期为2006年1月1日至同年12月31日,追溯期为3年,则只有在2003年1月1日起发生的责任事故并在2006年内提出的索赔,保险人才予负责。期内索赔式责任保险保单是目前保险人主要采用的承保方式。

(3) 根据职业种类不同可将职业责任险划分为医疗失职保险、律师执业责任保险、建筑师工程师职业责任保险、会计师职业责任保险、保险经纪人代理人的错误和疏忽保险等。这些只是已经发展起来的职业责任保险品种,随着职业种类的不断增多,职业责任风险不断加强,职业责任保险的品种还会持续增长。这里介绍律师执业责任保险。

(三) 律师执业责任保险

1. 被保险人的条件

凡在中华人民共和国境内依法设立的律师事务所及持有有效律师执业证书的律师均可作为被保险人投保律师执业责任保险。

2. 保险责任

被保险人在保险单明细表中列明的追溯期或保险期限内,在中华人民共和国境内(港、澳、台地区除外)从事诉讼或非诉讼律师业务时,由于疏忽或过失造成委托人的经济损失,并在保险期限内由委托人首次向被保险人提出索赔申请,依法应由被保险人承担经济赔偿责任的,保险人负责赔偿。由此可知,律师执业责任保险是一种"期内索赔式"责任保险。

事先经保险人书面同意的诉讼费用,包括被保险人和委托人在法院进行诉讼或抗辩而支出的费用;被保险人向有关责任方进行追偿而产生的诉讼费用等,保险人也负责赔偿。但此项费用与经济赔偿的每次索赔赔偿总金额不得超过保险单明细表中列明的每次索赔赔偿限额。

发生保险事故后,被保险人为缩小或减少对委托人遭受经济损失的赔偿责任所支付的必要的、合理的费用,保险人负责赔偿。

3. 责任免除

下列原因造成的损失、费用和责任,保险人不负责赔偿:

(1) 被保险人的故意行为或非职业行为。

(2) 战争、敌对行为、军事行为、武装冲突、罢工、骚乱、暴乱、盗窃、抢劫;政府当局的没收、征用。

(3) 核反应、核子辐射和放射性污染。

(4) 地震、雷击、暴雨、洪水等自然灾害。

(5) 火灾、爆炸。

下列原因造成的损失、费用和责任,保险人也不负责:

(1) 被保险人无有效律师执业证书,或未取得法律、法规规定的应持有的其他资格证书办理业务的。

(2) 未经被保险人同意,被保险人的在册执业律师私自接受委托或在其他律师事务所。

(3) 被保险人与对方当事人或对方律师恶意串通,损害当事人利益的。

(4) 被保险人被指控对委托人诽谤,经法院判决指控成立的。

(5) 委托人提供的有关证据文件、账册、报表等其他资料的损毁、灭失或盗窃抢夺,但经特别约定加保的不在此限。

(6) 被保险人在保险单明细表中列明的追溯日期之前发生的疏忽或过失行为。

(7) 被保险人的下列损失、费用和责任,保险人不负责赔偿。

(8) 直接或间接由于计算机 2000 年问题引起的损失。

(9) 被保险人对委托人的身体伤害及有形财产的损毁或灭失。

(10) 被保险人对委托人的精神损害。

(11) 罚款、罚金或惩罚性赔款。

(12) 本保险单明细表或有关条款中规定的应由被保险人自行负担的每次索赔的免赔额。

被保险人与其他人签订协议所约定的责任,但应由被保险人承担的法律责任不在此限。

(13) 其他不属于本保险人责任范围内的一切损失、费用和责任,保险人不负责赔偿。

4. 保险费

保险费计算公式为:

$$保险费 = 被保险人预计当年业务收入 \times 费率$$

保险期限终止时,根据被保险人当年实际业务收入调整当年保险费,多退少补。

5. 赔偿处理

保险人对每次索赔赔偿金额以法院或政府有关部门依法裁定的或经双方当事人及保险人协商确定的应由被保险人偿付的金额为准,但不得超过本保险单明细表中列明的每次索赔赔偿限额。在本保险期限内多次索赔的累计赔偿金额不得超过本保险单明细表中列明的累计赔偿限额。

表 6-1　律师执业责任保险基本费率

每次索赔赔偿限额（人民币/万元）	50	100	200	300	400	500
每次索赔免赔额(率)	每次索赔免赔额为 5 万元,或将免赔率定为每次索赔赔偿金额的 5%,两者取高者为限					
累计赔偿限额（人民币/万元）	100	200	400	600	800	1 000
保险费率	0.9%	1%	1%	1.1%	1.1%	1.2%

资料来源:中国人民保险公司律师执业责任保险基本费率表。

五、公众责任保险

(一) 公众责任保险的涵义

公众责任保险的概念起源于英国,是指保险人对法人或公民因疏忽过失行为致使公众利益受到损害而承担经济赔偿责任提供保障的责任保险。公众责任保险也用来承保人们在日常生产生活中的法律责任,或扩展承保被保险人按契约规定承担的赔偿责任。实际上国外的公众责任保险是指除了交通工具责任保险、雇主责任保险、产品责任保险、职业责任保险以外的所有责任风险。

公众责任保险在国外相当发达。以美国为例,公众责任保险主要以普通责任保险和综合个人责任保险的形式出现。普通责任保险是用来承保不同行业的企业、团体及个人在生产经营等活动中因意外事故造成他人人身伤亡,财产损失而引起的赔偿责任。为了满足不同投保人的不同需要,一般在一张规定共同条件的普通责任保险总保单下设计若干具体保险项目,被保险人可自愿进行选择。每份具体保险项目下都订有特殊条款,并可分别订明各自赔偿限额及保费。美国的普通责任保险包括制造商、承包商责任保险,店主、承租人责任保险,业主和承包商责任保险等。

(二) 公众责任保险的保险对象

中国人民保险公司 1999 年 7 月推出的《公众责任保险条款》规定:凡依法设立的企事业单位、社会团体、个体工商户、其他经济组织及自然人,均可作为被保险人。

(三) 公众责任保险的保险责任

(1) 在本保险有效期内,被保险人在本保险单明细表中列明的地点范围内依法从事生产、经营等活动以及由于意外事故造成下列损失或费用,依法应由被保险人承担的民事赔偿责任,保险人负责赔偿;

(2) 第三者人身伤亡或财产损失;

(3) 事先经保险人书面同意的诉讼费用;

(4) 发生保险责任事故后,被保险人为缩小或减少对第三者人身伤亡或财产损失的赔偿责任所支付的必要的、合理的费用。

前两项每次事故赔偿总金额不得超过本保险单明细表中列明的每次事故赔偿限额;第三项每次事故赔偿金额不得超过本保险单明细表中列明的每次事故赔偿限额。

（四）公众责任保险的责任免除

下列原因造成的损失、费用和责任，保险人不负责赔偿：

(1) 被保险人及其代表的故意或重大过失行为；

(2) 战争、敌对行为、军事行为、武装冲突、罢工、骚乱、暴乱、盗窃、抢劫；

(3) 政府当局的没收、征用；

(4) 核反应、核子辐射和放射性污染；

(5) 地震、雷击、暴雨、洪水火山爆发、地下水、龙卷风、台风、暴风等自然灾害；

(6) 烟熏、大气、土地、水污染及其他污染；

(7) 锅炉爆炸、空中运行物体坠落；

(8) 直接或间接由于计算机 2000 年问题引起的损失；

(9) 被保险人的下列损失、费用和责任，保险人不负责赔偿：

被保险人或其代表、雇佣人员人身伤亡的赔偿责任，以及上述人员所有的或由其保管或控制的财产的损失；

(10) 罚款、罚金或惩罚性赔款；

(11) 被保险人与他人签订协议所约定的责任，但应由被保险人承担的法律责任不在此限。

下列属其他险种保险责任范围的损失、费用和责任，保险人不负责赔偿：

(1) 被保险人或其雇员因从事医师、律师、会计师、设计师、建筑师、美容师或其他专门职业所发生的赔偿责任；

(2) 不洁、有害食物或饮料引起的食物中毒或传染性疾病，有缺陷的卫生装置，以及售出的商品、食物、饮料存在缺陷造成他人的损害；

(3) 对于未载入本保险单而属于被保险人的或其所占有的或以其名义使用的任何牲畜、车辆、火车头、各类船只、飞机、电梯、升降机、自动梯、起重机、吊车或其他升降装置造成的损失；

(4) 由于震动、移动或减弱支撑引起任何土地、财产、建筑物的损害责任；被保险人因改变、维修或装修建筑物造成第三者人身伤亡或财产损失的赔偿责任；

(5) 被保险人及第三者的停产、停业等造成的一切间接损失；

(6) 未经有关监督管理部门验收或经验收不合格的固定场所或设备发生火灾、爆炸事故造成第三者人身伤亡或财产损失的赔偿责任；因保险固定场所周围建筑物发生火灾、爆炸波及保险固定场所，再经保险固定场所波及他处的火灾责任；

(7) 下列原因造成的损失、费用和责任，保险人不负责赔偿：被保险人因在本保险单列明的地点范围内所拥有、使用或经营的游泳池和停车场发生意外事故造成的第三者人身伤亡或财产损失；被保险人因在本保险单列明的固定场所内布置的广告、霓虹灯、灯饰物发生意外事故造成的第三者人身伤亡或财产损失；被保险人因出租房屋或建筑物发生火灾造成的第三者人身伤亡或财产损失的赔偿责任。本保险单列明的或有关条款中规定的应由被保险人自行负担的免赔额，其他不属于本保险责任范围内的一切损失、费用和责任，保险人不负责赔偿。

（五）赔偿处理

公众责任保险的赔偿处理办法、规则与雇主责任保险、职业责任保险的赔偿处理办法、规则相同。

第五节 信用保证保险

一、信用保证保险概述

信用保证保险是随着商业信用的发展而产生的一类新兴保险业务。信用保证保险分为信用保险和保证保险，信用保险是保险人根据权利人的要求担保义务人（被保证人）信用的保险；保证保险是义务人（被保证人）根据权利人的要求，要求保险人向权利人担保义务人自己信用的保险。信用保险和保证保险都是保险人对义务人（被保证人）的作为或不作为致使权利人遭受损失负赔偿责任的保险，即都是保险人对义务人信用的担保。但两者又存在差别，主要表现在：

（1）投保对象与投保人不同。信用保险是权利人要求保险人担保义务人的信用，保证保险是义务人要求保证人向权利人担保自己的信用；前者由权利人投保，后者由义务人投保。

（2）承保方式的区别。信用保险是填写保险单来承保的，而保证保险是出立保证书来承保的。该保证书同财产保险单有本质的区别，其内容通常很简单，只规定担保事宜。

（3）信用保险合同除保险人外只涉及权利人和义务人两方；而保证保险因为往往要求义务人提供反担保，因此保证保险除保险公司外，还涉及义务人、反担保人和权利人三方。

（4）在信用保险中，被保险人缴纳保险费是为了可能因义务人不履行义务而使自己受到损失的风险转嫁给保险人，保险人承担着实实在在的风险。在保证保险中，义务人缴纳的保险费是为了获得向权利人保证履行义务的凭证。保险人出立的保证书，履行的全部义务还是由义务人自己承担，并没有发生风险转移，在义务人没有能力承担的情况下，才由保险人代为履行义务，因此经营保证保险的风险小于信用保险。

二、信用保险

（一）国内信用保险

国内信用保险是随着商品的交易发展而发展起来的信用保险。它主要承担当商品交易采取延期或分期付款时，卖方因买方不能如期偿还全部或部分货款而遭受的经济损失，商业信用保险的保证人是买方，被保证人通常是卖方，保险人向卖方提供信用的保障。

（二）出口信用保险

1. 出口信用保险概述

出口信用保险是国家建立政策性风险基金，通过保险经济合同形式，承保出口商在经营出口业务过程中,因买方的商业风险或政治风险而遭受的损失。它的作用主要体现在：

(1) 出口信用保险特别强调承保前贸易双方的资信调查与承保后的债务跟踪,所以有利于企业防范和控制国际贸易风险,并且增强了出口企业的创汇的信心和勇气。

(2) 出口信用保险有利于出口企业融资便利,积极参与国际竞争,开拓国际市场。

(3) 出口信用保险能够通过账务追偿减少和挽回外贸出口贸易中的直接损失。

(4) 出口信用保险有利于改善出口贸易结构,推动市场多元化战略。

出口信用保险的体制由于各国和各地区政治、经济、法律制度以及办理出口保险历史等方面的差异,根据政府支持的程度不同,大致可分为以下几种体制：

(1) 政府直接办理型。即办理出口信用保险业务的机构本身就是政府的职能部门,其业务收入与赔偿支出直接纳入国家预算。

(2) 政府间接办理型。即政府投资建立独立的经济实体,专门办理出口信用保险业务,并且提供财务担保的方式做后盾。

(3) 政府委托私营机构代理型。即政府制定政策,私营保险机构办理,国家最终承担风险。既体现了国家的支持,又利用了私营保险公司机构的经营体制。

(4) 混合经营型。即出口信用部分由保险公司自己经营,部分业务由政府代理经营。

2. 出口信用保险承保的风险

主要包括商业风险和政治风险两类,商业风险有：

(1) 买方由于破产或其他债务原因而无力支付货款的风险;

(2) 买方收到货物后,长期拖欠货款的风险;

(3) 买方违背贸易合同,在卖方发货后提出拒收货物并拒付罚金的风险。

政治风险主要包括：

(1) 买方所在国发生战争、内战、暴乱、革命、敌对行为或其他骚扰;

(2) 买方所在国颁布法律、命令或条约,阻止、限制买方汇出发票上规定的货币或其他自由兑换货币;

(3) 买方所在国颁布法律、命令或条约,突然撤销了买方的进口许可证或禁止买方的货物进口;

(4) 由于买方无法控制的其他政治事件,使买方无法履行合同。

出口信用保险不承保在卖方出口货物前已经存在的风险,或由于卖方或其代表的故意违反行为而违约带来的风险。对于汇率变动引起的风险和其他风险中承保的风险也不予承保。

3. 出口信用保险实务

(1) 投保要求。出口信用保险的被保险人必须是资信良好,具有相当出口经验和管理水平,会计账册健全的出口商。投保时,被保险人必须以投保申请的形式,将其以前一个时期(1年或3年)和预计保险年度出口货物的种类、出口金额、收汇方式、出口国家和地区以及过去和将来可能的损失情况向保险公司如实申报。

(2) 承保范围。被保险人投保的出口货物应全部或部分是本国生产制造的产品,除另有约定外,非本国产品或转口货物不予承保。

(3) 赔偿限额。为了控制风险责任,保险公司承保出口信用保险时,一般均规定每一保险单的最高赔偿限额,发生损失时,在赔偿限额内赔付。

4. 出口信用保险的费率

出口信用保险的费率应考虑出口商的信用、经营规模和出口贸易记录,买方所在国的政治、经济以及外汇收支情况、贸易合同的付款条件、国际市场的经济发展趋势等因素。

(三) 投资保险

投资保险也称政治风险保险,保险人承保本国在外国进行投资的投资者在投资期间,因对方国家的政治风险所造成的投资损失。其承保对象一般是海外投资者。投资保险是在20世纪60年代欧美国家形成的,第二次世界大战后,美国于1948年4月根据"对外援助法"制定了"经济合作法案"。开始实施马歇尔计划。同时设立了经济合作署,专门管理外援及海外事务,并开始实行投资风险保险制度。我国自1979年以来,为了适应对外开放和引进外资的需要,也开办了投资保险。但我国的投资保险保障的是我国投资者的利益,被保险人是我国投资者。

1. 保险责任

(1) 战争险。包括战争行为、叛乱、罢工及暴动。

(2) 征用险。又称国有化风险,是投资者在国外的投资资产被东道主政府有关部门征用或没收的风险。

(3) 汇兑险。即外汇风险,是投资者因东道国的突发事件而导致其在投资国与投资国有关的款项无法兑换货币转移的风险。

2. 除外责任

(1) 被保险人投资项目受损后造成被保险人的一切商业损失。

(2) 被保险人没有按照政府有关部门所规定的汇款期限汇出汇款,所造成的损失。

(3) 被保险人及其代表违背或不履行投资合同或故意违法行为导致政府部门征用或没收造成的损失。

(4) 由于原子弹、氢弹等核武器造成的损失。

(5) 投资合同范围外的任何其他财产的征用、没收所造成的损失。

3. 保险金额的确定

1年期的保险金额是该年的投资金额乘以保险双方约定的百分比,一般为投资金额的90%。长期投资项目每年投资金额在投保时按每年预算投资金额确定,当年保险金额为当年预算金额的90%,长期投资项目需确定一个项目总投资金额下的最高保险金额,其保险费需在年度保费基础上加差额保费,长期投资项目期满时,按实际投资额估算。

4. 保险期限

投资保险分为1年期保险和长期保险两种。1年期保险单到期后,经双方协商同意,可以续保,条件另议。长期保险期限最长为15年,最短为3年。3年后,被保险人有权要求注销保单。如未满3年,提前注销保险单的,被保险人须交足3年的保险费。

5. 理赔处理

(1) 理赔金额的规定。在发生保险责任范围内的损失时,一般按投资金额与保险金额的比例进行赔偿。由于保险人的保险金额一般为投资金额的 90%,因此被保险人所受的损失若将来追回,也应由被保险人与保险人按各自承担损失的比例分摊。

(2) 赔偿期限的规定。由于各种政治风险造成的损失,有可能在不久后通过不同途径予以挽救,被保险人的损失发生与否需要经过一段时间才能确定。因此,投资保险有赔偿期限的规定,而且不同的保险责任有不同的赔偿期限。

三、保证保险

(一) 保证保险的概念与特点

保证保险是在被保险人的作为或不作为致使被保险人(权利人)遭受经济损失时,由保险人来承担经济赔偿责任的保险。

与一般的商业保险比较,保证保险有如下特点:

(1) 保证保险的当事人涉及三方:保险人(保证人)、被保证人(义务人)和权利人,一般保险的当事人只有保险人与被保险人。

(2) 一般商业保险中,保险关系建立在预期"将发生损失"的基础上的,即有损失才有保险关系存在的必要性,而在保证保险中,保险人是在"没有风险"的预期下提供服务的,换句话说,如果保险人预期将发生损失,它将不向被保险人提供保险。

(3) 在被保险人未能按照合同或协议的要求履行自己的义务,因此给权利人带来损失,而被保险人不能补偿这一损失时,由保险人(保证人)代为赔偿。然后,保证人再向被保证人追偿。为了保证日后这项权利能够得以实施,保险人往往要求被保证人提供反担保。

(4) 因为保证保险是一种担保业务,它基本上建立在无赔款的基础上,因此保证保险收取的保险费实质上是一种手续费,是利用保险公司的名义提供担保的一种报酬。

(二) 保证保险的种类

保证保险的种类很多,归纳起来主要分为确实保证保险与诚实保证保险两大类。

1. 确实保证保险

确实保证保险是被保险人不履行义务而使权利人损失时,由保险人承担赔偿责任的保险。其保险标的是被保险人的违约责任。确实保证保险的投保人是被保证人自己,它承保的风险是被保证人履行一定义务的能力和意愿。确实保证保险分为以下几类:

(1) 合同保证保险。合同保证保险承保因被保险人不履行各种合同义务而造成权利人的经济损失,常见的险种有:履约保证保险、投标保证保险、预付款保证保险、维修保证保险。

(2) 司法保证保险。司法保证保险是因法律程序而引起的保证业务,按其内容分为诉讼保证和受托保证。

(3) 许可证保证保险。许可证保证保险是担保从事经营活动领取执照的人遵守法规或履行义务的保险。在有些国家,从事某一活动或经营的人在向政府申请制造或许可证时,往往需要提供此种保证。

（4）产品保证保险。也称产品质量保险，它承保的是产品责任保险，保险单下不承保的被保险人因制造或销售的产品质量有缺陷而产生的赔偿责任。在欧美国家，制造商或销售商一般同时投保产品责任保险和产品保证保险以得到充分保障。

2. 诚实保证保险

诚实保证保险。又称雇员忠诚保证保险，承保雇主因雇员的不诚实行为，如盗窃、贪污、侵占、非法挪用、伪造、欺骗等而受到的经济损失。这种保险一般由雇主投保。它的承保方式包括：

（1）指名保证保险，即是以特定的雇员为被保证人的保证保险。又分为个人保证和表定保证两种：

个人保证是只对一个指名的雇员提供保证，由他提出保证申请，保证人对他进行调查后作出是否提供保证的决定。

表定保证是同一保证合同中承保两个以上的雇员，每个人都有保证金额。

例如：

张某　　　　　　总裁　　　　　　200 000 元
王某　　　　　　财务主任　　　　100 000 元
杨某　　　　　　出纳员　　　　　50 000 元
李某　　　　　　推销员　　　　　20 000 元

当解雇此保证人或录用新的雇员时，必须办理批改手续。

（2）职位保证保险是指保险人承保某一职位上的若干被保险人，但可不列明被保险人的姓名，并按职位确定保证金额，凡担任该职位的人，都按约定的保证金额自动承保。

（3）总括保证是指在一个保险合同内承保雇主所有的正式雇员。在总括保证中，一个企业的所有雇员都是被保证人，新的雇员在没有通知保证人之前就属于被保证人。这种保证可以避开因选择被保证人或职位而引起的猜疑。

（4）伪造保证保险是承保因伪造或篡改背书、签名、收款人姓名、金额等造成损失的保证保险。

（5）三D保单是指不诚实（Dishonest），损毁（Destruction）及失踪（Disappearance）的综合保单，简称三D保单，包括诚实保证和盗窃保险两者在内，承保企业因他人的不诚实、盗窃、失踪、伪造或篡改票据遭受的各种损失。其内容包括五部分，被保险人可选择投保部分或全部。

 专栏 6-4

食品安全责任险遇尴尬　　强制推行尚不成熟

给中国的食品投上一道强制性的保险，能让食品更安全吗？自去年以来在全国多个省份试点开展的食品安全责任强制险（下称"食安险"），试图就此给出答案。

尽管据新华社报道，目前中国食品企业中，食安险的投保率不足1%，但决策者仍然希望这一险种能尽快铺开，让消费者在遭遇食品安全事故时，至少在经济赔偿上能获得更多的保障。

"强制"与否

食安险在中央层面的提出，最早见于2016年5月，国务院办公厅印发的《2014年食品安全重点工作安排》（下称《安排》）。《安排》要求"研究建立食品安全责任强制保险制度。制定出台关于开展食品安全责任强制保险试点工作的指导意见，确定部分重点行业、重点领域试点食品安全责任强制保险制度"。

随后，全国人大常委会办公厅在2016年7月初公布的《食品安全法（修订草案）》（下称《草案》），以立法形式对食安险做了背书。《草案》第78条称："国家鼓励建立食品安全责任保险制度，支持食品生产经营企业参加食品安全责任保险，具体办法由国务院食品药品监督管理部门会同国务院保险监督管理机构制定。"

2016年11月，中国保监会草拟了《关于开展食品安全责任强制保险试点工作的指导意见（征求意见稿）》。

在全国性试点铺开之前，上海早在2012年就已推广食安险。而到了2016年年底，全国已有湖南、河南、江苏、内蒙古、河北、浙江、山东、福建、湖北等省份试点食安险。

国家行政学院社会和文化教研部副教授胡颖廉对《第一财经日报》记者表示："食品安全责任险加入进来有好处——一旦企业出了事倒闭了，有保险公司在后面撑着，某种意义上能够减少消费者的损失。但是到底能在多大程度上替代政府的监管责任？保险相当于市场机制，就要发挥市场的作用。保险公司是要赚钱的，它不要求所有人（食品企业）都加入，保险公司要做好把关工作，实际上是为政府做了一个准入的把关——企业的资质如何、人员健康状况如何、生产实力如何等，保险公司都要审核。实际上对企业来讲，又增加了一道门槛，与当前的简政放权思路似乎有矛盾。参加保险不仅可能增加企业负担，而且也提高企业的门槛。"

微妙的是，《安排》和保监会文件对于这个险种的定名中包含"强制"两字，而《草案》中却无。关于这一点，胡颖廉表示："目前围绕食品安全责任险的一个焦点是：到底是选择强制还是自愿？第二个焦点是：这个保险推出后，作用在哪里？核心问题是如果真的强制推行，中小企业的成本会上升，可能会影响就业和市场活力。而且，将来也不可能所有的小摊贩小作坊都入保险，所以这个政策全面执行起来是很难的。《草案》本来想把'强制推行'写进去，但有些部门阻力非常大，认为不成熟，所以只能先搞试点。"

值得注意的是，2016年年底公布的《食品安全法》（修订草案）（二次审议稿）将这方面的内容简化为了一句："国家鼓励食品生产经营企业参加食品安全责任保险"。

保险公司尴尬

决策者出台食安险制度，所基于的，无疑是中国中小食品企业众多的现状——一旦这类企业成为食品安全事故的肇因，以其偏弱的资金实力，想要赔偿众多消费者所受的伤害，可谓杯水车薪。

然而,食品企业是否愿意投保却难说。而这对于这一市场机制的另一方——保险公司却至关重要,因为后者的保费收入和风险承载能力直接受到影响。

一家在8个省份经营食安险的保险公司产品负责人表示:"实际上食安险这个产品销售情况并不好,2014年,我们这块的保费收入是300万元左右,大约有1 000多家食品企业购买了这个产品,但90%是餐饮企业,食品生产企业只占10%。对大型食品生产企业来讲,它们的需求并不是很强,因为它们认为自己出险的概率很低,而中小型企业又觉得会增加负担。至于小作坊、小摊贩,它们又不是保险公司要销售的对象。"

上海一家乳制品企业的工作人员表示:"我们已经上了食品安全责任险,每年交的费用大约在2万~3万元。"

而北京某市场卖馒头的大爷则表示无法接受。他对本报记者说,每年几千元的保费,相对于他1年5万元的收入来讲,承担不起。

"现在2万~5万元保费对应的保额能达到500万~1 000万元,3 000元保费对应的保额能达到200万~300万元。其实在成本上对大中型企业来说负担并不大,但对小摊贩就高些。"上述保险公司的工作人员表示。

而且,小摊贩似乎也不能成为保险公司的承保对象。他说:"小摊贩的流动性大,人员素质、生产工艺等也不符合承保要求,我们没有那么多人力物力去一家家摊贩进行审核。如果国家一刀切地要求强制实行食安险,将来保险公司就会亏损。现在大中型食品生产企业之所以加入得少,也与当前的保险品种有关——保险产品对于召回的赔付可能少些,而食品企业则需要在这方面多一些赔付额。但因为当前缺乏数据支撑,无法测算出合适的保费费率,所以在召回上的赔付不是很多,没法满足企业的要求。目前最多的客户还是餐饮行业,这个行业的营业地点固定,而且保额和保费都比较适合。"

他表示,目前企业对食安险的认知还不足,这个市场仍然需要政府引导和市场培育,"现在推广保险的方式主要是与当地政府、食药监部门、协会等一起办座谈会,最终洽谈业务的还是保险公司自己。"

上海模式:财政补贴引导

上海是国内最先试点食安险的地方。2012年8月,上海市食安办在浦东、宝山、闵行、崇明等区县开展了"农村集体聚餐食品安全责任保险"试点。

截至目前,在上海被纳入食安险之列的,主要有乳制品、婴幼儿食品、食用油等重点食品企业,以及大型食品批发、大型超市、大型婚宴、农村自办酒席、集体用餐配送等高风险食品企业。而在上海开展食安险业务的有中国大地保险公司、上海环亚保险经纪有限公司、安信保险公司等。

农村食安险的推广,是上海在食品安全上"政府作为"的显现。例如,目前奉贤区61家农村固定办酒场所(农家会所)全面完成投保,投保率为100%;嘉定区在全区12个街镇全面实行,98家备案的自办酒会所中已有66家签订投保合同;宝山区罗店镇由镇政府统一出资2万元,将全镇农村家庭集中办宴点统一参加了保险;崇明县也采取了乡镇政府打包购买保险的模式。

上海市食药监局一位工作人员对本报记者举例说:"浦东新区将农村家庭办酒食品安全责任保险的推进成效纳入了2012年度考核指标,实行推优加分。2013年还将这项工作纳入镇食品安全工作责任书,新区已完成了两种投保模式的试点,一种是镇政府投保、全镇范围受益的模式;一种是村委投保、就餐人群受益的模式。"

这位工作人员总结说,上海在这方面的经验就是"探索财政补贴引导",借助法律、行政和市场等多种手段,把保险与食品安全诚信体系、食品安全追溯体系、"黑名单"制度结合起来,引导保险行业去开发食品生产、经营企业有需求、能实现"多赢"的保险产品。

(资料来源:第一财经日报 2015.1.6)

本章小结

1. 财产保险是指以各种财产物资和有关利益为保险标的,以补偿投保人或被保险人的经济损失为基本目的的一种社会化的经济补偿制度。财产保险在现代社会经济生活中发挥的作用来看主要表现在:补偿财产的损失,稳定社会秩序,提高社会防灾减损意识等几方面。

2. 火灾保险,简称"火险",是以存放在固定场所并处于相对静止状态的财产物资为保险标的,由保险人承担被保险财产遭受保险事故损失的经济赔偿责任的一种财产损失保险。我国的火灾保险主要包括团体火灾保险、利润损失保险、机器损坏险和家庭财产保险。

3. 运输保险是以处于流动状态下的财产为保险标的的一种保险。运输保险通常分为两大部分:运输货物保险和运输工具保险。运输工具保险可分为机动车辆保险、铁路机车保险、集装箱保险、船舶保险及飞机保险等。运输保险的特征是:保险事故发生频率高、损失金额大;运输保险涉及关系的多面性;运输保险责任确定的复杂性等。

4. 责任保险是指以被保险人对第三者依法应负的赔偿责任为保险标的的保险。凡是根据法律规定,被保险人因疏忽或过失,造成他人的人身伤害或财产损失应负的经济赔偿责任,均可由保险人代为赔偿。法律制度的发展完善是责任保险产生与发展的基础,被保险人的民事损害赔偿责任可分为两类:侵权责任和合同责任。责任保险的主要险种有产品责任险、职业责任险、雇主责任险和公众责任险。

关键概念索引

财产保险　火灾保险　家庭财产保险　运输保险　运输货物保险　运输工具保险
机动车辆保险　第三者责任保险　互联网车险　责任保险　侵权责任　合同责任
严格责任制　产品责任保险　职业责任保险　雇主责任保险　公众责任保险

复习思考题

1. 简述财产保险的分类。
2. 火灾保险采用什么赔偿方式?
3. 家庭财产保险的适用范围。

4. 简述运输保险的特征及种类。
5. 船舶保险的险别有哪些？
6. 机动车辆保险采用什么赔偿方式？
7. 互联网车险产生的背景及发展趋势
8. 责任保险产生和发展的基础是什么？
10. 雇主责任保险是如何确定限额与保费的？
11. 公众责任保险的保险责任与除外责任有哪些？
12. 结合中国的现实，谈谈你对中国财产保险发展问题的看法。

第七章 人身保险

 本章要点

- 人身保险的特征
- 人身保险合同常用标准条款
- 人寿保险的种类
- 人身意外伤害保险的概念与特征
- 健康保险的概念与特征

> 人身保险是处理人身风险的对策之一，它起源于古代的互助团体，随着商品经济的发展及寿险精算技术的产生逐步演化为比较完善的近代人身保险制度，1762年在英国创办的公平人寿保险公司（The Society for Equitable Assurance on Lives and Survivorship），因其第一次依据生命表，采用均衡保险费的理论科学地计算保险费，在保险单中有关于缴纳保险费宽限期以及保险单失效、复效的规定而被认为是近代人身保险制度形成的标志。人身保险业务形成以来获得迅速发展，在保险业务中占有重要地位。据统计，2016年，我国保险市场寿险业务一马当先，实现原保险保费收入17 442.22亿元，同比增长31.72%，同时健康险业务高速增长，实现原保险保费收入4 042.50亿元，同比增长67.71%。人身保险市场的不断发展使人身保险产品不仅能满足人们的保障需要，而且也逐渐演变为个人或团体投资理财的工具。

第一节 人身保险概念及特征

一、人身保险的内涵

人身保险是指以人的生命与身体作为保险标的的一种保险。人身保险的投保人按照

保单约定向保险人缴纳保险费,当被保险人在合同期限内发生死亡、伤残、疾病等保险事故或达到人身保险合同约定的年龄、期限时,由保险人依照合同约定承担给付保险金的责任。从上述定义中,我们可以看出人身保险的一些基本特征。

人身保险的保险标的是人的生命与身体。人的生命是一个抽象的概念,当生命作为保险保障的对象时,以生存和死亡两种状态存在。人的身体作为保障对象时,以人的健康、生理机能、劳动能力等状态存在。人身意外伤害保险、健康保险保障的就是被保险人由于身体上的伤害而完全或部分丧失劳动能力时所产生的经济需要。

人身保险的保险责任是人们在日常生活中以及生命的成长过程中可能遭受到的种种不幸事故或疾病、衰老等原因造成的人的生、老、病、死、伤残。

人身保险的给付条件是保险期内保险事故发生,造成人的伤残、死亡、丧失劳动能力等;或是保险期满,被保险人生存。

对于人身保险的概念,还可以从多个角度来理解。从经济的角度看,人身保险是分摊人身风险损失的一种财务安排;从法律角度来看,人身保险是一种合同行为,体现了民事法律关系主体之间的权利和义务关系;从社会的角度来看,商业人身保险是社会保障制度的重要组成部分,是社会的稳定器和经济的助动器;从风险管理的角度来看,人身保险是人身风险管理的一种方法,通过人身保险起到分散风险、分摊损失的作用。

二、人身保险的特征

(一) 人身保险合同特征

人身保险和财产保险是我国保险业务的两大分类,由于人身保险是对人的生命和身体提供保障,而人的生命、身体不同于一般的可用货币来衡量的财产,因而人身保险与财产保险相比在合同上具有下列一些特征。

1. 保险金额确定方法的特殊性

人身保险是以人的生命及身体作为保险标的的一种保险,保障的是人的生命及身体遭受到的损害,其保障对象是不能用货币量化衡量的,因而人身保险业务不能像财产保险那样依据标的物的货币价值来确定保险金额。人身保险的保险金额是依据被保险人对保险的需求程度和投保人的缴费能力与保险人协商订立的。为防范道德风险,保险人对投保人所提出的投保金额要求按生命价值理论进行合理的限制,通过核保程序最终确定适当的保险金额。另外,在一些保险中还存在没有确定的最高给付总金额,而只规定由保险人在一定时期内定期给付保险金的数额的情况。例如养老金保险,受益人通常在约定的领取期开始后,一直领取保险金到被保险人死亡,其领取总额是不确定的。

2. 人身保险的保险金支付属于约定给付

与财产保险的补偿赔付方式不同,人身保险通常采用约定给付方式。人身保险合同为给付性合同。作为定额保险的人身保险,当发生保险事故时,保险人按照合同约定的保险金额给付方法承担保险金给付责任,而不存在依据实际损失金额进行赔偿一说。因此，人身保险合同的给付不参照损害赔偿原则进行，不实行比例分摊，不实行代位追偿原则。

但需要注意的是，人身保险中的医疗费用保险是个特例。因其对被保险人发生的确定货币量的医疗费用进行补偿，所以既可以约定采用损害补偿原则，也可以约定为定额给付合同。当医疗保险采取补偿合同方式时，适用损害补偿原则；保险人对被保险人赔付的医疗保险金不超过被保险人实际支出的医疗费用；如果是第三者责任导致医疗费用支出，适用于代位追偿原则；如果医疗保险出现重复保险，适用重复保险的比例分摊原则。

3. 人身保险合同多属于长期合同

人身保险，特别是人寿保险一般都是长期合同，保险期限一般都在二三十年，长的品种保险期限则可从人的出生至人的最终死亡。而财产保险合同的保险期限多为1年或1年以下的短期业务。由于人身保险合同的长期性，因而导致合同的条款中具有了不同于财产保险合同的特殊规定：如人身保险中，除短期意外险、短期健康险等短期性业务外，长期性业务人身保险合同的保费通常可以选择采用趸缴或期缴方式。同时由于合同的长期性，因而合同的保全服务和业务管理更加复杂严格，保单有宽限期、中止、复效等一系列特殊的合同规定。

（二）人身保险业务经营管理上的特征

1. 人身保险业务通常采取均衡费率制度

死亡率是人寿保险费率厘定的基本要素之一。依据人的生命经验，人的死亡风险随着人的年龄逐年增加。在寿险业务中如果按每一年度来办理保险，按照当年的死亡率收取自然保费，就会出现年轻人的保费负担轻，年老人保费负担重。而从人的收入规律看，随着年龄的增大，收入能力下降。所以当其年老时，保费负担相对于个人经济收入过重，从而造成老年人最需要保险保障时却因丧失缴费能力不能获得保障。同时寿险业务中也容易出现逆选择，身体健康的人考虑到保费上升、负担加重而选择退出保险，体弱多病的人考虑到风险程度高而坚持投保，从而使正常情况下计算出的保险费率难以维持。

自然保费的这种特点必将阻碍寿险业的开展。为解决此中的矛盾，寿险业对身故保障摒弃了1年期业务，改变了按自然费率即按被保险人当年死亡率厘定保险费率逐年收取的方法，大量地采用了长期业务和均衡保费。寿险业将保单设计为几十年的长期业务，在保单设计的缴费期内，将整个保险期内各年所需的自然保费进行平均，每年交付数额相等的均衡保费。均衡保费不反映被保险人当年死亡率，在保单早期高于自然费率，在保单后期低于自然费率，从而使被保险人每年缴费负担均衡，随着年龄增大时保费并不增长。保险人用保单前期多交的超出自然费率部分的超额保费积累起来用于弥补保险后期不足自然费率的保费。这种技术手段使投保人保费负担合理化，年轻时未雨绸缪，多缴保费，保证其晚年能享受到充分的保险保障(见表7-1)。

专栏 7-1

表 7-1 自然保险与均衡保费
（35 岁男子参加保险金额为 1 000 元、年利率为 3% 的寿险）

年龄(岁)	死亡率	自然保费(元)	均衡保险(元)
35	2.51%	2.44	16.29
40	3.53%	3.43	16.29
45	5.35%	5.19	16.29
50	8.32%	8.08	16.29
55	13.00%	12.62	16.29
60	20.34%	19.75	16.29
70	49.79%	48.33	16.29
80	109.98%	106.77	16.29
90	228.14%	221.49	16.29

资料来源：魏华林，等．保险学．北京：高等教育出版社，1999．

2. 寿险保单具有储蓄性和投资性

寿险具备非寿险的保障性的同时，也具有储蓄性。寿险业的储蓄性，一方面是由于险种本身特性决定的，如生存险本身就是在生存至期满时得到一笔保险金，这笔保险金实质上是被保险人群体储蓄性保费的积存；另一方面也是由其长期性业务性质决定的，保户分期交付保费，保费由保险人按复利计算，体现出储蓄性。同时，在寿险合同中，由于风险保费采纳的均衡保费制度，保费前期高于实际业务给付所需的自然保费，因而超额部分及其生息实际上是投保人的储蓄。由于寿险保单的储蓄性，因而其通常具备一定的货币积存值，即现金价值，寿险保单成为有价证券的一种。

寿险虽然有储蓄性，但并不等同于银行储蓄。首先，储蓄是一种自助行为，依靠自身力量来解决自己的困难。保险则是互助与自助的结合，储蓄性以保障性为基础，被保险人得到的保险金不是自己所缴保费的本利和，而是现金价值，包含了他人的分摊，也扣除了分摊他人保险事故的成本。其次储蓄较为灵活自如，可以随时改变储蓄计划。人身保险一旦投保，被保险人不能随意变更合同内容，因而人们往往称人身保险是一种半强制性的储蓄。

在寿险保单具有储蓄性的同时，衍生了保单的投资性功能。现在我国所销售的分红保险、投资连结保险以及万能寿险等使投保人不仅能享受到保险保障，更可以享有保险人在运用保险基金投资和保险业务经营过程中所产生的收益。

3. 人身保险业务的经营管理方式不同

相比较财产保险多是 1 年期业务，保单经营效益年内可以确定，人身保险由于其业务多是长期业务，其业务的经营效益不能在 1 年内确定，因而其保费厘定方法、责任准备金提留方法、偿付能力计算及资金运用方面都不同于财产保险，法律及政府保险监管机关对人身险业务的监管体系和标准也不同于财产保险。

4. 人身保险业务经营稳定性影响因素不同

保险经营数理基础是大数法则与概率论。人身保险的经营建立在生命表基础上，保险事故发生率相对稳定，而财产保险业务由于标的数量、质量不均衡，标的损失率的稳定性较差，不时会发生较大的风险损失。但人身保险业务中寿险业务费率核算中受利率因素影响，而利率在长期业务持续期中常受客观金融环境的影响不断波动，因而寿险经营稳定性受利率影响程度较大，常会导致业务经营的盈亏波动。

三、人身保险的分类

人身保险合同由于人们对人身保障需求的多样性及可变性，决定了人身保险险种的多样性及新险种的层出不穷。因而，实务中人身保险险种的归类，在不同的场合，根据不同要求，从各个角度，可以有不同的划分方法，如按实行方式不同分为强制保险和自愿保险、按业务期限分为长期保险和短期保险。下面我们对人身保险特有的一些分类方法进行介绍。

（一）按保障范围分类，人身保险可以划分为人寿保险、人身意外伤害保险和健康保险

人寿保险是以人的生命为保险标的的保险，保险合同的给付条件是被保险人的生存、死亡或生死两全。人寿保险是人身保险的主要和基本的种类，由于其自身的特性，通常在做保险业务统计及业务监管中，一般将其单列为寿险业务，而人身保险中的意外险及健康险则与财产险业务并列为非寿险业务。

人身意外伤害保险是以被保险人因遭受意外伤害造成的死亡或残疾为保险事故的人身保险，其主要特征不同于寿险，保费低，保障性强，通常不具备储蓄性。

健康保险是以被保险人因意外事故、疾病所致的医疗费用支出和工作能力丧失、收入减少及护理费用支出为保险事故的人身保险。健康保险包括医疗保险、疾病保险、失能收入保险及长期护理保险四个品种。

（二）按投保方式分类，人身保险可以划分为个人人身保险、团体人身保险及联合人身保险

个人人身保险是以个人为投保者，一张保险单承保一个被保险人的人身风险的人身保险。满足个人对保险保障的需求。

团体人身保险是以团体为投保人，一张总保险单承保一个团体的全部或大部分成员的人身风险的人身保险。团体保险包括团体人寿保险、团体意外保险和团体健康保险。

联合人身保险通常是把有一定利害关系的两人或两人以上的人视为一个被保险人整体，如父母、夫妻、子女或合作人等，用一张保单对多人提供人身风险保障的人身保险。

（三）按保障的风险程度分类，人身保险可以划分为标准体保险和次健体保险

标准体保险是指被保险人的风险程度与保险人订立的正常标准费率相适应。标准体又称健体，是指身体健康状况、职业、道德等各方面没有明显的缺陷，可以用正常费率来承保的被保险人。

次健体保险就是不能用正常费率来承保。而只能用特殊条件如加费、增龄或限制保障范围等方式加以承保的人身保险。次健体也称为弱体或非标准体,往往当被保险人的风险程度如健康状况、职业等要素超过标准体的风险条件时,办理次健体保险。

(四)按人身保险的作用分类,人身保险可以划分为保障型、储蓄型和投资型人身保险

保障型人身保险是指主要体现保险保障功能、基本不含储蓄性的人身保险业务,如定期寿险、意外险和短期的健康险等。

储蓄型人身保险是指主要体现保险长期半强制性储蓄功能的人身保险业务,如年金保险、子女教育金保险等。

投资型保险是指在基本保障功能基础上凸显保险投资功能,可以享受保险人经营的业务利润或投资利润的人身保险业务。如分红保险、万能险和投资连结保险。

四、人身保险的作用

(一)对个人和家庭提供经济保障和投资理财渠道

每个个人及家庭都面临着人身风险存在的客观事实,疾病或意外伤害的发生将会给家庭造成沉重的经济打击,而婴儿的诞生、子女的成长也需要家庭支付可观的抚养费及教育费,因而无论是出生、衰老、疾病、死亡或残疾都是个人和家庭安排收入和开支计划时必须要考虑的问题。人身保险既可对意外伤害、身患疾病提供强大的经济保障,又可通过寿险计划的安排为子女教育、婚嫁,成年人的养老作好预先的储蓄准备,所以在现代社会中,购买人身保险是为个人和家庭提供经济保障,获得家庭"保护伞"和"安全网"的重要渠道。随着人身保险的发展,人身保险业务又逐渐发展出投资型新型寿险产品,从而使购买人身保险对个人和家庭来说不仅成为获得经济保障的渠道,也成为投资理财的重要渠道。

(二)有利于企业稳定经营

劳动力和人才是推动企业发展的重要因素,吸引劳动力与人才的一个重要方法是企业完善的员工保障制度与福利制度。对于企业来说,通过办理团体人身保险为员工提供生老病死残等人身保障,充分利用保险制度解除员工后顾之忧来稳定员工队伍,提高员工福利,充分调动其劳动积极性,更可促进企业的迅速发展,稳定企业的支出。而企业为员工办理企业年金,更能够为员工在享受基本养老之外提供更多的养老福利,从而增加员工的凝聚力,激发创造力。

(三)发展商业人身保险大力支持了我国社会保险制度改革

我国随着经济体制改革的不断深入,劳动就业制度改革、社会医疗制度改革、养老制度改革等社会保险制度改革都在不断深入。个人与家庭经济生活不稳定因素大大增加,各项人身风险对家庭生活的破坏作用日趋显著,我国经济体制改革使社会公众生活压力逐步加大,而社会保险现状难以全面解决这些风险。因而我国经济体制改革的深入,需要商业人身保险的配套服务,以补充社会保险制度的不足,解决一部分社会问题,保障劳动者的基本生活。

(四)人身保险基金实现融资职能促进经济发展

人身保险在经营中通过收取保费形式积聚巨额的保险基金。由于人身保险风险发生的不确定性,因而在保费收入与保险金给付之间必然存在一定的时间差和规模差。保险业可利用其间的时间差,通过国家规定的各种渠道将闲置中的保险基金汇入金融市场,直接与间接投资于生产领域,从而弥补社会总资金的不足,促进经济的发展。

五、人身保险合同的常用条款

保险条款是保险合同的核心,是当事人履行合同义务,承担法律责任和享受合同权利的依据。人身保险合同在长期的发展过程中,逐步形成了一些内容固定,文字形式较为规范的常用条款,充分表现出人身保险合同的特色。

(一) 犹豫期条款

长期人身保险合同中存在犹豫期条款。犹豫期也叫冷静期,即投保人在收到保险合同后一定期间(目前我国规定为保单签收日次日起10天,银保产品的犹豫期为15天)。在犹豫期内投保人如不同意保险合同内容,可无条件撤销已订立的保险合同,保险人则应退还全部已收保费,除收取一定保单工本费(10元)以外,不得扣除任何费用。规定犹豫期条款,是由于保险产品条款复杂、涉及知识面较广的特点,同时为了防止保险代理人误导客户购买,达到保护投保人和被保人的合法权益的目的。

(二) 不可争条款

不可争条款也称为不可抗辩条款,其基本内容通常是:自人身保险合同订立时起,超过一定时限(通常为1年或2年)之后,保险人将不得以投保人在投保时违反最大诚信原则,没有履行如实告知义务等理由主张合同无效。不可争条款也用于保单失效后的复效,即对于申请复效的保单只有在复效2年后才可以成为不可抗辩的合同。

人身保险合同订立时,有关被保险人的年龄、健康状况、职业等因素将影响保险人决定是否承保及相应费率,因此根据最大诚信原则投保人或被保险人应履行如实告知义务,不得有任何隐瞒或欺骗,否则保险人有权解除合同。但由于人身保险合同的长期性,如果不加以时限限制,可能会造成保险人滥用此项权利,在合同订立多年以后,以此为理由要求解除合同,而这将使被保险人的利益无法得到保障,并会造成更多的纠纷。因而各国在保险法规中对此确定了保险人的可抗辩期,逾期后,保险人将丧失此抗辩权。但一般也规定有一些例外,如当投保人欠费时,或当被保险人在可抗辩期内死亡时等情况下,保险人在抗辩期满后仍有权解除合同。

我国《保险法》第16条规定了不可争条款内容如下:"订立保险合同,保险人就保险标的或者被保险人的有关情况提出询问的,投保人应当如实告知;投保人故意或者因重大过失未履行前款规定的如实告知义务,足以影响保险人决定是否同意承保或者提高保险费率的,保险人有权解除合同;前款规定的合同解除权,自保险人知道有解除事由之日起,超过三十日不行使而消灭。自合同成立之日起超过二年的,保险人不得解除合同;发生保险事故的,保险人应当承担赔偿或者给付保险金的责任;投保人故意不履行如实告知义务的,保险人对于合同解除前发生的保险事故,不承担赔偿或者给付保险金的责任,并不退还保险费;投保人因重大过失未履行如实告知义务,对保险事故的发生有严重影响的,保险人对于合同解除前发生的保险事故,不承担赔偿或者给付保险金的责任,但应当退还保险费;保险人在合同订立时已经知道投保人未如实告知的情况的,保险人不得解除合同;发生保险事故的,保险人应当承担赔偿或者给付保险金的责任;保险事故是指保险合同约定的保险责任范围内的事故。"

(三) 年龄误告条款

年龄误告条款是处理因被保险人年龄申报错误而订立的人身保险合同的条款。我国《保险法》第32条第一款规定:"投保人申报的被保险人年龄不真实,并且其真实年龄不符合合同约定的年龄限制的,保险人可以解除合同,并按照合同约定退还保险单的现金价值。保险人行使合同解除权,适用本法第十六条第三款、第六款的规定。"也即当人身保险合同成立2年后,保险人不得以被保险人真实年龄不符合保单规定的范围而解除合同,而在2年内则有权行使因投保人违反如实告知义务而享有的合同解除权,但需退还保单现金价值。同时,该条款还规定,如果被保险人真实年龄符合合同规定的投保范围,但投保人申报被保险人年龄不真实时,保险人需按被保险人真实年龄对保险费或保险金进行调整。我国《保险法》第32条第二、第三款规定:"投保人申报的被保险人年龄不真实,致使投保人支付的保险费少于应付保险费的,保险人有权更正并要求投保人补交保险费,或者在给付保险金时按照实付保险费与应付保险费的比例支付。""投保人申报的被保险人年龄不真实,致使投保人支付的保险费多于应付保险费的,保险人应当将多收的保险费退还投保人。"

(四) 宽限期条款

宽限期条款的基本内容是:对合同约定分期支付保险费的,投保人支付首期保险费后,未按时缴纳续期保险费的,在宽限期内,保险合同仍然有效,如发生保险事故,保险人仍予负责,但要从保险金中扣除所欠的保险费和利息。宽限期一般为30天或60天,自应缴纳保险费之日起计算。

在人身保险单中设立宽限期条款,主要是因为人身保险合同期限长,在长期缴费过程中,时常会有投保人一时疏忽或现金周转困难或其他客观原因使投保人没能在约定的期限按时交付保险费的情况,为避免由于上述原因造成投保人、被保险人常常面临保险合同失效的困境,因而法律上规定了对投保人缴纳续期保费给予一定的宽限时限。我国《保险法》第36条规定:"合同约定分期支付保险费,投保人支付首期保险费后,除合同另有约定外,投保人自保险人催告之日起超过三十日未支付当期保险费,或者超过约定的期限六十日未支付当期保险费的,合同效力中止,或者由保险人按照合同约定的条件减少保险金额。""被保险人在前款规定期限内发生保险事故的,保险人应当按照合同约定给付保险金,但可以扣减欠交的保险费。"

(五) 中止、复效条款

保险法给予投保人缴纳续期保费以一定的宽限期,当超过宽限期后,投保人未支付当期保险费的,除非合同有特殊约定,否则合同效力中止,被保险人不再享受保险保障。按我国《保险法》规定,除合同另有约定外,投保人自保险人催告之日起超过三十日未支付当期保险费,或者超过约定的期限六十日未支付当期保险费的,合同效力中止。

为保障投保方利益,投保方有权在一定期限内申请恢复保险合同效力,称为复效。但若在规定的中止期限届满时,投保人仍未办理复效的,保险人则有权解除保险合同。我国《保险法》规定,"合同效力依照本法第三十六条规定中止的,经保险人与投保人协商并达成协议,在投保人补交保险费后,合同效力恢复。但是,自合同效力中止之日起满二年双方未达成协议的,保险人有权解除合同。"也即保险合同中止期限为2年。投保人申请保单复效时需提交复效申请书和可保证明,同时需补交所欠款项、保费和利息。申请保单复效时,保险人对于复效申请要进行审查,审查的内容主要是在中止期间被保险人的健康情况,当被保险人危险程度在中止期内显著增加时,保险人有权拒绝复效,该规定的目的是为了防止被保险人的逆选择。同时,投保方需重新履行如实告知义务,而保险人在复效2年内拥有因客户违反如实告知义务而解除合同的权利。

一般说来,投保人申请复效较重新购买一份新的保险单更为有利。首先,由于被保险人年龄增大,新保险单的费率一般较旧保单高;其次,新的保险单要在合同生效一两年后才会有现金价值。

(六) 自杀条款

自杀条款一般规定:在保险合同生效后的一定时期内(一般为1年或2年),被保险人因自杀死亡属于除外责任,保险人不给付保险金,仅退还保单现金价值。在此规定时期之后被保险人因自杀死亡,保险人要承担保险责任,按照约定的保险金额给付保险金。

采用自杀条款主要是为了避免蓄意自杀者通过保险方式谋取保险金,防止道德危险的发生。但一般认为蓄意自杀意图通常不能持续较长时间并最终实施,因而被保险人在投保一两年后自杀可认定非恶意投保。所以为确实保障投保人及其受益人的利益,对于规定时期以后的自杀行为保险人同样向受益人给付保险金。

我国《保险法》第44条规定:"以被保险人死亡为给付保险金条件的合同,自合同成立或者合同效力恢复之日起二年内,被保险人自杀的,保险人不承担给付保险金的责任,但被保险人自杀时为无民事行为能力人的除外。""保险人依照前款规定不承担给付保险金责任的,应当按照合同约定退还保险单的现金价值。"

所谓自杀,是指主观上明知死亡的危害结果,而客观上实施了终结自己生命的行为,并导致死亡的结果。因此只有同时具备主客观两个条件,才能认定为自杀,所以误服毒药、玩枪走火或者儿童错误实施的危险举动,不能认定为自杀,保险法中也明确规定了无民事行为能力人的自杀行为保险人不能免责。

(七) 不丧失价值条款及相关选择权条款

此条款规定,长期寿险合同的投保人享有保险单现金价值的权利,不因保险合同效力终止而丧失。

现金价值实际上是寿险公司在投保人退保时应退还的部分责任准备金,这基本上由均衡保费制下,投保人早期超缴的保费、保费累计所生的利息、生存者利益(即在保险期内死亡的被保险人放弃的保费及利息,由生存的被保险人来享受)三项来源构成。在实务中,除较短的定期死亡保险外,每一张长期保险单在积累保费一段时间后,都会形成现金价值。

我国保险法规定交费满2年的人身保险合同产生现金价值(见表7-2)。

人身保险合同中规定不丧失价值条款,实际上是保障投保方的利益。从来源上说,现金价值虽然由保险人运用保管,但所有权仍应为投保方所有,相当于投保人在保险人处的储蓄(不发生给付的情况下)。为使投保人明了现金价值数额,人身保险合同中一般附有现金价值表。

在人身保险合同有效期限内,如果投保人不愿意或没有能力继续交费时,投保人有权根据保单中规定的不丧失权益选择权条款规定,选择有利于自己的方式来处理保单的现金价值。条款中规定的常见选择权包括以下几个方面。

1. 办理退保,领取退保金

投保人停止缴费时,可以选择退保,并以现金方式领取退保金。但是投保人在退保时获得的净现金价值不完全等于保单中所列明的现金价值。保险人要在现金价值基础上针对累计红利、增额缴清保险的现金价值、预缴保费以及保单贷款等因素进行调整。

2. 申请办理减额缴清保险

办理减额缴清保险是指当投保人停止缴付保险费后,投保人可以选择办理缴清保险来延续保险保障。减额缴清保险是以保单所累积的净现金价值作为趸缴保费购买与原保单设计相同的保险,但所有的附加险和补充给付都将除外。保费根据申请办理时的被保险人的年龄计算。减额缴清保险的保险责任和保险期限与原保单一致,但其保险金额的大小由保单的净现金价值大小决定。

3. 申请办理展期定期保险

办理展期定期保险是指当投保人停止缴付保险费后,投保人可以选择展期保险来延续保险保障。展期保险是以保单所累积的净现金价值作为趸缴保费购买与原保单具有相同保额的定期保险,保险期限的长短取决于保险金额、净现金价值、被保险人的性别以及投保人申请办理时被保险人所达到的年龄。

专栏 7-2

表7-2 每1 000美元的最低不丧失价值

(根据1980 CSO生命表,利率7.5%,普通寿险,男性,35岁)

年末	现金价值 (美元)	缴清保险 (美元)	展期定期保险	
			年	天
1	0	0	—	—
5	14	112	3	295
10	56	344	10	64
15	108	517	13	28
20	171	646	13	343

注:依据1980年保险监督官展期定期表
资料来源:Kenneth Black 著.孙祁祥等译.人寿与健康保险.经济科学出版社,2003.

（八）保单贷款条款

保单贷款条款的基本内容是：人寿保险合同生效满一定时期（一般是1年或2年）后，投保人可以以保单向保险人申请贷款，贷款金额以该保单的现金价值的一定比例（如70%或80%）为限。投保人应按期归还贷款并支付利息。如果在归还本息前发生了保险事故或退保，保险人则从保险金或退保金中扣还贷款本息。当贷款本息达到现金价值的数额时，保险合同效力丧失。保单贷款实际上是保险人提供给投保人融通资金的机会，借以提高寿险保单的使用价值，激励投保人投保。而对保险人来说，利用保单贷款，可以有一定的贷款利息收入，同时也维持了保单的续保率，因而具有储蓄性的人身保险合同大多有贷款条款的规定。

（九）保单质押转让条款

人寿保险单的投保人可以将保单的某些权益转让给银行或其他债权人为贷款或借款提供担保，称为保单质押转让，这也是寿险保单发挥有价证券功能的另一方式。经过保单质押转让，质押权人即债权人享有了保单的一定权利，如在被保险人死亡时获取已转让权益的、以债权金额为限的那一部分保险金，或行使退保权利，取得退保金或现金价值。需要注意的是，在寿险保单质押转让中，对于投保人，其义务一般不变，仍有缴纳保费的义务。为了保障被保险人的生命安全，我国保险法规定，包含死亡保险金支付条件的人寿保险单转让必须要经过被保险人同意。对于受益人，条款一般规定在质押转让中，受益人必须在质押转让表上签字，这是为了防止事后受益人和债权人对死亡保险金发生争议，也使得债权人在行使相关保单权利时，不必征求受益人的同意。保险人在保单质押转让中也起着重要作用，保单转让必须通知保险人，在保单上批注，并在保险人处存档备案。

（十）自动垫缴保费条款

自动垫缴保费条款的基本内容是：保险合同生效满一定时期（通常是2年后），如果投保人过了宽限期仍没有缴纳保险费，保险人则自动以保单的现金价值垫缴保费，在垫缴保费期间如果发生了保险事故，保险人从应给付的保险金中扣除垫缴的保险费和利息。当垫缴的保险费和利息超过了保单的现金价值时，保险合同效力丧失。

自动垫缴保费条款设计的目的是为了维持保险合同的效力，当合同存在现金价值，并列有自动垫缴保费条款时，保险人在逾期不缴费的情况下才会自动垫缴。

（十一）保费豁免条款

保费豁免是指在保险合同规定的某些特定情况下，保险公司同意投保人可以豁免缴纳未缴保险费的义务，而保险合同维持原有效力的一种人性化的选择性条款。保费豁免最早出现在少儿险中，当作为投保人的父母遭遇不幸死亡或丧失工作能力而保单仍处缴费期时，缴费义务豁免，没有经济收入的孩子仍可继续获得保险的保障。对成年人保险而言，一般因被保险人在缴费期内因为意外、疾病等原因导致重残或完全丧失工作能力，投保人可以免缴其后的保费，被保险人的保障仍然有效。

第二节 人寿保险

人寿保险是指以被保险人的生命为保险标的，以被保险人死亡或生存至合同约定的年限时,由保险人给付保险金的保险。

人寿保险通常被简称为寿险,是人身保险中产生最早的一个险种。早期由于人们认为死亡是其面临的最大的人身风险,因而最先的寿险专指以被保险人死亡为给付条件的死亡保险。但随着社会的发展,家庭日益小型化,人的寿命不断延长,人们也越来越多地考虑起维持个人老年生存、家庭生活开支的经济负担,因而人的生存也成为需要保障的一项人身风险,寿险品种也从单一的死亡保险发展到生存保险及两者兼顾的两全保险。

寿险业的发展在现代社会中具有重大意义,对于安定人民生活,促进社会稳定起着重要作用。随着社会经济的不断发展,寿险业的地位在整个保险业中也是愈发重要。从各国保险业的统计资料中表明,经济越发达的国家,其保险业中寿险保费收入的比例越趋向于超出财产保险保费收入的比例。

一、普通人寿保险

(一) 死亡保险

死亡保险,通常简称为寿险,是以被保险人在保险有效期内死亡为保险金给付条件的人寿保险。死亡保险按照保险期限的不同分为定期寿险和终身寿险。

1. 定期寿险

定期寿险提供特定期间的死亡保障。按特定期间表示的不同分为以特定的年数表示(如5年期)和以特定的年龄表示(如保至50岁)。无论以哪种方法表示期间,只有被保险人在保险有效期内死亡,保险人才承担保险金给付责任。如果被保险人生存至保险期限届满或合同约定的年龄,保险合同即告终止,保险人不承担任何给付责任。

定期寿险由于保障期限较短,通常没有现金价值,不具备储蓄因素。由于定期寿险是在短期内死亡给付保险金,所以投保此险种的被保险人有较为严重的逆选择,即死亡风险概率高于标准风险的人倾向于投保定期寿险。为防止逆选择,定期寿险一般要求办理承保时需经过严格体检和核保选择。相比较其他寿险险种,定期死亡险的保费较低,此险种适宜于经济能力较差的个人与家庭,或在特定期间内对被保险人的生命具有经济利益关系的人投保,如合伙人之间,雇主为特殊雇员等。同时因其强调保障功能,偏重死亡保障的人也倾向于购买定期寿险。

2. 终身寿险

终身寿险是一种不定期的死亡保险。保险单签发后除非应缴的保险费不缴,否则被保险人在任何时候死亡,保险人都给付保险金。由于人固有一死,因此终身寿险的给付必然会发生,受益人最终会得到一笔保险金。终身寿险的保险单都具有现金价值,带有储蓄性。该险种适宜于有一定经济能力,有储蓄倾向,考虑为子女积累遗产的投保人。

终身寿险按其保费缴纳的方法可分为三种。

(1) 连续缴费的终身寿险又称普通终身寿险,这是投保人一直缴费至被保险人死亡为止的终身寿险。

(2) 限缴保费的终身寿险。该险种与普通终身寿险类似,只是保险费限定在特定期间内缴付。缴费期的长短可视投保人的需求及具体情况而定。它适宜于收入期间有限而又需要长期死亡保障的人投保。

（3）趸缴保费的终身寿险。这是指投保人在投保时一次将全部保险费交付完毕的终身寿险。趸缴保费的终身寿险具有较高的储蓄性，因此，对于偏重储蓄的人较有吸引力。在国外，它还常被用来抵销遗产税的税负问题。

（二）生存保险

生存保险是指被保险人如果生存至保险期满（如至一定年限或至一定年龄），保险人给付保险金的一种保险。如果被保险人在保险期限内死亡，则保险人不给付保险金。生存保险这个险种设计的目的是为了满足被保险人生存至保险期满后的各项费用开支，如成年人的养老金准备，未成年子女的教育金或婚嫁金准备等。相比较死亡保险，生存保险保费较高，储蓄性最强。实践中，生存保险的被保险人在保险期限内死亡时，保险人一般会退还保费。

生存保险的一类分支是现代社会中很重要的寿险品种，即年金保险。所谓年金保险同样是以被保险人期满生存为保险金给付条件，但其保险金是按合同的规定的，在被保险人生存期间内，每隔一定的周期（通常为1年或1月）支付一定的保险金于被保险人而非一次性给付的一种生存保险。生存保险设计成年金保险，主要优点有二：一是分期支付，可避免被保险人使用不当，而造成保险金不能充分保障其整个生存期间的生活需要；二是年金保险只要被保险人生存，每年均可领取，因此无论寿命多长，都可获得保险金保障老年生活，保险金领取总额也不受固定金额的限制，保障充分。年金保险一般有如下分类。

1. 年金保险按年金给付的期限可分为定期年金保险和终身年金保险

定期年金保险是指保险人在合同规定的期限内，被保险人如果生存，保险人按期给付约定的年金额；若期限届满或被保险人在约定的期限内死亡，则保险人停止给付（以两者先发生的日期为准）。

终身年金保险年金的给付没有期限的规定，保险人给付年金额至被保险人死亡时为止。

2. 年金保险按年金给付是否有保证可分为保证年金保险和非保证年金保险

保证年金保险是为防止被保险人在领取年金的早期死亡所带来的损失而设计的年金品种，具体分为两种：一种是期间保证年金，是指无论被保险人寿命长短，年金的给付都有一个保证期，若被保险人在保证期内死亡，保险人继续给付年金于其受益人，直到保证期届满时为止。另一种是金额保证年金，是指如果被保险人死亡时，其所领的年金数额不足所缴的年金现金价值，余下的由其受益人领取。

非保证年金保险是指年金给付以被保险人生存为条件，死亡则停止给付。

3. 年金保险按年金给付开始期的不同可分为即期年金保险和延期年金保险

即期年金保险是指投保后满一个年金周期立即开始领取年金，其年金现价采取趸缴的形式。

延期年金保险是指合同订立后，经过长于一个年金周期以上的时期后才开始进入年金的领取期。延期年金通常有两种：一种情况是缴费期结束后立即进入领取期，另一种情况是在缴费期结束后先经历等待期再进入领取期。

4. 年金保险按被保险人的人数可分为个人年金保险、联合生存者年金保险、联合最后生存者年金保险

个人年金保险是指被保险人只有一人的年金，通常这种年金的被保险人就是年金受领人。

联合生存者年金保险是指两人或两人以上的被保险人联合投保的年金保险。即当联合被保险人全部活着时，年金全数给付；如果其中任何一个被保险人死亡，保险人即停止年金给付。

联合最后生存者年金保险是指两人或两人以上的被保险人联合投保的年金保险。在约定的给付开始日，只要有一个被保险人生存，保险人就全数给付保险金，直至被保险人全部死亡，保险人才终止给付保险金。

（三）两全保险

两全保险是被保险人无论在保险期内死亡还是生存至期满，保险人都给付保险金的一种人寿保险。两全保险都是定期的，可用一定年数或一定年龄来限制。两全保险与终身寿险相同，保险金的给付是确定的，必将发生的。两全保险可以保障被保险人死亡给家庭经济生活带来的困难，也可保障被保险人生存至期满后所需的日后经济开支需要，保障最全面，同时保费最高，相当于定期寿险与生存保险两者保费之和，保费当中既有保障的因素，又有储蓄的因素。所以两全保险适应于经济能力强的投保人的全面保险需求。

二、新型人寿保险

普通寿险产品在厘定保单费率时都设立确定的预定利率因素，对人寿保险公司的经营有着诸多不利因素。在市场实际利率低于保单的预定利率时，寿险公司就必将承担利率差异所导致的利差损，威胁到保险公司的经营安全；而在市场实际利率高于保单的预定利率时，投保人为追求更高的资金收益率，往往会集体性地退保，或以保单贷款来灵活使用保单的现金价值，影响到保险公司的经营稳定性。因而我国市场上，在1999年以后逐步由各家寿险公司推出销售了分红寿险、变额寿险和万能寿险等新型人寿保险。

（一）分红寿险

分红寿险最早出现在18世纪的英国，其推出的目的是为抵御通货膨胀和利率波动风险，分红保单中投保人通常要缴纳略高于非分红保单的保费，被保险人在可获得固定现金价值的同时，还可获得保险公司在经营此项业务过程中发生的盈余，保险公司将以分红的方式返回给投保人。分红寿险可分配的红利主要来源于死差益、利差益和费差益三个方面。

$$利差益 =（实际资金运用收益 - 预定利率）\times 责任准备金$$
$$死差益 =（预定死亡率 - 实际死亡率）\times 风险保额$$
$$费差益 =（预定费用率 - 实际费用率）\times 保险金额$$

寿险公司分红保险的红利除了上述盈余来源之外,其他还有解约收益、投资收益及资产增值、残疾给付、意外加倍给付及年金预计给付额与实际给付额之间的差额等。每一会计年度末,分红保险业务的盈余计算结果由公司董事会讨论决定当年的可分配盈余,并在分红保单持有人和公司股东之间进行分配。按照我国保险监督管理委员会的规定,保险公司每一会计年度向保单持有人实际分配盈余的比例不低于当年可分配盈余的70%。

保险公司可以以现金分红或保额分红方式分配保单红利。现金分红保单的所有人领取红利的方式主要有以下几种:现金领取、累积生息、抵交保险费和缴清增值保险(根据被保险人当时的年龄将红利作为趸交保险费购买非分红保险,此方式不适用于次标准体保单)。

分红保单每年派发的红利是不可预见和不可保证的,会随保险公司的实际经营绩效而波动,与保险公司业务经营水平相关,因而投保人与保险公司共担风险。分红保单由于可以提供高于非分红保单的收益,因而在寿险业中的比重上升很快。

(二) 变额人寿保险

变额人寿保险(Variable Life Insurance)是一种终身寿险,其保险金额随其保费分立帐户中投资基金的投资绩效不同而变化。该险种 20 世纪 70 年代初出现在欧洲和加拿大,在英国被称为投资连结保险(Unit-linked Insurance),1976 年变额人寿保险首次在美国市场上销售。该险种目前已是国外保险市场上重要的销售品种,被认为可以抵销因通货膨胀导致人寿保险死亡给付不足的问题,因为该保单的投资的股票价值会随通货膨胀而上升。在我国,该类型的产品均被称为投资连结保险。我国市场上最先推出销售的该类寿险产品是 1999 年 10 月由中国平安保险公司推出的"平安世纪理财投资连结保险"。

按照我国保险相关法规规定,投资连结保险,是包含保险保障功能,并至少在一个投资账户拥有一定资产价值的人身保险产品。投资连结保险及投资账户均不得保证最低投资回报率。按照目前有关精算规定,投资连结保险可以并且仅可以收取以下几种费用。

(1) 初始费用,即保险费进入投资账户之前扣除的费用。

(2) 买入卖出差价,即投保人买入和卖出投资单位的价格之间的差价。

(3) 死亡风险保险费,即保单死亡风险保额的保障成本。风险保险费应通过扣除投资单位数的方式收取,其计算方法为死亡风险保额乘以死亡风险保险费费率。

保险公司可以通过扣除投资单位数的方式收取其他保险责任的风险保险费。

(4) 保单管理费,即为维护保险合同向投保人或被保险人收取的管理费用。

保单管理费应当是一个与保单账户价值无关的固定金额,在保单首年度与续年度可以不同。保险公司不得以保单账户价值一定比例的形式收取保单管理费。

(5) 资产管理费,按账户资产净值的一定比例收取。

(6) 手续费,保险公司可在提供账户转换、部分领取等服务时收取,用来支付相关的管理费用。

(7) 退保费用,即保单退保或部分领取时保险公司收取的费用,用来弥补尚未摊销的保单获取成本。

变额寿险产品与传统寿险产品相比较,具有以下特点:第一,其保费的缴纳与传统寿险产品相同,是固定的,但保单的保险金额在保证一个最低限额的条件下,却是可以变动的,变额寿险产品因此而得名。变额寿险的保险金额的变动取决于投保人所选择的投资账户的投资收益。第二,开设分立账户或投资账户。对应于普通终身寿险的保单责任准备金的资产都记入保险公司的综合投资账户,为得到较为稳定的资产回报率,其被投资于一系列的较为安全的项目。而对应于变额寿险保单责任准备金的资产则单独开立一个或多个分立账户,由投保人或保单所有人自由选择,投保人缴纳的保费在减去初始费用及保障保费后被存入选择的投资分立账户,由保险公司本身或委托资产管理公司专业经营。第三,变额寿险保单的账户价值随着所选择的投资组合中投资业绩的状况而变动,某一时刻保单的账户价值决定于该时刻其投资组合中分立账户资产的市场价值。在这种保单的死亡给付中,一部分是保单约定的固定最低死亡给付,一部分是其分立账户的投资收益额。保险人根据资产运用状况,对投资分立账户的资产组合不断进行调整;保单所有人也可以随时在各种投资产品中自由选择调整组合。所选择的投资分立账户的投资收益高,则保单的账户价值高,死亡保险金即保险金额也高;反之,则保单的账户价值低,死亡保险金即保险金额也低。

变额寿险产品的投资风险是由保单所有人承担的,保险人只是负责管理投资账户。保单的账户价值可能因投资账户的收益下降而为零。正是如此,在美国,变额寿险产品被认为是一种有价证券投资产品,经营变额寿险产品的保险公司须作为投资公司经纪商在美国证券交易委员会注册,同时,在美国出售的各种变额寿险保单也必须在美国证券交易委员会注册,而且只有根据联邦证券法取得经纪人或交易商许可证的销售代理人才有资格销售这类产品。

(三) 万能人寿保险

万能人寿保险(Universal Life Insurance)是一种缴费灵活、保险金额可调整的寿险。自1922年始,精算学界不断有精算师发表论文、推导公式,逐步形成设计万能寿险的成熟想法。随着电脑科技的进步,为弹性保费保单创造了销售的条件。1975年,美国一名名为安德生的精算师在第7次太平洋保险会议上提出《万能寿险保单》的设想方案,1979年,美国Life of California 的寿险公司开始销售万能寿险保单。

该保单的出现是为了满足保费支出较低、缴纳方式要求灵活的消费者的需求。万能寿险的保费缴纳方式很灵活,保险金额也可以调整,而且保险人的经营费用非常透明。投保人在缴纳首期保费后可选择在任何时候缴纳任何数量的保费,而且只要保单的账户价值足以支付保单的相关费用,投保人还可以选择停缴保费,而保单继续有效。投保人还可以在具有可保性的前提下,提高保额或降低保额。

万能人寿保险的运行模式是,投保人在缴纳首期保费后,首期的各种费用、当年死亡保障保费等从首期保费中扣除,剩余部分为保单最初的账户价值。该部分价值按保险公司定期公布的结算利率复利累积升值,成为期末账户价值,同时也是下一周期的期初账户价值。在第二个周期,投保人根据自己的情况缴纳或不缴纳保费,若该周期的期初账户价值足以支付第二期的费用及死亡保障保费,投保人就不用缴费;若账户价值不足,投保人不缴纳保费时,保单会因此而失效。若投保人在第二期期初缴纳了保费,则第二期的期初账户价值为上期期末账户价值加上第二期保费减去费用和死亡保费。第二期的期初账户价值按新的利率计息累积到期末,成为第二期的期末账户价值。该过程不断重复,一旦其保单的账户价值不足以支付保单的费用及死亡保障保费,投保人又未缴纳新的保费,则保单失效。通常情况下,保险人规定的首期保费较高,一方面是为了支付足够的首期费用和死亡给付;另一方面也为了避免保单因为对保费缴纳没有严格的限制而导致保单过早失效。

万能人寿保险具有很大的灵活性,不仅表现在保费的缴纳方式上,还表现在可以在一定的限制范围内选择所需要的保额。万能寿险的客户可以在任意时候减少或增加保险金额(增加保险金额时需要重新核保),所以能适应客户对保险的个性化需求。例如,客户可以在结婚、生子、买房时申请提高死亡保障金额,而在子女长大成人,还清债务时申请降低死亡保额,由于保障金额可随着客户需求灵活变动,因而实现一张保单提供一生保障需求的设计思想。

按照我国相关精算规定,万能寿险所收取的费用基本同于投资连结保险,但不得收取投资连结保险中的买入卖出差价和资产管理费。

第三节 人身意外伤害保险

一、人身意外伤害保险的概念

人身意外伤害保险是当被保险人因遭受意外伤害使其身体残疾或死亡时,保险人依照合同规定给付保险金的人身保险。

人身意外伤害保险概念中的意外伤害是确定给付条件的前提,明确意外伤害保险定义的重点即是明确意外伤害。意外伤害由意外和伤害两层含义构成。

伤害是指外来的致害物以一定的方式破坏性地接触致使身体受到伤害的客观事实。伤害由致害物、侵害对象和侵害事实三个要素构成,三者缺一不可。

(1) 致害物,即直接造成伤害的物体或物质。在意外伤害保险中,致害物必须是外来的,即外界的器械伤害、自然伤害、化学伤害及生物伤害,而在体内形成的疾病对被保险人身体的侵害不认为是伤害。

(2) 侵害对象,是致害物致害的客体。在意外伤害保险中,只有致害物致害的对象是被保险人的身体,才构成伤害。也即意外伤害保险中所指的伤害,是指生理上的伤害,而非精神上或人身权利上的侵害。

(3) 侵害事实,即致害物以一定的方式破坏性地接触、作用于被保险人身体的客观事实。致害方式可以是碰撞、坠落、淹溺、中毒等。

人身意外伤害保险中意外是确定其给付条件的第二层定义。意外指就被保险人的主观状态而言的,指伤害的发生是被保险人事先没有预见到的或伤害的发生违背被保险人的主观意愿。

被保险人事先没有预见到的伤害,包括两种情况:①伤害的发生是被保险人事先所不能预见或无法预见的;②伤害的发生是被保险人事先能够预见到的,但由于被保险人疏忽而没有预见到的。被保险人事先没有预见到的伤害,必须是偶然发生的事件或突然发生的事件。

伤害的发生违背被保险人的主观意愿,也包括两种情况:①是被保险人预见到伤害即将发生时,在技术上已不能采取措施避免;②是被保险人已预见到伤害即将发生,在技术上也可以采取措施避免,但由于法律或职责上的规定,不能躲避。如警察在执行任务时的伤亡属于意外伤害。

专栏7-3

突然死亡——一起看似"意外"的保险案件

2005年9月,马某在光大永明人寿保险有限公司北京分公司为其父投保永宁康顺综合个人意外伤害保险,保额5万元人民币。依照条款约定,当被保险人遭受意外事故并且因此导致身故或高度残疾时,保险公司应承担保险责任。2006年3月26日,老人在超市购物时倒地经抢救无效身故,北京市海淀区公安分局刑侦大队介入此案并对尸体进行了检验。尸检报告结论为"马某尸体全身未见重要外伤,心血中未检出常见毒物,可排除外伤及中毒。结合案情,不排除猝死。此类疾病,可因过度劳累、情绪激动以及外伤等作为其诱发因素"。光大永明保险公司经过调查后,认为被保险人身故原因不属于合同约定的"意外事故",因此作出了拒赔决定。

资料来源:中国保险网 www.china-insurance.com。

二、人身意外伤害保险的特征

人身意外伤害保险与人寿保险同属人身保险,都以人的生命与身体为保障对象,因而两者在订立合同原则上是一致的,如确定保额的方法与原则,但人身意外伤害保险业务在经营方式上与人寿保险有重大区别,因而人身意外伤害保险也可由财产保险公司经营。

(一) 承保风险不同

人寿保险承保的是人的生死,无论正常衰老、疾病、意外致亡都属人身保险保障内容。影响其死亡的最主要的风险因素是被保险人的年龄。而意外伤害保险保障的是外来的、剧烈的、突然的事故对人体造成的伤害,对每个被保险人来说。意外风险的发生与年龄关系不大而与被保险人从事的职业与生活环境密切相关。相比较而言,意外伤害的承保条件一般较宽,高龄者也可投保意外险,对被保险人也不进行严格的体格检查。

(二) 厘定费率的依据不同

人寿保险在厘定费率时按人的生死概率,选择不同的生命表进行计算。不同年龄、不同性别的人购买寿险所交保费不同。意外伤害保险费率的厘定则是根据过去各种意外伤害事故发生概率的经验统计计算,注重职业危险,一般将不同风险的职业划分为五个等级,每一等级采取不同的费率。

专栏 7-4

在意外保险中为什么有职业分类表

被保险人的职业性质是影响人身险尤其是意外险定价的重要因素,职业风险越高,费率也就越高,因而确定意外险的费率都需要有职业分类表。由中国保险行业协会组织编制的《保险行业职业分类标准》(征求意见稿)中,将职业归为 21 个职业大类、251 个职业中类、1 793 个细分类职业。如同样是金融业,就被分为银行信贷员、证券交易员、保险推销员等 16 个细分类职业。制造业分类得最细,职业中类数量有 54 个,职业细类数量多达 665 个。每一职业大类、中类和细类均赋予一个对应的代码,以方便保险公司进行系统开发、职业识别和校验。《保险行业职业分类标准》不包含具体职业的风险分类,各公司可以根据不同险种风险类型、职业具体风险对每个职业细类赋予风险等级。保险行业协会也将根据后期收集的行业数据,结合实际经验数据对不同职业风险等级进行规范。

消费者需要注意的是,购买保险时,对于职业类别的说明不能忽略,它不但关系到保费的高低,而且可能和事后的理赔相联系。当职位发生变化后,应主动向保险公司进行告知,办理相应的职业变更手续,再由保险公司作出是否加费或不变或拒保的决定。

(三) 经营方式不同

人寿保险一般是长期性业务,采取均衡保费,因而为满足将来的死亡给付或期满给付的储蓄保费,连同其按复利方式所产生的利息构成人寿保险的责任准备金,以保证将来履行保险责任。意外伤害保险一般为 1 年期限,多数为短期业务,如飞机、火车旅客意外伤害保险等,保险期限可短至十几个小时甚至几小时。因而其责任准备金按法律规定相同于非寿险业务。

三、意外伤害保险的分类

(一) 按实施方式划分

(1) 自愿意外伤害保险,即投保人根据自己的意愿和需求,投保的各种意外伤害保险。

(2) 强制意外伤害保险,即国家机关通过颁布法律、行政法规、地方性法规强制实行的意外伤害保险。如铁路旅客意外伤害保险等。

(二) 按承保风险划分

(1) 普通意外伤害保险,即承保在保险期限内(多为 1 年)由于普通的一般风险而导致的各种意外伤害。如学生团体平安保险、个人意外伤害保险等。普通意外伤害保险中除将违反社会公德和法律的一些犯罪风险、吸毒意外风险排除为不可保风险之外,一般也将一些特殊风险排除在承保范围之外,如战争风险,从事登山、跳伞、滑雪等剧烈体育活动或比赛中遭受的意外伤害,医疗事故意外伤害等。这一些在普通意外伤害保险中不可获得保障的风险往往可以特约承保。

(2) 特种意外伤害保险,即以特定时间、特定地点或特定原因而导致的意外伤害事件为保险事故的意外伤害保险。如保障在游泳池或游乐场所发生的意外伤害,江河漂流、登山、跳伞、滑雪等剧烈体育活动或比赛中遭受的意外伤害的保险品种等。

四、意外伤害保险的保险责任及给付方式

意外伤害保险的保险责任是在保险期限内被保险人由于意外伤害而在责任期限内造成的死亡或残疾,也即保险人将在此条件下进行死亡给付或残疾给付。意外伤害保险不同于寿险,存在责任期限的特有概念。所谓责任期限,是指自被保险人遭受意外伤害之日起的一定时间期限(如90天、180天)。只要被保险人在保险期限内遭受意外伤害,并在责任期限内确定死亡或残废程度,则被保险人可享受到保险单规定的保险金给付。设定责任期限的概念,对被保险人受到伤害后最终确定伤害后果规定了时间界限:只要在保险期限内致害,无论死亡是否在保险期限内均可获得保险保障;而保险人在责任期限终止时也可依据当时被保险人的伤残程度进行给付,并且若在责任期限后伤残程度发生减轻或加重,保险人也不再进行残疾保险金的追偿或给付。

意外伤害保险的保险金给付也具有一定的特色。意外伤害保险属定额保险,保单确定的保额一般是死亡时给付的保险金额。但当被保险人未致死亡而发生残疾时,给付保险金的数额则按保单的具体规定。一般情况下,意外伤害保险的残疾保险金的给付金额是由保额和残疾程度两个因素决定的,即残疾保险金=保额×残疾程度。残废程度是指人体永久完全丧失生理机能或身体功能状态的程度,通常用百分比表示。在订立意外伤害保险的保险合同时合同都事先约定各类残疾程度的百分比。我国目前使用的是2013年《人身保险残疾程度与保险金给付比例表》,如表中规定"一上肢腕关节以上缺失或一上肢的三大关节全部功能永久完全丧失的"残疾程度为50%,则如果被保险人购买的保额为50万元,发生该程度残疾时,保险人给付25万元保险金。

第四节 健康保险

一、健康保险的概念

健康保险是以人的身体为对象,保障被保险人在疾病或意外事故所致伤害时的医疗费用或收入损失获得补偿的一种保险。我国自2006年9月1日起施行的《健康保险管理办法》将健康保险业务划分为四个种类:疾病保险、医疗保险、失能收入损失保险和护理保险。

健康保险所承保的意外风险相同于意外伤害保险中的概念。不同的在于意外伤害保险负责的是死亡与残疾的定额给付,而健康保险负责的则是医疗费用(门诊费、住院费、药费、手术费等)及收入损失补偿。

健康保险所承保的疾病风险则应符合以下三个条件。

1. 由于被保险人自身内在原因引起

疾病应当是由于人体内在的原因所致精神或肉体上的痛苦或不健全。当然某些疾病可以有外界原因诱发,如细菌传染、误服药物等。但这些外来的感染必然要在身体内部潜伏并酝酿一段时间才会形成明显的病症,因而还是内在原因引发的,属疾病范围。

2. 由于非先天性的原因造成

即保险合同订立前即已先天存在的疾病或器官性能上的残缺不全或畸形应排除在健康保险范围之外。健康保险负责的仅是由健康状态转入疾病状态。

3. 由于偶然因素而非长寿的原因造成

人的生命周期都要经历成长和衰老的过程,在趋于衰老期间的一些功能衰退是必然的生理现象,这不属于疾病,因此为了增强体质、延缓衰老的保健费用不能纳入健康保险的范围。但衰老的同时,诱发其他疾病具有偶然因素,此类疾病仍属于健康保险保障对象。

二、健康保险的特征

健康保险虽然以人的身体为保障对象,但由于其所承保的内容与一般人寿保险不同,因而健康保险在保单内容上与其他人身险合同相比有以下几个特征。

(一) 保险金额和期限

人寿保险中保险人给付的保险金额一般是固定的,在保险事故发生时,按规定的金额进行给付。而健康保险是对被保险人因医疗所发生的医疗费用支出和由此而引起的其他损失进行补偿,因此健康保险既可采取定额给付保险金的方式,也可采取对实际发生的医疗费用和收入损失进行补偿的方式。健康险不同于长期性的寿险,存在大量 1 年期的短期业务,按我国规定产险公司也可以经营短期健康保险业务。

(二) 保单续保方式

健康保险合同中一般都在条款中对保单续保方式作特殊规定,注明保单在什么条件下失效,在什么条件下可自动续保。其主要采取的方式大致有以下几种:

(1) 可撤销保单,即保险人可在任何时候提出终止合同或改变保费、合同责任范围。保单成本低,承保条件要求不严格。由于在合同期限内,保险人一般不享有合同解除权,我国不存在可撤销保单。

(2) 可选择续保保单,允许保险人在合同约定的特定日期发出通知终止保险合同的续保,特定日期通常是指保单期满日一定时期前(如提前 15 天),即保险人不提供任何续保保证。

(3) 有条件续保保单,允许保险人在合同所列明的某些特定条件达成时终止续保合同。这些条件不能与被保险人的健康状况相关,通常是与被保险人就业状况有关。

(4) 保证续保保单,即只要被保险人继续交费,其合同可继续有效,直至规定年龄,但保险人在续保时可根据被保险人的健康状况调整费率或变更承保责任。

(5) 不可撤销保单,即只要被保险人继续交费,其合同继续有效,直至规定年龄,并且保险费率也在保单中约定，保险人不可以增加保险费。这种保单保险人承担风险最大，投保人成本最高。

（三）等待期条款

健康保险的承保条件一般比寿险要严格，由于疾病是健康保险的主要风险，因而对疾病产生的因素需要相当严格的审查，一般是根据被保险人的病历来判断。同时，为防止已经患有疾病的被保险人投保的逆选择倾向，保单中常规定一个等待期。等待期多为90天或180天，被保险人在等待期内因疾病支出医疗费及收入损失，保险人不负责任。等待期结束后，保单才正式提供保障。

（四）成本分摊

对于健康保险，特别是其中的医疗费用保险，为了避免保险人的赔款成本过高，通常健康保险通过规定以下三种条款，达到被保险人和保险人共担的目的。

1. 免赔额条款

为了避免小额的经常性的医疗费用赔款的支出，节省理赔费用，医疗保险一般都有免赔额的规定，即规定保险人只负责超过免赔额的部分。免赔额一般有三种：针对每次赔款的单一赔款免赔额，针对全年总赔款的全年免赔额，及针对团体健康险的集体免赔额。

2. 比例给付条款

多数健康险合同，对超过免赔额以上的医疗费用，均采用保险人与被保险人共同分摊的比例给付方法，如保险人承担70%～90%，被保险人承担其余部分，以促进被保险人对医疗费用的节约。

3. 给付限额条款

即在合同中规定最高保险金额，医疗费用实际支出超过部分，由被保险人自己负担，以此控制总支出水平。

（五）费率厘定

健康保险的保险费率的决定因素比一般寿险要多，主要包括疾病发生率、残疾发生率、疾病持续时间、费用率、利息率、死亡率、失效率等，另外还有一些其他因素，如销售渠道、承保习惯、理赔原则及其公司的主要目标等。同时，还有一些因素，如医院管理和医疗方法、经济发展、地理环境等条件的变化同样给对将来赔款的预测带来影响。这些因素不容易被客观地、完整地、准确地预测，因此健康保险的费率计算方式与一般寿险有着明显的不同。健康保险在厘定保险费率时有下列四种基本的计算原则：

（1）统一费率原则。根据这种原则，保险费的收取不以年龄的变化而变化，或在较大的年龄档次间（如所有在职职工），所有被保险人适用统一的费率。这种方法一般为团体健康保险采用。

（2）阶梯费率原则。根据这种原则，规定被保险人在不同的年龄段内缴纳不同的保险费，一般来说，保险费在达到规定的年龄时逐级增加。例如费率每10年增加一次，其费率随年龄段呈现阶梯形式。

（3）逐年变动费率原则。这种原则规定了费率每年都发生变化，即每年都采用新费率。

这种方法一般是适用于医疗保险单。

（4）均衡保费原则。这种原则规定了每年收取相等的保险费，这与一般寿险的均衡保险费原理基本相同，要求逐年建立准备金以支付将来责任，适用于长期健康保险保单。

健康保险中对于不能达到标准条款规定的身体健康要求但有条件承保的被保险人，可以按照次标准体保单来承保。在制定费率时往往采用的方法有：①减少保单收益支付期。如住院天数的限制等。②减少保单收益，如支付金额等。③提高等待期。④规定除外责任或者进行限制保障等。

三、健康保险的主要险别

（一）医疗保险

医疗保险以保险合同约定的医疗行为的发生为给付保险金条件，为被保险人接受诊疗期间的医疗费用支出提供保障，是健康保险的主要内容之一。在医疗保险中，保险事故为意外和疾病，保险人的责任是对被保险人支出的医疗费用提供保障。医疗费用是指被保险人在医疗机构接受各种医治而发生的费用。

医疗保险按照保险金的支付方式分为费用补偿型医疗保险和定额给付型医疗保险。费用补偿型医疗保险是指根据被保险人实际发生的医疗费用支出，按照约定的标准确定保险金数额的医疗保险。费用补偿型医疗保险的给付金额不得超过被保险人实际发生的医疗费用金额。按医疗服务的特性可将医疗费用划分为门诊费、药费、住院费、护理费、医院杂费、手术费用、各种检查费用等。不同的健康保险所保障的费用一般是其中的一项或若干项的组合。定额给付型医疗保险是指当特定的医疗行为发生时按照约定的数额给付保险金的医疗保险。如按住院天数给付住院日额保险金，而不论实际发生的医疗费用。医疗保险即可设计成主险，也可以附加于寿险或意外险。

1. 普通医疗保险

普通医疗保险是指保险人对被保险人因意外事故或疾病所致的一般性医疗费用，承担给付责任的保险。这些费用主要包括门诊费用、医药费用、检查费用等。由于医药费用和检查费用的支出难以控制，因此此险都有免赔额和共保比例。

2. 住院保险

住院保险又称住院费用保险，保险人承担被保险人因住院而发生的各项费用的疾病保险。住院费用主要包括每天住院床位费、住院期间的医生费用、使用医院设备费用、手术费用、医药费用等。由于住院时间的长短直接影响费用的高低，一般此险种都对每次住院的时间作了限制，并且也有每日限额以及共保比例的规定。

3. 手术保险

手术保险承担的责任是被保险人因疾病或意外事故需做必要的手术而发生的、所有的手术费用，一般都规定了给付限额和给付期间。

4. 综合医疗保险

综合医疗保险是保险人为被保险人提供的一种全面的医疗费用保险，其费用范围包括

第七章 人身保险

医疗和住院、手术等的一切费用。这种保单的保费较高,一般确定有免赔额和共保比例。

(二) 疾病保险

疾病保险是指以保险合同约定的疾病的发生为给付保险金条件的保险,保险人仅以保险合同中订明的疾病为依据给付医疗保险金,属定额给付合同。疾病保险一般承保重大疾病,即那些较为严重的、难以治疗的疾病,如癌症、中风等。通常这种保险的保险金额较高,以满足特种疾病对各种医疗费用支出的需要。重大疾病的给付方式一般是在确诊为重大疾病后,立即一次性支付保险金。

重大疾病保险最先于1983年正式由南非的一家保险公司推出销售,在南非销售成功后,于1985年起在英国、澳大利亚推广,并在两地成功后,经过再保险公司不断的协助与支持,销售范围推向了世界各地。重大疾病保险也是目前国内健康保险市场上最受欢迎的险种之一。

疾病保险责任免除一般包括投保前已患有的疾病,自杀自残导致的疾病,各种整容外科手术、牙科治疗、视听检查及眼镜、助听器、怀孕及产科费用,及可由社会医疗保险支付的医疗费用等。

专栏7-5

哪些疾病是"重大疾病"

重大疾病保险产品都要规定本产品负责的具体"重大疾病"范围,对罹患约定范围内的"重大疾病"的被保险人按保单约定一次或多次给付保险金,因此哪些病种纳入保单保障范围,由保险合同条款明确规定病种,并对该种疾病进行定义解释。

为了保障重大疾病保险业务中投保方的利益,中国保险行业协会与中国医师协会于2007年合作制定了我国首个保险行业统一的《重大疾病保险的疾病定义使用规范》。该规范根据成人重大疾病保险的特点,对我国重大疾病保险产品中常见的25种疾病的表述进行了统一。同时根据我国相关法律规定,我国成人重大疾病保险的保险责任至少包括规范定义疾病类型中的前6项重大疾病。因此,目前市场上重大疾病保险大部分都是在规范定义范围内的25种大病基础上增加若干种保险公司自行定义的疾病提供保障。以下为我国成人重疾保险必保的6种大病:

(1) 恶性肿瘤(不包括部分早期恶性肿瘤);
(2) 急性心肌梗死;
(3) 脑中风后遗症(永久性的功能障碍);
(4) 重大器官移植术或造血干细胞移植术;
(5) 冠状动脉搭桥术(或称冠状动脉旁路移植术);
(6) 终末期肾病(或称慢性肾功能衰竭尿毒症期)。

(三) 失能收入损失保险

失能收入损失保险是指以因保险合同约定的疾病或者意外伤害导致工作能力丧失为

给付保险金条件，对被保险人在一定时期内的收入减少或者中断提供保障的保险。

失能收入损失保险的给付一般有以下特点：

(1) 给付方式，一般不按年或一次性给付，而是按月进行补偿，以便及时观察被保险人的实际残疾状况的变化，同时也更好地维持被保险人的生活开支。

(2) 给付期限，给付期限可以是短期的或长期的。短期补偿是为了补偿在身体恢复前不能工作的收入损失，一般为1年至2年；长期补偿则规定较长的给付期限，一般是补偿全部残疾（永久丧失全部劳动能力）而不能恢复工作的被保险人的收入损失，通常规定给付到60岁或法定退休年龄或被保险人死亡。

(3) 免责期，发生残疾后的前一段时间称为免责期，在免责期内保险人不提供补偿，免责期一般为3个月或半年。这是由于在短时间内，被保险人还可以维持一定的生活，同时，通过取消对短期残疾的补偿可以减少保险成本。

(4) 给付金额，在完全残疾下，残疾给付一般只补偿原来实际收入水平的75%～90%，以鼓励残疾人积极寻求力所能及的劳动达到自我补偿。在部分残疾下，按残疾前后收入差额进行比例给付。

(四) 护理保险

护理保险是指因保险合同约定的日常生活能力障碍引发护理需要为给付保险金条件，为被保险人的护理支出提供保障的保险。它的一个重要品种为长期护理保险（Long Term Care Insurance，简称LTCI），是为因老年、疾病或伤残导致日常生活能力丧失，需要长期照顾的人群而设计的。这是一种以主要承担由专业护理、家庭护理及其他相关服务项目而产生费用支出的健康保险产品。长期护理保险是适应老龄化社会发展趋势的保险产品，在欧美等发达国家已经成为健康保障的潮流和热点。

我国国内第一家专业健康保险公司——中国人民健康保险股份有限公司，于2006年6月15日在全国范围内推出了"全无忧长期护理个人健康保险"，这是国内首个具有全面保障功能的长期护理保险，具有填补国内保险市场空白的重要意义。"全无忧长期护理个人健康保险"为客户提供长期护理、老年护理、癌症、老年疾病、身故等全方位、多层次的综合保障，使被保险人在患上难以预料的疾病以及意外时，得到经济上的援助。

本 章 小 结

1. 人身保险是商业保险的重要组成部分。由于人身保险的保险标的是人的寿命和身体，因而在承保的风险性质和业务经营管理上存在着特殊性。人身保险合同多为长期性合同，在具有保障性的同时，还具有储蓄性，并随着新型寿险品种的推出，具备了投资性。

2. 人身保险合同在长期经营中，各国保险法都形成了一些常用的标准条款，如不可抗辩条款、年龄误告条款、宽限期条款、中止复效条款等。人身保险最主要的品种包括人寿保险、人身意外伤害保险和健康保险。

3. 人寿保险以人的生存、死亡作为给付条件。意外伤害保险指被保险人在保险期限内，因遭受意外伤害而在责任期限内死亡或残疾时，保险人按照合同约定比例给付保险金。

健康保险对被保险人因疾病或意外所发生的医疗费用或收入损失给予补偿。

<h2 style="text-align:center">关键概念索引</h2>

人寿保险 均衡保费 分红保险 死差益 利差益 费差益 万能寿险 投资连接保险 人身意外伤害保险 责任期限 健康保险

<h2 style="text-align:center">复习思考题</h2>

1. 简述人寿保险的分类。
2. 人寿保单中常用条款有哪些？
3. 比较人身保险与财产保险的异同点。
4. 简述人身意外伤害保险的保险给付条件。
5. 简述健康保险的含义及特点。

第八章 再 保 险

 **本章要点**

- 再保险的概念、作用与种类
- 再保险业务的经营形式
- 再保险市场

> 无风险无保险,无保险亦无再保险。再保险是分散保险公司经营风险的传统有效方式,能在业务上、财务上及经营上给予分出公司极大帮助。再保险业务在长期发展过程中形成了各种各样的分保品种,从责任分配上看包括比例分保与非比例分保,比例分保包含成数分保、溢额分保与成数溢额混合分保三个品种,非比例分保包含险位超赔、巨灾超赔与累积超赔三个品种;从分保安排上看包括临时分保、合同分保、预约分保与集团分保。每一种分保方式都配合不同业务品种的特色,满足直接业务的不同分保需求。分保双方通过再保险合同明确双方权利和义务。比例分保与非比例分保由于计算自留额基础不同,各自有各自的特色条款,在分保条件上,分保技术处理上有明显不同。再保险的分出方与接受方以及再保险经纪人构成了再保险市场的主体。在现代,专业再保险公司占据了市场的主导地位,而美、英、德是世界再保险市场的重中之重。我国再保险业目前处于初级阶段,有望随着中国加入世界贸易组织的推动与中国保险业同步发展。

第一节 再保险概述

一、再保险的涵义

(一) 再保险的概念

再保险又称分保(Reinsurance),它是以直接保险业务的存在为前提的一种保险。所谓直接保险是保险人直接与被保险人或投保人签订契约的保险,而再保险则是保险人在经营直接保险业务的基础上,将自己承保的风险责任的一部分或全部向其他保险人再进行投保的行为。因而有时再保险被简单地理解为"保险人的保险"。

保险公司作为商业机构,希望通过经营保险业务获取预期利润。但随着经济的发展,高新技术在生产中的广泛应用,一次事故造成的物质损失和人身伤亡可能十分巨大。据统计,1992年8月24日发生于美国的"安德鲁"飓风,造成保险损失186亿美元;2005年8月24日开始在美国登陆的"卡特琳娜"飓风,共造成450亿美元的保险损失。如上所述的巨额保险损失如果要一个保险人或某一地理区域内的保险人来履行赔偿责任,必然会导致财务上的困难。保险人为了避免因巨灾或某年度损失频繁发生而影响其经营安全,必然会寻求自身的风险转移和保障。再保险则是一种传统的分散风险方式,即通过对直接业务的转移集合众多保险公司的力量,联合积聚保险资金,扩大对巨灾损失的承受能力。从保险发展史上看,再保险也是直接业务发展到一定程度后的产物。

在再保险交易中,分出直接业务的公司称为原保险人或分出公司,接受业务的公司称为再保险人或分保接受人或分入公司。办理再保险时,分保双方按照一定的计算基础对每一风险单位或一系列风险单位的保险责任进行分配。分出公司根据自身偿付能力所确定承担的责任限额称为自留额;经过分保由接受公司所承担的责任限额称为分保额或接受额。原保险人为转移风险而支付给再保险人的保费称为分保费或再保险费。如果分保接受人将其接受的业务再分给其他保险人,这种业务称为转分保,双方分别称为转分保分出人和转分保接受人。

(二) 再保险的作用

再保险对保险人的作用主要体现在以下几个方面。

1. 分散风险,均衡业务质量

保险业务的科学经营是建立在概率论基础上的。根据大数定律,承保标的的数量越大,风险分散就越彻底,保险经营的财务稳定性就越好。而大数定律发挥作用存在着一些前提条件,即要求保险公司的同类业务标的损失经验一定,保额均衡,但实际保险标的价值差异很大,难以满足保额均衡的要求。通过再保险,可以运用一定方法如分出一部分保额来拉平标的金额或降低保额差异幅度,使分出公司自留的同类业务标的保额均衡化,从而达到分散风险的目的。

2. 控制责任,稳定业务经营

保险公司是经营风险的特殊企业。当其承保的当年业务赔款和费用支出之和超过当年保费收入时出现亏损;当年保费出现剩余时才有盈利。由于承保风险的偶然性,各年的损失率必然呈现一定的波动,造成保险业务经营的不稳定。再保险作为一种稳定机制,在损失率高的年度通过分保摊回减少亏损,从而使分出公司每年获得均衡利润。而在发生难以预料的巨大灾害,或保险事故发生频率异常频繁的年度,可以避免巨额的损失积累,保障分出人不受异常冲击。

3. 扩大承保能力,增加业务量

保险公司的安全经营关系社会各方面的利益,故各国均对保险公司的偿付能力作了法律规定。如我国《保险法》第102条规定经营财产保险业务的保险公司当年自留保险费不得超过其实有资本金加公积金总和的4倍。第103条规定保险公司对每一危险单位,即对一次事故可能造成的最大损失范围所承担的责任,不得超过其实有资本金加公积金总和的10%。根据以上法律规定,我们可以看出,一家保险公司对直接业务的承保能力及业务量均受资本额的限制。在公司资本额较小的情况下,其对于巨额标的可能不得不放弃承保或其标的数量无法迅速扩大。而采取再保险方法后,可以通过分保减少同一风险单位的保额及保费数量,从而可在资本额一定的条件下在法规允许范围内争取更多业务及承保巨额标的。

4. 降低营业成本,增加可运用资金

再保险不仅使分出公司业务稳定,增加盈余机会,而且在财务上还有更强的支持帮助。首先,由于分保使业务量扩大,保费收入增长,但营业费用并不按比例增加,因而降低了营业成本。其次,办理分保后,接受公司还对分出公司提供分保佣金及盈余佣金,增加分出人收益。再次,分出人还可在分保费中扣存保费准备金和未决赔款准备金,所以分出人可运用资金大大增加。

5. 加强与国际保险市场联系,提高经营管理水平

办理再保险所需专业知识要求比直接保险业务更丰富,尤其是在对风险的评估、自留额的确定、费率的厘定方面,要求分出人有较高的业务管理水平,才能合理安排分保,以最小的分保成本获取最大的收益。由于再保险大多在国际范围内进行,所以通过分保联系,可以密切国外同业关系,学习先进管理技术,了解市场信息。

二、再保险种类

(一) 按责任分配形式分类

再保险的主要目的就是要将直接业务中的保险责任限制在自身财务能力所允许的自留额内。在实务中,划分自留额与分出额的计算基础有两种。按该责任分配形式不同,再保险分为比例再保险与非比例再保险。

比例再保险(Proportional Reinsurance)是以保险金额为划分自留额与分出额的计算基础,即将每一风险单位的保险金额限制在自留额以内,超出部分分出。比例再保险包括成数再保险、溢额再保险、成数溢额混合再保险三种品种。

非比例再保险(Non-proportional Reinsurance)又称超赔分保,是以赔款金额为划分责任的基础,即当分出公司赔款超过一定额度或标准时,其超过部分由接受公司负责,直至一定额度或标准的分保方式。非比例分保包括险位超赔分保、事故超赔分保、积累超赔分保三种品种。

(二) 按分保安排形式划分

按分保安排形式划分,可将再保险划分为临时分保、合同分保、预约分保。

临时分保(Facultative Reinsurance)是分出公司在有分保需要时临时洽谈分保协议的再保险行为,对于该项业务的分出和接受,分出公司和接受人均无义务,可自由选择。临时

分保是最古老、最原始的分保方式,目前仍被广泛运用。

合同分保(Treaty Reinsurance)是双方预先订立分保合同,在约定时期内凡是合同规定的业务,分出人有义务分出,接受人有义务接受,双方均受合同约束,无权选择的分保方式。这是现代再保险市场中最主要的分保安排方式。

预约分保(Facultative Obligatory)是介于临时分保和合同分保之间的一种分保方式。分出人对预约合同规定的业务是否分出可以自行决定,而接受公司则只有接受的义务,没有权利选择。

(三) 按分保对象划分

再保险中安排业务时往往以某一类业务为基础,因而根据分保对象不同可将再保险分为火险分保合同,水险分保合同,意外险分保合同,责任险分保合同等。在实务中有时亦可将几类业务综合在一份分保合同内,往往被称为"一揽子"综合分保合同。

(四) 按分保性质划分

按分保性质的不同可将再保险划分为法定分保和自愿分保。

法定分保,即按国家有关法律规定强制办理的分保,是国家干预再保险,保护民族保险业,促进民族保险业发展的手段。我国曾经规定除人寿险业务外,保险公司应当将其承保的每笔保险业务的20%按照国家有关规定办理再保险。一般法定分保均由国家再保险公司经营。

自愿分保,即原保险人在自愿平等的基础上自由选择接受公司与之协商订立分保合同,作为双方分出和接受直接业务风险的法律依据的分保形式,亦可称商业分保。

三、再保险业务的经营形式

经营再保险业务的目的是要实现以最小分保成本获取最大分保效益,而为实现目标,再保险业务面临的最主要问题是如何面对各具特色的直接业务,合理选择分保品种,安排分保业务的方法。在再保险业务长期发展过程中,一系列定型的分保方式逐渐形成。这其中主要的再保险业务经营形式即是比例合同分保与非比例合同分保。

(一) 比例合同分保

比例合同分保是当今再保险市场上最经常运用的方式。即分保双方预先订立分保合同,对于合同规定范围内的业务,双方必须按合同规定,以保额为基础划分自留额与分保额办理分出和接受。在实务中,比例合同分保有三种业务方式。

1. 成数合同分保

成数合同分保,即分出公司与接受公司签订的分保合同内,分出人将其所承保的合同规定范围内的业务,以每一风险单位的保额为基础,按合同订明的固定比例,一部分自留,一部分分保给接受人,并按这同一比例分配保费和分摊赔款。

一般在成数合同分保中,为使分保双方承担责任有一定范围,都订有最高责任限额即合同总容量,同时订有分保比例。分出公司和接受公司对每一风险单位的保额,在合同总容量内按分保比例分别承担责任,同时,在此分保比例基础上,划分分保费以及摊回赔款。

例如，分出公司组织一份海洋货物运输险成数合同分保，确定每一风险单位的最高责任限额为1 000万美元，自留额为30%，分出额为70%，此合同称70%成数合同分保。则当分出人有三笔货物运输险业务时，责任、保费、赔款计算见表8-1。

表8-1 成数分保计算表　　　　　　　　　　　　　　单位：万美元

货物	总额			自留 30%			分出 70%		
	保额	保费	赔款	保额	保费	赔款	保额	保费	赔款
A	400	4.0	0	120	1.2	0	280	2.8	0
B	800	8.0	200	240	2.4	60	560	5.6	140
C	1 200	12.0	0	300	3.0	0	700	7.0	0

在表8-1中因第三笔业务保额1 200万美元已超出合同限额，故双方只需在1 000万美元保额内按比例承担300万美元和700万美元，同时按承担保额占总保额的比例分割保费及赔款。超过合同限额的200万美元可另行安排分保，若无安排，则由分出人自负，相应保费和赔款也自留了。

成数分保合同的特点在于：

(1) 合约双方利益一致。

由于合同约定范围内的业务无论大小良莠双方都按相同比例承担，无权选择，故双方利益完全一致，盈亏相同。所以在各种分保方式中，成数分保合同佣金条件最优厚，且可用于换回回头业务，即办理分保交换。

(2) 手续简便，节省人力物力。

由于每一笔业务保额分割比例完全一致，故编制业务账单，计算分保费和摊回赔款非常简便，管理费用大大减少。

成数合同分保虽具有这两项优点，但由于分出公司对业务分出缺乏选择性，保障不够彻底，分保费流失较多，故一般用于以下三种业务：

一是新公司、新险种和特殊业务，以争取优厚分保条件，取得接受公司共命运基础上技术和财务的支持。

二是保额和业务质量均匀的业务，如货运险。

三是各类转分保业务与集团分保为简化手续多使用。

2. 溢额合同分保

溢额合同分保，即分出公司与接受公司签订分保合同，凡合同规定范围内的业务，以每一风险单位的保险金额的一定数额作为自留额，以自留额的一定线数即倍数，作为分出额，并分别按自留额和分出额对保额的比例来分配保费和分摊赔款的一种再保险方式。

对于溢额合同来说，与成数合同相同的是都以保额为基础确定自留额与分保额，并按自留额与分保额对保额的比例来划分保费和赔款。但在成数合同中，每一笔业务都是按固定百分比办理的，而在溢额分保中自留额为一确定金额。由于每一笔业务的保额不同，因而自留与分出比例在不断变动，而不存在固定比例，并且在溢额合同中，只有当风险单位的保额超出自留额时才需办理分出,在自留额限度内的业务则可全部自留,而不像成数合同,无论业务大小一律分出。

例如某保险人组织一个水险溢额分保合同,确定每一风险单位的最高自留额为50万美元。分保限额为自留限额的5倍,即250万美元。该合同则称为5线水险溢额分保合同,合同总容量为300万美元。溢额合同关于责任、保费和赔款的计算,现以保额不等的三笔水险业务为例,列表如表8-2。

表8-2 溢额分保计算表　　　　　　　　　　　　　　单位:万美元

风险单位	总额			自留额			分出额		
	保额	保费	赔款	保额	保费	赔款	保额	保费	赔款
A	40	0.4	10	40	0.4	10	0	0	0
B	100	1.0	20	50	0.5	10	50	0.5	10
C	250	2.5	0	50	0.5	0	200	2.0	0

由于溢额合同办理分出的方式引起溢额合同存在下列三个特点:

(1) 可以灵活确定自留额,以减少分保费流失。溢额合同分保能根据不同的业务种类、质量和性质确定不同的自留额。凡自留额以内的业务,全部由分出公司自留不必分出,因而不论在业务的选择上,还是在节省分保费支出方面,都具有优越性。

(2) 分保双方经营成果不一致。在溢额合同中,分出公司和接受公司的经营成果,随保额不同、承担责任不同以及损失情况不同而产生较大的差异。如果赔款都是自留额以内的小额损失,分出公司的累积责任可能会很沉重;而若大额赔款多,接受公司的经营就可能出现亏损。

(3) 分保手续比较繁琐费时。以船舶险为例,办理溢额分保时,要根据业务单证按每一艘船只逐一进行登卡和管理限额,并计算出不同的分保比例,以及按这一比例逐笔计算分保费和摊回赔款,在编制分保账单和统计分析方面也较麻烦。所以,办理溢额分保需要严格的管理和必要的人力来进行,因而可能增加管理费用。

溢额分保是再保险实务中应用最广泛的方式。由于其业务特点,一般来说,对于风险性较小,利益较优且风险较分散的业务,多采用溢额分保方式,以保留充足的保费收入。对于质量不一,保额不均匀的业务,也往往采用溢额分保来均匀风险,如火险、船舶险、人身险业务等。在国际分保交往中,溢额分保也是常见和乐于考虑的业务,可用于分保交换。

3. 成数溢额混合再保险

成数溢额混合再保险,即将成数合同和溢额合同组织在一个合同内,以成数分保部分作为溢额分保的自留额,以自留额的若干倍数(即溢额部分的容量)作为合同的最高限额。

例如分保比例为80%的成数合同,最高责任额为100万元。在此基础上另订一溢额合同,其责任限额为成数部分最高责任额100万元的2倍。因此,在某一业务的保额超过100万元时,超过部分在200万元内的由溢额合同处理。混合分保中责任的分割见表8-3。

表 8-3　成数溢额混合分保计算表　　　　　　　单位：万美元

保险金额	成数合同		溢额合同接受额
	自留额	接受额	
50	10	40	0
100	20	80	0
250	20	80	150

成数溢额混合分保由于其实务计算较繁杂,一般只适用于转分保业务和海上保险业务的特殊情况,如组织成数合同支付保费较多,如组织溢额合同保费和责任又欠平衡,才采用这种方式来协调各方的矛盾。

(二) 非比例合同分保

非比例合同分保即双方预先订立分保合同,对合同规定范围内的业务,当赔款超出一定额度或标准时,其超过部分由接受公司负责,直至一定额度或标准的一种再保险方式。

传统的再保险方式是比例分保。19 世纪后期特别是进入 20 世纪以来,巨灾风险巨额损失不断增加,比例分保已无法彻底分散此类风险。为解决此类保障问题,以赔款为基础计算分保双方责任的非比例分保发展起来。1885 年前后,劳合社的承保商希思首先提出超赔分保的设想。这种设想于 1889 年首先在意外险中应用很受欢迎,特别是在汽车险业务中,超赔分保解决了许多因数量多,保额小,责任积累和赔款多带来的风险问题,而且又简化了分保手续。经过长期的发展,非比例分保品种日益增多,但主要由三个品种构成。

1. 险位超赔分保

险位超赔分保,即以每一风险单位的赔款作为计算自留额和分保额的基础。非比例分保的自留额又称起赔点或免赔额。如对火险业务安排超过 100 万元以后的 500 万元的险位超赔,则当某风险单位的损失在 100 万元以内,全部由分出公司承担;当损失超过 100 万元时,超出部分由接受公司承担;当损失超过 600 万元时,分出人与接受人的责任分别以 100 万元与 500 万元为限。超出部分若无另行安排,仍由分出人自负。

险位超赔在一次事故中的赔款计算有两种情况:一是按风险单位分别计算,没有限制。二是有事故限额,一般为险位限额的 2~3 倍,即每次事故接受公司只赔付 2~3 个风险单位的损失。

实务中险位超赔分保适用于一般小额业务,经常与比例分保结合使用,以保障分出公司自留风险,或保障比例分保合同双方的责任。

2. 事故超赔分保

事故超赔分保又称巨灾超赔,是在一次事故涉及许多风险单位同时发生损失,其赔款总额超过自负赔款额时,超过部分由接受公司负责至一定的额度。事故超赔主要用于保障分出人在一次巨灾中的责任积累。

因为一次巨灾事故造成的损失可能是非常严重的,因而为更广泛地分散巨灾风险,事故超赔可分层设计,即设置若干层次的超赔分保,每一层的再保险限额累积可达到巨大的金额,以充分保障可能偶然发生的百年不遇的巨灾。

3. 积累超赔分保

积累超赔分保也是非比例的主要品种之一。这是以分出公司在一定时期内(如1年)的某项业务的赔款为基础划分自留额及分保额的超赔分保方式。一般包括赔付率超赔分保和赔款额超赔分保两种具体方式。

赔付率超赔分保,就是将1年内某项业务的赔付率限制在一定标准内,当实际业务赔付率超出约定比率时,超出部分由接受公司负责至一约定赔付率。

如若某项业务的营业费用率为30%,则赔付率超赔分保的自负赔付率为70%,接受公司的责任限额一般确定为自负赔付率加上2倍的营业费用率即130%。分保接受人的负责区间为70%~130%的赔付率,有时也有一定具体金额的限制,如最高不超过1 000万元,以防止业务量过大时赔款数字绝对值过大。

赔款额超赔分保,就是将分出公司某项业务1年内的赔款限制在一定范围内,只是它是以一定确定金额作为自留额与分保限额。一般它对每次赔款及全年赔款均有自留及分保限额的规定,如规定1年内某业务每次赔款超过50万元以后的100万元,全年超额赔款累积超过300万元以后的400万元的赔款额超赔分保。

积累超赔分保主要适用于农作物雹灾险和年度变化大的业务,其目的是防止经营年度亏损,均衡各年经营业绩。

专栏 8-1

巨灾频现加速再保险市场去垄断化

面对每一次大灾,险企都会挺身而出,而保险公司未雨绸缪,借助再保转嫁自身的部分风险对于稳定经营至为关键。2年前无锡SK海力士的大火案引发了险企间官司缠身就是因再保,而日前发生的天津塘沽爆炸案,预估60亿元损失能否有再保公司接盘,也备受关注。可以肯定的是,再保险与保险同样,对于分散风险异常重要。

而在国内,再保险保费收入与保险市场规模并不匹配,当巨灾来袭时,再保险所发挥的作用显得微不足道。随着市场的放开,更多的保险巨头和民营企业向再保市场发起进军,正在酝酿新棋局。

投资再保险掀热潮

日前,泛海控股发布公告称,公司拟投资20亿元,联合巨人投资等4家公司设立亚太再保险股份有限公司,正式进军再保险市场。拟投100亿元的巨额资本着实让人咋舌,而其背后的股东也备受关注,分别为民生银行创始股东泛海控股实际控制人卢志强和巨人投资创始人史玉柱,还有亿利资源集团董事长王文彪等。

毫无疑问,目前中再独一家再保险牌照的格局在不久将被打破。2014年,国务院印发的新"国十条"中,明确提出要"加快发展再保险市场。增加再保险市场主体。发展区域性再保险中心"。目前,不断有社会资本及行业资金发起冲击,对再保险牌照志在必得。

2015年2月,爱仕达(12.800,-0.31,-2.36%)、七匹狼(9.640,-0.12,-1.23%)和腾邦国际(12.430,-0.42,-3.27%)均发布公告,计划设立前海再保险;4月,人保集团对外披露,集团与旗下人保财险[微博]订立协议要设立再保险公司,双方将各自出资5.1亿元和4.9亿元,分别占股51%和49%;8月初,中民投下属海外投资平台中民国际,与美国思诺再保险正式举行收购协议,中民投收购后者全部股权。

除此之外,中国人寿(29.000,0.54,1.90%)、太平集团、安邦保险也不约而同地表达了涉足再保险业务的意愿。据了解,中国人寿也在对再保险业务进行研究,太平再保险也会加快国内业务的发展、战略布局,安邦希望能够获得设立再保险公司的牌照。

更多的社会资本和行业资金看好再保险市场,很可能源于监管政策的出台。惠誉国际信用评级发布的《2015年全球再保险行业指南》提到,"偿二代"的推行将给整个中国市场险企的资本金需求带来不确定性,产险业务在新的偿付能力框架下需要的资本金将更高,因此直保公司希望再保险公司分保,以分担承保风险和资本金压力。这也意味着产险再保险业务的需求会保持强劲的态势。

再保市场有望壮大

中再作为内地唯一的再保险公司,在国内再保险市场占有近80%的份额,而其他的财险公司及外资再保巨头开展的业务仅占20%。

业内人士表示,中再集团有着国资背景,长期以来,扮演着国家再保险的角色,肩负着扶持国内再保险市场的任务。而今年3月平安证券[微博]研报称,中再受资产规模限制,抵御重大风险的能力仍然较差,其两家子公司中国财产再保险和中国人寿再保险,注册资本分别为100.32亿元和67.2亿元,资本规模还不及一家大保险公司,这与承担的风险水平很不相符。

在国际再保险市场上,2013年全球前50名再保险公司保费收入2 233亿美元。这也让更多社会资本和保险巨头看到了国内再保险市场未来的发展潜力。平安证券发布的再保险专题研报显示,国内再保险市场由于起步较晚,目前只有1家中资再保险公司和7家外资再保险分公司,由于主体较少,市场具有较大的发展潜力,并预计2020年我国国内再保险市场规模将达到3 300亿元。

再保险公司是为保险公司保险的公司,再保险发展既有经济意义,也有减灾减损的社会意义。2013年,无锡SK海力士的大火案有媒体测算,这一灾害可能带来9亿美元的赔款,相当于2012年国内整个企财险市场约360亿元保费收入的15%。该灾害给保险业带来的损失甚至大大超过2008年汶川大地震。这是由于直保险企大多采取了自留很小比例。"不过,并非所有的灾害发生都会有再保险挺身而出。"一位保险专家分析,目前国内再保险收入较少,也充分说明当灾害发生时,保险公司转嫁出去的风险并不多。在近日发生的天津塘沽爆炸案,还没有再保公司公布承担再保责任,仅有慕尼黑再保险称目前评估天津爆炸损失为时尚早。

再保险新谋略

"重投资轻承保"曾是中再集团盈利模式,2005年前后其一度凭借保险资金投资收益实现整体微盈利。如2005—2007年的牛市行情中先后实现数亿元利润。不过,在2008年金融危机和巨灾频发的影响下,中再集团投资、承保双重亏损,合并税前亏损近百亿元。

在保险业,只有再保业务发展起来,才意味着一个国家保险业真正的强大。一位从事再保业务的人士解释,再保业务不只是国内再保,还应该包括国际上的再保,再保能力得到国际上的认同,也就是再保实力、风控能力得到国际上的认同,才算真正的保险业强大起来。

为此,中再也不断谋划通过资本市场融资,以增进承保实力,并通过走出国门来承保更多的国际业务。

2015年7月末,中再向香港联交所递交了上市申请材料。按照中再的上市计划,最快将于10月完成在港公开发行股票,有望融资156亿港元。2015年8月11日,保监会也正式批复,同意中再集团在新加坡设立一家经营财产再保险与人身再保险业务的分公司,注册资本金为5 000万新加坡元,这也是中再集团海外设立的第一家分公司。

目前的保险巨头人保集团也希望成立再保险公司,以分散自有的原保险承保风险,另一方面增强整个人保集团在国际上的影响力和话语权。

新加盟申请再保险牌照的企业也纷纷表态,泛海控股认为,再保险行业作为"保险的保险",相应亦面临良好的发展机遇,且国内再保险市场起步较晚,主体较少,具有较大的发展空间。新华联(7.200,−0.16,−2.17%)认为,通过本次进军再保险行业,公司的金融板块业务将进一步完善,有利于加速实现"地产＋金融"的战略转型步伐。对于并购美国思诺,中民投方面透露,将携手思诺保险打造亚洲再保险中心。

人才技术受考验

在"2015中国保险业发展年会"上,瑞士再保险(中国)总裁陆勤表示,再保帮助降低提供保险的成本。"最近几年,受到风险性质的变化,如与气候相关的风险、技术创新、巨灾模型、金融的全球化、直保行业集中度的不断提高,都会影响再保险的发展。"

无论如何,从长期来看,培育更多的再保主体,有利于开展公平竞争。有关人士向媒体表示,险企相继成立再保险公司是一件好事。原来中资再保险公司较少,交易度不够活跃,相继成立再保险公司后,市场上的竞争将更加充分,整个保险市场的发展与布局愈发完善,有助于做大做强中国保险市场。

然而,更多市场主体的出现,也有可能推高再保业务的经营成本。一位再保险从业人士就表示,市场上的再保险主体增加,可能会面临获取保单成本上升的情况,部分市场份额被迫分出难以避免。不过,经营再保险业务,对于民营企业提出了较大的考验。据了解,再保险不同于直保公司,专业度高,对技术、人才要求也更严格,对资本消耗也更大。民营资本无论从资本实力、技术、数据还是再保险经验上都不占优势。

陆勤表示,对于再保险公司而言,除了对资本的运用外,对模型分析、数据积累等技术性要求也是非常高的,很多直保公司对于再保险公司的要求更多是智力支撑。便宜的费率只要不计成本谁都可以做到,但混合着多年数据、经验而成的技术不是谁都可以提供的。

泛海控股指出,再保险公司的开办和收入实现需要一定周期,产生盈利所需的时间可能较长,投资收益可能在再保险公司稳健发展后才能逐步实现,投资存在短期内不能获得收益的风险。

（资料来源：《北京商报》2015 年 8 月 19 日）

第二节 再保险市场

一、再保险市场的涵义

再保险市场是从事各种再保险业务活动的再保险交换关系的总和，包括再保险的买方、卖方和中介，以及市场的环境、组织和管理各个方面。

再保险市场是保险市场发展的产物，与保险市场相辅相成，互相依存。与保险市场相比，再保险市场有自己的特色，因为再保险交易需要广泛的国际联系和信息交流，所以分保业务往往超越国界，也即再保险市场往往是国际性的市场。同时，再保险市场与保险市场的重大区别在于再保险的买方和卖方没有严格的限制，可以相互转换，一家公司即可以办理分出也可以办理分入。在再保险市场上，由于经纪人可以为买方和卖方提供高质量的专业服务，故再保险业务有一半以上是由经纪人联系安排的。

二、再保险公司的组织形式

活跃在世界再保险市场上的经营再保险业务的主体组织形式主要有如下几种。

（一）直接承保公司

保险公司兼营再保险业务是再保险最初的经营方式。随着再保险业的发展，保险公司只是在经营直接保险业务的同时偶尔接受再保险业务。更多地是以分保交换的方式在对直接业务安排分保的同时获得一部分再保险分入业务。直接承保公司即是再保险的买方又是卖方。

（二）专业再保险公司

专业再保险公司本身不经营直接保险业务，而是作为再保险人对直接承保公司提供保障，同时也将接受的再保险业务的一部分转分给其他的再保险人。专业再保险公司是在再保险需求不断扩大的前提下从直接承保公司中独立出来的。世界最早的专业再保险公司是成立于 1846 年的科隆再保险公司。发展至今，专业再保险公司已是再保险市场上最主要的力量，世界再保险费也主要集中在一些大的再保险公司或集团。据统计，前十大再保险（集团）公司集中了 40% 的再保险市场份额。

（三）再保险集团

即由众多再保险人经共同协议联合组成的集团公司，有地区性的分保集团与专业性的分保集团两类。亚非拉国家都建有地区性分保集团以强大地区再保险力量，如非洲航空保险集团、亚非再保险集团等。而专业性的分保集团组成主要是为了集中处理特殊风险，如原子能风险、雹灾风险等，以求高风险分散及联合专业技术力量，英、德、日、美等国建立的原子能分保集团属此类。参加分保集团的公司既是分出人又是分入人，他们通过成数分保的方式在集团内分出自身业务、接受来自其他成员的分入业务。分保集团一般通过规章规定承保限额,对超过集团力量的超限额责任,也向国际再保险市场进行统一分保。

(四)劳合社

在劳合社注册的承保商是再保险市场内重要的买方,同时也是重要的卖方。劳合社个人承保商在市场内组成承保小组,只接受注册的劳合社经纪人介绍的分保业务。

专栏 8-2

国内再保险将进入调整期,20多家公司渴望获牌照

今年来,太平再保险成功"分改子",人保再保险、前海再保险获批筹建,亚太再保险、华宇再保险、天圆再保险等数家公司等待批筹,据记者不完全统计,仅在公开信息中,渴望再保险牌照的公司已有25家、涉及资本接近200亿元,这让处于保险产业链后端的再保险也站上了风口。

不少公司在陈述准备涉足再保险的理由时提到国内再保起步晚、发展不足的现状及蕴含的巨大发展机遇。不过,就当前来看,尽管国内直保市场取得近年最高速的发展,但国内再保险市场发展则是另一番景象。数据显示,2015年直保公司分出保费下降4.56%,而偿二代下,风险资本成本较低的车险分保需求降低,作为寿险再保"大头"的财务再保险需求存在不确定性,再保险市场出现萎缩。

业内分析,从中短期看,偿二代的实施会导致直保公司分出保费结构以及对某些再保险产品的需求出现变化,再保险市场低迷还将持续几年,再保险人需要从中寻找机会并满足其需求,才有望转而实现增长;而从长期看,面临内外部压力的再保险将面临深刻调整,传统再保险简单的承保能力"借出"的商业模式难以为继。而欲进入再保险的各方,需对该领域的这种调整有充分认识,在技术和专业上作出准备。

2015年分出保费降4.56%

再保险是保险公司购买的保险,可以帮助保险公司进行风险分散或财务管理,与再保险对应,保险公司又被称为直接保险公司(直保公司)。中国再保险业近年来获得快速发展,2013年以来市场规模达到千亿元以上。

此前,平安证券发布再保险专题报告预计,2013年国内再保险保费收入为1 238亿元,与2013年我国财产保险业保费比约为20%,与2013年全国总保费收入的比约为7.2%,假设这一比率在2020年得以维持,按照保险业新"国十条"规划,2020年我国国内再保险市场规模将达到3 300亿元。

不过,多位业内人士认为,这一预期偏乐观。从近两年的情况看,与直保市场近年的业务高速发展势头相比,国内的再保市场显得相对低迷。

一组行业数据显示,2015年我国直保公司分出保费1 658.49亿元,同比下降4.56%;其中,产险分出952.86亿元,占原保险保费收入的11.3%;寿险分出705.62亿元,占原保费收入的4.45%。

从上市险企来看，记者根据2015年年报数据统计显示，中国人寿、平安寿险、平安产险、太保寿险、太保产险、新华保险6家公司2015年合计原保险保费收入为10 670.6亿元，同比增长1 060.3亿元，增幅为11.03%，而分出保费为407.3亿元，同比增加13.8亿元，增幅仅为3.51%。以此计算的2015年分出保费比率由2014年的4.09%下降了0.28个百分点，降至3.82%。

一位业内人士对记者称，此前很难想象保险公司分出保费同比会出现下降，毕竟占据分保大头的产险业务仍有平稳增长，而寿险保费也实现着近年来最高速的增长。2015年数据显示，产险公司实现原保险保费收入8 423亿元，同比增长11.65%；寿险公司原保险保费收入15 859亿元，同比增长24.97%，寿险公司总保费24 184.6亿元，同比增长43.13%。

但是，他同时称，细分析下来，分保数据下降亦有其逻辑。再保险保费主要与直保业务的风险保费挂钩，产险近年的保费增速仅在个位，而产险分保"大头"车险分保又有需求下降的问题，而寿险中增速较快的理财型保险的保险风险不大，基本与再保关系不大，总体上，再保很难同步增长。

再保面临商业模式变革

"再保险保费的下降可能还会持续几年，之后才会有好转，要看偿二代运行的效果。"一位再保险人士对记者说，偿二代的实施会导致直保公司分出保费结构以及对某些再保险产品的需求出现变化，再保人需要从中寻找机会并满足其需求，这个过程中，再保公司的分入保费规模、保费结构甚至盈利可能都会受到影响。

这是中短期看到的调整，从更长远看，一位业界资深人士分析，在"偿二代"和保险公司强化经营的大背景下，再保险面临内外压力，或面临深刻调整。

此前，中再集团在港上市发布聆讯后资料集时曾预计，在新的市场环境下，再保险机构需要发挥技术、数据和人才优势，再保机构竞争方式也将由"以资本为主"向资本、商业模式、技术、品牌和偿付能力等多元要素转变。

该业界人士对记者称，从大环境看，保险，特别是非寿险将进入微利时代，精打细算和压缩成本在所难免，而再保险将首当其冲。传统再保险简单的承保能力"借出"的商业模式难以为继，特别是比例再保险可能面临"风光不再"的局面，而非比例模式，直接考验再保险的定价能力；与此同时，另类风险转移方式领域的各种产品创新，也将挑战传统的再保险产品。但不少再保险公司，尤其是国内再保险公司，对此缺乏足够的认识和警觉。

市场份额"三分天下"

截至目前，中国再保险市场的参与者主要包括中再集团、太平再保险两家中资再保险人和7家境外再保险人的在华分公司，以及200多家离岸再保险人，并有若干直保公司开展少量再保险业务。整体市场格局大致为中再集团、离岸再保险人、7家再保巨头在华分公司各占据三分之一市场份额。

在境内有分公司的7家境外再保险人包括瑞士再保险、汉诺威再保险、慕尼黑再保险、法国再保险、德国通用再保险、劳合社、美国再保险。随着偿二代实施，境内直保公司分出业务的资本要求，再保对手为离岸再保公司时，风险因子高于境内再保公司，因而部分目前以离岸再保险人,也可能在中国成立境内业务实体。

还有不少中资欲进场。人保再保险、前海再保险已获得批筹,此外,据公开信息,申请筹建还有亚太再保险、华宇再保险、天圆再保险,仅这5家再保公司的发起公司就达26家,涉及资本接近200亿元。

在可行性分析和市场前景中,欲涉足再保领域的公司均提到了目前我国专业再保险发展的不足,以及保险业"十二五"规划和新"国十条"中关于发展再保险市场的内容,以示行业发展前景十分广阔。

不过,从2015年的数据看,直保业务不断增长的同时,分出保费规模下降,或是行业进入调整期的信号,数据背后的情况值得再保市场既有主体以及新进入者、准进入者深入研讨。

(资料来源:《证券日报》2016年8月18日)

(五)专业自保公司

专业自保公司是在20世纪80年代迅速发展起来的一种保险业务经营形式,是大企业自设的保险公司,为其母公司和子公司提供直接保险,同时也承保外界的风险,大部分集中在百慕大地区。由于专业自保公司业务偏重于大企业内部的业务,所以结构很难均衡,风险集中,因而特别依靠再保险技术来分散风险。同时,大企业往往跨国经营,由于某些国家法令、货币等规定,专业自保公司很难直接在该国办理承保,故常委托当地的保险公司作为其前卫公司代办承保。前卫公司对此服务收取签单费后,将收取的保费小部分自留外,其余以再保险方式交于专业自保公司。

全世界估计有2 000多家专业自保公司。百慕大是美国的专业自保公司集中地,其他专业自保公司的中心有美国佛蒙特州、卢森堡、中国香港、新加坡等地。专业自保公司在美国工商企业财产保险市场上占有30%左右的份额。在《财富》500强企业中有70%的企业设立了专业自保公司。

作为全球第三大保险市场,中国的自保公司主体显然还非常有限。据了解,目前有6家央企设立了自保公司,分别是中国石油天然气集团公司、中国海洋石油总公司、中国石油化工集团公司、中国铁路总公司和中国广核集团有限公司,以及今年刚刚获批的中远海运财产保险自保公司。

三、世界主要再保险市场简介

世界主要再保险市场有伦敦再保险市场,德国、法国、瑞士构成的欧洲大陆再保险市场,纽约再保险市场,百慕大再保险市场和亚洲的日本、新加坡、中国香港等国家和地区。这些国家和地区几乎集中了世界90%的再保险费。这些市场各自具有不同的特色,下面就四大市场进行简要介绍。

(一)美国市场

美国作为世界再保险最发达的国家之一,其再保险市场已越来越为人们所瞩目,其中最著名的是纽约再保险市场。美国保险市场广阔,保费收入占全球保费收入的40%左右。

纽约再保险市场经过最近20多年的快速发展,已跻身于世界再保险市场前列。

纽约再保险市场的再保险交易主要有三种方式:第一种是通过互惠交换业务;第二种是由专业再保险公司直接与分出公司交易;第三种是通过再保险经纪人。其业务主要来源于北美洲、南美洲和伦敦市场。在扩展再保险业务问题上,美国再保险摒弃了欧洲再保险的传统做法,即不用打电话、直接飞来飞去的展业方式,而是选择长久的立足点渗入再保险市场。

尽管美国再保险商们的经营业绩被寄予厚望,但是从长远看,美国再保险业的波动性和周期性将继续对再保险商们的获利能力造成威胁。特别是近年来一系列的巨灾损失和令人失望的2002年之后,美国的再保险行业开始不景气,不断有再保险公司退出美国市场或者减少他们在美国市场上的业务活动。例如德国的格林全球保险集团、法国的安盛国卫保险集团和法国再保险集团(以上三者都在标准普尔2002年评选的35个最大保险集团之列)都相继放弃了美国再保险市场,关闭了他们在美国的子公司。美国再保险业的重大损失主要来自于两个方面:一是弥补1997—2000年的准备金提取不足;二是为石棉责任纠纷案补提准备金。

专栏8-3

丑闻+10亿损失,套劳"股神"巴菲特

2005年4月,美国媒体爆出美国保险业大哥大——美国国际集团(AIG)涉嫌财务造假,纽约州司法及监管当局对AIG及其前董事长格林伯格和前首席财务长史密斯提起民事诉讼,罪名是AIG涉嫌从事虚假交易、隐瞒损失、虚报收入等行为,而上述做法的目的是为了夸大公司承保业务的表现,以提升公司股价。

令业界吃惊的是,一直被投资者奉为股神的巴菲特也牵涉到这起丑闻之中。

当时,调查焦点主要集中在AIG与通用再保险公司的一份再保险交易。1998年,通用再保险公司与AIG签署了一份关于再保险的合约,通用再保险公司答应向AIG提供价值5亿美元的再保险业务。而通用再保险公司是伯克夏公司旗下的一家子公司。

从2005年3月份起,美国司法部和素有"华尔街杀手"之称的纽约州总检察长斯皮策联手对通用再保险公司与AIG之间的这宗交易展开调查。他们怀疑,通用再保险公司参与了AIG虚增储备金的违规行为。两者之间的交易被AIG计为保险业务,从而使其保费收入增加了5亿美元,同时也使其财产和意外保险赔偿准备金增加了5亿美元。

为了掌握AIG与通用再保险公司的交易内幕,监管部门对伯克夏公司主席兼首席执行官沃伦-巴菲特进行了质询。

调查进行到6月,通用再保险公司两名前主管约翰-霍沃什和理查德-纳皮尔出面认罪,承认帮助美国国际集团(AIG)虚报过账目,两人也遭到解雇。认罪的两个人,前者曾负责通用再保险在都柏林的业务,后者是通用再保险的副总。

到7月份,通用再保险公司英国分部的首席执行官米兰-弗克里克在被安排行政假期两

个月后,也正式被公司解雇。

(资料来源:《外滩画报》2005年8月)

(二) 百慕大市场

百慕大市场是新兴的再保险中心,主要以其优惠的税收政策和监管环境吸引了大量的投资者。促使百慕大市场崛起的另一个重要因素是当20世纪80年代中期世界上缺乏责任再保险的承保能力时,ACE和EXEL两大特种责任险公司在百慕大建立,在此形成了超额责任险直接保险和再保险市场。再一个重要因素是80年代末,90年代初全球自然灾害损失频繁,而世界再保险市场承保能力严重不足,特别是1992年美国安德鲁飓风过后,投资者迅速建立了百慕大巨灾再保险公司开展巨灾再保险业务从而有力地推动了市场发展,使百慕大成为国际性的重要再保险中心。

在过去的几年中,百慕大市场发展尤为惊人。自然灾难财险再保险、专业责任险、经理和高级管理人员责任险以及员工责任险在市场中占有重要地位。由于目前市场保险费率坚挺,百慕大已经从超额层市场变为一家同时提供限额层保障的市场。在几股浪潮的推动下,百慕大从一家专业自保市场转变为一家全面的保险与再保险市场。所有主要的经纪公司都在岛上设立了分公司,并且其中许多公司都能够提供专业自保管理服务。

百慕大的发展速度已经超过了美国国内商业财险及意外险市场。百慕大的主要业务是来自于美国的经纪业务,而且实际上所有的内部交易企业以外的保险都通过经纪公司完成。美国商业业务大量涌向百慕大以及其他离岸市场——解释了美国国内保险公司经纪业务下滑以及经纪公司对保险买方来说作用上升之间的偏差。

(三) 伦敦市场

伦敦再保险市场是世界再保险市场提供巨灾风险保障的中心,已经形成了伦敦超赔再保险市场,专门为地震、洪水等巨灾损失提供全面、稳妥的保障,此外,还为意外险、责任险等承担再保险责任。从1991年开始,伦敦超赔再保险接受人在提高费率、改善分保条件和调整分保机构等方面取得了明显的成果。例如,伦敦超赔再保险市场提高了高层超赔再保险合同的保险费,最高幅度提高了10倍;要求再保险分出公司提高自留额,或者在再保险合同中增加共保条件,先前航空险的分出公司每个危险单位的自留额仅为0.5%,现在提高到2.5%甚至更高的比例。

伦敦再保险市场经营再保险业务具有如下几个特点:

首先,伦敦再保险市场的经纪业十分兴旺,经纪人在再保险市场上地位举足轻重。根据劳合社的规定,再保险业务必须通过再保险经纪人安排成交,如果再保险业务不通过劳合社的经纪人安排,再保险公司就不能接受业务。伦敦的再保险经纪人频繁地在世界各地往来,积极参加各种保险会议或者活动,信息灵通,十分活跃。

其次,伦敦再保险市场接受的再保险业务,主要源于外国。在伦敦再保险市场成交的业务中,外国业务的比重非常高,以劳合社为例,美国的业务占60%,其中大部分是以美元成交;其余40%中的大部分业务来源于世界100多个国家和地区的2 000多个保险公司,只有少部分业务来源于本地,这在其他再保险市场极为少见。

最后,专业再保险公司在伦敦再保险市场上无足轻重。在伦敦再保险市场上,专业再保险公司接受的业务量不到整个市场容量的六分之一。此外,英国本土的专业再保险公司的承保能力又远远低于外国专业再保险公司。德国慕尼黑再保险公司和瑞士再保险公司在伦敦设立的附属机构实力最强,即使英国最大的商业综合再保险公司、皇家再保险公司以及维多利亚再保险公司,也无法与他们相比。伦敦再保险市场上的大型专业再保险公司通常隶属于英国的大保险集团或者是外国再保险公司的分支机构。

(四) 德国市场

作为世界上最发达的再保险市场,德国再保险市场的集中化程度和专业化程度远远高于其他国家。在再保险的发展历史中,德国更是功不可没。历史上第一家专业再保险公司——科隆再保险公司便于1846年诞生于此。

目前,德国再保险市场拥有40多个实力雄厚的专业再保险公司。根据标准普尔对过去10年国际再保险市场的统计,全球前10位专业再保险公司中,有7家来自于德国。可见,德国再保险市场对于国际再保险市场而言,具有无可替代的重要地位。

慕尼黑再保险公司是全球最大的再保险公司之一,它在许多市场中都处于领导地位,多年以来连续被美国标准-普尔资信评级公司评为 AAA 级。

四、我国再保险市场

(一) 我国再保险发展历史

自1980年我国保险业恢复开展之后,一直到1988年,国内的保险公司只有中国人民保险公司一家,再保险业务也由其专营。由于是国有独资保险公司,风险由国家财政兜底,人民币业务一直不办理分保,涉外业务则须分出去。

1988年3月和1991年4月,中国平安和太平洋保险公司相继设立。根据中国人民银行1985年4月颁布实施的《保险企业管理暂行条例》第18条规定"保险企业必须至少将其经营的全部保险业务的30%向中国人民保险公司办理再保险"和第20条规定"除国家保险管理机关特别指定的保险企业外,任何保险企业均不得向国外保险公司或经营保险的人分出或者接受再保险业务",由中国人民保险公司再保险部代行国家再保险公司的职能。为了引入竞争,提高经营效率,1992年国务院与中国人民银行允许平安和太平洋两家保险公司可以经营国内外再保险业务。1995年10月开始实施的《保险法》又默认了其他商业保险公司的这一权利,并将法定分保比例由30%降为20%,从而使国内再保险经营的垄断局面被打破,各公司的再保险业务都得到了一定的发展。

1996年7月,中国人民保险公司改制为集团公司,并成立了中保再保险有限公司。至此,国内才有了一家经营再保险业务的专业公司。1999年3月,中国再保险公司在中保再保险有限公司的基础上组建成立。2003年8月,中国再保险公司改组为中国再保险(集团)公司(以下简称"中再集团"),中再集团以投资人和主发起人的身份控股设立中国财产再保险股份有限公司、中国人寿再保险股份有限公司以及中国大地财产保险股份有限公司。截止到2016年年底,我国的再保险公司有:中国再保险股份有限公司、太平再保险有限公司、中国人寿再保险股份有限公司、法国再保险公司北京分公司、瑞士再保险股份有限公司北京分公司、汉诺威再保险股份公司上海分公司、慕尼黑再保险公司北京分公司、德国通用再保险股份公司上海分公司等等。

专栏 8-4

离岸再保险人保证金制度建立

为提高离岸再保险交易的安全性，防范离岸再保险人的信用风险，保护境内保险公司作为再保险分出人的合法权益，日前，保监会印发《关于离岸再保险人提供担保措施有关事项的通知》（以下简称《通知》），并自发布之日起实施。业内专家表示，《通知》完善了我国再保险监管体系，对于防范境外金融风险通过再保险交易跨境传递，促进我国再保险市场平稳健康发展具有重要作用。

对接偿付能力监管规则

所谓离岸再保险人，是指在中华人民共和国境外设立的、以再保险方式（包括以转分保方式）分入境内保险公司业务的再保险接受人，包括保险公司、再保险公司、自保公司、互助保险组织、再保险共同体、劳合社及辛迪加，以及保监会认可的其他类型保险机构。近年来，随着我国保险市场快速发展，参与我国再保险市场的离岸再保险人不断增多，我国离岸再保险分出业务规模不断扩大，离岸再保险人信用风险逐步显现。

2007年和2015年，保监会先后印发《关于再保险业务安全性有关问题的通知》（保监发〔2007〕112号）和《中国保监会关于实施再保险登记管理有关事项的通知》（保监发〔2015〕28号），将国际信用评级作为防范离岸再保险人信用风险的主要手段。但监管实践表明，国际信用评级对再保险人信用风险的评估存在滞后性，仅依靠国际信用评级这一手段，无法有效地防范离岸再保险人的信用风险。

事实上，由于离岸再保险人具有分布广、境内无机构、无法直接监管、信息不对称等特点，其信用风险是各国再保险监管的重点和难点。市场人士指出，保监会此次下发的《通知》相比2016年8月12日的征求意见稿并无明显出入，与《保险公司偿付能力监管规则》（保监发〔2015〕22号）相对接，主要从适用的对象和范围、担保的范围和形式、担保措施的具体要求和担保措施的使用等方面，对离岸再保险人提供担保措施的有关事项提出了规范性要求。

据介绍，此前"偿二代"已经考虑了担保措施对离岸再保险人信用风险的影响，针对离岸再保险人有无担保措施，"偿二代"的《保险公司偿付能力监管规则第8号：信用风险最低资本》规定，境内保险公司在计算分出业务的资本要求时适用不同的风险因子，但未对何为认可的担保措施作出规定。此次《通知》出台，是对此规定的细化。

详细明确担保措施

值得一提的是，《通知》规定境内保险公司可以就应收分保款项和应收分保准备金等再保险信用风险暴露要求离岸再保险人提供担保措施。《通知》认可的担保措施包括存款资金、备用信用证和其他保监会认可的担保措施。

而且,《通知》明确要求作为担保措施的存款资金应存入再保险分出人在境内商业银行的账户,并规定备用信用证应是不可撤销的、清洁的、无条件的、不受备用信用证以外的任何条件限制,其索赔和偿付应在中国境内进行。备用信用证的开证机构应为在境内依法设立的商业银行,其资本充足率不低于11%或信用评级不低于AA-,且与再保险分出人和分入人均不存在关联关系。在开证机构不满足《通知》规定的资质要求时,备用信用证应由满足上述要求的商业银行保兑。

据了解,自2014年8月保险业新"国十条"出台,并提出加快发展再保险市场、增加再保险市场主体、发展区域性再保险中心以来,各路资本纷纷参股设立再保险公司。2015年8月,泛海控股(000046,股吧)联合史玉柱控制的巨人投资等5家公司,出资100亿元设立亚太再保险股份有限公司;2016年12月,上市公司爱仕达(002403,股吧)、七匹狼(002029,股吧)等7家公司共同发起成立前海再保险股份有限公司。有市场机构测算,2020年我国再保险市场空间将达到3365亿元。

根据保监会此前的起草说明,中国离岸再保险人制度主要借鉴了美国、加拿大、澳大利亚等国再保险监管经验。保监会相关负责人表示,《通知》的印发标志着我国正式建立了离岸再保险人保证金制度,改变了我国再保险市场仅依靠国际信用评级防范离岸再保险人信用风险的不足。

(资料来源:《上海金融报》2017年3月17日)

(二) 我国再保险业发展中存在的问题

1. 再保险经营机构单一,市场主体结构不合理

面对迅速发展壮大起来的直接保险市场,我国虽然已有6家专业再保险公司,但无论就其主体的质量、数量,还是其客体的规模,都无法满足国内保险市场上万亿元保险责任的分保需求。而且,中国再保险公司长期垄断了国内再保险市场,这种缺乏竞争的、垄断的再保险主体市场结构,无疑延缓了中国再保险市场的发展。

2. 再保险经营模式粗放,产品单一,不利于面对入世后激烈的市场竞争

长期以来,我国的再保险产品和定价采用的是由政府部门统一管理的模式,且价格体系具有风险要素较少、风险分类较粗,定价过于简单和粗放的特点。在这种统一和单一的定价体系下,忽视了不同客户群在风险特征和风险水平上的差异,忽视了不同地区之间风险的现实差异,忽视了不同经营主体之间经营水平的差异,这种粗放的经营模式带来了一系列的市场问题。

3. 再保险精算和管理等方面的专业人才缺乏

办理再保险,比经办直接保险业务涉及面更广泛,所需知识更为专业和精深。尤其是对风险的评估、风险单位的划分、最优再保险的选择、自留额的确定、再保险费率的厘定等方面,都要求再保险人有非常高的精算水平和业务管理技能。而国内由于各家参与再保险业务的公司过于关注短期利益,未能从长远角度看待再保险,从而丧失了许多通过再保险业务的开发来造就一批专业人才的机会。人才的缺乏是我国在再保险业务探索方面仍处于低水平、粗放经营的重要原因之一。

4. 再保险统计数据积累严重不足

严格地说,我国的再保险是1996年以后才发展起来的,远远落后于原保险市场。由于发展时间短,加上有些再保险公司业务操作不规范,保险统计口径不一,使得可供利用的再保险统计非常欠缺,影响了再保险产品的开发。

(三) 我国再保险业发展的新思路

1. 构造多元化再保险市场主体

增加再保险市场经营主体,可以从以下几个方面入手:一是充分利用现有的再保险资源,使一些长期从事再保险业务的保险集团公司等都可以设立的专业再保险公司;二是充分建立横向再保险关系,使更多的保险公司参与再保险的互惠交换业务,扩大再保险业务规模;三是建立专业自营保险公司,充分利用国内大企业的资本和技术资源,既降低其保险成本,又为再保险市场注入新鲜血液,使其成为再保险市场上的生力军。

2. 丰富和创新再保险产品

随着中国保险市场的全面对外开放,外资再保险公司的运作手段和专业技术水准会给中资再保险公司带来压力,促进中资保险公司引进和开发新型再保险产品,如有限风险再保险、保险证券化等。这些新型产品更注重保险公司的财务风险转移和巨灾风险处理,更高层次地满足了市场的再保险需求。

3. 提高再保险服务水平,加快再保险业务发展

再保险的客户是直接保险公司,分保的险种往往具有高风险性,需要对该险种的性质、标的的风险状况进行更深入细致的分析与研究,据此厘定合理的保费标准。再保险公司除了被动地接受分入业务外,还应该主动向直接保险公司就费率厘定、风险防范等方面提供咨询和改进意见。这决定了再保险对专业性的要求较高,需要再保险公司不断提高其各方面的技术服务水平。因此,我们应该有计划、有步骤地建立一套再保险专业人才培训和教育制度,为我国再保险业务发展水平尽快与国际接轨储备充足的人才资源,以更好地为客户提供服务。

本 章 小 结

1. 再保险是保险人在经营直接保险业务的基础上,将自己承保的风险责任的一部分或全部向其他保险人再进行投保的行为。再保险具有分散风险、控制责任、扩大承保能力、降低经营成本和增加国际交往的作用。再保险的经营形式有成数分保、溢额分保、成数溢额混合分保、险位超赔分保、事故超赔分保和积累超赔分保,各种分保方法在内涵、实施方法和适用对象上各有不同。

2. 世界主要的再保险市场有美国市场、百慕大市场、伦敦市场和德国市场,我国再保险业由于技术力量和人才的欠缺,在世界再保险市场中处于落后的地位。

关键概念索引

再保险比例　再保险非比例　再保险成数　再保险溢额　再保险成数溢额　混合再

保险险位　超赔再保险　巨灾超赔再保险　累积超赔再保险　再保险市场　专业再保险　自保公司

复习思考题

1. 什么是再保险？它包括哪些种类。
2. 成数分保与溢额分保在运用上有何不同？
3. 非比例分保包括哪些品种？
4. 非比例分保合同条款与比例分保条款有何不同？
6. 自保公司成立的背景是什么？
7. 简述世界几个主要再保险市场的特点？
8. 我国再保险市场的现状如何？存在哪些问题？

第九章 政策保险与社会保险

 **本章要点**

- 政策保险的概念和基本特征
- 政策保险的主要业务
- 社会保险的概念及其与社会保障的关系
- 社会保险的主要形式
- 养老保险资金的筹集模式
- 社会保险与商业保险的关系

> 政策保险是介于商业保险和社会保险之间的一类特殊保险业务,它不以营利为目的,体现的是国家对某一产业发展的政策取向与政策支持,常见的政策保险业务主要有农业保险、出口信用保险、海外投资保险等,这些保险涉及的领域关系到国民经济的基础和对外贸易,从而是关系到全局的保险业务领域。社会保险包括养老保险、医疗保险、失业保险、工伤保险和生育保险等项目,是国家为实现某种政策或保障公民利益而采取的一种经济补偿手段,通过法律或法令强制实施,它对于经济发展和社会稳定起着特殊的作用。两者都涉及国家主体,一般都在国家的干预下进行,它们与商业保险共同构成一个国家全方位的风险保障网络。

第一节 政策保险

一、政策保险的概念

所谓政策保险,是指在一定时期、一定范围内,国家为了促进有关产业的发展,从而实现特定的宏观经济目标,运用政策或财政补贴等手段对某些领域的风险保险给予保护或扶持的一类特殊形态的保险业务。政策保险往往在政府的干预下进行,其目的是为了实现国家特定的政策目标,促进有关产业的发展。

在保险市场上,一些风险性质特别的产业对于受经济利益驱动的保险公司而言,缺乏市场开发的主动性和业务经营的积极性,而这些产业的经营者对此类保险的需求往往非常强烈。例如,在中国现阶段的保险市场上,城镇寿险与非寿险业务的竞争日益激烈,而农业保险、出口信用保险却在全国大部分地区仍然是一片空白。在这一现象的背后,国家缺乏有力的政策支持无疑是一个至关重要的影响因素。因此,在发达国家和部分发展中国家,为了促使此类保险业务的发展进而促进相关产业的发展,往往制定特定的政策,对农业保险、出口信用保险等领域给予特别支持,甚至由国家设立专门的非盈利性保险机构来经营此类业务,这即是政策性保险业务产生与发展的基本背景。

二、政策保险的经营特色

政策保险是介于商业保险和社会保险之间的一类特殊保险业务,它遵循商业保险的一般原理和操作流程,又体现国家的优惠扶持政策。政策保险通常不受商业保险法的规范和制约,也与社会保险法规政策没有关系,往往由国家另行制定专门的政策法规来规范。在具体经营实践中,其特色在以下几方面得到体现。

(一)政策保险经营主体有特色

经办政策保险业务的主体,通常是国家或由国家确定的专门保险机构,既可以在政府职能部门中设置专门机构,也可以单独成立专门的公营保险公司,还可以委托商业保险公司经营此类业务。如美国的农作物政策保险机构是根据《联邦农作物保险法》由联邦财政出资设立的联邦农作物保险公司专门承办的;日本的出口信用政策保险机构设在通商产业省,是政府外贸职能部门中的一个组成部分。

专栏9-1

美国农业保险的成长之路

受制于自然风险的影响,农业生产存在较大不确定性。世界各国主要通过农业保险的形式以分散灾害造成的损失,从而保护农业的可持续发展。近年来,全球农业保险发展迅速,根据国际农业生产保险人协会(AIAG)数据,2013年各国农作物保险及再保险收入达到290亿美元,是2008年的1.58倍。2013年农业保险保费收入结构中,北美地区保费收入最高,达到170亿美元,其次为亚洲62亿美元,欧洲39亿美元,南美洲16亿美元,非洲2亿美元。作为北美地区重要的农业保险市场,美国同时也是世界最大的农产品生产国,其农业保险发展历程、组织形式与特点具有典型特征。

一、美国农业保险发展历程

根据美国农业保险发展情况,可将其分为四个阶段。

第一个阶段是探索发展时期(1938年之前)。美国在农作物保险立法之前,曾有40多年的实践和研究。19世纪末和20世纪初不止一个私人商业保险公司开办过农业保险。不幸的是,这些公司无一例外地失败了,有的还破了产。1922年,美国财政部成立了农业灾害保险部,农业灾害保险被立案并组成专门委员会进行调查研究。1929年,美国和其他西方国家暴发了严重的经济危机,罗斯福政府于1933年制定出台了著名的《农业调整法》。但是,1934年和1936年的大面积旱灾使美国的农作物损失巨大,以价格为中心的《农业调整法》没有达到目的。于是,农作物保险又一次被提到国会的议事日程,罗斯福总统所任命的农作物保险执行委员会再次进行研究。

第二个阶段是初期发展时期(1938—1980年)。1938年,在前期论证的基础上,产生了美国《联邦农作物保险法》,即1938年获国会通过的《农业调整法》的第五部分。同年,依法组建了联邦农作物保险公司。经美国《农业调整法》第5条授权,农作物保险政策开始在全美实施,初期投入2 000万美元用于小麦作物的保险,但由于农业保险费率过高,大部分农户不愿意投保,1980年全国仅50%的县、2 600万英亩土地和26种农作物加入农业保险,全美农业保险覆盖范围有限。

第三个阶段是快速发展时期(1980—1994年)。为提高农户投保积极性,1980年《联邦农作物保险法》增加了对农业保险保费的补贴比例,并首次将非国有商业保险公司引入农业保险经营过程,有效地解决了农业保险运营、监管成本高的问题,农业保险获得快速发展,1990年农业保险已覆盖全美所有县,保险品种提高至50个。

第四个阶段是全面发展时期(1994年至今)。20世纪90年代,由于农业保险承保范围未达到美国政府设计的可保面积50%的目标,为此,1994年美国《农作物保险改革法》通过巨灾保险、附加保险、集体保险和非保险作物保障计划等一系列保险政策,彻底取代了政府救济计划。此外,在进一步提高保费补贴比例的基础上,对未参加农作物保险的个体不再提供农业贷款、农产品价格保护等政府福利,实施了强制性农业保险要求,带动了农保投保率的快速上升。据统计,1995年农作物保险承保面积达到2.2亿英亩,占当年可保面积的82%。2000年《农业风险保障法》再次对保费补贴比例进行了提高,降低了农户投保成本。美国政府从农业保险的直接经营过程中完全退出,其职责演变为制定规则、监督等功能,而商业性保险公司负责具体的承保、勘察与理赔。2014年2月修订出台的《2014年农业法案》,进一步强化了农业保险的重要地位。

二、美国农业保险组织结构

美国农业保险的组织机构可分为管理机构与具体保险执行机构两部分。

美国农业保险管理机构包括:美国农业部风险管理局(RMA)和联邦农作物保险公司(FCIC)。1938年,美国国会通过了《美国联邦农作物保险法》,授权建立联邦农作物保险项目,并批准设立了隶属于农业部的联邦农作物保险公司(FCIC)负责实施该项目,政府通过FCIC参与农业保险经营,并予以资金支持。1996年,根据《联邦农业完善与改革法案》进一步设立了风险管理局(RMA),以监督和管理农业保险具体工作,其具体职责包括:保险服务、产品管理和风险预测等。

美国农业保险具体执行与实施由商业保险公司完成,管理机构不直接涉及具体承保与理赔业务。RMA已批准17家商业保险公司负责全美农业保险业务,约有5 000名理赔人员、1.25万保险代理人提供保险、勘察与理赔服务。

三、美国农业保险特点

保险品种多样化,保障力强。美国农业保险由巨灾保险与附加保险两部分构成。巨灾保险属于强制性保险,从事作物种植的经营主体必须购买此保险,否则不能享受联邦政府相关农业支持政策,巨灾保险提供平均产量50%的保障力,低于此保障力情况下,可获得该作物市场价格55%的赔偿。附加风险属于自愿性保险,需要投保人额外购买,最高投保产量可为平均产量的85%,最高赔付可获得市场价格100%的赔付。此外,还可以购买区域风险保险,其特点是根据投保地区的平均产量作为基准,当产量低于投保产量时,保险公司进行赔偿,不考虑此地区参保农户的个体产量情况,其优点是个体农户不会因为道德风险问题而有意导致农作物损失,但同时也存在区域平均产量未受损,而个别农户受损严重无法获得有效补偿的缺点。

从保障类型方面,美国农业保险分别设置了产量保险和收入保险两类品种,两类保险的区别在于是以产量或收入情况作为承保和赔偿的标准。收入保险又细分为团体收益保险、作物收益保险、收益保证保险、收入保护保险和农场总收入保险等系列险种。

由于巨灾保险作为强制性保险予以实施,意味着灾害发生后农户最低可获得市场价格55%的赔偿,同时农户还可通过购买附加保险的方式进一步获得市场价格100%的赔付,因此,美国农业保险的整体赔付保障力较强。

采取各类措施提高保险公司承保积极性。美国农业保险实施过程中,采取了直接财政补贴、税收优惠、再保险等方式对商业保险公司予以支持,确保了其开展农业保险的积极性。

直接财政补贴方式是对RMA授权经营的商业保险公司的运行与管理进行业务补贴,按照公司农业保险的承险业务量确定补贴标准,一般为保费的18.5%。税收优惠是指联邦政府和州政府对从事农业保险的商业保险公司免征1%～4%营业税以外的所有其他税收。再保险是指FCIC为经营农业保险的商业保险公司提供一定比例的再保险保障,超出部分由商业保险公司通过再保险市场进行购买。

此外,美国政府通过与商业保险公司间建立风险共担机制,共享保险市场的收益,进一步激励了保险公司开展农保业务的积极性。同时,保险公司还负责承保、定损勘察与理赔整个环节,出于降低成本的目的,这进一步促使保险公司在经营过程中更为认真负责。

增加保费补贴,提高农业保险覆盖面。为进一步减轻农户投保农业保险的保费压力,美国政府通过1980年《联邦农作物保险法》、1994年《农作物保险改革法》和2000年《农业风险保障法》多次提高保费补贴标准,有效地提高了农业保险覆盖面,2012年农作物保险面积达2.82亿英亩。为减少道德风险问题的发生,美国政府对于保费的补贴采取保障水平上升、保费补贴比例下降的补贴原则,农户为获得更高的保障水平需要付出更多的保费。

保险补贴资金由联邦政府负担,有效减轻地方政府财政压力。美国农业保险补贴资金主要用于对商业保险公司和投保农户两方面的补贴,随着补贴项目和比例的扩大,补贴总资金量不断上升。美国农保补贴资金主要由联邦政府承担,避免了地方政府由于农业保险发展而造成财政负担,这对于粮食主产地区具有重要意义。

总之,美国通过实施一系列的农业保险措施,有效降低了其国内农业生产经营风险,促进了美国农业的持续和稳定发展,保障了美国的粮食安全。

(资料来源:侯国庆,《中国保险报》2014年12月15日)

(二)政策保险实施方式有特色

在三大保险类别中,社会保险以高度强制实施为基本特征,商业保险(除机动车辆第三者责任保险等个别险种外)强调等价交换、自愿成交,而政策保险通常表现为对承保方强制而让投保方自愿的经营方式。在多数情形下,政策保险并不强制投保人的投保行为,但对承保方却加以强制,即经营主体必须接受政府的管制,不能拒绝客户的政策保险投保要求。同时,国家对政策保险经营内容、方式、费率、承保金额、保险实效及赔偿方式等统一规范。

(三)政策保险保额确定有特色

在承保金额确定方面,商业保险奉行多投多保、少投少保、不投不保的原则,保额完全由保险公司和客户通过协商自主确定。社会保险某种程度上是人身保险的政策化,保障待遇是按照公平性原则由国家社会保险法律统一规定的,经办主体和保障对象对此均无自主权。而政策保险以财产损失或与财产损失有关的人身损失为标的,保额通常根据投保标的价值的一定比例来确定,不能足额承保,以便让投保人自己分担一部分风险责任,进而达到促进其重视风险管理的目的。

(四)政策保险在承保风险与费率确定方面有特色

由于政策保险为特定的产业政策配套服务,在承保风险方面,通常由相关政策法规规定统一的保险责任范围,因此保险业务经营主体与投保人均无选择的权利。而保险责任范围的统一,又为保险费率的统一提供了条件,于是政策保险通常采取单一费率制,保险双方在费率上缺乏弹性,从而不会出现商业保险交易中的讨价还价现象。

三、政策保险的主要业务

由于世界各国产业结构与产业发展政策存在着差异,政策保险业务体系在各国之间尤其是在发达国家与发展中国家之间存在着一定程度的差异。但从世界范围内考察,常见的政策保险业务主要有农业保险、出口信用保险、海外投资保险等。

(一)农业保险

农业保险是指在国家政策的直接支持下,对被保险人在农业生产经营过程中因遭受自然灾害或意外事故致使有生命的动植物的经济损失,由保险人给予经济补偿的一种政策保险。农业是国民经济的基础部门,但农业生产的投资收益率却要大大低于第二产业、第三产业,因此农业生产的发展客观上需要国家政策的支持。同时,由于农业生产的风险较大,农业保险的经营难度很大,保险效益要大大低于其他保险业务,在农业生产者需要风险保障而商业保险公司又不愿举办的情况下,采用政策保险的形式来为其提供风险保障显然是一条化解农业风险、促进农业发展的合理途径。

农业保险根据其保险对象的不同可划分为种植业保险和养殖业保险两大类。在具体承保方式上,保险公司为了控制风险,一般采用限额赔偿方式,由保险双方约定一个限额,在约定的责任限额内发生损失时,由保险公司负责赔偿,如超过约定的限额则不予赔偿。在保险费率方面,考虑到保险金额及投保人的缴费承受能力,农业保险一般采取低费率,国家给予一定的政策支持。

我国是一个农业大国,也是世界上农业自然灾害最为严重的国家之一,农业和农村经济的发展迫切需要农业保险的支持和保护。1982年,中国人民保险公司恢复开办农业保险业务,但到2004年为止开办农业保险且形成一定规模的仅有中国人保和中华联合财产保险公司两家。从1985—2004年的20年间,农业保险除两年实现微利外,18年呈现亏损。而且从1994年起,农业保险保费收入逐年下降,险种不断减少,规模逐渐萎缩,至2004年保费收入仅为3.77亿元,同比减少0.88亿元,负增长18.86%,农业保险的发展已不能满足农业生产发展和广大农民日益增长的保险需求。

为了加快农业保险发展的步伐,2004年9月我国第一家专业性农业保险公司——上海安信农业保险公司获准成立;10月,国际农业保险经营较为成功的法国安盟保险公司成都分公司获准开业;11月,我国第一家相互制保险公司——阳光农业相互保险公司获准筹建并于2005年1月正式开业;12月,安华农业保险股份有限公司正式挂牌成立。此外,中国保监会也在积极促进农业保险立法工作,推动出台财政税收支持政策,探索建立农业救灾保险基金。至此,我国的农业保险终于迎来了快速发展的契机。

从2004年首次试点开始,到现在农业保险发展已逾10年。保监会披露的数据显示,2007—2013年7年间,我国农业保险累计提供风险保障4.07万亿元,向1.47亿户次的受灾农户支付赔款744亿元,承保的农作物品种近百个。目前,我国已成为全球第2、亚洲第1的农业保险市场,是农业保险"大国"。但按照2014年8月国务院印发的《关于加快发展现代保险服务业的若干意见》要求,到2020年,还要实现成为保险"强国"的转变。

(二) 出口信用保险

出口信用保险是指为了实现政府鼓励和扩大出口的目标,以出口贸易中的进口国及其买方信用为承保责任的一种信用保险。在国际贸易中,出口商通常会面临各种风险,出口信用保险的目的就在于为本国对外贸易尤其是商品出口提供风险保障,进而促进一个国家或一个地区对外贸易的发展。据不完全统计,目前世界上有80多个国家和地区建立了官方或半官方的出口信用保险制度。

出口信用保险承保的风险主要包括商业风险与政治风险两种,其中商业风险指进口商付款信用方面的风险,政治风险指进口国内部的政治、经济状况的变化而导致的收汇风险。由于其承担的风险大、范围广,一般在保单中会规定保险责任限额。在保险费率方面,为了制定适当的费率标准,一般要考虑诸多因素,主要包括:买方所在国的政治、经济及外汇收支状况;出口商的资信、经济规模和出口贸易的历史纪录;出口商以往的赔偿记录;贸易合同规定的付款条件;投保的出口贸易额大小及货物的种类;国际市场的经济发展趋势等。

为了鼓励我国出口企业扩大出口,为出口企业提供风险保障,中国人民保险公司于

1988年开办了出口信用保险业务,设立了出口信用保险部。首先开办的是"短期出口信用综合保险",1992年6月又开始试办"中长期出口信用保险"。为了进一步推动出口信用保险业务的发展,2001年12月,我国又成立了中国出口信用保险公司,这是我国目前唯一专门承办政策性出口信用保险业务的国有独资保险公司,其资本来源为国家出口信用保险基金,由国家财政预算安排,主要承保国家风险和买方风险。该公司在承担国家出口信用保险的政策性功能的同时,还定期向社会发布其对国家风险或行业风险的分析研究成果。中国人保财险(PICC)则于2007年重返信用保险市场,开始经营国内贸易信用保险业务,经过新的6年积累,于2013年1月获批成为第一家经营短期出口信用保险的商业保险公司,保障信用期限一般在1年以内、最长不超过2年的出口信用保险业务,以加强对小微企业的风险保障服务。

专栏 9-2

2016 年政策性信用保险支持外经贸发展成效显著

2016年,中国信保围绕服务国家开放型经济,继续扩大信用保险承保规模,帮助企业开拓国际市场,有效承担并化解企业"走出去"过程中的商业风险和政治风险。2016年,中国信保实现总承保金额4 731.2亿美元。其中,中长期出口信用保险新增承保金额226.1亿美元;海外投资保险承保金额426.5亿美元;短期出口信用保险承保金额3 752.4亿美元;各险种承保"一带一路"沿线国家出口和投资1 133.1亿美元;支持小微企业突破5万家,对小微出口企业的覆盖率达到21.3%。全年,中国信保共支持企业通过出口信用保险获得融资2 587.2亿元人民币,向企业和银行支付赔款12.7亿美元,有力保障了企业的稳定经营,以实际行动践行了政策性信用保险机构的使命与承诺。

(资料来源:中国出口信用保险公司网站)

(三)海外投资保险

海外投资保险是以海外投资者在海外投资活动中可能遇到的投资风险为承保责任的一种政策保险,又称为海外投资保证保险或政治风险保险。海外投资是一项风险投资事业,它通常要面对资本输入国特定的政治、社会环境和不发达的经济环境,从而需要有相应的风险保障。然而,一般的商业保险公司又不具备分散这种风险的能力,这就需要由国家出面,以政策保险的形式对海外投资活动提供风险保障服务。

海外投资保险按保险期限分为1年期以内的短期保险和1年期以上的长期保险,其保险金额的确定主要以被保险人海外投资金额为依据,通常规定为投资金额的90%。在保险费率方面,海外投资保险一般需要根据保险期限的长短、资本输入国的政治形势、投资者的能力、投资项目以及地区条件等因素确定合理的保险费率。

海外投资保险是世界各资本输出国的通行制度。自美国1948年在实施马歇尔计划过程中创设这一制度以来,日本、法国、德国、英国等国家也先后实行了海外投资保险制度。不仅发达国家如此,发展中国家与地区也于20世纪70年代开始为本国与本地区的海外投资者提供政治保险。我国自 1979 年以来海外直接投资在企业数量和投资规模上都取得了长足发展,但海外投资保险一直发展缓慢。我国加入世界贸易组织后,将面临更广泛的国际竞争,"走出去"到海外投资是我国对外开放实现从"市场换技术、换资金"转向"市场换市场"的战略转折点。为了鼓励中国企业进行海外投资,2001 年年底,中国出口信用保险公司成立之后,很快开办了这一项政策性保险业务。目前,海外投资保险产品包括股权保险和贷款保险两类产品,承保的风险为征收、汇兑限制、战争以及政府违约。

除了上述政策保险业务外,国家还可以根据需要开办其他的政策性保险。例如,核电站保险尤其是核责任保险,在许多国家也是在国家政策扶持下甚至是在国家财政充当再保险人的条件下开办的一种业务,因而也可以归入到政策保险的范畴。此外,一些国家将洪水、地震也纳入政策保险范围,如美国的洪水保险计划、日本的地震保险等。

我国地处东南亚季风区,天气气候复杂,干旱、洪涝、台风、高温、冷害、沙尘暴等气候灾害频繁发生,属于天气气候灾害多发区;同时我国幅员广阔,地质和地理条件复杂,位于环太平洋地震带与欧亚地震带的交汇部位,地震活动具有频度高、强度大、震源浅和分布范围广等特点。我国是世界上自然灾害损失最严重的国家之一。2013 年 9 月,保监会批准云南、深圳等地进行巨灾保险试点,2014 年相继推出了巨灾保险产品,四川、宁波等地也陆续推进巨灾保险试点。2015 年 4 月,我国有 45 家财险公司联合成立了"中国城乡居民住宅地震巨灾保险共同体"。2015 年 7 月,中再产险作为发起人在境外市场百慕大正式发行了规模 5 000 万美元的我国第一只巨灾债券 Panda Re,将地震风险转移到资本市场,首次实现了在国际资本市场上分散我国保险业风险。2016 年 5 月,保监会和财政部联合印发《建立城乡居民住宅地震巨灾保险制度实施方案》的通知,确定了"政府推动、市场运作、保障民生"的实施原则。

专栏 9-3

存款保险制度简介

存款保险制度是指一个国家为保护存款人利益和维护金融秩序的稳定,通过法律形式建立的一种在银行因意外事故破产时进行债务清偿的制度,起源于美国。在 1929—1933 年经济大危机的 5 年间,美国共有 9 108 家银行倒闭,存款人平均要等 6 年左右才能得到其存款额 60% 左右的清偿,存款人损失 10 多亿美元,传染性的挤兑使得效益好的银行和效益差的银行一起倒闭,"多米诺骨牌"效应使美国金融遭受重创。为了应对危机,重新树立公众对银行业的信心,美国国会采取了一系列行动,包括 1933 年 6 月通过的《格拉斯-斯蒂格尔法案》,该法案中第 12B 款就是创立联邦存款保险公司(FDIC),负责向商业银行提供存款保险,1933 年 7 月 FDIC 正式成立。FDIC 建立后的最初 50 年,其机制运作良好,成功地稳定了美国的金融系统。经 FDIC 帮助处理使危机银行复业的就有 190 多家。自 FDIC 建立以来,没有一个储户保障范围内的存款因银行倒闭而受到损失。美国的存款保险制度在保护存款人利益、提高公众对银行的信心及稳定金融体系等方面发挥了重要的作用。截至 2011

年年底,全球已有111个国家建立存款保险制度。

我国最早于1993年提出存款保险的概念。1993年12月,《国务院关于金融体制改革的决定》指出,要建立存款保险基金,保障社会公众利益。1997年年初,全国金融工作会议提出要研究和筹建全国性中小金融机构的存款保险机构。此后,人民银行一直在进行存款保险的制度研究。2004年以来,随着银行业改革,存款保险制度的推进工作也明显加快。2005年4月,人民银行对中国存款类金融机构的存款账户结构进行了详细的抽样调查,为存款保险制度设计提供了依据;同时,征求并吸纳了主要存款类金融机构的意见。2014年年底时已经把存款保险条例公开征求了意见。2015年5月1日,存款保险条例正式实施,其中规定,存款保险实行限额偿付,最高偿付限额为人民币50万元。

(资料来源:中国合作金融网《美国存款保险制度的改革及其启示》)

第二节 社会保险

一、社会保险的概念

(一)社会保险的概念

所谓社会保险,是指国家通过立法强制实施,运用保险方式处置劳动者面临的特定社会风险,并为其在暂时或永久丧失劳动能力、失去劳动收入时提供基本收入保障的法定保险制度。

从以上社会保险的含义,可以看出社会保险的内涵主要体现在以下几方面:

(1) 社会保险是国家通过立法形式强制实施的一种社会保障制度,是采取保险形式的国民收入再分配。

(2) 社会保险作为保险的类型之一,是一种风险损失的分散机制,它与商业保险、政策保险等共同构成一个国家全方位的风险保障网络。

(3) 社会保险保障的对象是劳动者,在劳动者面临生、老、病、死、伤、残、失业等特定的社会风险时,提供略低于原有生活水平的保障。

(4) 社会保险以解决社会问题、确保社会安定为目的,是为实行政府的社会政策而建立的一种社会保障制度。

(二)社会保险与社会保障的关系

所谓社会保障,是指以国家为主体,依据法律规定,通过国民收入再分配的形式,对公民在暂时或永久丧失劳动能力以及由于各种原因生活发生困难时给予物质帮助,保障其基本生活的制度。社会保障的内容非常广泛,虽然各国实施社会保障的程度和方式有所不同,但其基本内容相似,一般包括社会救济、社会保险、社会福利和社会优抚等。在1993年11月,中国共产党十四届三中全会通过的《关于建立社会主义市场经济体制若干问题的决定》中指出,我国的社会保障体系包括社会保险、社会救济、社会福利、优抚安置和社会互助、个人储蓄积累保障。

在整个社会保障体系中,社会保险是最基本的子系统,也是整个体系中最核心的部分。因为它所覆盖的对象是社会中的基本群体——劳动者群体,而劳动者群体是构成一个国家人数最多的人口群体,更是一个国家物质财富和精神财富的主要创造者。社会保险保障了受保者的基本生活水平,有助于广大劳动者在无后顾之忧的环境中生活与劳动,从而有助于实现整个社会的长治久安。

二、社会保险的产生与发展

社会保险起源于19世纪80年代的德国。当时,由于种种社会原因,德国工人和资本家的矛盾激化,德国国会于是制定了一个压制工人运动的法案,此法案的出台使本来已经激化的社会矛盾一触即发。在这种情况下,德国首相俾斯麦废止了国会的法案,随后制定了社会保险法送交国会。该法提出,在国民及其家属生活遇到困难或不幸时,可以领取保险金。其目的在于安抚工人,缓和社会矛盾。

1883年,德国颁布了《疾病社会保险法》,这是世界上第一部社会保险法律,标志着现代社会保险制度的诞生。1884年,德国又实行《工伤保险法》,1889年实行《养老、残疾、死亡保险法》,从此,社会保险体系便初步建立起来。

继德国1883年创立社会保险制度后,世界上其他一些国家,特别是欧洲各国也纷纷仿效建立。第二次世界大战以后,东、西方国家的社会保险(包括养老保险)制度都得到了进一步的发展和完善,并在医治战争创伤、安置伤残人员、恢复经济增长、缓和国内矛盾、保持社会稳定等方面都发挥了积极的作用。社会保险制度经过"二战"后近30年的辉煌发展,进入20世纪70年代,问题不断涌现,从而进入调整和改革的新阶段。

我国的社会保险制度是在20世纪50年代初期,按照计划经济体制的要求,参照当时苏联对城镇职工推行社会福利计划的社会保障模式建立起来的。在"文化大革命"期间一度遭到中断,社会保险退化成为"企业保险"。1978年后,社会保险工作获得了新生,重新确立了它在社会经济发展中的地位和作用。从20世纪80年代中期开始,我国的社会保险制度开始步入改革阶段。目前,已经基本建立起了以养老保险、医疗保险、失业保险、工伤保险和生育保险为主的社会保险体系。2011年7月,《社会保险法》颁布实施。

三、社会保险的主要形式

(一) 养老保险

养老保险是国家按照法律规定,在劳动者因达到规定的年龄界限退休之后,对他们提供维持基本生活的物质帮助的一种社会保险制度。养老保险是社会保险体系中的核心,也是整个社会保障制度的极其重要的组成部分。建立并完善养老保险制度,是国家和社会应尽的义务。这项制度的建立和完善,有利于切实保障老年人安度晚年的合法权利,同时也有利于消除在业人员的后顾之忧。由于它的影响面广、社会性强,直接关系到社会的稳定和经济的发展,所以为各国政府所特别重视。

从当前世界各国实行社会养老保险制度的国家来看,养老保险资金的筹集主要有三种模式：

(1) 现收现付模式，即当前在职劳动者缴纳的养老金主要用于当前已退休劳动者养老。为避免过于频繁地调整缴费水平，防止短期内可能出现的收支波动，一般保留有小部分流动储备基金。这种模式只能在人口增长稳定、新增劳动力与退休人口相对平衡的条件下实施，而在人口结构变化较大、老龄化速度较快的情况下，实施难度较大。因此，现收现付模式实际上是一种静态平衡模式。

(2) 完全积累模式，即社会成员在自己有劳动能力时，拿出一部分资金进行积累，作为自己将来退休后的养老金。完全积累模式是一种考虑长期收支平衡的养老金筹资模式，容易积累起大量的建设资金。但也由于基金积累的时间长，易受到通货膨胀的影响，因此基金的保值、增值难度很大。

(3) 部分积累模式，它是介于现收现付模式和完全积累模式之间的混合模式。即在现收现付模式的基础上，建立个人账户储备基金，实行养老基金的部分积累。这一模式兼顾了前两种模式的优点，因此在1964年的国际社会保险专家会议上受到推崇，目前为许多国家所采用。

我国的养老保险制度建于1951年，当时政务院颁布了《中华人民共和国劳动保险条例》，这是我国第一部社会保险法律。20世纪80年代，我国养老保险制度进行"退休费用社会统筹"改革，开展企业补充和个人储蓄性养老保险试点，并开始实行部分积累的养老保险资金筹集模式。进入90年代，我国新的养老保险制度逐步确立，提出了社会统筹与个人账户相结合的基本养老保险模式，覆盖范围包括城镇所有企业及其职工，城镇个体工商户和灵活就业人员也逐步纳入基本养老保险覆盖范围。2005年12月，在总结东北三省完善城镇社会保障体系试点经验的基础上，国务院颁布了《关于完善企业职工基本养老保险制度的决定》。这是完善我国社会保障体系和维护亿万职工养老保险权益的一项重大举措，对于落实科学发展观、构建和谐社会，应对人口老龄化、实现养老保险制度的可持续发展，都具有十分重要的意义。

相对于城镇养老保险制度而言，农村养老保险制度的建设比较缓慢。民政部1992年印发《县级农村社会养老保险基本方案（试行）》（以下简称民政部方案），在全国农村开展了农村养老保险。尽管方案的名称冠有试行两字，但它是我国农村养老保险史上执行时间最长、参保人数最多、影响最为广泛、至今仍具效力的农村养老保险制度，是中国历史上第一个正式面向农民的养老保险制度。但这一制度在实行的过程中，也存在保险基金积累不安全、账户利率变动频繁、地区差异不平衡等问题。随着国家对农村养老保险的重视，部分有经济条件的市县，如广东东莞、江苏苏州、山东烟台等地，推出了有别于民政部储蓄积累模式的新型农村养老保险模式，可将其称为大账户小统筹模式，这是面向普通农民的养老保险制度。此外，全国还有17个省级政府或部门出台了被征地农民社会保障文件，1 000多万被征地农民被纳入基本生活或养老保障制度。2009年9月1日，国务院发布《关于开展新型农村社会养老保险试点的指导意见》，标志着农村养老保险制度建设再次起航。为区别于民政部1992年推出的农村社会养老保险制度，将此次试点制度简称为"新农保"。

专栏 9-4

农村社会养老保险试点再次起航

新农保提出，2009年试点覆盖面为全国10%的县（市、区、旗），以后逐步扩大试点并在全国普遍实施，2020年之前基本实现对农村适龄居民的全覆盖。

新农保的基本原则是"保基本、广覆盖、有弹性、可持续"。在参保对象上，年满16周岁、未参加城镇职工基本养老保险的农村居民，可以在户籍地自愿参加新农保。在校学生未包含在内。

新农保与老农保的主要区别体现在基金来源上。基金将由个人缴费、集体补助、政府补贴三部分构成。参保农民的缴费标准目前设为每年100元、200元、300元、400元、500元5个档次，地方可以根据实际情况增设缴费档次。参保农民自主选择档次缴费，多缴多得。国家依据农村居民人均纯收入增长等情况适时调整缴费档次。有条件的村集体应当对参保人缴费给予补助，补助标准由村民委员会召开村民会议民主确定。政府对符合领取条件的参保人全额支付新农保基础养老金，其中中央财政对中西部地区按中央确定的基础养老金标准给予全额补助，对东部地区给予50%的补助。地方政府应当对参保人缴费给予补贴，补贴标准不低于每人每年30元；对选择较高档次标准缴费的，可给予适当鼓励，具体标准和办法由省（区、市）人民政府确定。对农村重度残疾人等缴费困难群体，地方政府为其代缴部分或全部最低标准的养老保险费。

国家为每个新农保参保人建立终身记录的养老保险个人账户。个人缴费、集体补助及其他经济组织、社会公益组织、个人对参保人缴费的资助，地方政府对参保人的缴费补贴，全部记入个人账户。

养老金待遇由基础养老金和个人账户养老金组成，支付终身。中央确定的基础养老金标准为每人每月55元。地方政府可以根据实际情况提高基础养老金标准，对于长期缴费的农村居民，可适当加发基础养老金，提高和加发部分的资金由地方政府支出。个人账户养老金的月计发标准为个人账户全部储存额除以139，这与现行城镇职工基本养老保险个人账户养老金计发系数相同。若参保人死亡，个人账户中的资金余额，除政府补贴外，可以依法继承；政府补贴余额用于继续支付其他参保人的养老金。

（资料来源：人力资源和社会保障部网站）

（二）医疗保险

医疗保险是指劳动者因为疾病、非因工负伤等原因需要诊断、检查和治疗时，由国家和社会为其提供必要的医疗服务和物质帮助的一种社会保险制度，目的在于使劳动者患病后尽快恢复健康与劳动能力，重新参加劳动。

医疗保险对一般劳动者的疾病、患病和伤残提供保障，并且这些疾病、患病系劳动者自身身体所致，并非职业病。伤残也是指非工伤致残丧失劳动能力，其发病、致残原因与劳动无直接关系。医疗保险保障的对象一般是劳动者，也有的包括家属；其给付条件是劳动者因疾病丧失劳动能力；给付方式可以是现金给付，也可以是医疗给付。

我国于20世纪50年代初期建立的医疗保险制度由三种类型构成，即国家机关、事业单位实行公费医疗制度，企业实行劳保医疗制度，农村实行合作医疗制度。随着我国医疗保险制度蕴含矛盾的显现，1998年12月，国务院决定在全国范围内进行城镇职工医疗保险制度改革，颁布了《关于建立城镇职工基本医疗保险制度的决定》。该决定扩大了医疗保险制度的覆盖范围，包括国家机关、企事业单位、社会团体、民办非企业单位职工。此外，随着20世纪70年代末期农村联产承包责任制的推行和集体经济的衰落，农村合作医疗逐渐走向消亡，农民基本上是"自费医疗"，许多农民没有任何医疗保障。2002年年底，中共中央、国务院下发了《关于进一步加强农村卫生工作的决定》，2003年年初，国务院办公厅转发了《卫生部等部门关于建立新型合作医疗制度意见》，农村合作医疗制度将再一次在全国范围内建立。在新型的农村合作医疗制度中，国家和地方政府拿40元（最初为国家和地方政府拿20元），农民拿10元，建立农村合作医疗统筹基金，给每个农民建一个账户，看小病自己拿一部分，大病按规定报销，目标是到2008年新型农村合作医疗制度要基本覆盖农村居民。2016年，国家卫计委会同财政部联合印发《关于做好2016年新型农村合作医疗工作的通知》，要求各级财政对新农合的人均补助标准在2015年的基础上提高40元，达到420元，农民个人缴费标准在2015年的基础上提高30元，全国平均达到150元左右。

（三）失业保险

失业保险是指国家通过立法强制建立失业保险基金，对非因本人原因失去工作、中断收入的劳动者，提供限定时期的物质帮助以及再就业服务的一种社会保险制度。失业现象的存在无论是对国家，还是对个人或家庭都会带来一系列的消极影响。建立失业保险制度，不仅可以为失业者提供基本生活保障，帮助失业者重新就业，而且在促进经济稳定、提高经济效率、维护社会安定、促进社会公平等方面起着巨大的作用。因此，世界各国都非常重视失业保险制度的建立。

失业保险基金主要来源于雇主、雇员缴纳的失业保险费和政府的财政补贴。被保险人要想领取失业保险金，必须是非自愿性失业，而且要达到最低缴费标准和就业年限。失业保险金的给付遵循充分但不过度原则，既能保证劳动者及其家庭在失业期间维持一定的生活水平，又能激励失业者积极寻找新工作，重新就业。失业保险金的给付通常是短期的，一般设定领取期限，或者规定随着领取时间的延长而逐步减少。

新中国成立后于1950年6月政务院颁布了《救济失业工人暂行办法》，但在长期的计划体制下，我国劳动就业一直实行"铁饭碗"制度，企业不会倒闭，职工也不会失业。到了20世纪80年代中期，我国开始在国有企业中推行劳动用工合同制和国有企业的破产制度。为了配合这两项改革，国家从1986年开始率先在国有企业的职工中实施失业保险（当时称为"待业保险"）。1999年1月，国务院正式颁布了《失业保险条例》，将失业保险的实施范围进一步扩大，覆盖范围包括城镇各类企事业单位。

（四）工伤保险

工伤保险是指劳动者在生产经营活动中或在规定的某些特殊情况下所遭受的意外伤

害、职业病,以及因这两种情况造成的死亡、劳动者暂时或永久丧失劳动能力时,劳动者及其遗属能够从国家、社会获得必要的物质补偿的一种社会保险制度。这种补偿既包括医疗、康复所需,也包括生活保障所需。

随着社会的发展,工伤保险的功能也在不断地扩展。现代意义上的工伤保险除上述内容之外,还包括下述功能:通过安全预防促进企业安全生产,减少事故发生;通过康复工作,使受伤害者尽快恢复劳动能力,促进受伤害者与社会的整合。工伤预防、工伤救治与补偿、工伤康复,已形成工伤保险的三大支柱。

我国第一部自成体系又较为完善的工伤保险立法——《工伤保险条例》已于2003年4月由国务院发布,将于2004年1月1日起施行。这是我国继1951年《劳动保险条例》后关于工伤保险的一次革命性突破。鉴于我国目前正处于第五次工伤事故高峰期,这一条例的颁布不啻为及时雨;而对于广大职工,则是撑起了一把有力的保护伞。

(五) 生育保险

生育保险是国家通过一定的手段,筹措一定的基金,对生育子女期间暂时丧失劳动力的职业妇女给予一定的经济和物质补偿,保障其生活、工作和健康权利的一种社会保险制度。建立完善的生育保险制度,既有利于保证女性劳动者的身体健康和劳动力的再生产,保护下一代得到正常的孕育、出生和哺育条件,又可以促进计划生育政策的落实。

由于世界各国经济发展水平的差异,生育保险的范围和待遇标准有所不同。经济发达国家生育保险的范围较广,待遇水平较高,部分国家和地区还将婴儿保健及生活用品,以及配偶的假期、津贴等项目也包括在内;而经济不发达的国家,待遇水平较低,保障项目也相对较少。在我国,生育保险只适用于达到法定结婚年龄,并符合国家计划生育政策规定的劳动妇女,生育保险的待遇包括产假、生育津贴和生育医疗服务等三个部分。

四、社会保险与商业保险的关系

按保险业务经营的性质,可将保险分为社会保险与商业保险。作为保险的两种形式,两者之间既有共性的一面,又在许多方面存在着本质区别。

(一) 社会保险与商业保险的共性

(1) 两者都以风险的存在为前提,在风险发生后对被保险人的损失进行补偿。风险的客观存在是保险的前提,风险的偶然性和不确定性,则产生了对保险的需求。不管社会保险还是商业保险,都是保护被保险人遇到风险后能够获得一定的补偿,都力图保障被保险人免受风险连累。

(2) 两者都以被保险人缴纳足够的保险费、建立保险基金作为提供经济保障的物质基础。保险制度的正常运转需要足够的保险资金做后盾。社会保险由政府指定专门机构经营,虽然各个国家负担保险费的比重有很大不同,但被保险人必须足额缴纳保险费,否则会强制征缴甚至罚款,或减少保险给付;商业保险由各保险公司经营,没有足够的保险费来源建立保险基金就不能及时足额的赔付,当然被保险人不缴纳保险费也就不可能建立保险关系。

(3) 两者都以概率论和大数法则为制定保险费率的数理基础。要使费率制定准确，必须具备大量的、完善的、健全的同类风险的历史损失资料，这是两者的共同要求。

(二) 社会保险与商业保险的差异

社会保险与商业保险尽管有不少共同之处，但毕竟差异颇大，主要的差异是：

(1) 经营主体的差异。社会保险属政府行为，保险人是有国家权威的社会保险机构。政府不仅是社会保险的倡导者、组织者、执行者，也是它的坚强后盾，即一旦社会保险入不敷出，出现严重赤字，政府一定想方设法予以弥补，以保障被保险人的权益，维持社会安定。现代国家都高度重视社会保险，无不把它列为社会政策的重要一员。商业保险纯属企业行为，保险人是保险公司，要最大限度地盈利，并且必须向国家纳税。

(2) 行为依据的差异。社会保险是依法实施的政府行为。社会保险是宪法确定的公民的一项基本权利，为保证这一权利的实现，国家必须通过颁布社会保险法规强制实施。而商业保险则是依合同实施的契约行为，合同双方当事人权利的享受和义务的履行，也都是以保险合同为依据的。

(3) 经营目的的差异。社会保险以国家的社会政策为出发点和归宿，以把保障全社会安定，实现长治久安作为追求的目标，不以盈利为经营目的。商业保险追求的则是利润最大化，利润指标是商业保险公司非常重要的经营目的。当然，商业保险业务客观上也有很好的社会效益，对稳定社会有积极的意义。

(4) 实施方式的差异。社会保险依法执行，带有强制性，强制一切用人单位及其员工按时如数缴纳社会保险费，否则，轻的罚以滞纳金，重的绳之以法。而商业保险则不同，它纯属商业活动，必须贯彻自愿原则，并且保险人与被保险人双方均有自由选择的权利。除少数险种外，大多数险种在法律上没有强制实施的规定。

(5) 保费负担的差异。社会保险的保险费，通常是个人、企业和政府三方面合理负担。至于各方的负担比例，则因险种不同、经济承受能力不同而各异。个人负担多少，并不取决于将来给付的需要。而商业保险的保险费全部由投保人负担，虽然通过对保险资金的运用可以获得一定的投资收益，但是保险公司的管理费用却需要投保人承担。因此，商业保险的收费标准一般高于社会保险。

(6) 保障水平的差异。社会保险的给付标准主要取决于能提供满足基本生活需要的保障水平，其保障水平一般在贫困线以上，而在一般水平之下，过高则会产生依赖和懒惰的副作用。社会保险统一的基本保障水平有利于低收入阶层、不幸者及退休者。而商业保险的给付标准与所缴纳的保险费之间有密切联系，奉行多投多保、少投少保、不投不保的原则，保障水平高低悬殊，明显有利于高收入阶层巩固自己的生活保障。

(7) 交换原则的差异。社会保险实行的是互助互济原则，强调劳动者之间的互相帮助，即富庶地区帮助不富庶地区、高收入者帮助低收入者、在业者帮助失业者等等，故被保险人的权利与义务不对等。而商业保险的合同双方是契约关系，被保险人享有保险金额的多少取决于根据风险计算出来的保险费数额的多少和投保期限的长短，即保险公司与投保人之间的权利与义务关系是一种等价交换的对等关系。

(8) 保障对象的差异。社会保险一般是针对人身的,其保障的对象是人,通常是全体公民或有收入的劳动者,而不能是物。主要险种有养老保险、医疗保险、失业保险、工伤保险和生育保险等。而商业保险保障的对象可以是人也可以是物,主要险种有人身保险、财产保险、责任保险和信用保证保险等。

总结以上内容,我们可以用表 9-1 回顾一下社会保险与商业保险的差异。

表 9-1 社会保险与商业保险的差异表

比较项目	社会保险	商业保险
经营主体	社会保险机构	商业保险公司
行为依据	社会保险法规	保险合同
经营目的	不以盈利为经营目的	追求利润最大化
实施方式	带有强制性	遵循自愿原则
保费负担	个人、企业和政府三方合理负担	全部由投保人负担
保障水平	只保障其基本生活水平	保障项目广泛,给付标准较高
交换原则	实行互助互济原则,权利与义务不对等	权利与义务之间是一种等价交换的对等关系
保障对象	全体公民或有收入的劳动者	可以是人也可以是物

(三) 社会保险与商业保险的相互影响和融合

1. 社会保险与商业保险的相互影响

(1) 两者的相互冲突。在保险资源空间一定的前提下,社会保险与商业保险存在一些矛盾。如在 20 世纪 50 年代初期的发达国家,寿险业务占全部商业保险业务量的一半,但此后由于这些国家普遍建立了社会保险制度,寿险业务的增长速度明显放慢。它们之间冲突的激烈程度取决于公民的收入水平及社会保险的普及程度。另一方面,当一个国家重视保险福利事业,对社会保障的预算增加后,一般国民经济生活的保障程度会提高,客观上会弱化人们的保险意识,降低他们对保险的需求。

但随着人们生活水平的不断提高,保险需求量增大,两者都能增长。

(2) 两者的相互促进。由于社会保险具有强制性,大多数公民都参加,当他们遭遇风险事故时,能通过获取各项保险给付而确保经济生活的稳定,这些客观事实能让人们看到保险的实际效果及其必要性,增强保险意识,而保险意识的增强对商业保险的普及推广,可起到一定的宣传效果,这种效果在保险资源尚待开发的地区尤为明显。而且,社会保险的普及和发达,可以使商业保险的赔款支出减少。

2. 社会保险与商业保险的相互融合

(1) 保障范围和功能的融合。社会保险的目的在于保障工薪劳动者的基本生活,但并非工薪劳动者面临的各种风险都构成社会保险的保障范围,只有人们公认的生、老、病、死、伤、残、失业等特定的社会风险才属于这一保障范围。而商业保险则不同,保险的事故可大可小,可集中可分散,只要符合可保风险的条件就可以设立险种,所以它的险种五花八门,层出不穷。社会保险已经保了的风险,商业保险也可以再保,以满足公民多层次需要,共同构成对公民的经济补偿。如有的国家的养老保险金中就有国民年金、企业年金和个人年金之分,其中国民年金属于社会保险,而后两者则是企业和个人向保险公司投保的结果,属于商业保险。社会保险没有涉猎的险种,商业保险更可以保。如就我国现实而言,广大未被纳入社会保险的农民群体,正是商业人身保险施展本领的空间,而且恰恰弥补了我国社会保险网络的不足。如果说社会保险满足了人们基本的、普遍的保障要求的话,那么商业保险则是满足了人们多层次的、特殊的保障需求,所以两者在范围和功能上是互补的。

(2) 保险技术和方法的相互渗透。在世界各国社会保险发展的进程中,社会保险费用不断攀升,财务收支平衡面临巨大压力,因此各国都试图通过大力发展商业保险以拓展社会保障空间。同时,由于商业保险公司之间的竞争日趋激烈,为了在竞争中取胜,也需要开办一些偏重社会需要、忽视利润的险种,以树立在公众中的良好形象。而且,商业保险公司之间为了在激烈竞争中取得优势,也必将争相开发保险新领域和新技术,改进工作方法,提高服务质量,在推动商业保险发展的同时,也给社会保险提供了可供选择的新方法、新思路。

总之,社会保险与商业保险既存在紧密联系又有本质区别,我们不能随便将社会保险经营商业化,也不能将商业保险经营社会化。但也不能将两者对立,而应该将两者配合设计,相互拾遗补缺,共同构成一个比较完善的风险保障网络。

本 章 小 结

1. 政策保险是介于商业保险和社会保险之间的一类特殊保险业务,它不以营利为目的,体现的是国家对某一产业发展的政策取向与政策支持,并通常由政府或政府设立、委托的专门保险机构经营。

2. 从世界各国政策保险的发展情况来看,尽管不同的国家在不同的时期有着不同的政策保险安排,但常见的政策保险业务不外乎是农业保险、出口信用保险、海外投资保险等,这些保险涉及的领域既关系到国民经济的基础和对外贸易,又关系到全局的保险业务领域。

3. 社会保险是国家通过立法强制实施,运用保险方式处置劳动者面临的特定社会风险,并为其在暂时或永久丧失劳动能力,失去劳动收入时提供基本收入保障的法定保险制度。它同社会救济、社会福利和社会优抚等共同构成了社会保障体系。

4. 社会保险起源于19世纪80年代的德国,1883年,德国颁布了《疾病社会保险法》,标志着现代社会保险制度的诞生。我国的社会保险制度是20世纪50年代初期建立起来的。从20世纪80年代中期开始,我国的社会保险制度开始步入改革阶段。目前,已经基本建立起了以养老保险、医疗保险、失业保险、工伤保险和生育保险为主的社会保险体系。

5. 社会保险与商业保险之间既有共性的一面,又在经营主体、行为依据、经营目的实施方式、保费负担、保障水平、交换原则、保障对象等方面存在着本质区别。同时,两者之间又相互影响,相互融合。

关键概念索引

政策保险　农业保险　出口信用保险　海外投资保险　社会保险　社会保障　养老保险　医疗保险　失业保险　工伤保险　生育保险

复习思考题

1. 什么是政策保险？它具有哪些基本特征？
2. 试析政策保险的主要业务。
3. 什么是社会保险？它与社会保障有何关系？
4. 养老保险金的筹集模式主要有哪几种？
5. 养老、医疗、失业、工伤、生育保险各有什么特点？
6. 结合社会保险和商业保险的异同点，谈谈两者之间的相互影响和融合。

第十章 保险费率

 **本章要点**

- 保险费率的构成
- 厘订保险费率的基本原则和方法
- 财产保险费率的厘订方法
- 生命表的基本构造
- 基本的利息理论
- 人寿保险纯保费及附加保费的计算

> 保险是通过向众多的投保人收取保险费建立保险基金,当被保险人发生保险责任范围的损失时给与经济补偿的一种制度。因此,保险人要准确地厘订保险费率,向投保人收取保险费。保险费率作为保险商品的价格,反映了保险商品的成本,是建立在合理估算和预测的基础上的。厘订合理的保险费率是一项非常复杂和困难的工作,保险人通过长期搜集的大量相关数据和资料,在概率论和大数法则的数理基础上,运用数理统计的方法估测出保险标的的损失概率和损失程度,厘订出与投保人未来可能损失和费用相适应的费率。

第一节 保险费率概述

保险作为一种商品,必须遵守等价交换的原则。保险费率作为保险商品的价格,必须客观、公平、公正地反映保险商品的成本,而不得过高或过低,脱离了保险的价值。因此,保险人在厘订保险费率时,必须遵循公平、合理、可行的原则,采用一定的方法来厘订保险费率,以适应、促进保险业的发展。

一、保险费与保险费率

保险费是投保人为了转移风险、取得保险人在约定的保险责任范围内所承担的赔偿或给付责任而交付的费用。即保险人为承担约定的保险责任而向投保人所收取的费用。保险费是建立保险基金的重要来源,也是保险人履行赔偿或给付义务的经济基础。

保险费由纯保险费和附加保险费两部分构成。其计算公式如下:

$$保险费＝纯保险费＋附加保险费$$

其中,纯保险费主要用于保险事故发生后进行赔偿和给付。附加保险费主要用于保险业务的各项经营业务支出,主要包括营业税、佣金、管理费、工资、固定资产折旧费以及企业利润等。

保险费率是每一保险金额单位与所缴纳保险费的比率,是保险人用来计算保险费的标准。通常用千分率(‰)或百分率(%)来表示。例如,某险种每1 000元保险金额应收保险费4元,则保险费率为4‰。如某标的保险金额为300 000元,则应交保费为1 200元。

保险费率由纯费率和附加费率两部分组成。其计算公式如下:

$$保险费率＝纯费率＋附加费率$$

其中,纯费率也称净费率,是保险费率的主要部分,它是用来支付赔款或保险金的费率,其计算依据因险种不同而不同。财产保险纯费率计算的依据是损失概率,人寿保险纯费率计算的依据是利率和生命表。附加费率是保险费率的次要部分,通常以占纯费率的一定比例表示。习惯上,将由纯费率和附加费率两部分相加组成的费率称为毛费率。

保险人承保一笔保险业务,用保险金额乘以保险费率就得出该笔业务应收取的保险费。其计算公式如下:

$$保险费＝保险金额\times保险费率$$

计算保险费的影响因素有保险金额、保险费率及保险期限,以上三个因素均与保险费呈正比关系,即保险金额越大,保险费率越高,保险期限越长,应缴纳的保险费就越多。其中任何一个因素的变化,都会引起保险费的增减变动。

二、厘定保险费率的基本原则

保险人在厘定保险费率时,必须遵循权利与义务对等的根本原则,因而在实务中厘定保险费率遵循的基本原则有以下五项。

(一)适当可行原则

保险的基本职能是提供经济补偿或给付保险金,保险费率是保险人收取保险费的依据。保险费率厘定的主要目标是要使所收取的保险费能偿付因风险事故发生所需支付的补偿金额,以及满足营业开支所需的各项费用,同时又要与被保险人的风险水平、承受能力相适应。如果费率定得过高,将增加投保人的负担,也使保险人在竞争中处于不利的地位;如果定得过低,又将使保险人收支不平衡,致使经营发生困难,使保险公司缺乏偿付能力,进一步发展将使保单持有人遭受严重的损失。

（二）公正合理原则

保险费率的公正合理性原则是指被保险人所缴纳的保险费的多少应与其所获得的保险权利相一致，保费的多少应与保险的种类、保险期限、保险金额、被保险人的年龄与性别等风险因素相对称。即保险费率的计算必须考虑能适用于个体风险，使被保险人所缴纳的保险费的多少，与保险公司对其风险所负的责任大小相适应，公正合理。由于保险标的在不同的时间、地点、主体具有的风险水平不同，这就要求在保险费率水平上得以体现，但在实务操作中却存在着很多困难，要想做到完全公正，除非个别核算，但这种办法不仅事实上行不通，而且也不符合大数法则的要求，为了计算方便，通常将同一性质的风险归纳分类，然后计算分类费率，以适用不同种类的保险标的。

（三）稳定性原则

保险费率厘定后，在较长时期内，不应经常变动。稳定的费率，可使被保险人的负担确定，能依照预算按时支付，不致因保险费率随时更改，而使被保险人支付困难，引起反感，导致营业量减少。不稳定的费率，如费率有继续降低的趋势，可诱使被保险人中途解约，以获得在低费率下另订立新合同的利益；反之，如费率有不断增加的趋势，将使长期合同量随之增加。这些都足以养成被保险人的投机心理，从而与保险经营的基本目标相违背。因此，在保险费率厘定时，必须平均过去若干年的经验数据，并预计未来若干年的发展趋势，以求厘定费率的稳定性。但此平均期间也不能过长，以免被保险人在时间方面遭受不利的影响。

（四）融通性原则

保险费率的厘定，虽应求其稳定性，但仍须使其具有融通性。表面上稳定性与融通性两者似有矛盾，而实质上两者是一致的。即在短期内应注意保险费率的稳定，在长期中则应作适当的调整，以配合实际情形的改变。在较长的时期内，由于社会、经济、科技、文化的不断进步，保险标的所面临的风险在不断地变化，所以经过相当时期的发展后，应根据实际统计资料加以调整，以符合适当性与公正性的原则要求。

（五）防灾防损的诱导性原则

防灾防损是保险的职能之一，在厘定保险费率时，应体现防灾防损的精神。对防灾工作做得好的被保险人降低其费率；对无损失记录或损失较少的被保险人，实行优惠费率；而对防灾防损工作做得差的被保险人实行高费率或续保加费。在现代保险业的经营中，保险人越来越注意在保险费率的厘定中利用保险费率的设计，诱导与鼓励被保险人积极从事各种防灾防损活动。在费率厘定中，注意防灾防损的诱导性，使保险保障功能与防灾防损功能结合在一起，从而最终减少损失发生的频率及损失程度，可使保险业取得更大的社会效益。

三、保险费率厘定的方法

保险费率的厘定，从理论上讲是在依据损失概率测定纯费率的基础上，再加上附加费率得到毛保险费率。在实务中,由于保险费率的测定需要必要的技术支持,因此对不同标的的费率厘定,采用不同的厘定方法,大致可以分为以下三种。

(一) 判断法

判断法又称个别法或观察法,是指在具体承保过程中,由业务人员根据每笔业务保险标的的风险和以往的经验,直接判断损失频率和损失程度,从而制定出适合特定情况的个别费率。由于这种类型的保险费率是从保险标的的个别情况出发单独制定的,最能反映个别危险单位的特性。虽然判断法具有灵活的特点,但在现代保险经营中,往往因其手续繁琐、费率在很大程度上取决于保险人的判断,很难保证费率厘定的科学性,而不为人们所常用。除非情况非常特殊,所遇风险形式多样且多变,没有以往可信的损失统计资料而不能使用分类法时才使用。如卫星保险、核电站保险等,开始时由于缺乏统计资料,又无可比情况,只好使用判断法。

(二) 分类法

分类法是现代保险经营中确定费率的主要方法,它是根据若干重要而明显的标准,对性质相同的风险分别归类,并在此基础上依据损失发生频率制定分类费率。收取的费率反映了该类别的平均损失经验数据,其精确程度,既有赖于分类是否适当,又决定于分类时各类别中所包含的危险单位的数量。分类法应用范围较广,人寿保险、火灾保险以及大多数以外保险通常使用分类法。如我国的企业财产保险,按标的的使用性质分为若干类别,每一类又分为若干等级,不同等级,费率水平各异,但是,在使用分类费率时,可以根据所采取的防灾防损措施而加费或者减费。又对如人身保险,一般按照性别、年龄、健康状况、职业等分类。分类法的思想符合大数法则,优点在于便于运用,适用费率能够迅速查到。但缺陷在于忽略了被归为同一类标的的每一个体风险因素的实质差异,因而有可能违背公正合理性原则的要求,优良风险单位的保险费将超过被保险人应负担的标准;而劣质风险单位则可能有相反的情形。

(三) 修正法

修正法又称增减法,是在分类法的基础上,结合承保标的的风险状况进行增减变动来确定费率的方法。修正法确定费率时,一方面凭借分类法确定基本费率;另一方面依据实际经验在予以补充和修正。修正法因结合了风险程度的差异,费率更能够反映承保标的的风险情况。因此,分类法既具有分类法的优点,又具有判断法的灵活性,可以针对特种风险单独设计费率,较分类法更科学,从而坚持了公正合理负担保险费的原则。修正法在实务中主要有表定法、经验法和追溯法。

1. 表定法

表定法是以每一个风险单位为计算依据,在基本费率的基础上,参照标的物的显著风险因素作增减修正,来确定费率。当投保人投保时,核保人员以实际投保标的所具有的风险与原定标准相比较,若其条件比原定标准好,则按表定费率减少;反之,则作适当增加。表定费率一般用于承保厂房、商业办公大楼和公寓等财产火灾保险。在确定费率时通常要考虑建筑物的结构、占用性质、消防设施、周围环境状况、保养情况等。表定法的优点在于适用性强，能够切实反映标的的风险状况，促进防灾防损。表定法的缺点是，制定费率的费用较高，不利于保险人降低保险成本；同时，表定法只注重物质或有形的因素，而忽视了人的因素，在实际运用中灵活性太大，业务人员往往在竞争激烈时，为争取承保业务而过度地降低费率，不利于保险财务的稳定、保险市场的良性发展。

2. 经验法

经验法是指根据被保险人以往的损失经验，对分类费率进行增减变动而制定出来的费率。也就是说，以过去一段时期的平均损失为基础，对分类费率加以调整，制定未来时期被保险人待用的保险费率，故又称预期经验法。经验法与表定法相比较，其最大优点在于制定费率时，由于采用了保险标的过去的实际损失的经验数据，即已考虑到所有影响风险发生的因素，而表定法在制定时仅仅考虑了少数实质风险因素，因而经验法相对更合理、科学。经验法的计算公式如下：

$$M = \frac{A-E}{E} \times C \times T$$

其中　M——保险费率调整的百分率；

　　　A——经验期被保险人的实际损失；

　　　E——被保险人适用某分类费率时的预期损失；

　　　C——置信系数；

　　　T——趋势系数。

例如，某被保险人依分类费率，其总保险费为 10 万元，其中 60% 即 6 万元为纯保险费，若其实际损失为 8 万元，置信系数是 0.3，趋势系数是 1，则其费率调整的百分率可依据上式求得：

$$M = \frac{A-E}{E} \times C \times T = \frac{8-6}{6} \times 0.3 \times 1 = 10\%$$

因此，下一个保险期新的保险费应增加的百分率为 10%，即依经验法调整后的保险费应为 11 万元。

采用经验法以调整费率，其调整百分率的大小，还须考虑所能获得被保险人损失经验资料的多少；而所获经验资料的多少，也就是损失经验置信系数的大小。因此在计算时，须考虑置信系数。其次，保险费率调整时，为获得数量较多的损失经验资料，通常必须依据较长期间的损失经验。但如果期间过长，其间足以影响损失频率及损失程度的各种条件常常会发生变动，因而在计算调整费率时，也需要将此种变动趋势加入考虑。通常处理的方法为：对置信度采用加权方法，较近年份的经验加权较多，较早年份的经验加权较少。对变动趋势采用趋势因数，依照平均补偿金额支出趋势、物价指数变动趋势等资料，由统计计算其乘数，用来修正费率调整的程度。各项趋势的考虑应以延伸至调整费率将来适用期间的中点为准。

经验费率通常适用于企业厂商有较大的规模或有多种形式的作业部门，具有相当大量的危险单位，且若干风险因素被保险人可予以一定的控制，因此如果经验显示被保险人确曾努力减少损失,就可以减低未来年度的保险费。采用经验法的,主要在意外保险方面,如汽车责任保险、公共责任保险、劳工补偿保险、盗窃保险等。此外,团体人寿保险与团体健康保险也采用这种方法。

3. 追溯法

追溯法与经验法相对的一种修正法,是依据被保险人在本保险期间内保险标的的实际损失来确定该期保险费的方法。由于保险标的当期损失的实际数额,须到保险单期满后才能计算出来,因此,在使用追溯法时,先在保险期限开始前,以分类费率确定预缴保险费;然后在保险期满以后,根据实际损失对已缴保险费进行增减变动。一般在期初预缴保险费时会规定保险期间的最高和最低保险费,如果实际损失小,调整后保费低于最低保险费,则按最低保险费收取;如果实际损失大,调整后保费高于最高保险费,则按最高保险费收取。实际缴付的保险费一般在最低与最高保费额之间,具体数额取决于被保险人在本期的损失,因此,追溯法对防灾防损有很大的经济刺激作用。

由于追溯法的制定程序比其他任何费率的制定程序都要繁琐,不利于保险人大规模地发展业务。因此,这种方法很少为人们采用。一般在劳工保险、普通责任保险、汽车责任险、车损险等情况下采用。

第二节 财产保险费率的厘定

财产保险费率多采用分类法和修正法来厘定,其依据是损失概率。毛费率是由纯费率和附加费率两部分组成,通过计算保额损失率加均方差计算纯费率;然后计算附加费率。

一、纯费率的计算

财产保险的纯费率是纯保费占保险金额的比例。它用于补偿被保险人因保险事故造成保险标的损失的金额。其计算公式如下:

$$纯费率 = 保额损失率 \times (1 + 稳定系数)$$

(一) 保额损失率

保额损失率是一定时期内赔款金额总和与保险金额总和的比率。它是保险人根据大数法则,将以往较长时期(最少为5年)某类保险业务的损失赔偿资料,用数理统计方法整理计算出来的。其计算公式如下:

$$保额损失率 = \frac{赔偿金额总和}{保险金额总和} \times 100\%$$

但在许多情况下,若已知各年的保额损失率,则可计算平均保额损失率。

例1 假设某保险公司过去10年的保险赔款总额为400万元,总保额为10 000万元,则该类保险的保额损失率为:

$$\frac{400}{10\ 000} \times 100\% = 4\%$$

例2 假设某保险公司过去 7 年保额损失率分别为 6.1%、5.7%、5.4%、6.4%、5.9%、6.2%、6.0%,则该类保险的平均保额损失率为:

$$\frac{6.1\%+5.7\%+5.4\%+6.4\%+5.9\%+6.2\%+6.0\%}{7}=5.96\%$$

(二) 稳定系数

由赔偿金额总和与保险金额总和的比率确定的保额损失率,是过去若干年保额损失率的算术平均数。由于它具有不稳定的特点,保险人不能直接将它作为纯费率。因为就未来某一年度而言,实际保额损失率与这一算术平均数一般并不相等。保额损失较大的年份,实际发生的保额损失率将高于预计保额损失率;反之,损失较小的年份,实际保额损失率将低于预计的保额损失率。实际发生的保额损失率与预计保额损失率相等的这种情况只是个别的巧合。而对于保险人来说,各年度实际保额损失率对保额损失率的算术平均数的背离程度大小具有重要意义。特别是个别年度发生巨灾损失,引起实际保额损失率远远高于预计保额损失率,会严重影响保险业务的财务稳定性。因此,保险人有必要在测算实际保额损失率对预计保额损失率背离程度的基础上,在纯费率上加一适当的稳定系数,以保证所收保险费在大多数情况下都能够满足保险赔偿需要。下面举例介绍稳定系数的确定方法。

例3 某保险公司某类保险业务以往 10 年中各年的保额损失率如表 10-1 所示。

表 10-1 保险损失率

年度	保额损失率 $X(\%)$	离差 $(X-\bar{X})$	离差的平方
1980	6.1	+0.1	0.01
1981	5.7	−0.3	0.09
1982	5.4	−0.6	0.36
1983	6.4	+0.4	0.16
1984	5.8	−0.2	0.04
1985	6.3	+0.3	0.09
1986	6.0	0	0
1987	6.2	+0.2	0.04
1988	5.9	−0.1	0.01
1989	6.2	+0.2	0.04

平均保额损失率 $\bar{X}=\dfrac{\sum X}{N}=6.0\%$

均方差 $\sigma=\sqrt{\dfrac{\sum(X-\bar{X})^2}{N}}=0.29\%$

稳定系数 $K=\dfrac{\sigma}{\bar{X}}=4.833\%$

稳定系数是衡量期望值与实际结果的密切程度，即平均保额损失率对各实际保额损失率的代表程度。稳定系数越高，保险经营稳定性越低；反之，稳定系数越低，则保险经营稳定性越高。一般为10%～20%较为合适。在上例中，稳定系数为4.833%，说明保险经营稳定性很高。也即若保险人以平均保额损失率6%作为纯费率时，其对未来各年度保额实际损失率的估计是基本正确的，其所收取的纯保费可以满足以后各年度支付保险赔款的需要。但是，这种稳定性仅仅是相对而言的，是以未来年度风险发生的条件和以往各年度的情况大体相符为条件，如果风险发生条件有实质性的变化，则实际保额损失率对平均保额损失率变动的程度也将发生变化。

保险公司为了保证保险经营的安全性与稳定性，必须尽量减少实际保额损失率超过根据以往一定年度的平均保额损失率而确定的纯费率的可能性。为了达到这一目的，通常采用在纯费率的基础上附加一至几个均方差作为稳定系数来实现。如在上例中，可以在平均保额损失率的基础上附加1倍的均方差，将纯费率定为6%＋0.29%即6.29%。

按照统计规律显示，实际保额损失率：

在($\bar{X}-\sigma$, $\bar{X}+\sigma$)区间上的概率为68.27%；

在($\bar{X}-2\sigma$, $\bar{X}+2\sigma$)区间上的概率为94.45%；

在($\bar{X}-3\sigma$, $\bar{X}+3\sigma$)区间上的概率为99.73%。

因而，从理论上讲，无论什么保险，只要在纯费率的基础上附加3倍的均方差作为稳定系数，就能够充分保障保险人的财务稳定性。在实践中，一般认为对于强制保险，由于保险的广泛性和连续性，稳定系数为一个均方差已足够保障保险业务的财务稳定性；对于自愿保险，由于"逆选择"的影响稳定系数应提高到两个均方差。对于一些危险程度很高且易于遭受巨灾损失的保险标的，稳定系数有必要提高到三个均方差。其次，在保险经营中既要考虑保险人自身的财务稳定性，同时又要考虑经济上的可行性，使厘定的保险费率尽量适应投保人的保费负担能力。附加的均方差倍数越高，保险经营中出现亏损的可能性越小，这虽然对保险人有利，但对被保险人来说，附加的均方差倍数越高，保费的负担就越重。因此，保险人在确定费率时，应当综合考虑以上两方面的情况，合理地确定稳定系数。

二、附加费率的计算

附加费率是保险人营业费用开支占保险金额总和的比率，它是以经营管理费和预期利润为基础来计算的，其计算公式如下：

$$附加费率=\frac{营业费用开支总额}{保险金额总和}\times 100\%$$

其中，营业费用开支主要包括代理手续费、雇员工资、办公楼租金及办公设备、单据印刷费、通讯费、广告费、各种税金以及保险人预期的营业利润。

除按上述公式计算附加费率外，还可以根据经验按纯费率的一定比例确定，如规定附加费率为纯费率的20%。

三、毛费率的计算

毛费率即保险费率,是纯费率和附加费率之和,用公式表示如下:

$$毛费率 = 纯费率 + 附加费率$$

这样得出的毛费率仅是一个大略的费率,实用性不强。因此,须根据不同的业务,进行分项调整,这种调整就是级差费率调整。经过级差费率调整后,毛费率就形成了,就是投保人向保险人缴纳的费率标准。

上面简单地介绍了财产保险费率的构成及厘定程序,但在实践中,财产保险的费率的厘定是一个非常复杂的过程。保险公司对每一类风险所适用的费率都是在该类风险的大量损失资料的基础上根据科学的损失分析方法确定并在适用中随损失经验积累经历多次修订而成。同时,保险公司保险费率的厘定还会受到保险监管机构的严格限制和市场竞争的影响。

四、财产保险准备金

财产保险准备金主要包括未到期责任准备金和未决赔款准备金,这是由财产保险公司的业务经营特性决定的。

(一) 未到期责任准备金

未到期责任准备金是指在准备金评估日为尚未终止的保险责任而提取的准备金,包括保险公司为保险期间在1年以内(含1年)的保险合同项下尚未到期的保险责任而提取的准备金,以及为保险期间在1年以上(不含1年)的保险合同项下尚未到期的保险责任而提取的长期责任准备金。

我国《保险公司非寿险准备金管理办法》明确规定:"未到期责任准备金的提取,应当采用下列方法之一:(一)二十四分之一法(以月为基础计提);(二)三百六十五分之一法(以天为基础计提);(三)对于某些特殊险种,根据其风险分布状况可以采用其他更为谨慎、合理的方法。未到期责任准备金的提取方法一经确定,不得随意更改。"保险公司在提取未到期责任准备金时,应当对其充足性进行测试。未到期责任准备金不足时,要提取保费不足准备金。

(二) 未决赔款准备金

未决赔款准备金是指保险公司为尚未结案的赔案而提取的准备金,包括已发生已报案未决赔款准备金、已发生未报案未决赔款准备金和理赔费用准备金。

已发生已报案未决赔款准备金是指为保险事故已经发生并已向保险公司提出索赔,保险公司尚未结案的赔案而提取的准备金。对已发生已报案未决赔款准备金,一般采用逐案估计法、案均赔款法谨慎提取。

已发生未报案未决赔款准备金是指为保险事故已经发生,但尚未向保险公司提出索赔的赔案而提取的准备金。对已发生未报案未决赔款准备金,应当根据险种的风险性质、分布、经验数据等因素采用下列方法进行谨慎评估提取:①链梯法;②案均赔款法;③准备金进展法;④B-F法等其他合适的方法。

理赔费用准备金是指为尚未结案的赔案可能发生的费用而提取的准备金。其中为直接发生于具体赔案的专家费、律师费、损失检验费等而提取的为直接理赔费用准备金;为非直接发生于具体赔案的费用而提取的为间接理赔费用准备金。对直接理赔费用准备金,应当采取逐案预估法提取;对间接理赔费用准备金,采用比较合理的比例分摊法提取。

第三节 人寿保险费率的厘定

与财产保险费率一样,人寿保险费率同样也有纯费率和附加费率两部分构成,但由于人寿保险承保的风险是人的生存和死亡,加之保险期限一般比较长,因此,在厘定保险费率时,主要考虑死亡率和利率等主要因素。

一、人寿保险费率厘定的依据

人寿保险的保险标的是人的生命,保险人积聚众多投保人所缴纳的保险费,一旦被保险人在保险期间死亡,或满期生存时便给付保险金,所以人寿保险费率的首要影响因素是被保险人的死亡率、生存率。同时,人寿保险合同多为长期性合同,保费收缴期往往先于保险金给付期,所以利率因素也是影响人寿保险费率的一个重要因素。另外,经营人寿保险业务的保险公司所必需的各项费用开支,其来源也是投保人缴纳的保险费,所以营业费用的高低是影响人寿保险费率的又一因素。因此,人寿保险费率的计算依据是:预定死亡率(生存率)、预定利息率、预定营业费用率。这三个因素通常被称作寿险保费计算的三要素。

人身意外伤害保险的危险性质与人寿保险的危险性质不同,因而计算保费所考虑的因素也不相同。一般在人身意外伤害保险中,被保险人面临的危险程度,并不因被保险人的年龄性别而有所差异,而在同一危险环境中所有的被保险人面临的危险程度基本相同。因此,人身意外伤害保险费率的制定一般不考虑被保险人的年龄,不以生命表作为制定费率的依据;同时由于意外伤害保险大都为短期契约,制定费率时也不考虑利率因素。影响人身意外伤害保险的费率的主要因素是被保险人所从事的职业类别。

与人身意外伤害保险相比,健康保险在制定费率时,除高龄外,被保险人的年龄不是影响费率的主要因素,因而同样不以生命表为制定费率的依据。同时,由于健康保险为短期契约,制定费率时不考虑利率因素。影响健康保险的费率的主要因素是被保险人所从事的职业类别、性别和以往健康状况等。由上述可见,人身意外伤害保险和健康保险的保险费率厘定方法实质上与财产保险的计算方法类似。

(一) 生命表

1. 生命表的概念与种类

生命表又称寿命表或死亡表,是根据一定时期的特定国家或地区或特定人口群体(如寿险公司的全体被保险人)的有关生命统计资料,经过分析、整理、计算出某一人群中各种年龄的人的生存和死亡概率,汇编而成的一种表格。它反映了各种年龄的人在1年内的死亡人数和一定年龄的人在一定时期内的生存率和死亡率，是寿险精算的数理基础，是人寿保险费率厘定的依据。

生命表一般分为国民生命表和经验生命表。国民生命表是以全体国民或特定地区的人口统计资料综合而成的生命表，又称普通生命表；经验生命表是以人寿保险公司承保的被保险人实际经验的死亡统计资料编制的统计表，在人寿保险费率计算中，一般采用经验生命表。经验生命表是寿险精算的科学基础，是寿险费率和责任准备金计算的依据，也是寿险成本核算的依据。

经验生命表根据不同的标准又可分为多种。首先，它可根据死亡统计调查期间不同分为选择表、终极表和综合表。选择表是依据保险人对被保险人的危险选择效果仍存在的资料编制而成的生命表。该表的死亡率同时考虑年龄及投保经过年数两项因素，故而最具准确性。由于不分红保费的制定必须准确，故常用该表。终极表是根据选择效果消失的资料编制而成的生命表。普通寿险的保费通常是根据该表计算的。综合表是以所有被保险人的经验而不考虑投保经过的年数而制定的生命表，即综合被保险人在保险合同订立后最初数年及以后数年间的死亡统计而编制的生命表，此表常用来制定简易人身保险的保费。其次，经验生命表根据统计对象性别的不同可分为男子表、女子表和男女混合表；根据寿险业务与年金业务的差异可分为寿险生命表和年金生命表，寿险生命表就是以寿险被保险人经验而编制的一种生命表，年金生命表是根据购买年金者的死亡统计所编制的生命表。

由于历史的原因，在相当长的时期内，我国保险公司没有自己编制的生命表。人身保险业务主要参考使用日本全会社第二回、第三回生命表。1982年，我国开始着手编制自己的经验生命表，在编制过程中，收集使用了800万份寿险保单的数据，并分别在四省市（辽宁省、山东省、北京市和上海市）和全国其他地方进行调查。1994年年底完成了数据的收集和调查工作，1995年中期完成生命表的基础工作，并最终在1997年4月1日由当时的保险监管机构——中国人民银行，颁布使用中国人寿保险业经验生命表(1990—1993)计算我国的寿险费率、责任准备金及退保金。该表分非养老金业务男表、女表、男女表和养老金业务男表、女表、男女表。

2006年1月1日，中国保监会颁布的《中国人寿保险业经验生命表(2000—2003)》及其配套使用政策正式生效。新生命表已正式作为我国寿险监管以及寿险公司责任准备金评估的标准表和寿险产品定价的参考表。新生命表分为非养老金业务表和养老金业务表共两套四张。其中，非养老金业务表零岁余命男性为76.7岁，女性为80.9岁，都较上一张表改善了3.1岁。60岁男性平均余命较旧表改善1.4岁，女性改善1.7岁。养老金业务表零岁余命男性为79.7岁，较上一张表改善4.8岁，女性为83.7岁，改善了4.7岁。

2017年1月1日，中国保监会发布的我国保险业第三套生命表《中国人身保险业经验生命表(2010—2013)》正式实施。针对不同保险人群，第三套生命表编制出了三张表，包括非养老类业务一表两张、非养老类业务二表两张、养老类业务表两张。一般情况下，定期寿险、终身寿险、健康保险应该采用非养老类业务一表；保险期间内（不含满期）没有生存金给付责任的两全保险或含有生存金给付责任但生存责任较低的两全保险、长寿风险较低的年金保险应该采用非养老类业务两表;保险期间内(不含满期)含有生存金给付责任且生存责任较高的两全保险、长寿风险较高的年金保险应该采用养老类业务表。

专栏

第三套生命表的亮点及创新点

在中国保监会的指导下,中国精算师协会2014年启动了"中国人身保险业第三套经验生命表编制项目"。项目组历时两年多的工作,完成了第三套生命表的编制,并通过了国内外权威专家的评审。受益于近年来行业实力的增强和人才技术的积累,第三套生命表编制项目探索出了一条符合中国国情、适合中国保险人群特征的生命表编制方法,与前两套生命表编制相比,具有诸多亮点和创新之处。一是样本数据量巨大。共收集了3.4亿张保单、185万条赔案数据,覆盖了1.8亿人口,样本数据量位居世界第一,为生命表编制打下了坚实基础。二是技术水平较高。运用数据挖掘等先进技术,利用自主开发的计算机程序自动完成了全部理赔数据中95%的清洗工作,且准确率高于97%,大大提升了数据质量和处理效率。三是成果上有多处创新。首次编制出真正意义上的养老表,为养老保险发展夯实了技术基础,针对不同保险人群的特点编制出三张表,进一步满足了精细化定价和审慎评估的需要。

(资料来源:中国保监会网站)

2. 生命表的内容

生命表是以死亡率为纲分年龄编制的,是对相当数量的人口自出生(或一定年龄)开始,直至这些人口全部去世为止的生存与死亡记录,用于描述某人口群体死亡规律的概率分布。而寿险生命表上所记载的死亡率和生存率是保险公司评估风险、决定寿险保费的重要依据。表10-2是《中国人身保险业经验生命表(2010—2013)》(部分)对应的死亡率。

表10-2 中国人身保险业经验生命线的死亡率

年龄	非养老类业务一表		非养老类业务二表		养老类业务表	
	男(CL1)	女(CL2)	男(CL3)	女(CL4)	男(CL5)	女(CL6)
0	0.000 867	0.000 62	0.000 62	0.000 455	0.000 566	0.000 453
1	0.000 615	0.000 456	0.000 465	0.000 324	0.000 386	0.000 289
2	0.000 445	0.000 337	0.000 353	0.000 236	0.000 268	0.000 184
3	0.000 339	0.000 256	0.000 278	0.000 18	0.000 196	0.000 124
4	0.000 28	0.000 203	0.000 229	0.000 149	0.000 158	0.000 095
5	0.000 251	0.000 17	0.000 2	0.000 131	0.000 141	0.000 084
6	0.000 237	0.000 149	0.000 182	0.000 119	0.000 132	0.000 078

(续表)

年龄	非养老类业务一表		非养老类业务二表		养老类业务表	
	男(CL1)	女(CL2)	男(CL3)	女(CL4)	男(CL5)	女(CL6)
7	0.000 233	0.000 137	0.000 172	0.000 11	0.000 129	0.000 074
8	0.000 238	0.000 133	0.000 171	0.000 105	0.000 131	0.000 072
9	0.000 25	0.000 136	0.000 177	0.000 103	0.000 137	0.000 072
10	0.000 269	0.000 145	0.000 187	0.000 103	0.000 146	0.000 074
11	0.000 293	0.000 157	0.000 202	0.000 105	0.000 157	0.000 077
12	0.000 319	0.000 172	0.000 22	0.000 109	0.000 17	0.000 08
13	0.000 347	0.000 189	0.000 24	0.000 115	0.000 184	0.000 085
14	0.000 375	0.000 206	0.000 261	0.000 121	0.000 197	0.000 09
15	0.000 402	0.000 221	0.000 28	0.000 128	0.000 208	0.000 095
16	0.000 427	0.000 234	0.000 298	0.000 135	0.000 219	0.000 1
17	0.000 449	0.000 245	0.000 315	0.000 141	0.000 227	0.000 105
18	0.000 469	0.000 255	0.000 331	0.000 149	0.000 235	0.000 11
19	0.000 489	0.000 262	0.000 346	0.000 156	0.000 241	0.000 115
20	0.000 508	0.000 269	0.000 361	0.000 163	0.000 248	0.000 12
21	0.000 527	0.000 274	0.000 376	0.000 17	0.000 256	0.000 125
22	0.000 547	0.000 279	0.000 392	0.000 178	0.000 264	0.000 129
23	0.000 568	0.000 284	0.000 409	0.000 185	0.000 273	0.000 134
24	0.000 591	0.000 289	0.000 428	0.000 192	0.000 284	0.000 139
25	0.000 615	0.000 294	0.000 448	0.000 2	0.000 297	0.000 144
26	0.000 644	0.000 3	0.000 471	0.000 208	0.000 314	0.000 149
27	0.000 675	0.000 307	0.000 497	0.000 216	0.000 333	0.000 154
28	0.000 711	0.000 316	0.000 526	0.000 225	0.000 354	0.000 16
29	0.000 751	0.000 327	0.000 558	0.000 235	0.000 379	0.000 167
30	0.000 797	0.000 34	0.000 595	0.000 247	0.000 407	0.000 175

说明，生命表一般用符号表示对应的含义：

(1) x 为被观察人口的年龄，从 0 岁开始直至极限年龄 105 岁。极限年龄一般用 ω 表示，假设该年生存的人全部死亡。

(2) q_x 为死亡率，表示 x 岁的人当年死亡的概率，即 x 岁的人在到达 $x+1$ 岁前的死亡概率，为年内死亡人数与年初生存人数的比值。

(3) l_x 为生存人数，表示以一定的出生数(本表为 100 万)为基数，生存至 x 岁的人数，亦即当年之初的生存人数。

(4) d_x 为死亡人数,表示 x 岁的人在年内死亡的人数。

生命表中各项生命函数的关系有:

(1) $d_x = l_x - l_{x+1}$

(2) $d_x + d_{x+1} + \cdots + d_{x+n-1} = l_x - l_{x+n}$

(3) $p_x = \dfrac{l_{x+1}}{l_x}$

$_np_x = \dfrac{l_{x+n}}{l_x}$($_np_x$ 表示 x 岁的人生存 n 年的概率)

(4) $q_x = \dfrac{d_x}{l_x}$

$_nq_x = \dfrac{l_x - l_{x+n}}{l_x} = \dfrac{d_x + d_{x+1} + \cdots + d_{x+n-1}}{l_x}$

($_nq_x$ 表示 x 岁的人在 n 年内死亡的概率)

(二) 利息

利息是一定的本金在 1 年的时间内,按照一定的利率计算而得的利益。决定利息大小的因素有三个:本金、利率和期间。所借入的资金称为本金;运用本金的一定时间称为期间;利率是在一定时期内(月或年)利息额与本金的比率,它是在单位时期内单位本金所获的利息,常以%、‰表示。利息的数额与本金的数量、利率的高低,存放期间的长短呈正比。

由于人寿保险一般是长期性质的,所以人寿保险费的计算必须考虑利息因素。投保人缴纳的保险费,留存保险公司内部作为未来给付保险金的责任准备金,在缴费期与给付期的时间差内保险公司可利用责任准备金进行投资和运用,其收益由保险公司在厘定保险费率时按照预定的利息率算给被保险人。因而,人寿保险期限越长,预定利息率对保险费率的影响就越大。利息的计算方法有单利和复利两种。

1. 单利

单利是在结算利息时,只在原本金上计利息。在单利计算方法下,利息数额等于本金乘以计息期数乘以利率。现以 P 表示本金,i 表示利率,n 表示计息期数,I 表示利息额,S 表示本利和(即本金和利息之和),则:

$$I = P \times n \times i$$
$$S = P + I = P + P \times n \times i = P \times (1 + n \times i)$$

例 4 本金 500 元,年利率 5%,期间 3 年,求利息及本利和。

$$I = 500 \times 5\% \times 3 = 75(元)$$
$$S = 500 \times (1 + 5\% \times 3) = 575(元)$$

2. 复利

复利的计算是每经过一次结息时间就把前期利息并入本金,在下次结息时,并入本金的利息亦同本金一起计息,即不仅本金生利,而且利上生利。在人寿保险计算中,一般采用复利,以年为计息期,称年复利。现以 P 表示本金,i 表示利率,n 表示计息期数,I 表示利息额,S 表示本利和,则以复利计算的本利和及利息如下:

$$S = P \times (1+i)^n$$
$$I = P \times (1+i)^n - P = P \times [(1+i)^n - 1]$$

例 5 年初存本金 10 000 元,年利率 3%,存期 3 年,每年计复利一次,则本利和为:

$$S = 1\,000 \times (1+3\%)^3 = 1\,092.73(元)$$

3. 现值

现值是指按一定利率,经过一定期间积累到一定数额所需的本金。即为未来某一时刻积累一定数额而现在所需要的货币量。计算公式如下:

$$P = \frac{S}{(1+i)^n}$$

例 6 银行存款年复利率为 5%,某人现在存入银行多少钱,在 5 年末可得到 100 元?

解:
$$P = \frac{100}{(1+0.05)^5} = 78.35 \text{ 元}$$

即现在存入 78.35 元,5 年年末可得到 100 元。

4. 终值

终值是一定的本金按一定的利率经过一定时期生息后的本利和。计算公式即为:

$$S = P \times (1+i)^n$$

在人寿保险费的计算中,用的现值和终值都是按复利法计算的,并且为了便于计算,编制成现值表、终值表以备查用。在现值表中,令 $V = \dfrac{1}{1+i}$,V 即是 1 年后每 1 元的现值,V^n 则是 n 年后 1 元的现值。

二、人寿保险纯保险费的计算

人寿保险费的缴费方式有趸缴和分期缴付两种。趸缴纯保费是投保人在投保时一次缴清纯保费;分期缴付纯保费则是投保人按年、季或月缴付纯保费。人寿保险纯保费的计算适用收支平衡的原则,即保险人收取的纯保费现值应等于未来给付的保险金现值。

(一) 趸缴纯保费的计算

趸缴纯保费是投保人在投保时一次缴清纯保费。它是将保险期限内以各年龄的死亡率为标准计算的纯保费折算成投保时的现值,按总和一次缴清。

1. 定期生存保险趸缴纯保费的计算

定期生存保险是保险人对期满生存的被保险人给付约定的保险金,对保险期内死亡的被保险人则不负给付责任的一种人身保险。其趸缴纯保费的计算符号为 $A^1_{x,\overline{n}|}$,表示 x 岁的人投保 n 年期的生存保险,保险金额为 1 元的趸缴纯保费,按收支平衡原则,可得:

$$l_x \cdot A^1_{x:\overline{n}|} = V^n l_{x+n}$$

从而得公式：

$$A^1_{x:\overline{n}|} = \frac{v^n l_{x+n}}{l_x}$$

2. 定期死亡保险趸缴纯保费的计算

定期死亡保险是被保险人在保险期内因保险事故死亡，保险人按照保险合同规定给付保险金，如果被保险人在保险期限内仍生存，保险人则不负给付责任，常称定期寿险。其趸缴纯保费的计算符号为 $A^1_{x:\overline{n}|}$，表示 x 岁的人投保 n 年期的死亡保险，保险金额为 1 元的趸缴纯保险费。根据收支平衡的原则，可得：

$$l_x \cdot A^1_{x:\overline{n}|} = d_x v + d_{x+1} v^2 + \cdots + d_{x+n-1} v^n$$

从而得公式：

$$A^1_{x:\overline{n}|} = \frac{d_x v + d_{x+1} v^2 + \cdots + d_{x+n-1} v^n}{l_x}$$

3. 两全保险趸缴纯保费的计算

两全保险是保险人对被保险人生存至保险期限届满或保险期内死亡都给付约定的保险金，其趸缴纯保费计算符号为 $A_{x:\overline{n}|}$，表示 x 岁的人投保 n 年期的两全保险，保险金额为 1 元的趸缴纯保费。因两全保险中保险人承担给付生存保险金和死亡保险金的义务，故两全保险的趸缴纯保费为生存保险与死亡保险趸缴纯保费之和。其计算公式为：

$$A_{x:\overline{n}|} = A^1_{x:\overline{n}|} + A^{\ 1}_{x:\overline{n}|}$$

（二）年缴纯保费的计算

趸缴保费的方式要求投保人一次缴纳数目很大的一笔保费，因而一般情况下投保人难以负担，所以，在实际业务中绝大多数的寿险业务采用分期缴费的方式。分期缴费可以按年交、季交或月交的方式缴纳。寿险业务中多采用年缴均衡纯保费，即每年均衡地缴纳一次纯保费。采用年缴均衡纯保费，根据收支平衡原则，投保人所缴纳的年缴纯保费的现值的总和应当等同于保险金给付的现值的总和，也应等同于趸缴纯保费。

三、人寿保险毛保险费的计算

毛保险费是由纯保险费和附加保险费构成的，人寿保险的附加费是根据各项经营管理费用制定的，在实务中，计算毛保险费的方法主要有以下几种方法。

（一）三元素法

三元素法是将营业费用按用途划分为以下三项。

（1）新合同费也称原始费用，是保险公司为招揽新合同，于第一年度所必须支出的一切费用，如宣传广告费、外勤人员招揽费、体检费、各种单证印刷及成本费等费用。

（2）维持费是指契约自一开始至终了为止，整个保险期间为使合同维持保全所必需的一切费用，如寄送催缴保费通知单、合同内容的变更、保单质押贷款、固定资产折旧等为维护报单保全工作的各项费用。

（3）收费费用，即保单收缴费用，包括收费员的薪津，对与公司订有合约代收保费的团体所支付的手续费,以及其他与收费事务有关的支出费用。

三元素法将附加费用分解成以上三部分,并假设新合同费为一次性费用,单位保额的费用为 α,维持费每 1 元保额每年的费用为 β,而收费费用每年占营业费用的比例为 γ,然后依据总保费现值等于净保费现值与附加费现值的总和的原理,来计算营业保费。

(二) 比例法

比例法就是按照营业保费的一定比例作为附加费用。这一比例一般根据以往的业务经营的经验确定。

若以 P' 表示年缴营业保费,k 表示附加费占营业保费的比例,P 表示年缴净保费,则有:

$$P' = P + KP'$$

所以

$$P' = \frac{P}{1-K}$$

我国目前计算营业保费时,就采用比例法。用比例法计算营业保费非常简便,但缺点是用这种方法确定附加费用不够合理,因为对于保费高的保单,所收取的附加费可能多于实际经营费用的支出;而对于保费低的保单,所收取的附加费甚至可能不足以支付实际经营的费用。

(三) 固定常数及比例法

这种方法是首先根据以往的业务资料,确定每单位保险金额所必须支付的业务费用,作为一种固定费用,用常数 α 表示,然后,再确定一定比例的营业保费,作为其余部分的附加费。即:

$$P' = P + \alpha + KP'$$

所以

$$P' = \frac{P+\alpha}{1-K}$$

四、人寿保险准备金

(一) 人寿保险准备金

人寿保险准备金是指保险公司为履行今后保险给付的资金准备,保险人从应收的净保险费中逐年提存的一种准备金。人寿保险责任准备金可分为理论责任准备金与实际责任准备金。

在长期寿险中,为了适应被保险人的需要,保险费往往不按自然费率而按趸缴费率一次缴清,或用均衡费率按年缴付,而保险赔偿则因人们死亡率的规律,随着年龄的增高而增大,于是产生了开头年份保费溢收而末后年份保费歉收的现象。溢收的保费虽归保险公司掌握,却是保险公司的负债,必须严格核算积存,以便补足歉收年份中应赔金额的缺损。因为死亡率和应收的各种纯费率都是科学计算的结果,互相间存在着配合,开头年份中溢收的保费加上规定的利息,正好等于末后年份中短亏之数。保险公司为了履行契约责任,对于被保险方提前缴付的保费部分有责任进行积存。为了使保险公司能够切实履行其各种给付义务和保障保单所有人的利益,各国的保险法规都明确规定了保险公司必须提存责任准备金额度的方法。

(二) 理论责任准备金

理论责任准备金是指根据纯保险费计算积累的用于给付保险金的资金,其计算并不考虑保险业务经营的实际条件,即附加费用及其在时间上的不平均。理论责任准备金的计算方法有两种:

(1) 过去法。即以死亡表和设定的利率为依据计算在过去的保险期间中全部已收纯保险费的终值(终值为收取保费当年的价值,按设定利率增值后的价值)减去全部已付保险金,余额就是当年的理论责任准备金。

(2) 将来法。即以死亡表和设定的利率为依据,计算一批有效保险合同在剩余的保险期间未收的保险费的现值与同期保险人应承担的给付金额的现值之差,这一差额就是该会计年度应当提留的理论责任准备金。

(三) 实际责任准备金

实际责任准备金是指人寿保险业务中实际提存的责任准备金,它是考虑了各年间附加费用的不同开支情况,并以理论责任准备金为基础加以修订而计算的。其计算方法也为两种:

(1) 1年定期法。即把保险期间的第一年视为定期死亡保险,完全不提取责任准备金,责任准备金的提取从第二年开始。这种方法是假定投保人的年龄比实际大1岁,即从保险的第二年起保,交付寿险费的年期比实际少1年。第一年保费的余额,全部充作营业费用。

(2) 扣除一定数额法。即在保险开始的第一年,从保险费收入中扣除营业费用中的一个必要数额,剩余部分留作责任保险金,以后逐年减少这种扣除额,全部扣除即可在保险交费期终了时结束,也可以在其中结束,但不管如何在时间上分配营业费用,在保险合同终了时,实际提留的责任准备金要等于理论的责任准备金。这样才能保证保险人能够充分履行自己的给付义务。

本 章 小 结

1. 保险费率是每一保险金额单位与所缴纳保险费的比率,是保险人用来计算保险费的标准。保险费率由纯费率和附加费率两部分组成。实务中,保险人厘定保险费率时,必须遵循适当可行性原则、公正合理性原则、稳定性原则、融通性原则和防灾防损的诱导性原则。保险费率厘定主要采用判断法、分类法和修正法。

2. 财产保险费率多采用分类法和修正法来厘定,其依据是损失概率。毛费率是由纯费率和附加费率两部分组成,通过计算保额损失率加均方差计算纯费率;然后计算附加费率。

3. 人寿保险费率有纯费率和附加费率两部分构成,在厘定保险费率时,主要考虑死亡率和利率等主要因素。人寿保险纯保费的计算适用收支平衡的原则,即保险人收取的纯保费现值应等于未来给付的保险金现值。计算毛保险费的方法主要有三元素法、比例法和固定常数及比例法。

关键概念索引

保险费　保险费率　大数法则　纯费率　附加费率　毛费率　分类法　观察法　修正法表定法　追溯法　经验法　稳定系数　生命表　利率　年金　趸缴纯保费　分期纯保费　终值　现值　责任准备金

复习思考题

1. 阐述厘定保险费率的基本原则。
2. 计算人寿保险费率主要考虑哪些因素?
3. 假设某财产保险过去 5 年的保额损失率分别为 3.1%、2.9%、3.4%、3.1%、2.9%,稳定系数加一个均方差,附加费率为纯费率的 20%,求毛费率。
4. 30 岁的男性,投保 5 年期的生存保险,保险金额为 10 000 元,求应缴纳的趸缴纯保费(按预定年复利 2% 计算)。

第十一章 保险经营

本章要点

- 保险经营的原则
- 保险销售渠道
- 保险防灾防损的必要性
- 保险理赔的原则、程序和赔款计算方式
- 保险投资的原则及现状

> 保险经营是一种商品经营,它必须遵循商品经营的一般原则。保险商品是一种特殊的商品,它的经营受到外部环境和内部环境的制约,它要求保险经营必须遵循风险大量、风险选择和风险分散的原则,在业务经营中树立正确的经营理念,制定合理的经营目标,以保证保险公司经营的正常运作。
>
> 保险公司的业务经营活动可以分为保险营销、承保、防损、理赔和投资等几个主要环节。

第一节 保险经营的原则

保险经营的原则是保险公司从事保险经济活动的行为准则。由于保险经营是一种商品经营,它既有一般商品经营的共性,又有保险商品经营的特性。因此,保险经营原则也有一般性和特殊性之分。

一、保险经营的一般原则

经济核算原则、随行就市原则和薄利多销原则作为商品经营的一般原则,同样适用于保险经营。

（一）经济核算原则

经济核算是指利用价值形式，记录、计算、分析和比较生产经营活动中的劳动耗费和劳动成果，使公司以收抵支，并取得盈利。经济核算原则是商品生产经营的基本原则，为什么保险商品的生产经营必须遵循经济核算原则，主要是由以下几方面的原因决定的。

1. 保险商品的生产经营要实行经济核算是由节约劳动时间规律所决定的

节约劳动时间是发展社会生产力的必要条件。在保险商品经营中，这种节约包括两部分：一是保险商品生产消耗的节约，具体包括物化劳动和活劳动的节约；二是保险经营生产资料占用的节约，也就是物化劳动占用的节约。保险公司要持续发展保险商品的社会生产力，不断扩大保险商品社会再生产的规模，就必须实现这两部分的节约。为了节约时间，保险公司必须对保险商品生产经营过程中的劳动耗费和劳动成果进行记录、计算和分析，必须实行经济核算。

2. 保险商品生产经营要实行经济核算是由保险公司相对独立的经济利益决定的

在社会主义市场经济体制下，保险公司是自主经营、自负盈亏、自我约束和自我发展的法人实体和市场竞争主体。保险公司的这种地位决定了保险公司在经营过程中必须树立竞争观念、效益观念，必须考虑经营过程中所占用和消耗的物化劳动和活劳动，考虑收支相抵后能否取得良好的经济效益。显然，保险经营实行经济核算是非常必要的。

3. 保险商品的生产经营要实行经济核算是贯彻按劳分配原则的要求

为了贯彻按劳分配原则，保险公司在经营过程中必须核算公司的经营消耗和成果，核算每个劳动者的劳动消耗和贡献，这样才能为每个劳动者的成果分配提供客观依据，才能合理地确定保险公司和职工的经济利益，激发职工的主观能动性和主人翁精神，才能正确处理好国家、公司、个人三者之间的利益关系。

由此可见，保险公司在生产经营过程中必须实行经济核算。保险公司经济核算原则的贯彻，有助于保险公司权、责、利组合机制的完善，使保险公司在保证完成各项经营指标的前提下，有更多、更灵活的自主经营权。由于保险商品经营的特殊性，保险公司的经济核算主要围绕保险成本核算、保险资金核算、保险利润核算等内容展开。

（二）随行就市原则

随行就市原则是市场观念的具体体现，它要求商品生产者必须以市场需求为导向，根据不断变化的市场行情，通过调整商品结构和调整商品价格水平，以适应市场需求的主动性行为。

保险经营必须遵循随行就市原则，因为保险市场上同样存在着保险供给和保险需求之间的种种矛盾，需要保险公司以市场需求为导向进行保险商品的经营，尤其是随着保险市场竞争的加剧，保险公司对市场的依赖程度越来越大，要想在激烈的市场竞争中立于不败之地，就必须摸准市场的脉搏，捕捉市场信息，根据市场行情的变化及时作出灵敏的反应，随行就市，不断调整保险商品结构和价格水平，促使保险商品供求平衡，以最终实现保险商品的价值。

调整保险商品的结构，保险公司要根据保险市场需求、自身经营能力和经营技术的变化,适当调整老险种,组织开发新险种,完善保险服务的内容和形式,以适销对路的险种和优质的保险服务赢得客户,提高市场占有率。调整保险商品的价格水平,要求保险公司根据成本状况、市场需求、国家宏观经济政策和竞争对手的价格水平等因素,适当调整保险费率水平。但是切记保险费率主要是由保险灾害事故发生的概率决定的,如果保险费率水平低于纯费率水平就是所谓的"自杀性费率",这将对保险公司的财务和业务稳定带来消极的影响。

因此,随行就市,不但要求保险经营要适应市场行情的变化,更重要的是保险公司要树立市场观念、竞争观念,全面、细致、深入地分析和研究影响保险市场行情的各种因素,准确地预测和判断市场发展变化的趋势和规律,只有这样,保险公司才能不失时机地抓住机会,降低经营成本,提高经营效益,在激烈的市场竞争中取胜。

(三) 薄利多销原则

薄利多销原则是商品生产经营的重要原则,也是商品经营者迅速占领市场、提高市场竞争能力的有效手段。薄利多销是指商品生产者利用价格杠杆,针对消费者价格选择心理,以扩大销售量,保证盈利为目的的一种促销手段。

在保险市场中,薄利多销同样适用。因为多家保险公司并存,各家保险公司提供的保险商品在投保条件、责任范围等方面相差无几的情况下,投保人往往会比较权衡保险商品的价格来决定自己的购买行为。其实在保险经营中,恰当地运用薄利多销手段是符合保险经营的一般原理的。因为保险公司在国家保险监管机关允许的范围内,在保证获得保险利润的前提下适当降低保险商品的价格水平,不仅可以打开销路、扩大市场份额、提高市场竞争力,还可以集中更多的风险单位,让大数法则发挥作用,保证保险公司财务和业务的稳定。

二、保险经营的特殊原则

保险经营是一种特殊的商品经营,除了遵循商品经营的一般原则外,还必须遵循保险经营的特殊原则,即风险大量原则、风险分散原则和风险选择原则。

(一) 风险大量原则

风险大量原则是指保险人在可保风险的范畴内,根据自己的承保能力,争取承保尽可能多的风险单位。它是保险经营的基本原则。

(1) 保险经营的过程实际上就是风险管理的过程,而风险的发生是偶然的、不确定的。只有承保尽可能多的风险单位,才能建立起雄厚的保险基金,并保证保险经济补偿职能的履行,更好地体现保险经营"取之于面,用之于点"的特点。

(2) 概率论的大数法则是保险人赖以计算保险费率的基础,只有承保大量的风险单位,大数法则才能显示其作用,使风险发生的实际情形更加接近预先计算的风险损失概率,以确保保险经营的稳定性。

(3) 扩大承保数量是保险企业提高经济效益的一个重要途径。承保的风险单位越多,保费收入就越多,而营业费用则随之相对减少,从而可以降低保险成本,提高经济效益。

（二）风险分散原则

风险分散原则是指某一风险责任由众多的人共同分担。国内外保险经营的实践证明，如果保险人承担的风险过于集中，一旦发生较大的风险事件，保险人无力赔付巨额损失，既有损于被保险人的利益，也威胁着保险企业的生存。因此，为了确保保险经营的稳定，要尽可能地将风险分散的范围扩大。保险人对风险的分散一般采取承保前分散和承保后分散两种方法。

1. 承保前风险分散

承保前风险分散，主要是通过承保控制的方式进行，即保险人对所承保的风险责任适当加以控制。其常见手段有以下几种：

（1）控制高额保险。即科学划分和计算保险标的的最高保险金限额，对超过部分不予承保。例如，国际货物运输保险的保额通常只按发票价格加一成为限。至于货物到达目的地后的销售价，除发票价格外，其他各项费用、预期利润、银行利息等超出发票价格一成以外的部分，一般不予承保。

（2）规定免赔额（率）。即对一些保险风险造成的损失规定一个额度或比率，由被保险人自负这部分损失，保险人对于该额度或比率内的损失不负责赔偿。例如，在机动车辆保险中，对机动车辆每次事故规定有免赔额，只有超过免赔额的部分才由保险人承担赔偿责任。

（3）规定按实际损失赔偿。即在保险金额范围内，按风险事件实际造成的损失计算赔偿，并非按保额赔偿。例如在火灾保险中，当火灾发生后，其赔偿金额按受灾实际损失计算，但最高限额为投保金额。

（4）实行比例承保。即保险人按照保险标的的实际金额的一定比例确定承保金额，而不是全额承保。例如，在农作物保险中，保险人通常按平均收获量的一定成数确定保险金额，如按正常年景的平均收获量的60%～70%成承保，其余部分由被保险人自己承担责任。

2. 承保后风险分散

承保后风险分散，主要是采取共同保险和再保险的方法。

（1）共同保险。是由多数保险人共同承保风险较大的保险标的。如某企业有120万元保险财产，由3家保险企业各承保50万元、40万元、30万元，以此分散风险责任。

（2）再保险。是指保险人为了分散风险，将所接受的保险业务之风险责任的一部分转让给其他保险人承担。例如，某保险人承担了80万元的保险标的，但因自己的条件有限，承保50万元较为适宜。为了保证财务收支平衡和经营稳定，将其超过自己承保能力的30万元保险责任转让给其他保险人。

（三）风险选择原则

为了保证保险经营的稳定性，保险人不仅需要签订大量的、以可保风险和标的为内容的保险合同，在承保时还需对所承保的风险加以选择。风险选择原则要求保险人充分认识、准确评价承保标的的风险种类与风险程度，以及投保金额和保险费率的厘定是否合理准确，从而决定是否接受投保。保险人对风险的选择表现在两方面：一是尽量选择同质风险的标的承保,从而使风险能从量的方面进行测定,实现风险的平均分散;二是淘汰那些超出可保风险条件或范围的保险标的。可以说,风险选择原则否定的是保险人无条件承保的盲目性,强调的是保险人对投保人的主动性选择,使集中于保险保障之下的风险单位不断地趋于质均划一,以利于承保质量的提高。风险选择有事先选择和事后选择两种。

1. 事先选择

事先选择是指保险人在承保前考虑决定是否接受投保。此种选择包括对人和物的选择。

所谓对人的选择(包括自然人和法人),是指对投保人或被保险人的评价与选择。例如,在人寿保险中,应了解被保险人的年龄、是否从事危险职业、是否患有慢性疾病或不治之症等,必要时应直接对被保险人进行体检;在财产保险中,应了解被保险人的资金来源、信誉程度、经营能力、安全管理状况和道德风险因素等。

所谓对物的选择,是指对保险标的及其利益的评估与选择。例如,对投保火险的建筑物应了解它是否处在简陋棚户区,一旦失火是否有蔓延成片的可能;对投保的机动车辆、船舶、飞机等运输工具,应了解是否属于超龄服役的老车、老船、老飞机,它们的用途及运输区域等。通过各方面的调查了解,如若发现对被保险人或保险标的已超出可保风险的范围,保险人应拒绝承保。

2. 事后选择

除了进行事先选择以外,还要进行事后选择。因为,有些超出可保风险的因素事先未能发现,承保后才逐渐暴露出来,这就需要对已签订的保险合同作出淘汰性选择。保险合同的淘汰通常有三种方式:

一是等待保险合同期满后不再接受续保,或由代理人或经纪人介绍给其他愿意接受此种风险的保险人承保。

二是按照保险合同规定的事项予以注销合同,如我国远洋船舶战争险条款规定,保险人有权在任何时候向被保险人发出注销战争险责任的通知,通知在发出后7天期满时生效。

三是当保险人发现被保险人有明显误告或欺诈行为,并且对保险人的经营十分不利时,保险人可以向被保险人说明理由,中途终止承保。

保险人对业务进行选择,目的在于使保险人自身处于有利的条件下来承保风险,以便稳定保险业务经营,提高保险服务质量。因此,在实行风险选择时,不能轻易作出拒绝承保的决定,而是要做周密细致的工作,通过协商和调整保险条件(如提高保险费率、规定自负额、附加特殊风险责任或赔偿限制性条款、建议改善保险标的的安全管理等),以尽量满足社会对保险服务的需要。

总之,无论保险人是采取事先选择还是事后选择风险的方式,都是采用了风险管理中避免风险的手段,可见保险经营与风险管理的关系甚为密切。

第二节 保险营销

保险营销是保险经营活动中最基本的工作,是保险公司所有经营活动的先导。广义的保险营销是保险公司为了满足保险市场存在的保险需求所进行的总体性活动,包括保险市场的调查与预测、保险市场营销环境分析、投保人行为研究、新险种开发、保险费率厘定、保险营销渠道选择、保险商品推销以及售后服务等一系列活动。保险营销活动不是一个职能部门就能完成的,它需要各个职能部门的相互配合。狭义的保险营销即保险销售,它仅仅是广义保险营销过程的一个阶段。本节仅仅阐述狭义的保险营销活动。

一、保险宣传

保险宣传或推广是保险销售的开路先锋。我国保险业务之所以在较短时间内得到迅速恢复和发展,就是因为大力开展了多种形式的保险宣传。保险公司一般都设有一个营销部,既做宣传,又做销售;有的公司则单独设立一个宣传部。开展宣传工作是销售的重要环节,只有更多的人了解和认识保险,才能吸引更多的企业、家庭和个人投保,从而扩大保险的影响,提高保险的社会地位。

2013年,为进一步加强保险公众宣传工作,不断提高全社会保险意识,中国保监会决定,将每年7月8日确定为"全国保险公众宣传日",该宣传日的主题是"保险,让生活更美好"。通过全国保险公众宣传日活动,保险行业将大力普及保险知识,深入介绍保险功能作用,广泛宣传保险业在完善现代金融、社会保障、农业保障、防灾减灾、社会管理等五大体系建设中的成效,促进保险业持续健康发展,努力实现"保险,让生活更美好"。

(一)保险宣传的方式

保险宣传的方式有多种多样,比如广告宣传,召开各种座谈会,放映保险故事影片,举办文艺演出,电台、报刊和网上播放或登载保险知识系列讲座,印发宣传材料和宣传品,保险销售人员宣传,设立咨询站等。在我国保险宣传工作中,要借助经济界、理论界、新闻界的力量,使保险宣传工作社会化。

(二)心理学在保险宣传中的应用

保险宣传要在心理学的一般原理指导下,去探究保险需求心理的要素。美国心理学家马斯洛曾把人们的需要划分为五个层次:生理的需要、安全的需要、爱和归属的需要、尊敬的需要和自我实现的需要。参加保险就是属于"安全的需要"。俗话说:"天有不测风云,人有旦夕祸福",参加保险可以化险为夷。然而,人们存在的依赖心理和侥幸心理会抑制保险需求。在保险宣传中,要把握人们的心理,区别不同对象,采用不同方法,使宣传具有针对性和实用性。

(三)公共关系学在保险宣传中的应用

公共关系学主要研究社会组织与公众的沟通,把公共关系作为一项管理职能,及时准确地掌握各类公众的信息,向组织提供咨询,并把组织已形成的决策及有关信息传达给公众,以谋求公众的理解和支持,使组织在公众中树立良好形象。

保险销售人员与公众直接交往,也要掌握公共关系学的原理。首先要注意自我形象设计,无论服饰还是言谈举止,都要给人庄重可信感,还要重视业务素质的提高,做到知己知彼,给人留下知识渊博的印象。在宣传方法上,要循序渐进,从客户利益出发,鼓励投保,即使对方态度冷淡,也要耐心讲解保险产品,破除对保险的种种疑虑。保险销售人员宣传是一项艰巨细致的工作,为了争取一家大企业投保,销售人员多次上门,作反复动员也是屡见不鲜。除了宣传之外,还要注意市场反馈,善于收集公众的信息,向公司提供有关经营决策的建议。

专栏 11-1

细节看保险:保险上春晚之后

2017年的春晚,与近些年的遭遇并无二致,淹没在一片叫好与批评的争议之中。究竟是皆大欢喜,还是众口难调,人们难以得出定论。然则,这鸡年的春晚,对于保险却产生了不同寻常的意味。

由新疆文艺工作者演绎的小品《天山情》,在2017年央视春晚舞台上亮相。新疆题材语言类节目登上央视春晚,谱写了各民族共创美好生活的篇章,诙谐幽默,让人耳目一新。值得一提的是,这是首次以保险贯穿主线的春晚节目,普及了保险的意义和功用。应该说,这则小品节目,在春晚浩大的主题和丰盛的节目中,占的分量并不算重。很多对于保险并不关心的人,可能也并没有留意到这个节目或者节目中对于保险的提及。然而,对于保险从业人员来说,保险这次登上春晚的"大雅之堂",却具有不同寻常的意义。这一点从他们在互联网或者微信朋友圈中的评价,可窥端倪。保险进入春晚的内容部分,本身就具备一种象征意义。"保险都上2017年春晚节目了,你还在拒绝保险吗?"有的网友如此评价。近年来,不仅各级政府部门频频发文,支持保险行业发展,保险人作为演员或者嘉宾,也频频登上各种公开的舞台。这是保险从幕后走到了台前,从大众不待见到不得不重视,从一个无足轻重的行业,到一个不可忽视的行业的转变。第一次总是非常重要,第一步也是一个旅程的开始。一位网友评价认为,"保险首次上春晚!2017保险又火了!"还有细心的网友对于节目内容进行了更为深入的分析。"2017年央视春晚小品里,提到了17次'保险公司'",还不无骄傲地认为,社会多少个行业中,保险能进入春晚,说明了国家对于保险的重视。对于节目背后的深层次因素,有的网友也进行了探讨。一篇题为"火了!保险上春晚"的网络文章分析认为,2017年最好的小品告诉你,为什么说"保险让生活更美好"!尽管节目中维吾尔族大叔并没有真正投保,无法从保险公司得到补偿,但保险在牧民生活中的重要性得到了展示。在我国,畜牧业保险(农业保险范畴)是减轻畜牧业灾害损失、促进农牧民增收、完善政府调控手段的重要举措。我国多地也都在积极推广,帮助农牧民防灾减损,以保障农业生产。

平心而论,假如是证券、银行等上了春晚,也许引起的重视和关注并不会如此轰动。也正是因为保险的社会形象不断提升,使得此次保险上春晚让保险从业人员扬眉吐气。相信随着保险功能作用在更多领域的发挥,保险行业形象的再次提升飞跃,保险一词,将出现在越来越多的"大雅之堂"。

(资料来源:《中国保险报》2017-02-06)

二、保险销售的渠道

（一）传统的保险销售渠道

传统的保险销售渠道包括直接销售和通过保险中介销售。

1. 直接销售

直接销售是指保险公司依靠本身的专职人员直接推销保险单，招揽业务。它较适合那些经营规模大、实力雄厚、分支机构健全的保险公司。这些保险公司利用分布在各地的分支机构，雇请工作人员直接向保户推销保险单。

直接销售往往因为销售人员的业务素质较高、经营技巧娴熟、道德修养较好、责任心较强等原因而能够获得客户的信任，并能把销售与核保、防灾防损、理赔等相关环节紧密结合起来，从而保证业务质量。但是，仅靠直接销售难以争取到更多的保险业务，且在经济上也是不合算的。因为直接销售需要配备大量的业务人员，增设机构，而且由于季节性的原因，在业务旺季时，人员可能显得不够。而在业务淡季时，人员又显得过多。这势必增加经营费用开支，提高业务成本，影响保险的经济效益。因此，国外大的保险公司既有自己的推销人员，又广泛地运用保险代理人、经纪人展业，一般保险公司则主要依靠保险代理人展业。

2. 保险中介销售

保险中介销售包括保险代理人销售和保险经纪人销售。

（1）保险代理人销售是保险公司与代理人签订代理合同（或授权书），委托代理人在职权范围内为保险人招揽业务，保险人按照保费收入的一定比例支付佣金或手续费。

保险代理人可以是各个组织机构，也可以是个人，对象广泛，可凭借其广泛的社会联系，将保险业务推广到社会的各个层次、各个角落，特别是对开展分散性的保险业务更为有利，从而弥补保险企业销售渠道不足、销售人员不足的缺陷。同时，代理制度还可使保险人大大节省设置机构和雇佣人员的费用。佣金按保费收入的一定比例支付，无须固定的工资开支。因此，对保险人来说，代理制度是一种十分经济的销售方式，被世界各国的保险业广泛采用。

保险代理分为专业代理和兼业代理，前者专门从事保险代理业务，后者则由银行、邮政局、运输公司、旅行社等机构代办保险公司的一些业务。专业代理的优点是代理人员素质较高，代理的业务活动范围较宽，业务质量较高，且便于保险公司进行检查和监督。兼业代理的优点是与投保人联系密切，可结合自身业务为保险公司争取业务。不足之处是代理范围较窄，业务质量稍差，且不利于专业化管理。

我国目前既有个人保险代理人（保险营销员），又有保险兼业代理机构和保险专业代理机构。

（2）保险经纪人销售，利用保险经纪人销售也是保险销售的一条重要途径。保险经纪人的特点是它独立于保险人之外，是在保险人与投保人之间专门从事保险业务联系的中介人，能够为保险双方提供服务。无论在技术和信息上，还是在销售方式和渠道方面，都具有较高的水平。利用保险经纪人展业,在英、美等国特别盛行。在我国大陆,保险经纪人销售起步相对较晚,业务发展也较慢。

在我国,保险中介销售渠道为保险业的发展作出了重大贡献,其每年的保费收入占全国总保费收入的80%以上。据中国保监会的数据显示,在2014年的前三个季度,保险中介渠道保费收入占全国保费收入总量的80.75%,其中保险营销员渠道以及保险兼业代理渠道实现保费共计收入1.174万亿元,占全国总保费的73.7%;而代表专业化水平的保险专业代理机构和保险经纪机构发展相对不足,实现保费收入1 123.12亿元,仅占全国总保费的7.05%。

(二)创新的保险销售渠道

随着保险市场的深化及信息技术的发展,新型的保险销售渠道不断涌现,主要包括银行保险、电话营销和网络营销。

1. 银行保险

狭义的银行保险是指保险公司通过银行和邮政网点、基金组织以及其他金融机构,依靠传统销售渠道和现有客户自愿进行保险商品销售。该定义反映的是银行保险合作的初级层次,其侧重点在于销售渠道和跨业销售,并不包含保险产品的设计及核保观念。

广义的银行保险是指银行与保险公司采用的一种相互渗透和融合的战略,是将银行与保险等多种金融服务联系在一起,并通过客户资源的整合与销售渠道的共享,提供与保险有关的金融产品服务,以一体化经营形势满足客户多元化的金融服务需求。该定义更适合金融混业经营的发展趋势,侧重点是整合客户的所有金融服务需求。

(1) 银行保险的合作模式。综观国外银保合作模式的发展历程,按照银行和保险业融合程度的不同,银保合作主要有三种类型:一是简单代理销售模式,商业银行代理一家或多家不同的保险公司产品,并销售给银行客户,银行获得佣金收入,但不承担保险风险。这是国内目前银保合作的主要模式。二是银行控股保险公司,银行高度介入保险公司决策,合作深度显著增强,银行同时可以获得除代理收入之外的其他机会,也面临着风险交叉传染的压力。中国多家银行收购的保险公司就是这种模式。三是全面整合的保险公司,银行持有保险公司100%的股权,保险公司几乎全面融入银行经营。目前由于国内政策限制,国内尚未出现这类合作模式,但汇丰银行在香港采用了这一模式。

(2) 国内银行保险的发展。1995年起,在保险公司的推动下,银行柜台开始尝试销售一些养老金和定期寿险产品。但银保业务真正的起步是从2001年开始,保险公司专门开发了存款替代的保险产品在银行柜台销售,成立了银行专管员队伍进行现场销售推动,银行对保险业务的重视程度也不断提高,在银行内部逐渐成立了专门的保险代理部门,并将银保业务纳入银行内部考核体系,在这种背景下确立的银保销售合作模式呈现出很强的生命力,银行代理销售保费收入呈现出跨越式增长势头。截至2011年年末,通过银邮系统销售的寿险业务收入规模超过4 600亿元,占全部寿险销售收入的53%。商业银行已经成为保险业务销售的主要渠道。同时,通过代理销售,也给商业银行带来了丰厚的佣金回报,若以一家代销1 000亿元、3.5%手续费率的大型商业银行测算,1年保险公司给商业银行带来的佣金收入将会达到30亿~40亿元。全行业给商业银行带来的佣金收入将会达到100亿~200亿元。但经过多年的快速发展，原有的发展模式遇到了不可忽视的问题。从保险公司角度看，在议价方面，银行过于强势，收取保险公司的佣金较高，加上日常的维护费用，给保险公司带来了较高的销售成本；误导销售产生的客户投诉成本也常由保险公司买单；在这种情况下，保险公司的盈利性难以保障。从银行角度看，由于存款、基金、理财、贵金属等可选金融产品数量多，收益率高，简单而易于销售，投资者教育的难度较小；相比之下，保险产品的保障功能与投资功能存在差异，加上产品介绍晦涩难懂，导致销售难度较大。若银行内部通过考核、奖励等方式加大销售力度，则员工存在误导销售的风险。过往快速发展中存在的问题，正随着各种保险产品到期而逐渐爆发出来。原有合作模式中的可持续性面临挑战。这些问题也引起了监管机构的重视，特别是误导销售导致多数投诉来自于银行渠道，而误导销售容易引发的社会问题难以预料，为此，2010年11月1日，银监会发布了《关于进一步加强商业银行代理保险业务合规销售与风险管理的通知》，其中最具影响力的两条规定是：不准保险公司人员派驻银行网点；每个银行网点原则上只能与不超过三家保险公司开展合作。保监会也于2010年1月发布了《关于加强银行代理寿险业务结构调整促进银行代理寿险业务健康发展的通知》，2011年3月发布了《商业银行代理保险业务监管指引》，2011年4月发布了《保险公司委托金融机构代理保险业务监管规定（征求意见稿）》。这些规定的出台，产生了立竿见影的效果，2011年，一些大型银行的银保保费收入下降了20%~30%。

国内银行控股保险公司是银保合作的升级。2009年，交通银行入股中保康联最终获得监管机构审批通过，拿到了银行控股保险的第一单，标志着银保股权合作模式进入了一个新的阶段。随后2年间陆续审批了建设银行入股太平洋安泰、工商银行入股金盛人寿、北京银行入股首创安泰、农业银行入股嘉和人寿等多个项目，主流银行通过股权收购方式，拥有了自己的寿险公司，一时间股权合作模式为行业所瞩目。2012年年末，随着农行并购嘉禾人寿交易的完成，工行、建行、交行以及招商、光大等国内商业银行都拥有了自己的保险业务牌照，银行系保险公司逐渐引起金融从业者的关注。银行系保险公司的集中出现，必将会在银保合作方式上产生新的契机。在股权合作的模式下，银行和保险公司合作的稳定性和长期性得到了加强，通过更广泛的资源共享，合作双方的竞争力得以增强，使得未来的盈利基础更为牢固，盈利预期和分润机制更为明确，大大减少了双方的博弈成本，更利于实现双赢和长远发展。2012年，中、农、工、建、交五大行齐聚寿险业后，这些原本名不见经传的中小型寿险公司在被银行控股后，依靠股东优势迅速发展壮大，保费规模呈井喷状上升。工银安盛、中邮人寿、交银康联、农银人寿、建信人寿、招商信诺、中荷人寿、信诚人寿等保险公司上半年的保费同比增速分别为924.4%、126.6%、60.1%、59.2%、46.2%、33.1%、28.4%、11.9%，均远高于行业平均增速。

2. 电话营销

电话营销就是以电话为主要沟通手段，借助网络、传真、短信、邮寄、递送等辅助方式，通过保险公司专业呼叫中心，以保险公司名义与客户直接联系，并运用公司自动化信息管理技术和专业化运行平台,完成保险产品的推介、咨询、报价、保单条件确认等主要营销过程。

(1) 电话营销的优缺点。电话营销的优点主要包括:一是销售成本低。客户与电话销售人员是低接触式的互动关系,客户一般在30秒内就可以判断出自己是否对产品感兴趣。如果客户对产品感到满意,就迅速成交;同时电话销售还可以节省中间环节,从而节省代理成本。二是能有效地保有和利用客户资源。在电话营销过程中,呼叫中心会对每次通话全程进行详细记录,并通过专业的数据分析软件对客户资料进行分析、评估,帮助销售人员决策目标客户。

电话营销的缺点主要包括:一是推销的险种具有局限性。由于电话营销过程中买卖双方接触度低,没有像代理人营销那样面对面地与客户互动,因此只适合功能单一、易于解说的险种。二是拒绝率较高。电话营销有个人骚扰、侵权隐私的负面效应,消费者往往对陌生电话较为反感,因此拒绝率较高。三是前提投入较大。电话销售公司前期要成立专门的呼叫中心,配备专门的人员,因此前期投入成本较大。

(2) 国内电话营销的发展现状。无论国外还是国内,电话营销作为多元化营销方式的一种创新模式,其吸引了各大保险公司关注。在我国最早涉入电话营销的是外资保险公司,2003年,招商信诺、中美大都会相继涉足电话营销领域,标志着保险电话营销正式进入中国金融市场。2004年,中美大都会与赛迪呼叫合作,由赛迪呼叫为中美大都会提供保险电话营销的外包服务,这也是保险机构与外包型呼叫中心合作电话营销业务的开始。之后的2~3年时间,更多的保险公司开始尝试电话营销,形成中国保险电话营销市场发展的第一波浪潮。2007年4月,保监会正式颁布《关于规范财产保险公司电话营销专用产品开发和管理的通知》,对电话营销业务的经营模式、开办条件、管理制度和产品等各方面做出了详细、明确的规定。这是监管部门鼓励和支撑保险机构渠道创新的一个明显信号。继2007年,平安、人保相继获批经营车险电话营销后,2008年,大地财险、天平汽车保险公司、国寿财险等也成为车险电话营销这一阵营的竞争者。

虽然国内的保险电话销售行业迅速发展,但是根据历年来的发展现状,它的发展规模和效果与预想的并不一致。保险电话销售占总的保险费用的比率不是很高,对保险行业的贡献率不是很大,这主要和电话销售人员整体的质量密切相关;同时,也越来越多地听到消费者的维权呼声,也看到这个市场亟待规范与监管。

3. 网络营销

网络营销是指保险公司通过互联网开展电子商务,整个销售过程(包括接触、选择产品、填写保单、缴费)都在网上实现,即在线投保。

(1) 网络营销的优点:①网络营销大大降低了展业成本。对保险公司来讲,网上销售的交易双方只需支付低廉的网络通信费,免去了中介人的佣金,降低了展业成本。成本的降低使保险公司有了更大的利润空间,也就有了降低保险价格的可能性。而价格的降低将刺激客户对保险产品的需求,促进保险发展的良性循环。②网络营销增加了新的销售机会。新客户的开发受到销售成本和人员等因素的限制,而且保险代理人和经纪人的报酬取决于保险金额的大小,因此在传统的保险营销方式下,保险代理人、经纪人出于经济利益的考虑,往往只注重大客户,而忽视一些潜在的小客户以及新客户。而网络营销可以使保险公司有效地与各种人群接触,特别是那些代理人、经纪人等无法接触或不愿意接触的客户,保险公司利用网络营销的低成本和快捷性获得更多的业务,并且通过业务的大量化和多样化,在理论上更符合"大数法则"的要求,可以为保险公司分散风险,增加经营的稳定性。③网络营销有利于提高保险服务质量。由于互联网具有连续运行性,利用 Internet 开展保险业务,保险公司只需支付低廉的网络服务费,就可一天 24 小时在全球范围内进行经营,为客户提供更多的信息,为潜在客户提供更多与公司接触的便利机会。保险公司通过网络,可以回答客户提出的各种问题,甚至为客户设计保单,让客户享受人性化的服务。对客户来说,客户可以随时联系到保险公司,通过"自助式"的网络服务系统,获取保险公司为他们提供的完备信息,包括公司背景、险种介绍及费率等详细情况。通过网络,客户还可以比较多家保险公司的险种和定价,选择最适合自己的险种。

(2) 网络营销的风险:①安全风险。安全风险是制约网络营销的关键因素。因为根据保险的最大诚信原则,投保人在投保时必须履行如实告知义务,因此客户从网上购买保险或与保险人磋商保险事务时,在信息交流中不可避免地包含许多个人隐私或公司机密,如果这些信息在传输过程中得不到安全保障,客户就会选择其他较为安全的渠道。另外,身份认证是安全风险的又一个难题。由于网络是一个虚拟世界,保险双方不能像传统交易那样"面面相对",网络上任何人都可以冒充一方,向对方宣称自己为交易对象,从而达到其不法目的。②法律风险。网络营销是一种新生事物。目前有关网络营销的法律还不健全,这使得保险公司在网上开展业务时无法可依、无章可循。例如电子保单的法律效力并无直接的明文的法律、法规或相关司法解释予以规定,同时"电子保单"这一概念目前也没有相应的法律术语进行定义。在我国司法实践案例中,对于网上投保、网上激活自助保险卡等形成电子保单的方式,法院并未否认电子保单的法律效力,而案件争议的焦点大多在于通过网络这种特殊形式形成的电子保单,保险人对于格式条款/免责条款是否尽到了明确的提示和说明义务,保险人是否需要承担相应的赔偿责任。这是电子保单在保险实务中存在的法律风险之一。同时,利用网络开展业务,使保险竞争更加激烈,将会出现更多不正当的竞争行为,如网上虚假广告、网上商业诽谤等。③道德风险。保险交易双方只有遵守了最大诚信原则,才能保证保险合同的顺利履行。但是在网络营销过程中,保险公司和保户之间缺少面对面接触的机会,仅靠保户在网上提供的有限信息难以准确评估保户面临的风险,容易产生道德风险。同时,保险公司的部分内部人员网络密码、认证方式等方面了如指掌,职业道德水平差的职员很可能利用网络进行越权操作,给保险公司造成损失。

(3) 国内网络营销发展的现状。对于中国保险行业来说,网络营销在过去近 20 年的时间经历了兴起、发展以及不断成熟的过程。

1997—2007 年是互联网保险的萌芽期。1997 年年底,中国第一个面向保险市场和保险公司内部信息管理需求的专业中文网站——互联网保险公司信息网诞生,在成立当天即收到客户的投保意向书,从而形成了我国第一张通过互联网销售的保险单,标志着我国保险业迈入互联网之门。2000年,国内两家知名保险公司太保和平安几乎同时开通自己的全国性网站。其中太保网站成为我国保险业界第一个贯通全国、连接全球的保险网络系统;平安保险开通的全国性网站PA18,因其在网上开展全方位的保险、证券、银行、个人理财等金融业务被称为"品种齐全的金融超市"。2000年9月,泰康人寿保险公司在北京宣布了"泰康在线"的开通,实现从保单设计、投保、核保、交费到后续服务的全程网络化。随着2005年《中华人民共和国电子签名法》的颁布,我国互联网保险行业开始迎来新的发展机遇。

2008—2011年是互联网保险的探索期。阿里巴巴等电子商务平台的兴起为中国互联网市场带来了新一轮的发展热潮。伴随着新的市场发展趋势,互联网保险开始出现市场细分。一批以保险中介和保险信息服务为定位的保险网站纷纷涌现,有些网站还得到了风险投资的青睐,比如慧择网、优保网和向日葵网等。在风险投资的推动下,互联网保险取得了更大更快的发展,同时市场竞争业日益加剧,一场互联网保险的市场争夺战在全国范围内打响。政府对保险行业信息化及保险电子商务的发展给予了高度重视,并加大了政策上的扶持。随着电子商务相关政策法规环境的不断健全,保险行业电子商务发展逐步进入快速发展轨道。截至2009年底,全行业实现网上保费收入合计77.7亿元,其中财产险保费收入51.7亿元,人身险保费收入26亿元。在这个阶段,由于互联网保险公司电子商务保费规模相对较小,电子商务渠道的战略价值还没有完全体现出来,因此在渠道资源配置方面处于易被忽视的边缘地带。保险电子商务还未能得到各公司决策者的充分重视,缺少切实有力的政策扶持。

2012—2013是互联网保险的全面发展期。相关统计数据显示,2012年我国全年保险电子商务市场在线保费收入规模达到百亿元,在销售险种上多以短意险为主,部分寿险公司也在尝试销售定期寿险、健康险、投连险和万能险。各保险企业依托官方网站、保险超市、门户网站、离线商务(Online to Offline,简称O2O)平台、第三方电子商务平台等多种方式,开展互联网业务。逐步探索互联网业务管理模式,包括成立新渠道子公司开展集团内部代理,成立事业部进行单独核算管理,通过优势网络渠道获客,实现线上、线下配合,在淘宝、京东等第三方电子商务平台凭借其流量、结算和信用优势,日益成为推动互联网保险快速发展的中流砥柱。2013年被称为互联网金融元年,保险行业也在这一年取得跨越式发展,以万能险为代表的理财型保险引爆第三方电子商务平台市场。2013年"双十一"当天,寿险产品的总销售额超过了6亿元,其中国华人寿的一款万能险产品在10分钟内就卖出1亿元。互联网保险绝不仅仅是保险产品的互联网化,而是对商业模式的全面颠覆,是保险公司对商业模式的创新。各传统保险公司纷纷将未来的发展方向集中在互联网上,保险公司进军电子商务已经成为不可阻挡的趋势。相比于中小型保险公司借助第三方平台实现创新的方式,大型保险集团则更青睐于成立自有的电商公司。多家保险机构自建电子商务公司或网销平台,以期实现与产、寿险等不同业态的"协同效应"。2013年10月9日,纯互联网保险公司众安在线在上海宣告成立。由此,传统保险行业吹响了正面争夺互联网市场的号角。

2013年至今是互联网保险的爆发期。2013年以来,人们见证了互联网保险迅速发展的关键时期。互联网保险具备一切新事物所拥有的朝气蓬勃和创新活力,互联网保险销售迎来了爆发期。越来越多的保险公司充分认识到,互联网保险不仅是销售渠道的变迁,还是依照互联网的规则与习惯,对现有保险产品、运营与服务模式的深刻变革。真正的互联网保险,不仅仅是把传统的保险产品移植到网上,更是重新构造股东、客户、企业、网络平台以及关联各方的价值体系和运作逻辑;不单要搭建O2O、B2C的保险营销架构,更要探索客户需求定制服务,甚至未来可能形成基于互联网的保险互助机制,让互联网保险这一新兴渠道真正形成一种新的业态。在保险业革新的道路上,专业互联网保险模式将扮演更重要的角色。自2013年开始,保监会开始有序推进专业互联网保险公司试点。2013年11月,首家专业互联网保险公司——众安在线财产保险股份有限公司开业。随后,又有3家专业互联网保险公司相继获批成立,分别为安心财产保险有限责任公司、泰康在线财产保险股份有限公司以及易安财产保险股份有限公司。2016年,共有117家保险机构开展互联网保险业务,实现签单保费2 347.97亿元。2016年新增互联网保险保单61.65亿件,占全部新增保单件数的64.59%。其中财产险公司56家,实现签单保费403.02亿元;人身险公司61家,实现签单保费1 944.95亿元。

第三节 保 险 承 保

承保是销售的继续,是在销售的基础上进入保险合同双方就保险条件进行实质性谈判的阶段。

一、承保的定义

保险承保,简单地说就是保险合同的签订过程,它是保险企业对愿意参加保险的人(即投保人或被保险人)所提出的投保申请经审核同意接受的行为。广义地讲,保险承保包括从业务接洽、协商、验险、投保、核保、审核、接受业务、制单、收取保费,到复核签章、清分发送、归档保管等方面的全部过程。

二、承保的必要性

承保是一项非常复杂而重要的工作,是保险公司业务经营活动中最为重要的一环,承保质量的好坏,直接关系到保险企业经营财务稳定性和企业经济效益的好坏,同时,它也是反映保险企业经营管理水平高低的一个重要标志。承保对保险经营活动的重要性和必要性主要体现于对它的要求应该严格而具体,要做到"严把核保关",其意义注意体现在以下几个方面。

1. **承保是保证业务质量的必然要求**

通过核保使保险企业实现既要扩大业务范围又要保证业务质量,既要合理收费又要保证未来合同义务的履行。由于市场竞争的加剧,为了拓展业务,展业人员往往会拓展到一些低质量的保险标的或给客户过低的费率,这就可能会损害保险人的利益。所以承保人员要严把质量关,保证业务质量,收取合理的保费。但是严把质量关并不意味着一味拒保,一定要把握好度,对符合承保条件的不能故意刁难,以免打击外勤人员的展业热情和客户的投保积极性;对确实不符合承保条件的,也要对客户进行耐心而合理的解释,尽可能使客户能够心悦诚服的接受,以免影响保险企业的形象。

2. 承保是保证公司经营稳定性的内在要求

保险公司稳定发展的基础就是其经营的稳定性,它不仅关系着保险公司能否继续生存、发展和壮大;也关系着保险合同能否有效履行,被保险人的权利能否得到有效保障;还关系着整个社会国民经济在灾害后能否迅速恢复和正常运行。

3. 承保是实现利润最大化的本质要求

利润最大化是指在经营稳定性的前提下的利润最大化,利润最大化是任何一个经济单位生产和经营的最终目的。保险企业也不例外,但对保险人来说,利润最大化并非尽可能扩大承保规模,一味追求保费收入,而要控制承保质量,同时兼顾自身的承保能力。因此,利润最大化原则要求,承保风险要与盈利相一致。保险人是为了获取利润而承保,而不是盲目地、单纯地为了扩大业务规模,为承保而承保。这就需要在承保时,严格区分风险,确定合理的自留额,扩大优质标的的承保,控制对质量差风险高的标的的承保。

三、承保的主要内容

(一) 核保

1. 核保的定义

保险核保是指保险人对将要承保的新业务加以全面评价、估计和选择,以决定是否承保的过程。根据保险经营的特点,保险人对投保人的保险要求并不是来者不拒,而是通过严格的检验和审核,对合格的业务才予以承保。

2. 核保的内容及意义

核保的主要内容有投保人资格的审查,即审核投保人是否具有保险利益;保险标的的审核;保险金额的审核;审核适用费率是否正确、合理;被保险人的资格和信誉审核。

核保是业务选择的关键环节,通过核保,可以防止非可保风险的带入,排除不合格的被保险人和保险标的。否则,如果保险人对投保者不加区别一律承保,将造成对保险人极为不利的逆选择,必然影响保险经营顺利进行和经济核算原则的贯彻。因此,保险人必须对被保险人和保险标的加以选择和控制。通过核保,可以合理分散风险,也有利于促进被保险人加强防灾防损,减少实质性损失,从而保证承保业务质量和保险经营的稳定性。

3. 核保的结论

保险核保人员通过收集有关信息资料,并对这些信息经过风险衡量和选择之后,做出核保决定。

(1) 正常承保。对于风险状况符合标准费率的保险标的按正常费率加以承保,并出具保险单。

(2) 条件承保。对于风险状况不符合标准费率而存在超过风险的保险标的,按照其超过风险的具体情况,分别采取限制责任、限制保额、加收保费、增加限制性条件等方式加以承保,并出具保险单。

例如,在财产保险中,保险人要求投保人安装自动报警系统等安全设施才予以承保;如果保险标的的风险质量较差低于承保标准,可采取限制最高保险金额、增加免赔额、提高保险费率等方式承保。在人身保险中条件承保有年龄增加法、保险金削减法、加收保费法等。年龄增加法适用于存在递增型风险的人,将被保险人的年龄增加一个固定年数加以承保;保险金消减法适用于存在递减型风险的人,承保时按正常费率承保,但在一定期间内按比例减少保险金给付;加收保费法适用于存在固定型额外风险的人,在承保时加收一定金额的额外保费。

(3) 拒绝承保。如果投保人的投保标的风险质量非常差,明显低于承保标准,保险人就会拒绝承保。

(二) 承保控制

承保控制是指保险人采取各种措施,防止保险过程中可能发生的心理风险或道德风险,即投保人或被保险人因保险而麻痹松懈,放松对风险损失的警惕或故意制造保险事故、骗取保险赔款。承保控制的主要措施有如下三方面。

1. 责任控制

保险单风险责任采用"列明风险"式,即保险责任和除外责任都在各个险别上一一列明。其优点是责任范围清楚,易于区别,减少纠纷,可有效减少心理风险和道德风险的发生。其缺点是合同当事人双方都失去了对保险责任的选择,对保险人不承保的责任或投保人不需要的风险责任均无选择余地。为克服此缺点,可选择的办法是减少基本险责任,增加附加险责任,以适应和满足不同投保人的不同需要,同时也能加强保险人的业务控制。

2. 保额控制

保险金额是保险人承担风险的责任限额,也是计算保费的依据。为了避免和防止保险业务中道德风险的出现,必须对保额进行控制。在财产保险中,保额按定值保单和不定值保单分别确定。广泛应用于海上货物运输保险中的定值保单,按照国际惯例,通常以贸易价格的110%作为保险金额承保,一旦货物全损,保险人即按保额赔偿货物损失。不定值保单的保额由投保人确定,保险人认可,原则上保险金额应当客观地反映保险标的投保时的实际价值。人身保险的保险金额在保险人可接受的范围内,由投保人自行选定。在我国,对人身保险的保额控制较为严格,一般不接受高额投保。

保险人对保险责任和保险金额的控制,除了在承保时采取相应技术措施外,承保后还需运用分保手段,使保险人的自留责任与本身的偿付能力相适应,以分散和化解保险人的累积风险。

3. 人为风险控制

随着保险关系的成立,有可能诱发两种新的风险:①道德风险,即被保险人或受益人故意制造保险事故,骗取赔款;②心理风险,即投保人或被保险人拿到保险单后,不再重视防灾防损工作,或在保险事故发生时,不积极采取措施施救,任凭损失扩大。这些因人为因素造成的风险无疑会提高保险事故发生的可能性,加大损失程度。对于这类风险,除了在保险条款中明确规定被保险人的义务以外,保险人还需采取相应措施予以控制。如实行免赔额规定,使被保险人也承担一定比例的损失;对于无赔款发生的保户,续保时在费率上给予优待;防损设施好的被保险人,也可以享受费率上的优待。通过赔偿处理的有关规定和费率优待,使被保险人增强保证财产安全的责任感,防范道德风险和心理风险的出现。

第四节 保险防灾防损

防灾防损和销售、承保、理赔一样,是保险经营的重要环节,是保险服务的重要内容之一。实施防灾防损,有利于维护人民生命和财产安全,减少社会财富损失,是保险经营的基本目标之一,也是提高保险经济效益和社会效益的重要途径。

一、保险防灾防损的意义

1. 开展保险防灾防损,有利于保障社会财富和人民生命安全

虽然保险可以在风险事故发生后发挥其经济补偿作用,但是灾害事故所造成的物质损失和人身伤亡,却是无法挽回的,尤其是人们在灾害事故中所造成的巨大心理伤害和痛苦,更是无法用金钱来补偿。而通过防灾防损活动,防患于未然,可以减少风险事故的发生及其给被保险人造成的损失,保障社会财富和人民生命的安全。

2. 开展保险防灾防损,有利于促进投保企业改善经营管理

投保企业参加保险后,按照保险合同有遵守各项安全规定,接受有关部门提出的防灾建议和做好防灾防损工作的义务。保险企业通过防灾防损的宣传和检查,提供消除隐患的建议,使被保险人从思想上、组织上、制度上重视安全管理工作,可对改善企业的经营管理起到积极的推动作用。

3. 开展保险防灾防损,可以为降低保险费率创造条件,有利于减轻投保人的保险费负担

确定保险费率的主要依据是保险标的的出险频率和损失程度,通过开展防灾防损活动,既可以降低保险事故发生的频率,又可以减轻保险标的的损失程度,相应地减少赔款支出。在此基础上,可为逐步降低保险费率创造条件,同时也减轻了投保人的保险费负担。

4. 开展保险防灾防损,有利于提高保险业务的质量

保险企业结合保险业务的开展,进行防灾防损活动,可以随时了解保险标的的安全管理状况,根据保险标的的风险程度的变化,及时调整保险费率,对保险合同的有关事项作出相应的规定。这样,有利于保险经营的稳定及服务质量的提高。

二、保险防灾防损工作的内容

1. 加强同各防灾部门的联系和合作

保险企业作为社会防灾防损组织体系中的重要一员,必须加强同各防灾部门的联系和合作,并根据企业的主客观条件,积极派人参加各专业防灾防损部门的活动,如参与配合消防、防汛、防台风和交通安全部门,开展防灾宣传、安全检查、组织安全竞赛等活动,积极配合和推动社会防灾防损工作的开展。社会防灾防损部门专业性、技术性较强,经验丰富,而且发出的建议具有法律的、指令的性质,约束力强。保险防灾防损和社会防灾防损相结合,能取得行政权力机构的支持,易于做好平时和突击性的防灾防损工作,取得更好的防灾防损效果。

2. 经常开展防灾防损宣传

在我国,人们的防灾防损意识比较淡薄,保险企业应运用多种宣传形式,向保户宣传防灾防损的重要性,提高安全意识,普及防灾防损知识。宣传的主要内容包括:保险必须与防灾防损相结合的意义;消防条例和其他法令法规;防灾防损的基本常识等。

3. 进行防灾防损检查

防灾防损检查是一项带有经常性和普遍性的工作,是对被保险人进行安全服务的具体体现。检查的方式主要有配合防灾防损专业部门检查;配合企业的主管部门进行系统性的防灾防损检查;聘请专家和技术人员重点检查;有条件的保险企业可单独对承保企业进行防灾防损检查等。

4. 参与抢险救灾

参与抢险救灾不仅可以抢救所承保的保险标的,减少保险赔款,而且可以提高保险企业的声誉,加深与保户之间的关系,扩大保险的社会影响。因此,参与抢险救灾,是保险防灾防损的一项十分重要的工作。抢险救灾主要包括两个方面:一是灾害正在蔓延时,同被保险人一道组织抢救保险财产,防止灾害蔓延;二是在灾害发生之后,与被保险人一起,对受灾财产进行整理、保护,并妥善处理残余物资。为了做好抢险救灾工作,保险企业要对全体员工进行抢险救灾技术培训,使其掌握在危险环境中的各种救灾技术,并且能够在救灾过程中有效地保护各种财产和个人生命安全,减少不必要的人员伤亡。

5. 及时处理不安全因素和事故隐患

在防火、防洪、防爆和防风等检查中,发现不安全因素和隐患后,保险企业要及时向被保险人提出改正意见,并在技术上予以指导和帮助,及时消除各种隐患。

6. 拨付防灾防损费用

即保险企业每年从保费收入中提取一定比例作为防灾防损基金,并将其中的一部分拨给地方防灾部门使用。如为飞机、火车、轮船等增设保险箱,向地方消防部门赠送消防车辆或消防器械,在交通事故高发地点设立警告标牌,以及资助有关防灾防损活动与科研项目等。这是保险企业支持和参与社会防灾防损工作的具体体现。防灾防损经费要保证专款专用。

7. 开展灾情调查,积累灾情资料

在保险防灾防损工作中,无论是制定防灾防损计划,还是开展防灾防损宣传,都离不开真实、系统的灾情资料。而且,完备的灾情资料也是制订保险费率、进行保险理论研究和业务开拓的重要依据。因此,保险防灾防损工作的一项重要内容,就是要广泛地开展灾情调查,认真地、实事求是地搜集、整理灾情资料并妥善保管。为了使积累的灾情资料更加全面和具有代表性,保险企业应主动与社会防灾防损部门合作,并建立持久的资料交换关系。

三、保险防灾防损工作的基本要求

1. 树立"防重于赔"的思想

虽然保险的基本职能是通过理赔对灾害事故所造成的损失进行补偿,然而补偿了的损失仍然是损失,无论是对社会还是对保险企业来说,都是物质财富的减少。这是因为,保险企业所承保的保险标的物,既是社会的财富,也是保险企业的财富,一旦发生保险合同范围内的损失,保险企业就要赔付。因此,在思想上必须明确:在承保标的物的"防"与"赔"的关系上,应当是"防重于赔",尤其是,"防"的内容应当是积极检查,尽量做到防患于未然。

2. 保险防灾防损工作要做到经常、及时、实际、有效

防灾防损工作是一项长期性的业务,保险企业对内从展业承保开始,就要陆续进行防灾防损宣传和检查工作,对外则是经常配合有关部门抓各项防灾防损活动。

防灾防损工作要强调"及时",是因为防灾防损工作有一定的时间要求,如什么情况下该防,什么时候要防,都应掌握时机及时进行,如果错过机会就会造成被动。

除了经常和及时的要求外,在防灾防损工作中,从组织到具体工作内容,都要从保险企业的实际情况出发,使防灾防损检查中发现的不安全因素和事故隐患得到及时有效的处理,并促使被保险人尽快实施改正建议和措施,把防灾防损工作落到实处。

3. 保险防灾防损工作要采取"参与配合、组织推动"的基本做法

"参与配合、组织推动"是指保险企业积极创造条件,参与社会专业防灾防损组织,密切同有关部门的联系,在人力、物力、资金等方面给社会以支持,积极组织和推动社会防灾防损活动经常、深入、持久地进行,从而使社会防灾防损的力量、手段和技术条件得到有效利用。

值得注意的是,保险防灾防损具有自身的特殊目标与要求,在采取"参与配合、组织推动"的工作方法的同时,还要根据保险企业的特点,积极探索保险防灾防损的新路子,调动企业内外各种积极因素,独立开展适合保险保障需要的防灾防损工作,把社会防灾防损与保险企业依靠自己的力量防灾防损有机地结合起来,争取最佳的防灾防损效果。

4. 防灾防损工作要贯穿在整个保险经营过程之中

防灾防损是提高保险经济效益的重要环节。在保险经营过程中,如果防灾防损工作跟不上,即使展业承保再广泛,也很难获得较好的经济效益。所以,从保险的业务设计,一直到展业、承保、理赔等所有经营过程,都要坚持与防灾防损相结合的原则。如在保险条款设计中,要订明被保险人防灾防损的义务;在保险责任上要有防止道德风险的规定,在赔案处

理上要提出抢救和保护受灾财产的要求；在保险费率上要体现优待或限制，事实证明，"无赔款优待、有赔款加费"的规定是合理的、公正的、有效的。

第五节 保险理赔

理赔是保险业务的终点，也是保险业务经营的最后一个环节，同时又是保险合同最终得以履行和实践的验证。在业务实践中，我们通常把其称为保险业务的"出门关"。这一关处理得是否合理，能否令客户满意，直接关系到保险机构经营信誉的好坏，它对保险机构企业形象的树立起着至关重要的决定性作用。

一、保险理赔的原则

1. 重合同、守信用的原则

保险经济关系是由保险双方通过订立保险合同建立起来的。保险合同明确规定了保险双方的权利和义务，在处理赔案时，要重合同、守信用，严格按照保险合同中的条款办事，既不能滥赔，也不能惜赔。这关系到保险职能的充分发挥，也关系到被保险人的正当权益和保险业的信誉。

2. 实事求是的原则

保险合同条款虽然对赔偿责任作了原则规定，但实际发生的案情是千变万化的，保险合同不可能包罗万象，面面俱到地把所有情况都包括进去。因此，在理赔工作中，一方面要坚持按保险合同办事，另一方面要具体情况具体分析，根据条款精神，实事求是地按照具体情况，恰当运用条款，处理具体问题，做到合情合理。尤其是对一些重大疑难案件，要慎重处理，不能机械地死扣条款，贸然地笼统拒赔。

3. 主动、迅速、准确、合理的原则

这一原则是衡量和检查保险理赔工作质量的标准，是保险企业信誉的集中表现，它是我国保险业在长期理赔实践中总结出来的经验，又称理赔工作的"八字方针"。所谓"主动"，就是要求理赔人员办理出险索赔案件满腔热情，积极主动受理，不推诿；"迅速"就是办理赔案要快，不拖延时间，赔付及时；"准确"就是要求理赔人员对损失案件查勘、定责定损以致赔款计算等，力求准确无误，不发生错赔或滥赔现象；"合理"是指理赔人员根据保险合同规定和实事求是的原则，分清责任，合理定损，合情合理地处理赔案。"八字方针"是一个辩证的统一整体，它们紧密联系，相互影响，其核心是准确，离开准确，其他都谈不上。

二、保险理赔的程序

保险理赔的程序，一般包括以下几个环节。

1. 登记立案

保险事故发生后，被保险人（或受益人）应立即或尽快地通知保险人，这是保险条款规定的被保险人（或受益人）应尽的义务。这样规定的目的是为了便于保险人及时派员到现场进行调查检验,并采取施救措施,避免损失继续扩大。同时也有利于防止或识破道德风险。

一般保险公司都设有 24 小时的理赔服务专线,专门接受被保险人的出险通知,接线人员登记出险情况,并进行立案。出险通知一般采用书面形式,也可以先以口头或函电形式通知,然后补交书面通知。出险通知的内容一般包括被保险人的姓名、地址、保单号码、出险日期、出险原因、受损财产项目和金额等。

被保险人或受益人在损失通知后,应该向保险人提供索赔必需的各种单证,所需单证因险种不同而不同,须根据合同中的约定进行提供。

2. 审核各项单证

保险公司在接到被保险人或受益人在损失通知和索赔单证后,保险内勤人员要立即进行单证的审核,以决定是否有必要全面开展理赔工作。单证的审核包括：

(1) 审查保险单的有效性。保险事故是否发生在保险单有效期限内,这是继续处理赔案的关键。如果保险单是无效的,就不需要继续处理。

(2) 审核有关单证的有效性。除保险单的有关单证需首先审查以外,对其他有关单证也必须予以审核,例如查勘报告、损失证明、所有权证明、账册、商业单据、运输单证等。通过相关单证有效性的审核,一方面来确定索赔人对保险标的是否具有保险利益,以查核索赔人员是否有权取得赔偿;另一方面来确定损失的财产是否为保险财产,以便据此来决定是否赔偿;还可以来确定损失原因是否属于保险责任范围,从而决定是否赔偿。

3. 现场查勘

现场查勘是理赔工作的重要环节之一,是了解出险情况、掌握第一手资料、处理赔案的重要依据。查勘工作质量的好坏,对准确合理定损和赔付起着关键性的作用。现场查勘的主要内容包括：查明出险的时间、地点、原因与经过,施救整理受损财产,妥善处理损余物资,索取出险证明和核实损失数额等。

4. 核定损失,计算赔款

核定损失是指在现场查勘的基础上,根据被保险人提供的损失清单及施救费用清单,对照有关的账册、报表、单据等,逐项核实受损保险标的的品种、数量、价值、损失程度和损失金额等,还要查清修理费用和施救整理费用等是否合理,为计算赔款提供真实依据。

保险赔款的计算,不同的险种,不同的保险合同分别有不同的规定,应严格按照合同的规定进行计算。有损余物资的可作价折给被保险人,并从赔款中扣除,也可由保险人收回自行处理。

5. 赔付结案

保险人经过审核、查勘、定损、计算赔款,就赔付金额与被保险人或受益人达成协议后,应及时支付赔款或给付保险金。若被保险人对赔付金额有异议,应协商处理。不能达成一致意见时,可通过仲裁或诉讼解决。若涉及第三者责任,支付赔款的同时,被保险人应把对第三方追偿的权利转交给保险人,并协助保险人向第三方追偿。

三、保险赔款的计算方式

(一) 财产保险损失赔款的计算

1. 比例赔偿方式

不定值保险单因为在投保时,只列明保险金额作为赔偿的最高限额,而不列明保险财产的实际价值,到出险时,如果保险金额低于损失发生时财产的实际价值,就构成了不足额保险。在不足额保险下发生部分损失,保险公司按保险金额与出险时保险财产实际价值的比例来计算赔偿金额的,其计算公式如下:

$$保险赔款=损失金额\times\frac{保险金额}{出险时保险财产的实际价值}$$

例如,某保户投保财产保险,保险金额为 15 万元,发生保险事故损失 12 万元,出险时财产的实际价值为 20 万元,按照比例赔偿方式计算,其赔偿金额如下:

$$赔偿金额=12\times\frac{15}{20}=9(万元)$$

对于被保险人在损失发生时对保险标的进行施救而支出的合理而必要的施救费用,按相同的比例计算其赔偿额。

比例赔偿方式适用于不足额保险,其目的是为了鼓励投保人尽量按财产的实际价值投保,以获得充分的、全面的补偿。

2. 第一损失赔偿方式

它是将财产的实际价值按保额分为两部分,低于保额的部分为第一损失,高于保额的部分为第二损失。保险人仅在第一损失内按实际损失赔偿,超过第一损失的第二损失,保险人不予赔偿,由被保险人自我承担。

如上例,若按第一损失赔偿方式则应赔 12 万元,因为其损失金额在第一部分损失之内。

第一损失赔偿方式的特点是:赔偿金额一般等于损失金额,但以不超过保额为限,即损失金额低于或相当于保额时,赔付损失额;损失金额高于保额时,最多赔付保额。

第一损失赔偿方式比较适用于信誉好的投保人,或是保险公司的老客户。它可以避免繁琐的计算,对投保人也更为有利,但它的费率较高,且易违背权利与义务的对等关系,因此,第一损失赔偿方式一般都有一定的限制条件,或与比例赔偿方式结合起来加以运用。如英国火灾保险中的特别分摊条款规定,如保险金额低于保险财产实际价值的 75% 时,适用比例赔偿方式;高于 75% 时,适用第一损失赔偿方式,这样就使得保险赔款的计算更为合理。我国家庭财产保险为了避免繁琐的计算,提高办事效率,通常采用这种赔偿方式。

3. 限额赔偿方式

(1) 免赔限度赔偿方式。它是指保险人与被保险人双方事先约定一个免责限额,在此限额以内的损失,由被保险人自己承担,超过此限额,保险人才负责赔偿,这种限度是保险人享受的免责权。免责限额又分为相对免责限额和绝对免责限额。

相对免责限额赔偿方式是指保险财产的受损程度或金额超过规定的免赔额时,保险人

才赔偿被保险人的全部损失;不超过该免赔额,不予赔偿。计算公式如下:

$$赔偿金额 = 保险金额 \times 损失率(损失率大于免赔率)$$

例1 某公司投保仪器一批共5箱,每箱价值2 000元,加保破碎险。约定相对免赔率为2%。提货时发现,除第一箱无损失外其余四箱中都有不同程度的损失,第二箱为2%,第三箱为5%,第四箱为4%,第五箱为3%。保险人只对第三、第四、第五箱的损失给予全部赔偿,即:

$$赔偿金额 = 2\,000 \times 5\% + 2\,000 \times 4\% + 2\,000 \times 3\% = 240(元)$$

绝对免责限额赔偿方式是指财产损失超过免责限额时,只赔付超过部分的损失。计算公式如下:

$$赔偿金额 = 保险金额 \times (损失率 - 免赔率)$$

例2 某公司投保一批玻璃器皿共10件,每件价值5 000美元,加保玻璃破碎险。约定绝对免赔率为3%。提货时发现1件损失10%,4件损失2%,其余5件无损失。则保险人只对其中1件负赔偿责任。即:

$$赔偿金额 = 5\,000 \times (10\% - 3\%) = 350(元)$$

采用免赔限度赔偿方式,是为了减少或避免因处理大量小额赔款案件所带来的一系列理赔手续和费用,还可控制保险标的必然发生的自然损耗,同时还可促使被保险人增强防灾防损的意识,加强对保险标的的责任心,从而有利于保险事业的发展。

(2) 固定责任赔偿方式。它是由保险双方约定一个限额,在约定的责任限额内发生损失时,由保险公司负责赔偿,如超过约定的限额就不予赔偿。这种赔偿方式普遍适用于农作物收获保险中,只能赔偿被保险人产量不足的损失,如果产量达到或超过限额标准,即使遭受了自然灾害,保险人也不再负赔偿责任。计算公式如下:

$$赔偿金额 = 限额 - 实际额度(实际额度 < 限额)$$

例如:在棉花保险中,常年平均收获量为150千克,保险人按60%即90千克来约定承保限额,当因自然灾害颗粒无收时,保险人赔偿90千克;当因自然灾害实收50千克时,保险人赔偿其差额40千克;当因自然灾害实收90千克或以上时,保险人无赔偿责任。

4. 定值保险赔偿方式

它是指在签订保险合同时,对保险金额的确定,以双方约定的保险价值为基础。当发生保险事故造成损失时,如全部损失,按保险金额全数赔偿;如部分损失,只需确定损失程度,按损失程度的比例赔偿,不再估算受损财产的实际价值。这种赔偿方式适用于海洋运输货物保险、船舶保险和无法鉴定价值的高档工艺品、古玩、珠宝等特约保险。

(二) 人身保险金给付

一般来说,人身保险合同多采取定额给付的方式承保,故保险事故发生时,保险人按双方事先约定的金额给付,相对财产保险比较简单。下面我们简单介绍一下人寿保险业务和人身意外伤害保险业务的赔款计算。

1. 人寿保险业务

对于传统的人寿保险业务,保险事故造成被保险人死亡或保险期满时被保险人继续生存,保险人按保险合同中约定的保险金额给付。

对于投资型的人寿保险业务,保险事故造成被保险人死亡,保险人按投资收益的多少决定保险金的给付,但最低不低于保单中规定的基本保额。

2. 人身意外伤害保险业务

按照人身意外伤害保险条款规定,因意外事故造成被保险人死亡或全残的,给付保险金额全数;因意外事故造成被保险人残疾的,可以按照丧失劳动能力和伤残程度给付全部或部分保险金,残疾程度用百分率表示,具体数额按照"意外伤害保险金额给付表"和"意外伤害残废给付标准"来确定,故:

$$残疾保险金=保险金额×伤残程度百分率$$

当一次意外事故造成被保险人多处伤残时,按总合的伤残程度百分率来计算残疾保险金。如果被保险人身体各部位伤残程度百分率合计超过 100% 时,只能按保险金额全数给付保险金。如果被保险人在保险期内多次遭受意外伤害,每次意外伤害保险人都必须按合同规定给付,但累计的保险金给付不超过保险金额。

值得注意的是人寿保险中的死亡保险金给付和人身意外伤害保险中的残疾保险金的给付不存在重复保险问题,也不存在代位追偿问题。被保险人拥有数份保险单,保险事故发生时,任何一家公司必须按约定的保险金额给付,不得有所增减。如果是第三者的责任造成被保险人死亡和残疾的,保险公司给付后不得行使代位追偿权。

第六节 保险投资

随着社会经济的发展,保险公司传统的承保业务竞争日益激烈,业务经营艰难,仅仅依靠承保业务已不能适应保险业进一步发展的需要。同时保险公司所拥有的保险基金不断积聚,需要寻找出路,增加资金收益。因此,从当今各国保险业的发展趋势来看,保险公司已从单纯的经济补偿机构逐步变成既有补偿职能又有融资职能的综合性金融企业。投资业务与承保业务并驾齐驱,已成为现代保险业发展的重要特征。国外保险公司的资金运用渠道广泛,资金运用成为主要利润来源。随着发达国家保险公司资金运用的发展,公司的保险业务逐渐成为一种拓宽资金来源的渠道,承保利润微薄,投资业务成为主要盈利途径。有的国家保险市场竞争激烈,保险业务盈利很小,甚至出现了承保亏损,但由于这些国家保险公司资金运用能力强,投资收益成为公司主要的盈利来源,不仅弥补了保险业务的亏损,而且成为保险业务发展的动力,给社会提供了更为有力的保险保障。

一、保险投资的可能性和必要性

(一)可能性

保险投资的可能性,在于保险经营是一种负债经营,保险资金运动具有特殊性。所谓保险就是通过建立保险基金,进行风险分散、经济补偿的一种经济保障形式。保险公司的承保业务经营,就是向众多的被保险人收取保险费,建立保险基金,而对少数受损的被保险人给予经济补偿,所以保险公司的资金主要是今后随时要返还被保险人的保险基金,保险经营可称为负债经营。在保险经营过程中,由于保险责任范围内的自然灾害和意外事故的发生具有随机性和损失程度不同的预计性,那么从某一时点来看,保险费的收取与赔偿或给付,在时间或数量上便产生差异。也就是说,保险公司收到的保险费不会马上用来支付赔偿或给付,保险费的总额也不可能正好等于赔偿或给付数量总额。这种时间差和数量差,使保险公司的一部分资金沉淀下来,变为闲置资金,同时也就成为保险投资的资金来源。在保险公司的资产负债表上,这部分资金就表现为负债项目的各种准备金。

(二) 必要性

保险投资不仅是可能的,而且是必要的。

1. 保险投资的必要性,最根本的原因在于保险资金具有保值和增值的内在要求

为了承担保险事故所引起的保险责任,保险公司应具有各种形式的责任准备金。由于收取保费和公司赔付之间的时滞及在此期间可能发生的通货膨胀,原有资金在数量上很可能不足以用来支付赔偿或给付。尤其是人身保险中长期储蓄性的寿险业务,合同期限长,有的长达三四十年,保险基金最终都要返还给被保险人。如果不进行投资的话,这类业务就很难经营。

2. 保险投资也是保险市场竞争日趋激烈的必然结果

无论是在国际保险市场,还是在国内保险市场上,保险竞争的主要手段就是降低费率,以争取保户投保。保险费率是根据实际损失率计算出来的。在其他条件不变的情况下,费率下降,保险人自然难以足额支付赔款。因此,为了在市场竞争中处于不败之地,保险人必须进行投资,以弥补费率降低后的业务损失,同时扩大承保业务,增加保费收入,促进投资业务发展,从而使保险业务在良性循环的轨道上发展。

二、保险投资的资金来源

保险公司的资金来源较多,但可用于投资的资金来源主要包括以下几项。

(一) 权益资产

权益资产,即资本金、公积金、公益金和未分配利润等保险公司的自有资金。

资本金是公司的开业资金,也是备用资金。各国保险法为了促进保险人开业初期业务的开展,保证其经营的稳定性,均对保险人的开业资本金规定了最低限额。例如:日本规定国内保险企业的最低限度资本金不得少于 3 000 万日元;法国规定保险股份有限公司的最低限度资本为 500 万法郎,相互保险公司的最低限度资本是 250 万法郎;加拿大按经营业务的不同而分别规定,经营非寿险业务的保险公司开业资本要求 150 万加元,经营寿险业务的保险公司则为 200 万加元;我国《保险法》第 69 条也规定:"设立保险公司,其注册资本的最低限额为人民币 2 亿元。"

此外,还要求保险人将其实收资本金的一定比例缴存保证金。由于资本金是保险人

的自有资金,没有特定的责任对应,只有在发生特大自然灾害事故或经营不善以致偿付能力不足时才需动用。所以,资本金除去缴存的保证金外,一般可用于长期投资。例如,我国《保险法》第97条规定:"保险公司成立后应当按照其注册资本总额的20%提取保证金,存入国务院保险监督管理部门指定的银行,除保险公司清算时用于清偿债务外,不得动用"。

公积金、公益金和未分配利润在未使用或分配前,一直处于闲置状态,因而是一种可运用的资金。公积金分为资本公积金和法定公积金,前者主要形成于资本溢价、资本盘盈、接受捐赠和汇兑收益等,后者是保险公司从税后利润中提取积累的公积金。公积金的用途一般限于弥补公司亏损,扩大公司经营规模和转增公司资本。公益金与法定公积金不一样,是从保险公司税后利润中提取,用于职工集体福利。未分配利润是保险公司经营中形成的,尚未被股东分配或转为资本金的利润。

(二) 责任准备金

为了保证保险公司履行经济补偿或给付的义务,确保保险公司的偿付能力,以保障被保险人的利益,保险公司应按规定从收取的保费中按一定的比例提存责任准备金。根据保险公司经营管理的要求,保险准备金有多种形态,从投资角度看,大体上可划分为以下几种:

(1) 未到期责任准备金。又称未满期保费准备金,因为当年承保的业务中,由于保险期限跨越会计决算年度,在下年度中仍有未了的保险责任,因而,应将未到期部分的保险费提存出来,转为准备做下年度未到期责任的赔偿之用,由此提存的保险费即为未到期责任准备金。

(2) 未决赔款准备金。由于存在当年已经发生并且属于本年度支付而未支付的未决赔款,保险公司为了正确计算年度的损益,根据这些未决赔款从当年保费中估算提存的准备金就是未决赔款准备金。未决赔款准备金是保险人可运用资金的来源之一,而且随着保险人保险业务的开展,保费收入的增加,其规模也不断扩大。其估算一般有逐案估算和赔案平均估算两种方法。

(3) 寿险责任准备金。它是指经营寿险业务的保险人,为了保证未来时期的经济给付责任而提取的准备金,世界各国的通行做法是按寿险保单的全部净值提取。这种准备金虽然属于保险公司的负债,却始终或长期停留在保险人手中,是可运用资金的主要来源。

(4) 总准备金。它属于保险人的自有资金,通常从公司的税后利润中提取,用于特大灾害事故的赔款支出,故又称为巨灾准备金。在正常情况下,总准备金是长期沉淀的,是保险公司长期投资的一项主要资金来源。

(三) 其他资金

在保险公司经营过程中,还存在其他可用于投资的资金来源,如结算中形成的短期负债,这些资金虽然数额不大,而且须在短期内归还,却可作为一种补充的资金来源。此外,在一定时期内,因保费收入的形成相对集中,而赔款支出断续发生,这部分"时间差"所形成的资金,在年终决算形成利税和盈余上交或分配前,也是一种资金来源。

三、保险投资的原则

从投资的一般要求看,投资原则包括安全性、盈利性、多样性、流动性等。由于保险经营具有特殊性,保险投资的资金中绝大部分具有负债性,保险投资原则的确定不仅要符合投资的一般要求,而且要符合保险经营的特殊性要求。这种特殊性要求就是要把投资安全作为保险投资的第一原则,以确保保险公司随时承担保险责任。

目前,普遍为人们所接受的保险投资原则主要包括以下几点。

(一) 安全性原则

安全性原则是保险投资的最基本原则。这是因为,保险投资的资金既不完全是保险企业的盈余,也不是可以无限期流出保险企业的闲散资金。这种资金的绝大部分在保险企业的会计账上是列为负债项目,即对被保险人未来赔付的负债。因此,对这种资金的运用必须保证其安全。不难设想,如果不顾保险投资的安全性,一味地为了获取厚利而搞冒险投资,就可能产生资金无法回收、无力向被保险人支付赔款或给付保险金的局面,使保险经营陷入困境。当然,安全性原则是从投资总体而言的,如果要求各种投资项目都绝对安全,从时间来看绝非易事,也无必要。因为投资就存在风险,而风险越大,收益越大。所以在投资总额中,用一部分资金投入风险较大的项目,即使发生投资损失,但在总体上确保投资收益,无损于安全性原则。

(二) 盈利性原则

投资获得盈利是保险投资的目的。投资盈利即投资收入大于投资成本。也就是说,投资收益的最小期望值应大于相应资金存入银行所获的利益与相应投资费用的总和。在多种投资方式条件下,保险投资应追求不同的盈利水平,而不能让各种投资方式都受制于安全性要求。保险投资应在总体上符合安全性要求的前提下,尽可能提高投资收益水平。

(三) 流动性原则

流动性是指保险投资的项目应具有变现能力。保险公司在投资后,如果随时可以抽回资金,用来补偿被保险人的经济损失,就表明该项目具有流动性。流动性作为保险投资的原则,也是由保险经营的特点所决定的,尤其对财产保险来说更是如此。当然,对于流动性也不能片面理解,要求每一个投资项目都具有流动性。坚持流动性原则,主要应使投资结构合理,将一部分资金投入变现能力强的项目上去,另一部分资金投入变现能力相对较弱的项目上去,根据投资的资金来源分类投放,从而保证总体上具有流动性。

流动性原则与安全性原则相一致,而与盈利性原则呈反比。一般来说,变现能力较强的项目,其盈利性相对较低,如银行存款。股票的变现性较强,其盈利性也较高,所以股票投资是保险投资中的重要项目。因寿险业务与财险业务的差别,寿险投资与财险投资对于流动性的要求是不同的。例如,不动产投资在寿险公司投资结构中所占比重与在财险公司投资结构中所占比重就不一样,前者大于后者。

(四) 公共性原则

保险投资的资金主要是保险责任准备金,它来源于众多的保险客户,具有广泛的社会性,这要求保险投资还要注意公共性原则。公共性原则要求保险投资既要注意经济效益,还要注意社会效益,增加公共福利,扩大保险的社会影响和提高保险业的声誉。如购买市政建设债券、公用部门发行的债权和发放不动产抵押贷款等直接或间接有利于被保险人的项目。

四、保险投资的方式

不同国家对保险投资的方式有不同的规定。但一般来说,有以下几种主要的投资方式。

(一) 银行存款

保险公司承担的赔付责任有很大的随机性,所以必须有一部分资金存入国家指定的银行账户,其中有长期存款,也有短期存款。这种投资方式,具有较强的安全性和流动性,但利息率较低,特别是在通货膨胀的情况下,货币难以保值和增值。所以,银行存款应该保持适当比例,所占比重不能太大,以保持经营性随时提款的需要为宜。

(二) 购买债券

购买债券包括购买国债、金融债券和企业债券等。一般来说,债券的最大特点是利率固定、期限长、变现能力较强,尤其是国债,风险最小,安全性最高。购买企业债券,其安全性虽次于国债,但却是安全性、盈利性和流动性都比较适中的一种债券。尽管各种债券的投资在安全性及利率固定上各有长处,但在通货膨胀时期,都难免蒙受货币贬值的影响。此外,债券的流动性取决于债券市场的发育程度。债券市场不十分发达时,债券的流动性会受到影响。

(三) 购买股票

股票投资也是保险投资的一种方式。一般情况下,在经济景气时期,股票投资的回报率高于债券利息和存款利率,故历来被认为是预期收益最大的投资。另外,股票投资的普通股持有人有权参与企业经营决策,并且股息优厚,且股票可以随时转让,流动性很强,这对在通货膨胀时期进行保值极为有利。保险公司投资于普通股不仅可以取得较高的收益,而且通过对企业经营决策及整个过程的参与,可以直接服务于保险企业的理赔各环节。不过,股票市场受政治、经济、国际、国内各种因素影响较大,其安全性比其他投资方式低,风险较大。保险企业进行股票投资时,必须从证券市场情况出发,经过专家缜密的调查研究和分析,谨慎地作出选择。

(四) 不动产投资

不动产投资是指保险公司把资金投向购买房地产,如建造大型宾馆、公共娱乐场所和住宅等。不动产投资特别适宜于寿险资金。一般来说,不动产投资是保险公司直接占有财产,安全性较高。但不动产的投资期限长,风险较大,在国际已有因不动产投资太多致使保险企业倒闭的先例。因此,不动产投资要慎重,一般采取限额投资,以免风险集中。

(五) 贷款

保险人发放的贷款一般是以不动产为抵押的贷款和以有价证券或寿险保单为质押的

贷款。不动产价格风险小,抵押贷款保障程度较高。有价证券抵押贷款风险的大小,取决于有价证券本身有无担保。以无担保的有价证券为抵押的贷款,其风险类似于对有价证券本身的投资;以有担保的有价证券为抵押的贷款类似于不动产抵押贷款,风险较小。可见,这种贷款十分安全,因而在西方国家的保险投资中所占的比重也比较大。

五、国内保险投资的现状

自2012年推进保险资金运用市场化改革以来,险资投资坚持从服务保险主业、支持实体经济出发,在行业基础建设、投资方向、投资模式、投资能力、管理规模和收益等方面取得了显著发展,并积极与多个市场主体开展合作,不断扩大合作领域与范围,创造了互利共赢与协同发展的行业环境。

(一) 国内保险投资发展的主要特点

(1) 资产规模扩大,行业实力增强。截至2015年年底,我国保险业总资产12.36万亿元,较年初增长21.66%;保险资金运用余额11.18万亿元,较年初增长19.81%,占保险行业总资产的90.45%。目前,在大资管市场上,保险资产规模仅次于银行和信托。2004年至2014年的10年间,保险业总资产和保险资金运用余额分别从1.2万亿元、1.1万亿元增加至10.2万亿元、9.3万亿元,年复合增长率分别约为22.4%、22.2%。

(2) 监管体制不断完善,投资范围逐步扩大。在国内全面深化改革的大背景下,保监会建设和实施以"偿二代"为标准的新一代偿付能力监管制度体系,同时加强了对保险公司的信息披露和风控合规要求。保监会还进一步提出了"放开前端、管住后端"的总体思路,实行大类资产比例监管;加强和改进投资管理能力建设,实施风险责任人制度;逐步全面开放资金运用渠道、范围和品种,着力支持实体经济,目前保险投资的范围广泛,包括存款、债券、股票、基金、股权、基础设施、不动产、信托产品、风险管理工具、优先股、私募股权基金、商业银行理财产品、资产支持证券以及保险资管产品。

(3) 资产配置多元,结构趋于合理。截至2015年年底,保险资产配置中固定收益类资产占比为56.17%,其中各类债券余额38 446.42亿元,占比34.39%;银行存款24 349.67亿元,占比21.78%。权益类资产占比为15.18%,其中股票8 112.49亿元,占比7.26%;证券投资基金8 856.50亿元,占比7.92%。另类投资占比为23.31%,其中项目债权投资13 735.45亿元,占比12.29%;长期股权投资8 909.10亿元,占比7.97%;投资性房地产921.60亿元,占比0.82%;保险资产管理公司产品2 490.55亿元,占比2.23%。其他投资为4 011.92亿元,占比为3.59%。

(4) 投资收益改善,促动作用凸显。截至2015年年底,保险资金运用收益共计7 803.63亿元,资金运用平均收益率为7.56%,创近4年新高。2004—2014年,保险资金累计实现投资收益总额21 425亿元,平均投资收益率为5.32%,平均每年贡献近2 000亿元的收益,对提升保险业利润水平、改善偿付能力、壮大资本实力、支持业务创新、有效化解风险发挥了十分重要而积极的作用。

(5) 注重安全稳健,资产质量优良。多年以来,保险资产管理行业从监管到机构不断健全风控机制,维护保险资产安全。目前,保险资产质量优良,存款都存放于国有银行和股份制银行,安全性较高;投资的各类债券除国债和政策性金融债以外,大部分有抵押担保等增信安排;投资的股票近70%为大盘蓝筹股,具有长期持有价值;投资的项目多为国家或省市重点项目,绝大部分有抵押担保或其他增信安排。近些年来,历史上的不良资产基本消化,尚未发现新增不良资产。

(二)国内保险投资面临的挑战

(1) 保险投资人才不足。人的因素是行业发展的关键,近年来保险资管行业的人才数量和质量都有较大的进步,但在大资管竞争中仍显不足。一方面保险投资渠道的放开为专业人才发挥才能提供了巨大的空间;另一方面人才培养与引进速度仍然满足不了业务快速发展的需求。

(2) 资金配置的难度和压力加大。2016年以来,保险市场发展步入快车道。2015年原保险保费收入同比增长20%,达到2.4万亿元,加上2016年陆续到期的资产,需要配置的新增资金规模巨大,加大了配置难度和压力。特别是当前国内经济增长进入"新常态",经济发展模式和增长方式面临重大转变,从高速增长转为中高速增长,从要素驱动转向创新驱动,国民生产总值和社会固定资产投资增速放缓,使得以基础设施为主要投资对象的保险资产管理面临着"项目荒"的挑战。

(3) 市场竞争激烈。2012年以来国内金融改革步伐加快,揭开了"大资管""新监管"的资产管理新时代,不同类型机构可以全产业链参与资产管理业务。保险资金投资领域得到拓宽,投资标准有所降低,与信托、券商等共同参与市场竞争。但是,保险资产管理机构仍面临一些政策性制约,在竞争中处于不利地位。具体来说,保险资管机构与基金公司、证券公司、信托公司等资管机构具有同样或者类似的业务,但其资产管理机构的身份并不被广泛认知,特别是交易所、登记公司、银行间市场等相关业务资格、开立账户、业务信息系统等对保险资管机构仍有一些限制或尚未开放。

(4) 保险资金成本提高。随着保险费率市场化改革的深入,部分保险公司主推分红险、万能险等具有理财性质的高现值产品,保险公司面临负债端成本上升、资产端收益率下降的两难选择,保险资金资产配置难度加大。日前,相当部分保险公司的负债成本仍在6%~8%的高位。尤其是基准利率连续下调,企业融资成本快速下降,使保险资金成本与融资主体愿意承受融资价格之间的矛盾进一步加深,而银行间市场在资金成本和资金灵活度方面更具有竞争优势,对保险资产管理业务形成压力。

(5) 创新投资模式,实现资产多元化配置。随着固定收益类资产收益率持续走低,权益类资产的波动性加大,另类投资配置已经成为保险资金投资的必然选择。在另类投资业务的具体领域上,保险资金将围绕金融、地产、医疗、现代农业、养老社区、互联网等产业开展投资。为此,政策层面仍需进一步放开另类资产投资范围和投资方式,才能使得保险资管机构与信托、银行等金融主体处于同等竞争地位。同时,随着国内外利率走势变化与汇率波动,境内资产组合已不能完全满足保险资产多元化配置需求,保险资金需要积极探求"走出去"之路。

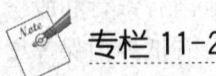

专栏 11-2

保监会:深化保险资金运用市场化改革

保监会 2017 年 2 月 9 日发布消息,近日,保监会副主席陈文辉在保险资金运用贯彻落实全国保险监管工作会议精神专题培训会议上表示,当前金融领域风险积聚,保险资金运用领域也出现了一些新情况,个别保险机构暴露出一些新问题,严重影响了保险行业的长期健康发展,需要全行业对这些问题认真深刻反思,举一反三,汲取教训,避免重蹈覆辙。

陈文辉表示,主要问题包括非理性举牌、与一致行动人非友好投资、跨境跨领域大额投资和并购、激进经营和激进投资、产品多层嵌套和监管套利等问题。究其原因,一是思想认识不到位是根源。个别机构缺乏对金融规律、保险规律和保险资金运用规律的正确认识;二是公司治理缺陷是先天基因。个别机构公司治理形同虚设,缺乏对大股东的有效制衡,职业经理人履职不到位;三是行业竞争压力和低利率环境是外部因素,个别中小保险公司急功近利,贪快求全,片面追求规模和利润。此外,我国现行法律法规、监管制度、交易规则等还不健全,也为其提供了可乘之机。

陈文辉表示,保险行业要正确把握保险资金运用内在规律,始终坚持保险资金运用的基本原则,从根本上实现行业持续健康发展。一要坚持稳健审慎。这是保险资金运用的文化、传统和基因。投资标的应当以固定收益类产品为主、股权等非固定收益类产品为辅;股权投资应当以财务投资为主、战略投资为辅;即使进行战略投资,也应当以参股为主。二要坚持服务主业。"保险业姓保",保险资金运用也姓保,要正确处理保险的保障功能和投资功能的关系,保障是根本功能,投资是辅助功能,是为了更好地保障,不能舍本逐末、本末倒置。三要坚持长期投资、价值投资、多元化投资。要做长期资金的提供者,不做短期资金的炒作者;要做市场价值的发现者,不做市场价格的操控者;要做善意的投资者,不做敌意的收购者;要做多元化、多层次资产配置的风险管理者,不做集中投资、单一投资、激进投资的风险制造者。四要坚持资产负债匹配管理。资产负债匹配管理是保险公司稳健经营的重要基础,是风险管理的核心内容。全行业要从认识上、机制上、技术上把资产负债管理放在更加突出的位置。五要坚持依法合规。全行业要严格遵守保险资金运用监管规则,绝不触碰监管红线。要持续加强机构自身制度、规则建设,确保制度有效运行、职责落实到人、责任追究到位。

陈文辉表示,2017 年可能是保险资金运用非常困难的一年。全球政治经济不确定性显著上升,"黑天鹅"事件频频上演,经济贸易和金融风险处于易发期。我国经济增长下行压力依然较大,低利率环境和"资产荒"仍将持续一段时间。保险业资产端和负债端的矛盾仍然突出,保险资金运用面临利差损风险和再投资风险。部分中小保险公司短期流动性风险需引起高度关注。保险资金面临的债券市场信用风险和市场风险等形势严峻。未来一个时期,保险公司要把防范风险放在工作首位,一是切实增强风险意识,专注主业,回归本源,充分认识到防范风险的极端重要性;二是切实增强责任意识,对于风险问题要保持高度警惕和敏感,及时发现和防控风险;三是切实增强底线意识,牢牢守住制度红线和风险底线。

陈文辉强调,反思问题、防范风险和强化监管是为了更好地改革、创新和发展。面对经济下行和"资产荒",要继续坚持深化保险资金运用市场化改革和创新发展的方向不动摇,积极支持和引导保险资金更好地服务于实体经济。要充分利用保险资金长期性和"逆周期"投资优势,把握国家供给侧结构性改革和财富管理中的重要战略机遇,开展价值投资和长期投资。陈文辉强调,金融的本质是服务于实体经济。保险资金在服务实体经济中要努力成为价值的发现者、引领者和创造者,要着眼于发挥价值发现和消除信息不对称的积极作用,要着眼于推进创新和提高生产率,要着眼于良性互动和共生主义,在创造真实价值增量的同时,实现财富增长。

陈文辉指出,2017年及今后一段时期,保险资金运用监管工作将牢牢把握"保险业姓保、保监会姓监"定位,扎实推进保险业防控风险、服务大局、改革发展三大战略,切实把"防范风险和强化监管"作为重中之重,坚决处置存在的风险隐患、撤销不符合条件的投资能力备案、处罚违规机构、问责投资责任人,坚决守住不发生系统性区域性风险的底线。一是实施分类监管和重点监管。支持稳健规范的机构拓展业务,限制或取消高风险保险机构的有关业务,把差异化监管和分类监管落到实处。二是"严"字当头,全面从严从实从重从紧强化保险资金运用日常监管工作。从严规范保险资金关联交易行为,从严加强投资能力管理,从严把关产品注册、备案和核准,从严问责和处罚。三是加快推进资产负债管理监管,实现资产端和负债端的良性互动。建立资产负债管理的定量评估、定性评估和压力测试等规则。四是以防风险为中心,加快构建保险资金运用现代监管框架。加强法律制度建设,创新监管工作和强化监管信息系统等基础设施建设。五是加强政策引导,积极支持保险资金服务好"实体经济发展"这个大局。推进保险资金支农支小。六是积极支持创新发展,坚定不移地深化保险资金运用市场化改革。

(资料来源:《中国证券报》2017-02-13)

本章小结

1. 保险经营的特征决定了保险经营除了要贯彻一般商品经营原则,还应遵循一些特殊的经营原则,包括风险大量原则、风险分散原则、风险选择原则等。

2. 保险营销与承保是保险业务的起点,也是保险业务经营的第一个环节,同时又是保险经营实务中极其重要的步骤。这一关是否把得严、把的好直接关系到保险业务质量的好坏,它对保险企业的经营效益起着至关重要的决定作用。

3. 理赔是保险业务的终点,也是保险业务经营的最后一个环节,同时又是保险合同最终得以履行和实践的验证。这一关处理得是否合理,能否令客户满意,直接关系到保险机构经营信誉的好坏,它对保险机构企业形象的树立起着至关重要的决定性作用。

4. 从当今各国保险业的发展趋势来看,保险公司已从单纯的经济补偿机构逐步变成既有补偿职能又有融资职能的综合性金融企业。投资业务与承保业务并驾齐驱,已成为现代保险业发展的重要特征。

关键概念索引

保险营销　银行保险　电话营销　网络营销　保险承保　保险核保　保险防灾防损　保险理赔　比例赔偿方式　第一损失赔偿方式　限额赔偿方式　免赔限度赔偿方式　固定责任赔偿方式　定值保险赔偿方式　保险投资

复习思考题

1. 保险经营有何特殊的原则？
2. 概述保险销售的渠道。
3. 在承保工作中如何有效地防范保险经营风险？
4. 防灾防损是否为保险经营的特有内容？如何搞好保险防灾防损活动？
5. 试比较财产保险赔款计算四种基本方法的特点。
7. 保险投资的基本原则。
8. 论述我国保险投资的现状。

第十二章 保险市场

 **本章要点**

- 保险市场的概念、特征和作用
- 保险市场的类型
- 保险市场的构成
- 保险市场的供求关系
- 影响保险市场的供给与需求的因素
- 世界保险市场的现状

保险是一种商品,凡是有商品的地方,就必然有市场。保险市场是商品经济发展的产物。保险市场与其他商品市场一样,有其通性和差异性,也是由供求双方和中介方共同构成的保险供求关系的总和。保险市场的形成,对于促进保险交换的完成、提高保险服务的效率具有非常重要的意义。保险市场是保险供给与保险需求博弈的场所,供求双方的力量对比和相互关系决定着市场整体运行的状况。

第一节 保险市场概述

市场是随着商品经济的出现、发展而出现发展的,是商品经济的范畴。保险作为商品,就必然有市场。保险市场是商品经济发展到一定阶段的产物。与其他商品市场相比,保险市场有其自身的特点和类型。保险市场供求双方及中介方必须建立在充分了解和熟悉保险市场的基础上,才能进行保险交易活动。

一、保险市场的概念

市场是商品经济的产物,凡是有商品的地方,就必然有市场。市场有狭义和广义之分。

狭义的市场是指商品和劳务交换的场所；广义的市场则是指在一定的时间、地点和条件下，商品和劳务交换关系的总和。保险市场自然也有狭义和广义之分。狭义的是从空间概念上理解保险市场，指人们进行保险交易活动的场所；广义的保险市场是保险商品交换关系的总和，是促进保险交易实现的整个运行机制。

保险市场虽然其含义、特点和表现形态与一般商品市场相同，但保险市场所从事的交易，也即买卖的商品是无形的，即保险市场进行交易对象是一种特殊商品——风险保障，具体指的是一种经济利益。投保人或被保险人通过向保险人缴纳保险费来获得保险人对其所可能面临的风险和损失的经济保障。而保险人提供保障的基础就是向投保人或被保险人收取的保险费而形成的保险基金。

在保险市场中，不但有保险商品交换的场所，也有保险商品交换中供给与需求的关系及其活动。它既包括了供给者、需求者、中介、政府，又包括了各类保险业务和保险方式。同时，它还受到市场机制的制约，主要是指价值规律、供求规律和竞争规律三者之间相互制约、相互调节、相互作用的关系。这一客观存在的关系形成一种力量，调节着保险经济活动。

二、保险市场的特征

保险市场是市场的一种，但它不同于一般的商品市场，也不同于金融市场，保险市场的特征是由保险市场交易对象的特殊性所决定的，保险市场的交易对象是一种特殊形态的商品——保险经济保障，因此，保险市场表现其自有的特征。

（一）保险市场具有抽象性

保险市场是保险商品交换关系的总和，但保险活动的全过程不可能受到一定时间的限制，也不可能固定集中于某一场所。尤其是现代保险市场，由于现代科技的广泛运用，保险活动的全过程已经远远突破了交易场所的限制，业已延伸到社会经济生活的各个方面，业务进行的本身也突破了时间和地域的限制，借助现代通信条件，连接了世界各国的保险市场。

（二）保险市场业务具有公开性

保险经营的对象是风险，保险市场交易的对象是保险经济保障，即投保人通过购买保险将保险标的所面临的风险转嫁给保险人。而保险标的在投保前后都处于投保人的控制之下，保险人却了解不多。正是由于保险商品的这种特殊性，要求保险双方当事人在进行交易活动时必须遵循最大诚信原则，要遵循业务公开的原则，因此市场透明度比较高。当事人双方在进行保险交易过程中必须遵守平等、公平、互利的原则。同时，保险人之间同样也要公平、合理地进行竞争。而普通的商品市场不具备这种特征，其交易大都通过交易双方协议进行，不需要公开。

（三）保险商品的特殊性

保险商品不同于一般的商品，其并不是提供有形的实物，而是一种以服务形式存在的特殊商品。保险市场所成交的任何一笔交易，都是保险人对未来风险事故发生所导致的经济损失进行补偿的承诺。即投保人购买保险商品后,只是购买了一种服务,一种承诺。当被保险人在保险期限内发生保险责任范围内的损失或达到保险期限时,保险人才进行经济补偿或给付保险金。而且由于保险具有射幸性,并不是购买了保险商品,就能获得保险公司的赔偿,保险是否履约即是否对某一特定的现象给予经济补偿,取决于保险合同约定期限内是否发生约定的风险事故,以及这种风险事故造成的损失是否达到保险合同约定的条件。只有在保险合同所约定的未来时间内发生保险事故,保险人才能进行经济补偿。这就给保险带来了不同于其他市场的特点,这也是保险市场最为显著的特征。

(四) 市场机制在保险市场上具有特殊的作用

市场机制是价值规律、供求规律与竞争规律相互作用、相互制约的关系。市场机制已成为现代市场的主体,在保险市场上,市场机制的作用则具有特殊性。一方面,保险市场上保险商品的价格即保险费率并不是完全由市场供求状况决定的,而是由风险发生的频率和保险商品的供求情况共同决定的。保险人不能与一般商品一样,根据需求情况的变化随意调整保险费率。另一方面,保险市场从某种程度上限制了价格竞争机制。一般的商品市场竞争,就其手段而言,价格是最有力的竞争手段,在保险市场上,由于交易的对象和风险直接相关联,使得保险商品的价格即费率的形成并不完全取决于供求力量的对比,风险发生的频率和事故的损失程度才是决定费率的主要因素,供求仅是费率形成的次要因素。因此,一般商品市场价格竞争机制,在保险市场上必然受到某种程度的限制。

三、保险市场的类型

按照经济学的观念,保险市场的类型可以分为完全垄断、寡头垄断、垄断竞争和完全竞争四种。由于保险市场的特殊性,现代保险市场不存在完全竞争型,也不太可能存在完全垄断型,其只是在特殊条件下极其个别的国家和地区存在的。

(一) 完全垄断型

完全垄断型是指完全由一家企业控制的市场模式。保险市场的完全垄断型是指保险市场完全由一家保险人控制,不存在丝毫竞争因素的市场模式,这家保险公司既可以是国有保险公司,也可以是私营等其他形式的保险公司。由于保险市场是由独家保险公司控制,没有竞争,没有可接受的保险替代品,其垄断者根据掌握的供给与需求情况,自由采取经营策略,以取得最大限度的利润。而且新的保险人进入保险市场极不容易。

完全垄断型有两种变通形式:一是专业型垄断。即在一个国家的保险市场上,虽然有几家或多家保险公司,但其各自垄断某一类型保险业务。如波兰、古巴、朝鲜等国家设立两家保险公司,一家专营国内保险业务,一家专营涉外保险业务;二是地区型垄断。即在一个国家的保险市场上,几家保险公司各垄断某一地区的保险业务,彼此之间业务没有交叉。如印度设立四家地区性非寿险公司。

目前,世界上采取完全垄断型的国家并不很多,主要有罗马尼亚、越南、蒙古、缅甸、斯里兰卡、叙利亚等。

(二)寡头垄断型

寡头垄断型是指少数几家保险人控制了保险市场,其他保险保险人进入市场较难。每个保险人在保险市场上都具有举足轻重的地位,对其险种的价格具有相当影响力,保险人之间利害关系直接,相互依存,任何一家保险人在进行决策时,都必须考虑竞争对手的反应,既不是价格的制定者,也不是价格的接受者,而是价格的寻求者。这种模式主要是国家保险监督管理机构对保险市场控制比较紧,市场结构相对稳定,是为了发展本国保险业而采取的措施。如埃及、伊朗等某些发展中国家采取的就是这种模式。

(三)垄断竞争型

垄断竞争型是许多保险人经营有差别的同类保险商品,垄断与竞争并存。在这类保险市场上,保险人比较多,规模不是很大,进出比较容易,保险人提供的保险商品存在着差异性,彼此之间具有一定程度的替代性。同时,国家一般不对保险市场进行垄断控制,管理比较宽松,国有公司同样跻身于保险市场的竞争行列。虽在某些地区、某些险种存在一定程度的垄断,但垄断程度不高,多家公司之间仍然存在激烈的竞争。综观当今世界保险市场,垄断竞争型已成为最现实、最普遍的市场模式。这类市场的国家主要有韩国、马来西亚、巴基斯坦、新加坡、阿根廷、巴西等。

(四)完全竞争型

完全竞争型的保险市场是指保险市场完全不受阻碍和干扰,不存在丝毫垄断因素的市场机构。在这种市场条件下,大小保险公司并存,竞争非常激烈。每一个保险人和投保人的行为不能影响市场价格,都是价格的接受者,而非价格的决定者。保险市场对内对外完全开放,任何国内的保险人、国外的保险人、投保人都可以自由进退保险市场,不受任何阻碍。保险人提供的保险险种基本一致,投保人也没有特殊的偏好。完全竞争型保险市场是一种理想状态的市场,它能使各种保险自愿配置达到最优化。但由于其要求的条件十分严格,真正意义的完全竞争模式是非常罕见的,早期英国保险市场是这种类型的代表。

四、保险市场的作用

保险市场的形成是在现代保险业出现之后,世界各国保险市场已经经历了相当长的发展时期,实践表明保险市场发挥了重要作用。主要表现在以下几个方面。

(一)便利保险交换过程的完成,提高保险服务效率

保险市场是保险供给与保险需求综合反映的场所。市场信息越大、越完善,保险商品交换就越便利。保险人、投保人根据市场上的信息传导,采用灵活、快捷的保险交换方式,一方面提高了保险交易的效率;另一方面降低了保险供求的成本。

(二)促进保险业的发展,完善保险机制

保险交易活动只有在保险市场上,才能得到正常、快速的发展。国家或政府强制性的保险交易活动是不能推动保险业发展的,在市场经济条件下,发挥市场的功能,确实能促进保险业的发展,保险业的发展同时也促进保险市场的发育和成熟。

（三）稳定社会经济秩序，实施政府政策

价值规律、供求规律和竞争规律调节着保险市场，保险市场是保险供求双方平等竞争的场所，通过竞争，实现了优胜劣汰，稳定了社会经济秩序机制。同时，各国政府利用保险机制实现了既定的经济政策。

第二节 保险市场的构成

保险市场与其他商品市场一样，也是由保险商品的供给方、需求方和中介方共同构成保险供求关系的总和。即保险供给方——保险人；保险需求方——投保人、被保险人；保险中介方——保险代理人、保险经纪人、保险公估人。

一、保险人

为了保障被保险人的利益和社会的利益，各国的法律对保险业的经营者的组织形式和保险公司的资格都作了明文规定。我国《保险法》第 6 条规定："经营商业保险业务，必须是依照本法设立的保险公司。其他单位和个人不得经营商业保险业务"。

目前，全球的主要保险组织形式有国有独资公司、股份有限公司、相互保险公司、保险合作社和个人保险组织等。

（一）国有独资保险公司

国有独资保险公司是指国家授权投资的机构或者部门单独投资设立的有限责任公司。由于股东只有一个，其资本完全来自于国家投资，依照保险法、公司法及其他法律的规定进行组建。国家确定的生产特殊产品或属于特定行业的公司采取国有独资公司形式，也是国家加强对保险市场宏观调控的手段。国有独资保险公司具有以下的特点：

（1）股东人数只有一个。其股东是国家授权投资的机构或部门，资本都属于国家所有。

（2）公司的组织机构不设股东大会。由于股东单一不设股东大会，所以只设立董事会、监事会等。董事会成员由国家授权投资的机构或部门委派或选举组成，监事会由保险监管部门、有关专家和保险公司工作人员的代表组成。

（3）股东对公司承担有限责任。仅以其出资额为限，对保险公司承担责任，不对公司债权人直接承担责任。

就我国保险市场而言，原中国人民保险公司是国有独资保险公司的组织形式。它成立于 1949 年 10 月 20 日，总公司设在北京，经营各种保险业务和再保险业务。

国有保险公司的形式，当前在世界各国并不鲜见。在欧洲很多国家都有这种形式。它们是由政府投资，是国家专门经营保险的公司，如法国有多家国有保险公司，分别属于"巴黎保险联盟""法国总保险集团""国民保险集团"和"法国互助保险集团"。这些国有保险公司资产雄厚，业务能力强，其营业额占全国保险机构营业额的 30%。按法国保险法规定：国有保险公司董事会由 18 人组成，其中 6 名是国家代表，6 名是有职称的专业人员，6 名是职工代表。董事长和总经理由国家财政部任命。在英国、德国、荷兰也都有国有保险公司。

美国也有一些国营性质的保险组织，如美国联邦政府设立的存款保险公司，依法承保一般银行的存款保险，其他保险公司不得办理此项业务。在日本，政府以法规规定某个机构为经营主体，办理某些保险业务，如日本输出银行办理的输出保险，日本健康保险组织办理的健康保险业务等，都比较接近国有保险组织形式。

当前世界上的发展中国家，大都是20世纪四五十年代在政治上和经济上摆脱西方发达国家的垄断控制，获得解放的。这些国家为了保护和发展本国的经济，在保险方面纷纷成立民族的国有保险公司，在国家大力扶持下，与外来的经济势力逐步开展角逐。例如，印度实行保险国有化，成立了5家国有保险公司，垄断了本国的保险业。埃及有3家国有保险公司。巴基斯坦、阿根廷、智利、阿尔及利亚也相继建立了自己的国有保险公司。

（二）保险股份有限公司

保险股份有限公司的形式是现代保险最为普遍的组织形式，世界各国保险业广泛采用这种形式。经过近300年的发展，股份有限保险公司的形式已经成熟。它的产权关系较为明确，透明度强，能够聚集巨资承担巨额风险，大规模经营以保证投资的利益。

在我国，股份有限保险公司是指依公司法规定设立的、全部资本分为等额股份的企业法人。它具有以下的特征：

（1）股份有限公司的股东以其所认购股份的价额为限，对公司承担责任，公司以其全部资产对公司债务承担责任。在公司资产不足以清偿债务时，公司股东不对公司债权人负连带责任。

（2）全部资本分为等额股份，把股份作为公司资本的基本单位。资本的股份化，既便于确定股东的权利，也适应股份有限公司公开发行股票，募集社会资金的需要。等额股份是计算股东的出资额、表决权、股利分配的基础。

（3）股东不能少于法定人数。按照我国公司法的规定，设立股份有限公司，应当有5人以上的发起人，其中须有过半数的发起人在中国境内有住所。股东可以是法人，也可以是公民。

（4）股份有限公司的组织机构是股东大会、董事会及总经理领导的行政管理人员。为了保护股东的利益，股份有限公司有监事会，也就是股份有限公司经营管理的监督机构。

在当今世界保险业中，股份有限保险公司具有十分重要的地位，它有多项优点：①受盈利的刺激，经营效率很高，以追求商业利润为主要目标；②公司经营的好坏对股东有切身利益，必须力求提高效益，努力开发新险种，采用新的技术和方法；③股份公司由于参加的人数较多，财力一般雄厚，对被保险人具有较强的偿付能力。但是，事物的发展是辩证的，有优点的一面，也有其缺点的一面，如公司的股份将会操纵在少数几个大股东手里，权利很集中；在某些情况下对社会效益的考虑将会相应减少。

在我国，平安保险、太平洋保险以及泰康、新华、华泰、永安、华安等多家保险公司均采取了股份有限公司的组织形式。随着我国保险业的飞速发展，股份有限保险公司在我国保险公司组织形式的选择中将占据举足轻重的地位。

(三) 相互保险公司

相互保险公司是由有可能发生某类风险的若干经济组织,共同为达到保险保障的目的而组成的非盈利性的保险组织。参加保险的当事人称为会员,它们不是股东,而是被保险人,也是保险人,具有双重身份。对参加相互保险公司保单持有人的地位,与股份公司股东的地位颇为相似。当公司经营业务获得利润时,投保人可分得红利,其盈余积累起来,用来充实和加强本公司的财力。当公司亏损时,保单持有人或用摊缴保险费的方式予以弥补,或用以前盈余金予以弥补,或者采用减额赔偿方式,即采取削减一部分赔偿保险金的方式。

相互保险公司按其制定费率的不同和缴付的不同,可分为以下几种:

(1) 分摊收取保险费的相互保险公司。这种形式保险公司的保单持有人就是公司所有人,每人都有相同的表决权,理事会由公司成员选举产生。这些公司通常是业务范围小,组织结构简单,职工也很少。参加保险时付少量保费,以支付日常费用和小额赔款,若遇不足,其成员有无限摊收保费的责任。

(2) 预收足量保险费的相互保险公司。这种形式的公司在保险期开始时,向投保人收取的全部保险费能够应付经营费用和赔偿费用,往往会有剩余,剩余部分可用来加强公司财力。这种实力雄厚,组织规模较大的公司在世界保险业中占有一席之地。是相互保险公司中最为常见的形式。

(3) 永久性保险制的相互保险公司。这种相互保险公司提供无限期保险,投保人签订保险合同时缴付一次性大额保险费,数额必须大到使保费存款的投资收益足以赔付损失和支付各种费用。在保单生效若干年后,被保险人分享公司红利。保险公司与被保险人都有权使保单作废退出保险。如果保险单被取消了,保险公司将退还该被保险人最初一次性交付的保险费。这种保险公司在承保类型、承保数量、承保范围和对被保险人的选择等方面都有严格限制,以保护其自身的利益。

相互保险公司始建于19世纪,当时是具有互相共济、自主经营和不以营利为目的的特点,曾经被发达国家的保险界所采用,特别是人寿保险公司。直到现在,世界上最大的几家人寿保险公司都是相互保险公司,如日本"第一生命"等。

(四) 保险合作社

保险合作社是公民为了获得保险保障,共同经营自愿集股而设立的一种互助保险合作组织。参加保险合作社的社员缴纳股金,合作社社员对合作社的债务以其所出的股金为限。合作社在社员之间提供服务。在性质上,保险合作社和相互保险公司并没有很大的差别,而在内容上却有些区别:

(1) 相互保险公司并无股本,而加入保险合作社的社员则必须缴纳一定金额的股本,其盈亏按股本分摊。

(2) 保险合作社与社员的合同关系比较长久,社员缴纳股本后,可以不利用合作社的服务,但仍与合作社保持正常联系。而相互保险公司则不同,如保险合同终止,双方关系即告终止。

(3) 保险合作社采取确定的保险费制,一次缴纳,以后不再补缴。相互保险公司的缴费多种多样,大都依实际需要加上实际损失的事后分摊。

(五) 个人保险组织

个人保险组织是指以个人经营保险业务,这种形式目前比较少见。从保险的发展史来看,个人经营保险也曾经有过相当时间,但随着世界经济的发展,保险金额日益增大,个人的承保能力毕竟有限,的确是不能胜任。各国为了保护国家的利益和公民的利益,加强对保险人的管理,一般不准许个人经营保险业务。但在英国,由于英国经济发展史、科学文化发展史,特别是由于英国以判例制度为特点的法制发展史等综合因素所决定,一直存在个人保险组织——劳合社。

劳合社是世界上最大的个人保险组织,历史悠久,实力强盛,是当今世界上最有实力的保险组织之一。"分则为保险商,合则为劳合社",这句话道出了劳合社的实质,它是一个保险市场。它们不以劳合社的名义签发保单或从事保险交易活动,而是由承保会员以个人名义承保风险。他们各自独立,对自己承保的份额负责任,并以他们个人的全部财产作为所负责任的抵押。因此每个会员都要经过严格的考核,只允许具有相当财力的人作为会员。

会员接受的保险业务,必须是经劳合社的保险经纪人的开价,每一位会员完全可以自由作出接受或拒绝的抉择,也可以自由接受若干份额,然后签字承保。劳合社有260多个分设的经纪人公司,它们相互竞争、招揽业务。劳合社的保险业务,通过直接保险或再保险,已遍及世界各国。劳合社的管理是在会员自己选出的理事会的领导下,由劳合社负责管理和调节整个市场。理事会是在议会法案授权下的自行管理的机构。

近年来,劳合社又有新的发展,业务经营范围一再拓展,向着多元化方向发展,不断开辟新业务。如以前从不经营人身保险业务的,但是在20世纪70年代初期成立了劳埃德生命保险公司,还不断扩大业务,逐步向世界各地发展。

劳合社还有多种功能:①获取世界上有关海上和航空保险的资料及其损失的记录;②帮助有关方面处理损失赔偿,监督世界各地的救难工作和修理工作;③制定有关保险交易的规则,仲裁纠纷;④发展新的保险险种,制定条款,设计保单,也为有关方面寄发保单。这些功能是其他保险组织所未能完成的。

二、投保人

投保人可以是法人,也可以是公民;既可以是中国人,也可以是外国人。一般没有什么特别的限制,但必须具备下列条件。

(一) 投保人必须具有相应的权利能力和行为能力

投保人通过订立保险合同是一定的法律行为,当然要具有相应的权利能力和行为能力,否则,合同不发生法律效力。法人的权利能力是指国家赋予其参加民事法律关系取得民事权利和承担民事义务的能力和资格。法人的行为能力是指国家赋予其独立进行民事活动的能力和资格。法人单位从正式营业时就具有权利能力和行为能力。

我国的《民法通则》规定:"十八周岁以上的公民是成年人,具有完全民事行为能力,可以独立进行民事活动,是完全民事行为的能力人。""十六周岁以上不满十八周岁的公民,以自己的劳动收入为主要生活来源的,视为完全民事行为能力人。"

(二) 投保人对保险标的要有保险利益

投保人不能与保险公司订立对保险标的不具有保险利益的保险合同,否则,该合同按无效合同处理。投保人同时是被保险人时,投保人对保险标的具有保险利益;投保人若为自己的利益而以他人的生命、身体或财产为保险标的时,也应对保险标的具有保险利益。在海上保险合同中,被保险人向保险公司提出要求赔偿时必须具有保险利益。

三、中介人

在现代保险市场上,大量保险经济关系的形成都是通过保险中介人实现的。保险中介人活动于保险人和投保人之间,充当保险供需双方的媒介,是保险经济的辅助人。保险中介人不但包括把保险人和投保人联系起来建立保险合同关系的人,也包括独立于投保人和保险人之外的,以第三者身份处理保险合同当事人委托办理的有关保险业务公证、鉴定、精算等事项的人。保险中介人主要包括保险代理人、保险经纪人、保险公估人和保险律师、保险会计师等。

 专栏

2016年中国保险市场特点

2016年,全行业共实现原保险保费收入3.10万亿元,同比增长27.50%。其中,财产险和人身险业务分别同比增长9.12%和36.51%。赔付支出过万亿元,同比增长21.20%。保险业资产总量15.12万亿元,较年初增长22.31%。具体来看,保险市场运行呈现以下特点:

一是业务规模快速增长,增速创2008年以来新高。2016年,保险市场业务规模快速增长。一是寿险业务一马当先,实现原保险保费收入17 442.22亿元,同比增长31.72%。其中,普通寿险贡献突出,实现原保险保费收入10 451.65亿元,同比增长55.34%,对行业保费收入增长的贡献率为55.77%。二是健康险业务高速增长,实现原保险保费收入4 042.50亿元,同比增长67.71%。三是财产险业务增速保持稳定,实现原保险保费收入8 724.50亿元,同比增长9.12%。其中,车险业务实现原保险保费收入6 834.55亿元,同比增长10.25%。

二是结构有所优化,市场集中度进一步下降。从业务结构看,与国计民生密切相关的农业保险、责任保险保持良好发展势头。2016年,农业保险、责任保险原保险保费收入分别为417.71亿元和362.35亿元,同比分别增长11.42%和20.04%,占产险业务的比例分别为4.79%和4.15%,分别同比上升0.10个百分比和0.37个百分点。人身险公司普通寿险业务原保险保费收入10 451.65亿元,同比增长55.34%,占人身险公司全部业务的48.18%,同比上升5.76个百分点;健康险业务占人身险业务的18.18%,同比上升3.38个百分点。从行业结构看,2016年,已开业全国保险机构共203家,较年初增加9家。其中,保险集团公司12家,新增1家;财产险公司79家,新增6家;人身险公司77家,新增1家;

保险资产管理公司22家，新增1家。人身险公司前10家公司原保险保费收入合计15 683.75亿元，市场份额为72.3%，同比下降3.55个百分点。财产险公司前10家公司原保险保费收入合计7 924.67亿元，市场份额为85.52%，同比下降0.72个百分点。

三是保障能力增强，"保险业姓保"发展理念得到彰显。从风险保障看，2016年保险业提供风险保障金额2 372.78万亿元，同比增长38.09%，高于原保险保费收入增速10.59个百分点，保额增速明显快于业务增速。其中，财产险公司提供风险保障金额1 282.88万亿元，同比增长36.22%；人身险公司提供风险保障金额1 089.90万亿元，同比增长40.35%。从赔付支出看，2016年，保险业累计赔付支出10 512.89亿元，同比增加1 838.75亿元，增长21.20%，同比上升1个百分点。其中，财产险、意外险、健康险业务赔款支出5 652.27亿元，同比增长14.85%；人身险业务死伤医疗给付461.23亿元，同比增长23.28%，满期给付3 647.56亿元，同比增长31.26%；年金给付751.83亿元，同比增长25.41%。

四是服务大局作用显著，保险服务能力再上新台阶。2016年，保险业积极发挥保险功能作用，抓住服务供给侧结构性改革和脱贫攻坚战略两大主线，推动保险服务能力再上新台阶。服务供给侧结构性改革方面，一是助力振兴实体经济。2016年，首台（套）保险和科技保险分别为我国装备制造企业和科研机构、科技型自主创新企业提供风险保障486.62亿元和1.03万亿元，同比大幅增长196.72%和631.25%。二是促进外向型经济发展。出口信用保险累计为8.22万家，出口企业提供风险保障4 167亿美元。三是支持国家重大战略项目。截至2016年年底，累计发起设立债权、股权和项目支持计划659项；合计备案注册规模1.7万亿元，为"一带一路"、长江经济带、京津冀协同发展等国家战略项目提供资金支持。四是为稳就业作出积极贡献。截至2016年年底，保险营销员达657.28万人，较年初增加185.99万人，占当年城镇新增就业总数的14.15%，保险业就业吸纳能力显著增强。助推脱贫攻坚和民生改善方面，从农业保险看，2016年，参保农户2.04亿户次，提供风险保障2.16万亿元，为3 822.71万户次农户支付赔款299.21亿元，同比增长26.22%。从大病保险看，截至2016年年底，全国31个省（区、市）保险公司承办的大病保险业务覆盖人群达9.7亿人，累计支付赔款300.90亿元。大病保险患者实际报销比例在基本医保的基础上提升了13.85%，整体报销比例达到70%。

五是创新行业发展，新技术应用方兴未艾。2016年，云计算、移动互联网等新技术在保险业应用不断深入。从云计算应用看，全行业已有50余家机构与第三方社会化云平台合作，有效降低运营成本、促进产品创新。从电子保单应用看，全行业有104家机构签发了3.61亿张电子保单，其中财产险公司46家，电子保单数量1.98亿张；人身险公司58家，电子保单数量1.63亿张。从互联网保险业务看，117家保险机构开展互联网保险业务，实现签单保费2 347.97亿元。其中财产险公司56家，实现签单保费403.02亿元；人身险公司61家，实现签单保费1 944.95亿元。2016年新增互联网保险保单61.65亿件，占全部新增保单件数的64.59%。其中退货运费险签单件数达44.89亿件，同比增长39.92%；签单保费22.36亿元，同比增长24.97%。

（资料来源：中国保险监督管理委员会网站）

第三节 保险市场的供给与需求

在保险市场的运行中,保险的需求与供给是其最重要的因素。两者对保险市场的发展,对改善保险企业的经营管理,对保险经济的发展都具有决定性的意义。

一、保险市场的供给

(一)保险市场供给的含义

保险市场的供给是指在一定的费率的水平上,保险市场上各家保险企业愿意并且能够提供的保险商品的数量。保险市场供给可以用保险市场的承保能力来表示,它是各个保险企业承保能力的总和。

保险供给的形式有两种:一种是有形的经济保障,即保险人对遭受损失和损害的被保险人按照保险合同规定给予一定数量的经济补偿或给付,体现在物质方面,是保险供给的有形形态;另一种是无形的经济保障,即保险人对所有投保人提供心理上的安全保障,体现在精神方面。对投保人来说,购买保险后发生保险责任范围的事故,可以得到补偿和给付,这或多或少地给投保人减轻了心理上的压力,使他们有更多的精力投入事业中去,而这种心理上的安全感是通过保险组织提供保险供给实现的。

保险供给的内容包括质和量两个方面。保险供给的质是指保险供给者提供的各种不同的保险险种。如财产保险、人身保险、责任保险、信用保证保险等具体险种,也包括每一具体的保险险种质量的高低;保险供给的量既包括保险企业为某一保险险种提供的经济保障额度,也包括保险企业为全体社会所提供的所有保险商品的经济保障总额。

(二)影响保险市场供给的主要因素

保险供给是适应保险需求产生的,保险需求是制约保险供给的最基本因素,在保险需求既定的情况下,保险供给的增大或减少主要受以下几种因素的制约。

1. 保险费率

在市场经济条件下,决定保险供给的因素主要是保险费率,保险供给与保险费率呈正相关。保险费率上升,会使保险供给增加;反之,保险供给则会减少。

2. 偿付能力

由于保险经营的特殊性,各国法律对保险企业都有最低偿付能力标准的规定,因而保险供给会受到偿付能力的制约。另外,保险企业的业务容量比率也制约着企业不能随意、随时扩大供给。

3. 保险技术

保险业的经营管理是科学技术性、专业性很强的业务活动,即在风险管理、险种设计、费率厘定、业务选择、准备金提存以及人事管理、法律知识等方面都需要一定的技术,其中任何一项技术的高低,都会影响保险的供给。

4. 市场的规范程度

竞争无序的市场会抑制保险需求,从而减少保险供给;而竞争有序,行为规范,则使保险市场信誉提高,从而刺激保险需求,扩大保险供给。因而,规范的保险市场会促进保险供给扩大,而不成熟不规范的市场则使保险供给受到抑制。

5．政府的监管

政府的监管政策在很大程度上决定了保险业的发展,决定了保险市场竞争的性质,也决定了保险经营企业的发展方向。各国政府监管程度不一,有宽松的,也有严格的。因而,即使有潜在的保险需求,保险费率上升,而由于监管过严,保险供给也难以扩大。

6．保险供给者的数量和素质

保险供给者的数量越多,保险供给量就越大;反之,保险的供给量就会减少。在现代社会中,保险供给不但讲求数量,还讲求质量,质量提高的关键在于保险供给者的素质。保险供给者素质越高,新险种就越容易开发、推广,从而扩大了保险供给。

(三) 保险商品供给弹性

保险商品供给弹性通常是指保险商品供给的费率弹性,是指保险费率变动所引起的保险商品供给量变动,保险商品供给与保险费率呈正相关关系(见图12-1)。它反映了保险商品供给量对保险费率变动的反应程度,一般用供给弹性系数(E_s)来表示:

$$E_s = \frac{\Delta S/S}{\Delta P/P}$$

式中:S——保险商品供给量;

ΔS——保险商品供给量变动;

P——保险费率;

ΔP——保险费率变动。

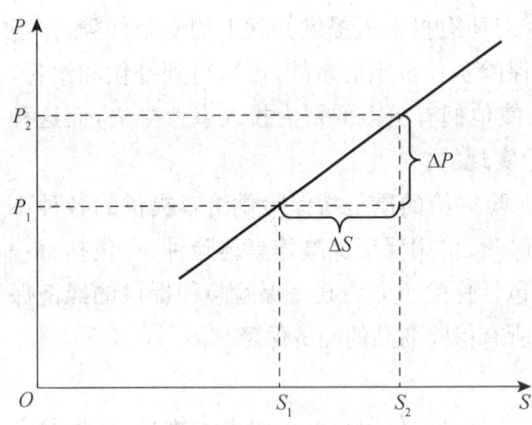

图 12-1 保险商品供给与保险费率的关系

由于保险商品的有机结构、保险对象、设计的难易程度等诸多因素的影响,使得保险商品供给弹性表现出不同情况:

当 $E_s=0$,供给无弹性,无论保险费率如何变动,保险商品供给量保持不变。

当 $E_s=\infty$,供给无限弹性,即使保险费率不再上升,保险商品供应量也无限增长。

当 $E_s=1$,供给单位弹性,保险费率变动的比率与其供给量变动的比率相同。

当 $E_s>1$,供给富于弹性,保险商品供给量变动的比率大于保险费率变动的比率。

当 $E_s<1$,供给缺乏弹性,保险商品供给量变动的比率小于保险费率变动的比率。

二、保险市场的需求

(一) 保险市场需求的含义

保险市场的需求就是指在一定的费率水平上,保险消费者从保险市场上愿意并有能力购买的保险商品数量。

保险市场的需求有两种表现形式:一种是在物质方面,是有形的经济保障需求。即自然灾害或意外事故发生后,投保人能获得经济上的补偿或给付;另一种是在精神方面,是无形的经济保障需求。即购买保险后,投保人转移了自己面临的风险,而得到了心理上的安全感。从而安心工作和生活,提高了对事业和生活的积极性。

保险需求者的有效需求必须具备三个条件:一是保险需求者对保险这种特殊商品的主观需要;二是保险需求者对想购买的保险商品的经济支付能力。即投保人有能力且有资格履行其义务,支付保险费;三是投保人所投保的标的物符合保险人的经济技术的需要,即投保人想投保的险种和保险人设计的险种或愿意设立的险种相吻合。

(二) 影响保险市场需求的主要因素

保险市场需求是一个变量,受诸多因素的影响,当这些因素发生变化时,保险市场需求会增大或减少。

1. 风险因素

保险承保的对象是风险,"无风险,无保险"。风险是保险产生、存在和发展的前提条件,保险市场需求总量与风险程度呈正比关系。风险程度越大,保险市场需求就越强烈;反之,保险市场的需求总量就越少。

2. 保险费率

保险费率就是保险商品的价格,保险市场需求总量取决于投保人可支付的保险费的数量。只有保险费率合理,保险需求才能实现,投保人总是希望以较少的保险费支出,获得较大的安全保障。保险费率低,有可能刺激保险需求量的增大;反之,就会抑制保险需求量的增大,保险市场需求量与保险费率呈反比关系。

3. 国内生产总值和消费者的货币收入

保险是经济发展到一定阶段的产物,当国内生产总值增加,作为保险商品的消费者的个人货币收入、企业的利润也会随之增加,缴费能力就会增加,保险市场的需求也就随之扩大;反之,保险市场需求就会降低。

4. 人口文化因素

保险市场的需求在一定意义上受人口因素及文化传统的影响。一个国家的人口总量越大,保险市场的需求总量就越多;一个国家人口结构、人口素质也影响着人们的消费心理、消费习惯和消费偏好。另外,文化传统影响、控制着人们的风险意识和保险意识,从而影响保险市场的需求。

5. 经济体制及强制保险的实施

在市场经济条件下,个人与企业面临着更多的风险,这一切不再由国家包揽解决,保险作为对付风险一项传统而有效的措施,自然增加了保险市场的需求量。同时由于强制保险的实施,不论投保人是否愿意,必须购买保险,从而人为地扩大了保险市场的需求量。

(三) 保险需求弹性

1. 保险需求弹性的含义

保险市场需求弹性是指保险市场的需求对其诸因素变动的反应程度,通常用需求弹性系数(E_d)来表示。如前所述,影响保险需求变化的因素很多,一般用保险市场需求的费率

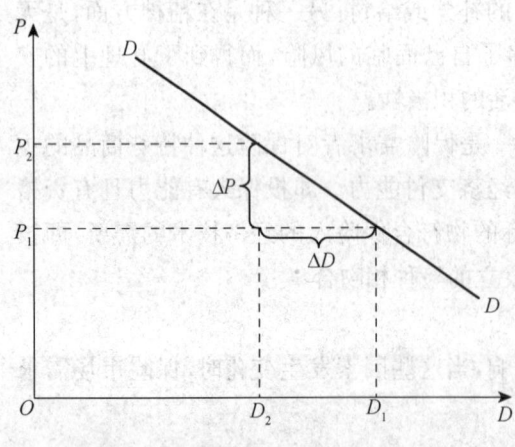

弹性表示,保险需求的费率弹性是指由于保险费率的变动引起的保险需求量的变动,保险商品需求与保险费率呈负相关关系(见图12-2)。它反映了保险需求对费率变动的反应程度,用公式表示为:

$$E_d = \frac{\Delta D/D}{\Delta P/P}$$

式中：D——保险商品需求量；
　　　ΔD——保险商品需求量变动；
　　　P——保险费率；
　　　ΔP——保险费率变动。

图 12-2　保险商品需求与保险费率的关系

由于保险费率与保险需求之间呈负相关关系,所以保险需求的费率弹性为负值,但一般用绝对值表示:

当 $|E_d|=0$,需求完全无弹性,无论保险费率如何变动,保险商品需求量保持不变。

当 $|E_d|=\infty$,需求无限弹性,即使保险费率不再上升,保险商品需求量也无限增长。

当 $|E_d|=1$,需求单位弹性,保险费率变动的比率与其需求量变动的比率相同。

当 $|E_d|>1$,需求富于弹性,保险商品需求量变动的比率大于保险费率变动的比率。

当 $|E_d|<1$,需求缺乏弹性,保险商品需求量变动的比率小于保险费率变动的比率。

2. 保险需求弹性的特点

保险需求弹性反映了影响保险需求因素的变化引起的保险需求的变动程度,从而影响保险市场的变化。与其他商品相比,保险需求弹性有其自身的特点:

一是保险需求弹性比其他商品或劳务的需求弹性较大。保险商品与一般商品相比,其使用价值可以被其他商品或劳务所代替,保险费较高,因而保险需求更容易随价格的变动而增减,保险需求的费率弹性就越强。对强制保险而言,保险需求费率弹性较低,甚至完全缺乏弹性。

二是经济发展水平不同的国家的保险需求弹性呈现出不同特点。在经济发展比较落后的国家,保险被认为是奢侈品,以收入的多少来确定是否购买保险,保险需求弹性较高；在经济发达国家,保险作为生活必需品,其弹性相应较低。

三、保险市场的供求平衡

保险市场供求平衡是指在一定的费率水平下,保险供给恰好等于保险需求的状态,即保险供给与保险需求达到平衡点。即当费率 P 不变时,$S=D$。保险市场平衡的状态如图12-3所示。

图中 E 为保险市场供求平衡点。

保险市场供求平衡,受市场竞争程度的制约,市场竞争程度决定了保险市场费率水平的高低。在不同的费率水平下,保险供给与保险需求的平衡状态也是不同的。如果保险市

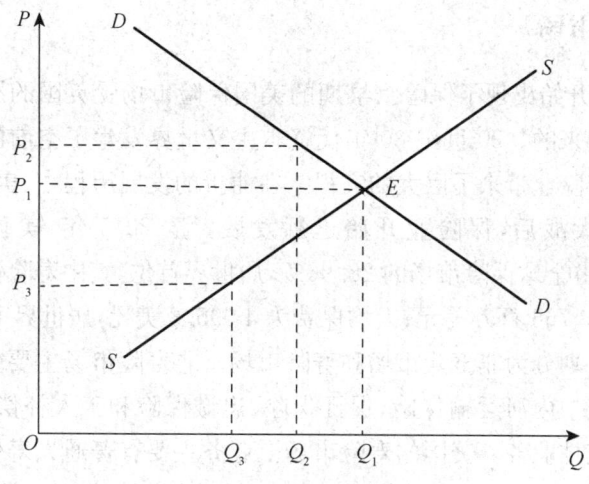

图 12-3 保险市场平衡状态

场达到平衡状态以后,市场费率高于平衡费率,则保险需求缩小,迫使保险供给缩小以维系市场平衡;反之,如果市场费率低于平衡费率,则保险供给缩小,而迫使保险需求下降,以实现新的平衡。

第四节 世界保险市场

根据区域以及保险市场发展的不同,全球保险市场可分为美国保险市场、英国保险市场、德国保险市场、日本保险市场和发展中国家保险市场。区域性保险市场由于各地区历史的、立法的和经济发展的原因,各保险市场在市场结构、承保业务、行业管理等方面存在许多差异。2015 年,世界保险业的保费收入达 4 553 785 百万美元,其中寿险保费收入为 2 533 818 百万美元,非寿险保费收入为 2 019 967 百万美元。全球按地区统计的保费总额如表 12-1 所示。

表 12-1 全球 2015 年按地区统计的保费总额

	保费总额（百万美元）	人均保费（美元）	保费占 GDP 比例（%）	占世界保险市场份额（%）
美洲	1 589 385	1 610.0	6.42	34.90
欧洲	1 468 878	1 634.4	6.89	32.26
亚洲	1 350 974	311.7	5.34	29.67
大洋洲	80 426	2 065.0	5.58	1.77
非洲	64 123	54.7	2.90	1.41
全球	4 553 785	621.2	6.23	100.00

一、美国保险市场

18世纪,美国就开始出现了保险。早期的美国保险市场受英国的影响很深,主要是按照英国的模式发展起来的。20世纪30年代资本主义世界发生了空前的经济危机,给美国的保险事业尤其是寿险业带来了巨大的灾祸。在曲折的发展历程中,美国的保险市场日趋成熟。第二次世界大战后,保险业开始迅猛发展。至2015年,美国保费收入总量为1 316 271百万美元,占全球保险市场的28.90%,居世界首位,其中寿险保费收入552 506百万美元,非寿险为763 766百万美元;人均保费为4 095.8美元,居世界第9位。

美国保险市场可划分为非寿险市场和寿险市场。非寿险市场主要包括财产保险、意外保险等保险市场。其中内河运输保险、保证保险、忠诚保险和工人补偿保险等四种保险是非寿险市场的主要支柱业务。美国的寿险市场上业务主要有普通人寿保险、简易人寿保险和团体人寿保险三种。

美国保险代理是世界上体系最完备,发展最成熟的保险制度之一,它没有统一的保险立法,保险体系以保险代理为核心发展起来。其保险代理特色在于:各州建立了内容各异的保险代理法律法规;可供不同保险代理人选择的多层次的保险教育培训体系;保险代理人层次分明,在保险市场各司其职;实行政府和行业自律结合的保险代理监管体制。按保险代理机构的经营管理模式和机构设置不同,分为总代理人、分代理人和个人代理人。总代理人是独立的经营者,在保险公司授权范围和区域内销售保险,其组织形式一般是公司。分代理人是直接由保险公司设立的业务代理机构,其经理是保险公司的雇员,其全部费用由保险公司支付。在个人代理中,个体与保险公司签订代理合同,独立开展业务,承担费用开支,从保险公司提取手续费。

美国是一个典型的市场经济国家,竞争在经济业的发展中起着十分重要的作用。保险业的竞争,在美国保险市场上是相当激烈的,为了增强自身的竞争能力,提高承保技术,许多保险公司采用了集团的形式进行承保,这种现象在美国称为保险联合,实行保险联合,通过承保组合处理个体保险人难以承保的风险,它对于美国保险业的发展起到了积极的推动作用。保险业进行竞争的另一种方式是兼并。一方面,兼并能使兼并公司获得被兼并公司的资产,壮大自身实力;另一方面,兼并还能促进保险公司的多样化经营。无疑,兼并活动加剧了保险市场的竞争。

二、英国保险市场

由于海上保险业的飞速发展,以及英国是第一个进入工业化的国家,英国的保险市场非常发达。2015年,英国保费总量320 176百万美元,占全球保险市场的7.03%,居世界第4位。其中寿险保费收入214 492百万美元,非寿险保费收入总量为105 685百万美元。人均保费4 358.5美元,居世界第8位。

英国的保险市场,按照组织及经营形式不同可分为两大市场:一是劳合社的保险市场,另一个是保险市场。英国保险市场上的保险人主要有:劳合社承保人、相互保险公司、股份保险公司、相互赔偿商社、相互友爱商社和自保公司等。在英国保险市场上，大量的保险业务是通过保险经纪人来办理的，他们在保险市场上占有十分重要的地位，比如劳合社市场上保险业务的成交必须由经纪人来办理，被保险人不允许直接办理保险，双方不直接进行接触。但是除了劳合社保险市场，在其他场合，被保险人还是可以直接与保险人办理业务的。

三、德国保险市场

德国保险市场是欧洲非常重要的保险市场，在世界上也占有重要的地位。德国统一后，联邦德国大保险集团基本容纳了民主德国保险业，从而使保险实力进一步增强。2015年，德国保费总量213 263百万美元，占全球保险市场的4.68%，居世界第6位。其中，寿险保费收入96 725百万美元，非寿险保费收入总量为116 538百万美元。人均保费2 562.5美元。居世界第22位。

德国保险市场上的险种齐全，主要包括以下几类：财产保险、运输保险、责任保险、信用保险、人寿保险等。人身保险在德国保险市场上占有传统优势，从1929年以来，人身保险业务一直蒸蒸日上。另外，德国的健康保险市场不断巩固和发展，面对日趋激烈的竞争，德国的保险技术水平和管理水平又进一步得以提高。

德国是世界上再保险实力最雄厚的国家，其中有慕尼黑再保险公司、科隆再保险公司等。其中，慕尼黑再保险公司是世界上最大的再保险公司，该公司隶属于德意志银行财团，经营各种再保险业务，它在海外设有70多家子公司，其保费的50%以上来自国外的公司。该保险公司的经营范围覆盖全球，经营的业务相当广泛，包括火险、汽车险、责任险、航空险、水险、意外险、寿险以及其他再保险业务。

四、日本保险市场

日本保险业的发展主要经历了三阶段：一是明治维新以前的原始阶段。那时，日本没有系统的保险业，只是断断续续地产生过类似保险的制度。二是明治维新以后至第二次世界大战以前。日本明治维新以后，日本的近代保险业迅速发展起来。首先是非寿险业，最初的非寿险公司是"东京海一保险会社"，该社成立于明治12年（1878年），是由齿泽莱不倡办，由若崎弥太郎、旧藩主等组成的保险组织，始称"海上保险公司"，后改为现名。到明治26年，又有5家保险公司相继成立，日本近代保险业大发展时期，也是日本保险市场跻身国际保险大市场前列的辉煌时期。三是第二次世界大战以后，日本保险业发展迅速。至2015年，日本保费总量已达449 707百万美元，占全球保险市场的9.88%，居世界第2位。其中寿险保费收入343 816百万美元，非寿险保费收入总量为105 891百万美元。人均保费3 553.8美元，居世界第14位。

日本保险业的分类是根据日本国法律而进行的。日本商法规定：财产保险合同是约定当事人的一方，赔偿因一定意外事故造成的损失，对方对此给予报酬而发生效力的契约；人身保险合同是当事人的一方，关于对方或第三者的生死给付一定金额，对方对此给予报酬，而发生效力的契约。据此,日本保险分为损害保险(又称财产保险)和人身保险两大类。财产保险又分为火灾保险、海上保险、运输保险、汽车保险、农业保险、盗窃保险、无形财产保险和再保险。日本的寿险险别包括:定期保险、物价指数定期保险、养老保险(即带有生存给付金的定期保险)、定期养老保险、终身保险、定期终身保险、个人年金保险、儿童保险(即储蓄保险)、疾病保险以及家属生存保险、海外旅行保险、退职后一次性支付的终身保险、团体定期保险、团体信用生命保险、厚生年金基金保险、身体后遗症者抚养人保险、变额保险、邮政简易人身保险等。

五、发展中国家保险市场

发展中国家保险市场在世界保险市场上所处的地位仍相对低下,这一地区的保费收入占世界保费收入的比例很低,这种情况是由于发展中国家经济、社会发展水平相对较低造成的。但是,目前发展中国家的保费增长率非常高,2015年新兴市场的保费总额增长了9.8%,达8 500亿美元。新兴市场的增速明显超过工业化国家,同时新兴市场占全球保费总额的比例上升至18.7%,2007年为10%。所有地区的保费都稳健增长,发展中国家的保险市场根据地理位置不同分为亚太地区保险市场、非洲保险市场、阿拉伯国家保险市场及拉丁美洲保险市场。

发展中国家的保险市场的监督与管理是相对严格的,国家往往以保险立法及保险监督的形式强化对保险市场的干预,企图利用立法及保险监督等行政管理手段促进本国民族保险业的发展。同时,其保险管理机关对外国保险公司的进入以及其经营范围都实行严格的限制及管制。大部分发展中国家对保险业实行国有化。

本 章 小 结

1. 保险市场是保险商品交换关系的总和。保险市场具有抽象性、业务公开性、保险商品的特殊性、市场机制在保险市场上具有特殊作用等特点。保险市场的类型可以分为完全垄断、寡头垄断、垄断竞争和完全竞争四种。保险市场对稳定社会经济秩序、实施政府政策、促进保险业的发展、完善保险机制、便利保险交换过程的完成、提高保险服务效率具有非常重要的作用。

2. 保险市场是由保险商品的供给方、需求方、中介方以及保险经济调控系统共同构成保险供求关系的总和。即保险供给方——保险人;保险需求方——投保人、被保险人;保险中介方——保险代理人、保险经纪人、保险公估人。

3. 保险市场的供给是指在一定的费率的水平上,保险市场上各家保险企业愿意并且能够提供的保险商品的数量。主要受保险费率、偿付能力、保险技术、市场的规范程度、政府的监管、保险供给者的数量和素质等因素的影响。保险市场的需求就是指在一定的费率水平上,保险消费者从保险市场上愿意并有能力购买的保险商品数量。主要受风险因素、保险费率、经济体制及强制保险的实施、人口文化因素、国内生产总值和消费者的货币收入等因素的影响。保险市场供求平衡,是指在一定的费率水平下,保险供给恰好等于保险需求的状态,即保险供给与保险需求达到平衡点。

4. 根据区域以及保险市场发展的不同,全球保险市场可分为美国保险市场、英国保险市场、德国保险市场、日本保险市场和发展中国家保险市场。

关键概念索引

保险市场　完全垄断　寡头垄断　垄断竞争　完全竞争　国有独资保险公司　保险股份有限公司　相互保险公司　保险合作社　个人保险组织　保险人　投保人　中介人　保险供给　保险需求

复习思考题

1. 简述保险市场的特点及其类型。
2. 简述保险市场的作用。
3. 简述保险市场的构成要素。
4. 简述保险人的组织形式。
5. 保险公估人扮演什么样的市场角色?
6. 简述保险商品供给的费率弹性。
7. 如何达到保险市场的供给与需求平衡?

第十三章 保险监管

本章要点

- 保险监管的含义及其必要性
- 保险监管的目标、方式与手段
- 保险监管体系的构成
- 保险监管的主要内容
- 我国保险监管的发展

> 在现代社会中,随着商品经济的不断发展,保险业的正常运行与发展对于社会经济的运行和人们生活的安定,起着越来越重要的作用。为了维持保险业的正常运行和发展,促进保险市场的健康发展,国家需要从外部监管和内部控制两方面来构建完整的监管体系,对保险业实施有效的监督和管理。

第一节 保险监管概述

一、保险监管的含义及其必要性

监管是监督与管理的合称。"监督"一词,从中文词义上看,是察看与督促;从经济学的角度看,则是运用权威领导他人从事工作,具有由上而下的一连串的层次关系。"管理"一词,从中文词义上看,是指负责某项工作并使之健康运行;从经济学的角度看,是指订立规范,使每项资源都能够发挥最大的功能,这种资源包括人力、物力、财力、机器设备、营销方法和信息等。将监督与管理相结合,目的就在于运用适当的手段和方法,使被监管的事业能够生存与发展。

保险监管是一种特殊的监管,是指一个国家的金融主管机关或保险监管执行机关,依据现行法律对保险人和保险市场实行监督和管理,以确保保险人经营的安全和取得利益,维护被保险人的合法权益。综观世界各国,无论是经济发达国家还是发展中国家,无论是崇尚自由经济的国家还是政府积极干预经济的国家,无不对保险业实施监管。保险监管之所以具有国际普遍性,这主要是由保险行业本身的特点所决定的。

(一) 保险业涉及公众利益

与银行业类似,保险业对整个社会有极大的影响和渗透。从范围上看,一家保险企业涉及众多家庭和企业的安全保障问题;从期限上看,一家保险企业可能涉及投保人的终生生活保障。一旦一家保险企业经营失败,众多的家庭和企业将失去保障,众多被保险人的晚年生活可能失去保障,并造成社会震荡。保险业的这一特点,使之不适应一般工商企业的自由竞争机制,即用市场的力量优胜劣汰,任保险企业自生自灭。为了维护众多家庭和企业的利益,保证社会稳定,政府应将保险业置于其监管之下,而不是任其破产、倒闭。

(二) 保险业具有很强的技术性

保险业的经营有很强的技术性,保单条款的制定、费率的计算都需要专业人员。投保人在投保时,保单的条款和保险费率都是由保险人设计好的,投保人可能很难辨别这一条款和费率是否公正。因而保险监管机构需对保单条款和费率水平进行审核,以保护投保人的利益。

(三) 保险业是易于产生过度竞争的行业

保险企业的经营一般来说,不需要很多的固定资产投入,雇佣较多的员工。如果政府不规定市场准入者的标准,则社会上可能有很多资格很差的人(或机构)投资于保险业,造成保险业过度竞争,结果可能造成破产现象频频发生。保险监管机构则应根据市场供求情况,对保险市场的介入者提一定的资格要求,限制保险业的自由出入。

(四) 保险监管有利于促进民族保险业的发展

对保险业实施有效监管是发展本国民族保险业,保证其与国际保险业接轨的需要。虽然我国的民族保险业自1980年恢复开业以来有了很大的发展,但由于我国保险业发展的时间还不是很长,与发达国家的保险业相比,无论是在市场份额还是在保险深度和保险密度方面,还存在相当大的差距,这是与我国经济发展的要求不相称的。因此,要通过实施有效的监管,引导保险业的正确发展方向,及时发现问题,规范保险业活动,不断改善保险业的经营管理水平,促进我国民族保险业健康、快速的发展。

专栏 13-1

保险监管的发展历史

历史上,国家对保险业的干预很早就发生了。这种干预最早发生在保险业发达的英国。早在1575年,英国保险商会成立,英国政府要求海上保险单必须向该商会办理登记。这是政府对保险业进行管理的开端。1720年,英国女王特许皇家交易保险公司和伦敦保险公司统一经营海上保险,其他保险公司不得经营,结果这两家保险公司垄断了海上保险业务。18世纪四五十年代,为区分赌博与正常的保险业务,英国颁布了禁止赌博性保险的法律,从而产生了保险利益这一保险业重要概念。这都是政府干预保险业并对之进行管理的先例。同时,英国在保险立法方面也发展得非常早。1870年,英国颁布了《寿险公司法》,这是其在保险监管立法方面的一重大进展。该法对寿险公司的保证金、财产账户、兼并、清算等都做了规定,并创立了保险人信息公开制度。其后,英国将《寿险公司法》的有关规定扩展到其他保险领域,于1909年颁布了《保险公司法》,并在以后不断进行完善。

现代保险监管制度的一个重要进步标志是国家授权给专门的保险监管机构,使之能专司监管职责。这种制度最早产生于美国。在美国国内战争(1861—1865年)爆发前,国家对保险业几乎是任之发展。但不久就出现了不少弊端,如不公平的保险条款出现,许多保险公司缺乏足够的准备金,保险人频频倒闭等。在这种情况下,公众的利益迫切需要保护。1851年,新罕布什尔州最早设立了保险署,专司监管之职。1855年,马萨诸塞州建立了类似的保险监管机构,3年之后,伊莱泽·赖特(Elizur Wright)被任命为该州的保险监管官。赖特为保险监管的未来指明了方向,提出了以保证保险人偿付能力为目标的现代保险监管概念,从而被人们称为"保险监管之父"。此后,美国其他一些州也相继建立了保险监管制度。

(资料来源:杜鹃:《保险概论》,上海财经大学出版社2001年版)

二、保险监管的目标

保险监管的目的是为了保护被保险人的正当权益和促进保险业的健康发展。具体来说,主要有以下五个目标。

(一)保证保险人的偿付能力

这是保险监管的首要目标。所谓偿付能力,指的是保险人对被保险人负债的偿还能力。在保险经营中,保险人先收取保费,后对保险事故进行赔付。先收取的保费视为保险人的负债,而赔付则可视为对负债的偿还。偿付能力大小一般用偿付能力额度来表示,它等于保险人的资产减去负债。保险监管机构通过对偿付能力额度进行直接管理,或对影响保险人偿付能力的因素(如费率、投资等)进行管理,来达到保护投保人利益的目的。

(二)防止利用保险进行欺诈

保险人利用保险进行欺诈,主要表现在不具备必要的偿付能力以及非保险企业非法经营保险业务,还表现在保险人利用拟订保险条款或保险费的机会进行欺诈,如在保险条款中使用容易产生误解的含糊词语来逃避责任等。当然,在保险监管中也要防止投保人的道德风险,防止投保人或被保险人故意隐瞒事实真相或制造保险事故,骗取赔款。

(三)防止保险市场上的不正当竞争,维持合理的价格和公平的保险条件

在保险市场上,保险公司开展业务,应当采取正当的手段,遵循公平竞争的原则,不得从事不正当竞争。政府必须对保险市场的交易条件和价格进行严格的监督管理,防止市场上保险人之间的恶性竞争(如采取费率回扣的办法诱使投保人签订保险合同等),使保险市场维持合理的价格和公平的保险条件,以确保被保险人的利益。

(四) 防止市场失败，促进保险业的发展

当保险企业经营失败较为普遍之时，社会将对保险业失去信心，产生保险危机，人们纷纷退保或拒绝续保，这叫作保险市场失败。保险监管机构通过严格监管，减少保险企业破产的数目，使社会对保险业充满信心，这样可达到促进保险业发展的目标。

(五) 发挥保险业对社会经济发展的推动作用

现代保险是一种市场化的风险转移机制和社会互助机制，是一种用市场办法从容应对各类灾害事故和突发事件、妥善安排人的生老病死的社会管理机制。在社会主义市场经济条件下，加快我国保险业的发展，对于稳定人们生产和生活，调剂社会资金需求、活跃资本市场，促进国民经济协调发展，构建和谐社会，无疑有着十分重要的意义。

从宏观角度说，国家对保险业进行监管往往具有更广泛的着眼点。一些国有的保险公司被视为宏观经济政策的工具，不仅是保持政治、经济独立性的重要因素，而且还服务于就业、资本积累、外汇增长等宏观经济目标。

三、保险监管的方式与手段

(一) 保险监管的方式

一个国家采取何种方式对保险业实施监管，目前国际上还没有形成固定的、统一的标准，各国根据其不同的经济环境和法律环境，在不同历史时期和不同的市场结构条件下，所采取的监管方式也不一样。通常采取的方式有以下三种。

1. 公告管理方式

公告管理方式又称公告主义，即国家对保险业的实体不加以任何直接监管，而仅把保险业的资产负债、营业结果以及其他有关事项予以公布。至于业务的实质及经营优劣由被保险人及一般公众自己判断。关于保险业的组织、保险合同格式的设计、资本金的运用由保险公司自主决定，政府不作过多干预，这是国家对保险市场最为宽松的一种管理方式。其优点是通过保险业的自由经营，使保险业在自由竞争的环境中得到充分发展；缺点是一般公众对保险企业优劣的评判标准不易准确掌握，对不正当的经营无能为力。这种方式一般为采用英国监管模式的国家所采用较多，如1956年英国的保险公司法即作此类规定。采取这种监管方式的国家必须具备相当的条件：客观上该国国民经济高度发展，保险机构普遍存在，投保人有选择优劣的可能，保险企业具有一定的自制能力，市场具有平等竞争条件和良好的商业道德；主观上国民具有较高的文化水准和参与意识，投保人对保险企业的优劣有适当的判断能力和评估标准。随着20世纪六七十年代英国保险公司的破产，政府对保险业的监管有加强的趋势，这一方式目前已很少被采用。

2. 规范管理方式

规范管理方式又称准则主义。这种管理方式注重保险经营形式上的合法。对于形式上不合法者，主管机关给予处罚，而只要形式上合法，主管机关便不加干预。其做法是，由政府制定出一系列有关保险的法律、法规，要求保险企业共同遵守。如最低资本金的要求、资产负债表的审核、资本金的运用、违反法律的处罚等，均作了明确规定。但是，由于保

技术性较强，涉及的事物面较复杂，有关法律、法规难以面面俱到，往往会出现形式上合法而实质上不合法的行为，不能很好地实现政府对保险业的监督管理，因而这种管理方式也渐渐被淘汰。荷兰自1922年以后曾采用过这一方式。

3. 实体管理方式

实体管理方式又称批准主义。实体管理是指国家订有完善的保险监管规则，政府保险监督管理机关根据法律、法规规定赋予的权力，对保险市场，尤其是对保险企业进行全面、有效的监督和管理。保险人的设立，以政府批准为条件；保险企业经营的业务，法律规范了范围；乃至保险企业的停业清算，都需要保险监督管理部门的严格审查。这样，既保证了保险人的合法经营，打击了不法经营者，又提高了保险人在社会上的信誉，被保险人的利益也受到了保护。这是当今大多数国家，如美国、日本、德国等都采用的监管方式，我国也采用这种方式。目前在保险费率监管、保险条款审定、竞争约束、资金运用等方面，许多原来监管严格而市场秩序较好的国家，对此开始有放松监管的趋势。

（二）保险监管的手段

一般来说，各国对保险市场监管的手段有法律手段、经济手段、行政手段和计划手段等四种。英国等国家侧重于经济手段，美国等国家侧重于法律手段，而大多数发展中国家更侧重于行政手段和计划手段。

1. 法律手段

作为保险监管手段的法律，一般是指有关经济方面的法律和保险法规。保险法规包括保险法律、规定、法令和条例等多种形式。国家通过保险法规对保险公司的开业资本金、管理人员、经营范围、保险费率、保险条款等根本性问题作出明确规定。保险法、公司法、票据法、海商法是西方商法的四个主要部分，保险法包括保险公司法和保险合同法两个部分，有的国家分别订立，有的国家则合二为一。2003年和2009年我国两次修订实施的《保险法》，采用的是保险业法与保险合同法合二为一的体例，它是我国保险法律体系的核心部分。2004年修订实施的《保险公司管理规定》《保险资产管理公司管理暂行规定》等则是与《保险法》相配套的保险法规。

2. 经济手段

经济手段就是根据客观经济规律的要求，国家运用财政、税收、信贷等各种经济杠杆，正确处理各种经济关系来管理保险业的方法。用经济手段来管理保险市场，客观上要求做到尊重经济规律，遵守等价交换原则，充分发挥市场、价格、竞争的作用，讲求经济效益。通过使经营者多得或少得经济利益的办法，来达到鼓励或抑制其经济活动的目的，如为了促进农业保险业务的发展，国家可以采取财政补贴或减免税收等倾斜政策予以扶持等。

3. 行政手段

行政手段是社会主义国家和许多发展中国家监管保险的又一手段。行政手段就是依靠国家和政府以及企业行政领导机构自上而下的行政隶属关系，采用指示、命令、规定等形式强制干预保险活动。市场经济并不排斥国家和政府的行政管理，有时还要凭借这些行政力量为保险经济运行创造良好的外部环境和社会条件，及时纠正干扰保险市场正常秩序的不良倾向。诚然,过分集中化、行政化管理,会阻碍保险业务的拓展和保险经营者的积极性发挥。要使保险市场真正充满生机和活力,就应使保险企业真正成为独立核算、自主经营、自负盈亏,具有自我发展、自我约束能力的企业,尽量减少和弱化行政干预手段。

另外,采用计划经济体制的社会主义国家和许多发展中国家还把计划管理作为一种监管手段,而实行市场经济的国家则很少采用这一监管手段。国家选用计划手段监管保险,一般情况下应为指导性计划。

第二节 保险监管的主要内容

一、保险监管的体系

保险监管体系是一个包括监督者、管理者、被监督管理者及其相互作用的完整的、动态的体系。一方面,国家保险监管机关、保险行业自律组织、保险信用评级机构、独立审计机构和社会媒体等作为保险监管的主体,对保险实施监督和管理。在这些主体中,有的既有监督权又有管理权,如国家保险监管机关;有的只有监督权没有管理权,它们只能通过自己的建议和看法来影响国家保险监管机关、保险业本身和社会公众,如保险行业自律组织、保险信用评级机构等。另一方面,各保险公司、保险中介机构(包括保险代理人、经纪人和公估人等)、投保人、被保险人、受益人等作为保险监管的客体,接受各方的监督和管理。

构建完善的保险监管体系将有助于提高保险公司经营管理水平,防范和化解保险业的整体经营风险,确保监管目标的顺利实现。一般来说,完整的保险监管体系应是外部监管和内部控制相统一,下面分别从这两个方面来介绍。

(一) 外部监管制度

1. 国家监管

在世界各国,保险监管职能主要由政府依法设立的保险监管机关行使。但由于各国法律制度不同,立法和司法部门在一定的程度上也对保险机构进行特殊的监管。立法机关以立法手段,以及对法律的立法解释对保险业进行管理。法院以保险判例及其解释法律的特权实施对保险业的管理。这种现象在实行判例法的国家尤为明显。如英国,由于法院作出的判例可以具有法律的效力,因此,法院在很大程度上起着对保险行业的监管作用。

尽管立法部门和司法部门在监管保险行业方面起着重要作用,但一般来说,对保险行业的监管职能仍主要由政府的保险监管机关行使。由于各国保险监管历史不同,政府的保险监管机关也不一样。英国的保险监管机关以前是工贸部,现在是金融服务监管局,由它对合格的保险组织颁发营业许可证,并有权请求法院对有欺诈行为的公司裁决停业。美国的保险监管机关是各州政府的保险署,保险署的工作由保险监督官领导,全国有一个保险监督官协会,负责协调各州保险立法与监管行动,并有权检查保险公司。日本的保险监管机关是大藏省,在大藏省的银行局下设有保险部,其中保险第一科负责监管寿险业务,保险第二科负责监管非寿险业务。1998年日本成立了金融检察厅,由它接管了大藏省部分保险监管职能。

根据我国《保险法》的规定,1998年11月18日之前,中国人民银行为我国保险业的监管机关。在此之后,我国商业保险监管的职能由中国人民银行转到中国保险监督管理委员会。其主要职责是:

(1) 研究和拟定保险业的方针政策、发展战略和行业规划;起草保险业的法律、法规;制定保险业的规章制度。

(2) 依法对全国保险市场实行集中统一的监督管理,对中国保险监督管理委员会的派出机构实行垂直领导。

(3) 审批保险公司及其分支机构、中外合资保险公司、境外保险机构代表处的设立;审批保险代理人、保险经纪人、保险公估行等保险保险机构的设立;审批境内保险机构在境外设立机构;审批境内非保险机构在境外设立保险机构;审批保险机构的合并、分立、变更、接管、解散和指定接受;参与、组织保险公司、保险保险机构的破产、清算。

(4) 审查、认定各类保险机构高级管理人员的任职资格;制定保险从业人员的基本资格标准。

(5) 制定主要保险险种的基本条款和费率,对保险公司上报的其他保险条款和费率审核备案。

(6) 按照国家统一规定的财务、会计制度,拟定商业保险公司的财务会计实施管理办法并组织实施和监督;依法监管保险公司的偿付能力和经营状况;负责保险保障基金和保证金的管理。

(7) 会同有关部门研究起草制定保险资金运用政策,制定有关规章制度,依法对保险公司的资金运用进行监管。

(8) 依法对保险机构及其从业人员的违法、违规行为以及非保险机构经营保险业务或变相经营保险业务进行调查、处罚。

(9) 依法监管再保险业务。

(10) 依法对境内保险及非保险机构在境外设立的保险机构进行监管。

(11) 建立保险风险评价、预警和监控体系,跟踪分析、监测、预测保险市场运行态势,负责保险统计,发布保险信息。

(12) 会同有关部门审核律师事务所、会计师事务所、审计师事务所及其他评估、鉴定、咨询机构从事与保险相关业务的资格,并监管其有关业务活动。

(13) 集中统一管理保险行业的对外交往和国际合作事务。

(14) 受理有关保险业的信访和投诉。

(15) 归口管理保险行业协会和保险学会等行业社团组织。

(16) 承办国务院交办的其他事项。

2. 行业自律

保险行业自律组织,如行业协会、同业公会等,是保险人或保险中介人自己的社团组织,具有非官方性。其对保险市场的管理发挥着政府管理机构所不具备的平行、横向的协调作用,它通常具有以下功能:①参与政府决策,优化权力机构,促进保险市场的发展;②分担政府管理部门工作,使政府监管部门精简机构以提高监管效率;③化解行业分歧,减少利害冲突,促进保险市场向良性竞争方向发展。

一般来说,保险行业自律组织可在以下方面发挥作用:①制定统一的自律规定,使会员遵守执行;②制定保单、计算费率;③研究开发新险种,负责保险业统计培训工作;④促进保险业与政府的沟通;⑤增强同业者之间的感情,规范市场竞争手段等。

在发达的保险市场上,同业公会较为普遍。如在香港,共有260多家保险公司,按保险业务性质组成了许多同业公会,这些同业公会又组成香港保险联会、香港保险总会、香港寿险总会三个组织,通过这三个保险业组织与政府管理部门进行沟通。有些国家(如英国)的保险同业公会不具有什么约束力,保险人参加与否取决于自愿,同业公会只是提供同业沟通的场所,并不具有管理职能。

我国的保险行业协会,即中国保险行业协会成立于2001年3月12日,是国家民政部批准的保险业自律性社团组织,主管单位为中国保险监督管理委员会。会员包括保险公司、保险中介机构、地方保险行业协会和精算师。中国保险行业协会的最高管理机构是会员大会。理事会是会员大会的执行机构,理事会选举产生会长、副会长、常务理事。理事会常设办公机构为秘书处,由专职秘书长负责协会日常工作的运转。秘书长由会长、副会长提名或公开招聘,经理事会决议通过并报监管部门核准后产生。协会通过每年度召开理事会的形式共同商讨协会的工作,不定期召开会长办公会决定重大问题。协会下设财产保险工作委员会、人寿保险工作委员会、保险中介工作委员会和精算工作委员会四个分支机构,各工作委员会根据工作需要和业务性质,设立专业工作部。中国保险行业协会的成立标志着我国保险业开始走上自我约束、相互监督、携手共进的自律性管理轨道。

3. 社会监督

社会监督包含非常丰富的内容,在此主要介绍以下三种组织的监督。

(1) 保险信用评级机构。保险评级是由独立的社会信用评级机构,采用一定的评级办法对保险公司信用等级进行评定,并用一定的符号予以表示。信用评级机构把保险公司复杂的业务与财务信息转变成一个很容易理解的反映其经济实力的级别符号。这些信用评级机构使用特定的标准评估保险公司,它们挑选决定保险公司财务稳定的因素,并把它们的评判意见转换成以英文字母来代表的等级,每个等级对应于不同的经济实力。它们评判的结果不具有强制力。信用评级机构以其自身的信用来决定人们对其评定结果的可信度。

保险信用评级机构在世界上有许多家,比较著名的如美国的 A. M. Best 公司、标准·普尔公司、穆迪公司等,他们对评级的认识,以及使用的独特的方法和工作都不同,得出的关于评级的概念也不尽相同。尽管如此,但他们进行保险信用评级机构的核心都是根据从保险公司得到的报告资料,采用各种办法,对保单的一般偿付能力的定性分析和定量分析。

评级机构为保险顾客提供了一个非常有用的服务,他们把一个普通消费者很难理解的保险公司财务情况具体细节简化成通俗易懂的信用等级表示符号。对保险业比较了解的消费者是迫使保险公司更有效和更谨慎运行的主要监督力量之一,因此,消费者也起到了对保险市场的监督作用。

但信用评级并不是完美无缺的。因为保险业是经营风险的特殊行业,而风险是变化莫测的。因此,一个高的信用级别并不能绝对说明这个公司会生存下去,只是指这个公司的安全性很高。相反,相对较低的信用级别,也只是指这个公司倒闭的可能性较大。

总之,在这样一个社会分工日益细化、专业程度不断提高的信息时代,信用评级机构通过其提供的评级信息,影响着保险监管机关、保险行业本身以及广大保险消费者,从而发挥着它不可替代的监督作用。

(2) 独立审计机构。独立审计机构是指依法接受委托,对保险公司的会计报表及相关资料进行独立审计并发表审计意见的注册会计师事务所和审计师事务所。独立审计的目的是对审计单位会计报表的合法性、公允性和会计处理方法的一贯性发表审计意见。由于独立审计机构的客观公正性和审计结果的准确性,各国在对保险公司偿付能力的监管中都比较重视独立审计机构的意见。中国保监会《关于保险公司委托会计师事务所开展审计业务有关问题的通知》规定,保险公司向保险监管机构报送营业报告、财务报告和其他有关报告时,应提交符合条件的会计师事务所出具的审计报告。

此外,中国保监会还同时强调,在对保险公司进行抽查、复核会计师事务所所审计的有关报告时,若发现会计师事务所存在违规行为,将通知中国注册会计师协会;对属于保险公司责任的,将依法处罚。

(3) 社会媒体。当今社会,媒体的影响力无处不在。它关于保险机构的经营行为、财务状况的披露报道,直接影响着保险公司的企业形象和市场份额,广泛而潜在地引导着消费者的判断和选择,在一定程度上还会引起保险监管机构的关注,影响其政策倾向。因而,社会媒体的宣传监督对保险公司同样具有不可忽视的约束作用。如1997年11月,我国许多媒体报道了中国人民银行下调利率的决定,并就此展开了大量有关对保险业影响的讨论述评,从专业咨询的角度分析了此时消费者应作的合理决策。由于媒体的积极介入,我国寿险销售达到高潮,不少保险公司不得不加班加点以满足消费者高涨的需求。

(二) 内部控制机制

内部控制机制是保险公司管理层为保证企业经营管理整体目标的实现,制定并组织实施的对内部各部门和人员进行相互制约和相互协调的一系列制度、措施、程序和方法。1997年5月,中国人民银行颁布了《加强金融机构内部控制的指导原则》,对内部控制的目标、原则、要素、内容以及内部控制的管理与监督等作了详细的规定,提出金融机构内部控制机制应满足以下基本要求,即:①稳健的经营方针和健全的组织机构;②恰当的职责分离;③严格的授权和审批制度;④独立的会计及核算体制;⑤科学高效的管理信息系统;⑥有效的内部审计。

中国保监会成立之后,于1999年8月颁布了《保险公司内部控制制度建设指导原则》(以下简称《指导原则》),该《指导原则》对于推动保险公司加强内控建设起到了积极的作用。但由于没有对保险公司的内控情况做全面了解,《指导原则》没有确定实施细则和评价机制,所以落实情况不尽人意。2006年1月,保监会在借鉴美国上市公司、巴塞尔委员会及国际保险监督官协会(英文名称 The International Association of Supervisors,简写 IAIS)内部控制监管思路的基础上,广泛征求各方意见,形成了《寿险公司内部控制评价办法(试行)》,以通过建立内部控制监督评价机制来推动寿险公司加强内控建设。

专栏 13-2

国际保险监督官协会简介

国际保险监管官协会是一个推动各国保险监管国际协调的组织,成立于1994年,由来自140个国家和地区的190个保险监管机构代表组成,是国际保险监管领域影响最大的国际组织。国际监管官协会由会员大会、执行委员会和秘书处组成。会员大会由执行委员会负责召集,执行委员会是该组织的最高决策机构,就关系国际保险监管的发展方向和监管原则等重大问题形成决议。

国际保险监管官协会的主要宗旨是:①通过合作来改善一国国内乃至国际层次上的保险监管,以此来促进保险市场的效率、公平、安全和稳定,并最终保护投保人的利益;②统一各方努力,制定供各成员国选择遵守的监管标准。

国际保险监管官协会的工作内容包括:①推动保险监管主体之间的合作;②建立保险监管的国际标准;③为成员国提供培训;④同其他部门的监管者和国际金融组织合作。

2000年,我国正式成为国际保险监督官协会成员,享有对重大事务的表决权。国际保险监督官协会年会是国际保险界的"高峰会",对国际保险监管规则和国际保险业发展战略具有重大影响。国际保险监督官协会第十三届年会于2006年10月在北京召开,成为该协会成立以来规格最高、规模最大、人数最多的一次国际保险高峰会。

(资料来源:好律师网 www.haolawy.com)

二、保险监管的内容

保险监管涉及的内容甚广,不同国家的保险监管各有特点,并各有偏重。但总的来说,可以分为组织监管、业务监管、财务监管和对保险中介机构的监管。

(一)组织监管

国家对保险组织的监管是指国家对保险业的组织形式、保险企业的设立、停业清算、保险从业人员资格以及外资保险企业等方面的监督和管理。

1. 组织形式

保险公司是保险市场的主体,保险人以何种组织形式经营,各个国家根据本国国情,都有特别的限定。如我国《保险法》明确规定,设立保险公司必须采取国有独资保险公司和股份有限保险公司两种形式。有的国家,如美国、日本,除股份公司外,还允许采取相互保险公司等组织形式,英国则还有劳合社保险人。

2. 设立的审批

各国保险监管制度均规定,设立保险企业必须向主管部门申请批准,并经工商行政管理部门注册登记，发给营业执照，方准营业。申请时要提交资本金的证明，以及有关企业的章程、负责人资格、有关条款、费率、营业范围等文件资料。

3．停业清算

保险企业可能因经营不善而破产，也可自行决定解散或与其他保险企业合并。正常解散或合并时应该清偿全部债务或将保险合同全部转让。因经营不善、严重违法或负债过多而停业破产时，除按破产法规定处理外，还有一些特殊的清算程序。保险主管机关可选派清算人员，直接介入清算程序。但一般都尽量帮助保险企业改善经营条件，使其免于破产。

4．对保险从业人员资格的监管

保险行业的专业性和技术性很强，从业人员的资格是否称职，对保险业的经营和发展，有着密切的关系。各国保险法规对此都有严格规定。尤其是对保险企业的高级管理人员和主要负责人，都必须具备一定的资格条件，不符合规定条件的，不能担任相应职务。对于其他从业人员，如核保人员在选择风险单位、测定风险程度、推定风险等级和适用保险费率等，理赔人员在认定责任归属、查勘损失、计算赔付金额等，会计人员在财务计算和会计核算等方面，也都均有法规规定。

5．对外资保险企业的监管

对外资保险企业的监管，因各国经济制度和体制大不相同，监管的方法也大不相同。英、美等经济发达国家，本国保险业的实力雄厚，对外资保险企业大多采取较为宽松的开放政策；也有少数国家采取严格的限制政策，如日本就是。而发展中国家均采取保护本国保险业发展的监管措施，以限制外资保险企业进入本国保险市场，有的还禁止本国公民和国内的财产向境外的保险企业投保，或对向外资保险企业投保者课以重税。

（二）业务监管

国家对保险业务的监管是指国家对保险企业的营业范围、保险条款和费率、再保险业务以及保险中介人的监督和管理。

1．营业范围的限制

为了保障广大被保险人的利益，各国一般都规定，禁止非保险业经营保险或类似保险的业务，禁止保险公司经营保险以外的业务（不包括保险资金运用）。大部分国家还禁止保险公司同时经营寿险和非寿险业务。如我国《保险法》第95条规定："保险人不得兼营人身保险业务和财产保险业务。但是，经营财产保险业务的保险公司经保险监督管理机构核定，可以经营短期健康保险业务和意外伤害保险业务。"也有允许寿险、非寿险兼营的（如美国），但寿险业务必须单独核算。唯有英国对保险企业的保险业务经营范围基本上不加限制，每个保险企业都能够自由经营任何一种或数种保险业务。

2．核定保险条款和费率

保险条款是专业性和技术性极强的保险文书。为了保障广大被保险人的合法利益，保证保险条款的公平性、公正性，世界上很多国家的保险监管部门都要依法对保险条款进行审查，以避免保险公司欺骗被保险人及防止保险公司对被保险人作出不合理的保险承诺。保险费率是保险商品的价格，直接关系到保险公司对保费收入、保险基金的积累、偿付能力等,对保险公司的财务稳定性和被保险人的利益都有很大影响。因此,许多国家均规定保险费率的制定须报经主管部门核准始为有效。

我国《保险法》第 136 条规定:"关系社会公众利益的保险险种、依法实行强制保险的险种和新开发的人寿保险险种等的保险条款和保险费率,应当报国务院保险监督管理机构批准。国务院保险监督管理机构审批时,应当遵循保护社会公众利益和防止不正当竞争的原则。其他保险险种的保险条款和保险费率,应当报保险监督管理机构备案。"

3. 再保险业务的监管

各国对再保险业务都进行监管,这种监管有利于保险公司分散风险,保持经营稳定,有利于防止保费外流,发展民族保险业。

我国《保险法》第 103 条规定:"保险公司对每一危险单位,即对一次保险事故可能造成的最大损失范围所承担的责任,不得超过其实有资本金加公积金总和的百分之十;超过的部分,应当办理再保险。"第 105 条还规定:"保险公司应当按照国务院保险监督管理机构的有关规定办理再保险,并审慎选择再保险接受人。"

中国保监会在对再保险的监管过程中,有权限制或者禁止保险公司向中国境外的保险公司办理再保险分出业务或者接受中国境外再保险分入业务,并要求保险公司办理再保险分出业务时优先向中国境内的保险公司办理。

(三) 财务监管

保险公司必须建立和健全各项财务制度。财务制度贯穿于保险企业经营活动的整个过程,是保险企业经营管理的综合反映。国家对保险财务的监管包括对资本金和保证金、准备金、偿付能力、保险投资及财务核算的监管。

1. 对资本金和保证金的规定

保险公司申请开业必须具备最低数量的资本金,其数额通常都高于一般企业,这与保险业的特点有关,原因有二:其一是由于保险风险发生的偶然性、意外性和不平衡性,有可能在保险公司开业初期,就会发生保险事故需要赔偿或给付,随时要履行赔付的义务。资本金既用于开业的费用,也要用于开业初期的赔付。其二,开业之后,业务量还不是很大,有可能遇到意外的事故,以致风险过于集中,使保险公司难于应付,此时也需要有相当的资本金。

我国《保险法》第 69 条规定:"设立保险公司,其注册资本的最低限额为人民币 2 亿元。保险公司的注册资本必须为实缴货币资本。"第 97 条规定:"保险公司应当按照其注册资本总额的 20% 提取保证金,存入国务院保险监督管理机构指定的银行,除公司清算时用于清偿债务外,不得动用。"

2. 对准备金的监管

各种责任准备金都是保险人为了履行赔偿和给付义务而建立的基金,因此,责任准备金管理是财务管理中最为重要的部分。财产保险准备金分为未到期责任准备金、未决赔款准备金和总准备金三个部分。人身保险中保险期限在 1 年以内的,责任准备金的计算方法与财产保险基本相同,长期人身保险一般都实行均衡保费制,其准备金的计算方法复杂而精确。各国保险监管机构都对不同险种责任准备金的计算方法和提取有明确规定,并有专门的精算师审定。

3. 偿付能力监管

保证保险人的偿付能力是保险监管的最根本目的,因此,对保险公司的偿付能力进行监管是保险监管工作的核心。为了保证保险公司具有偿付能力,各国保险业法制订了许多专门措施,如保险公司的资本金要求、保证金的提存、保险保障基金的建立、最低偿付能力的确定等。近年来,各国保险监管部门都在探索更为有效的偿付能力监管措施。从目前看,偿付能力监管手段主要有最低资本充足率监管、保险监管信息指标体系监管和保险监管机构组织的现场检查等。这些监管手段往往被保险监管部门综合使用,对保险公司进行系统分析。在偿付能力监管体系中,保险保障基金具有独特的作用。它不是对保险公司偿付能力的分析,也不是对失去偿付能力的保险公司的经济制裁,而是用全行业积累的资金对丧失偿付能力的保险公司的保单持有人的经济损失进行补偿。目前,世界各国基本上都有建立保险保障基金的规定。

4. 对保险资金运用的规定

由于保险公司在设计保险产品和确定保险费率时均把资产一定比例的增值考虑在内,同时更由于保险公司与被保险人权利和义务在执行时间上的不对称性,各国保险监管部门都把保险资金运用作为主要监管内容。许多国家,包括我国的保险立法,都对保险资金运用作了比较严格的限制。这些限制措施中,有的是限制使用范围,如我国《保险法》将保险资金运用限于银行存款、买卖债券、股票、证券投资基金份额等有价证券、投资不动产和国务院规定的其他资金运用形式。有的国家对保险公司资金在某一项目上的运用作了比例限制。如美国纽约州规定保险公司投资在不动产上的资金不得超过该公司认可资产的10%,日本在保险业法中规定购买股票的投资额不得超过总资产的30%。

5. 财务核算的监管

为了有效管理保险企业的经营,随时了解和掌握保险企业的营业状况,各国一般都要求保险公司在年终时向主管部门递交年终报告,反映其财务核算状况。

我国《保险法》第86条规定:"保险公司应当按照保险监督管理机构的规定,报送有关报告、报表、文件和资料。保险公司的偿付能力报告、财务会计报告、精算报告、合规报告及其他有关报告、报表、文件和资料必须如实记录保险业务事项,不得有虚假记载、误导性陈述和重大遗漏。"这些规定都是为了保证保险公司财务活动的稳定,防止其发生财务危机。

(四) 对保险中介机构的监管

对保险中介机构进行监管是保险监管部门对保险业监管的重要组成部分。对保险中介机构的监管主要包括资格监管和业务监管等。

(1) 资格监管。保险中介机构开展业务经营必须首先取得资格认证,取得中国保监会颁发的营业许可证。我国的《保险法》《保险专业代理机构监管规定》《保险经纪机构监管规定》和《保险公估机构监管规定》对保险中介机构都有相关规定。

保险专业代理机构、经纪机构的从业人员应当符合中国保监会规定的条件,并且应当对本机构的从业人员进行保险法律和业务知识培训及职业道德教育。从业人员上岗前接受培训的时间不得少于 80 小时,上岗后每人每年接受培训和教育的时间累计不得少于 36 小时,其中接受法律知识培训及职业道德教育的时间不得少于 12 小时。保险专业代理公司、经纪公司应当自取得许可证之日起 20 日内投保职业责任保险或者缴存保证金。缴存保证金的,应当按注册资本的 5% 缴存,增加注册资本的,应当相应增加保证金数额;保证金缴存额达到人民币 100 万元的,可以不再增加保证金。我国《保险法》第 123 条还规定:"保险代理机构、保险经纪人应当有自己的经营场所,设立专门账簿记载保险代理业务、经纪业务的收支情况。"

(2) 业务监管。保险中介机构的业务是以提供保险中介服务的形式开展的业务。各国保险法和有关法规条例都对保险中介人的业务有具体管理规定,要求中介人在开展保险业务时不得采用不良手段从事非法经营。我国的有关保险法规规定,保险中介人在开展保险业务时,不得利用行政权力、行业优势地位或者职业便利以及其他不正当手段,强迫、引诱或者限制投保人订立保险(公估)合同或者限制其他保险中介机构正当的经营活动。对保险中介人的有效监管是维护保险市场公平竞争、有序经营的重要手段。

三、我国保险监管的发展

保险监管在我国可以说是一项刚刚起步的工作。因为在计划经济时代,绝大部分经济活动都由国家计划来组织实施,且对保险业的作用、意义认识不清,它在整个宏观经济中的地位不高。因此,保险监管在这一时期显得没有必要。从 1949 年一直到 20 世纪 80 年代(国内保险业停办时期除外)保险业恢复经营初期,我国实际上只有保险经营,而没有真正的保险监管。

1982 年 12 月,国务院颁布了《中华人民共和国经济合同法》,其中对财产保险合同作了原则规定。1983 年 9 月,国务院颁布了《中华人民共和国财产保险合同条例》,这是新中国成立后第一部财产保险合同方面的规范性法规。但由于当时经济条件、认识程度、宏观法制环境等因素的限制,该条例本身还存在很多不足,如没有将农业保险这一政策性保险业务与一般商业性财产保险区分开,再加上当时中国人民保险公司独家垄断经营,并充当着国家保险公司的角色,从而事实上并无专业的保险监管机构与保险监管活动。

1985 年 3 月,国务院颁布《保险企业管理暂行条例》,此条例共 6 章 24 条,对保险企业的设立原则、经营活动、法定再保险等作了较详细的规定,是新中国成立后第一部保险业的法律文件。但很多方面仍存在局限性,如确立了中国人民保险公司在保险业中的垄断地位,在许多业务方面限制了竞争。此后,各地为了贯彻国务院"大力发展保险事业"的方针,积极开拓保险服务领域,一时乱办保险之风骤起。为此,国务院于 1989 年 2 月发出《关于加强保险事业管理的通知》,通知肯定了中国人民保险公司在我国保险事业中的主渠道作用,要求按照国务院颁布的《保险企业管理暂行条例》的规定整顿保险市场。1991 年 4 月,中国人民银行下发了《关于对保险业务和机构进一步清理整顿和加强管理的通知》,在重申过去有关规定的基础上,又制定了对保险条款、保险费率、保险资金运用、保险代理机构和保险报表的规定。这一文件在《保险法》颁布之前一直是中国人民银行实施保险机构监管和保险业务监管的重要依据。总的来说,在《保险法》颁布之前,我国虽然也颁发了有关法规条例,作为当时全国保险管理机关的中国人民银行亦采取了一些监管行动,但主要局限于对非保险机构经营保险业务的禁止,其出发点是保护中国人民保险公司的独家垄断地位。因此,这种监管与现阶段保险商品化、市场竞争化条件下的监管不可同日而语。

1995年6月,八届人大十四次会议通过了《中华人民共和国保险法》,自10月1日起施行。《保险法》的颁布实施,标志着我国保险业步入新的发展阶段,同时也为建立我国的保险监管体制奠定了基本的法律基础。在加强保险立法的同时,我国不断加强保险监管的机构建设。为了适应银行业、证券业和保险业分业经营、分业管理的要求,将保险监管职能从中国人民银行分离出来,1998年11月18日,中国保险监督管理委员会正式成立,它标志着我国的保险业和保险监管进入了一个新的历史发展时期,从而是我国保险监管发展进程中的又一重大事件。

2002年11月份,本着更好地履行加入世界贸易组织时所作承诺、加强对被保险人利益的保护、支持保险业的改革与发展、推进保险业与国际接轨的步伐的指导思想,全国人大常委会修改了1995年颁布实施的《保险法》,新的《保险法》已于2003年1月1日起开始生效。此次保险法的修正,修正内容重点在"保险业法"部分。2009年2月28日,第十一届全国人大常委会第七次会议表决通过了《保险法》的修订草案。这一次是中国第二次修改保险法,不仅着重修改了2002年修正基本未涉及的"保险合同法"部分,而且对"保险业法"部分也作了重大修改。此次修改所涉及的内容、修改的幅度远远大于2002年的修改程度。

本 章 小 结

1. 保险监管是指一个国家的金融主管机关或保险监管执行机关,依据现行法律对保险人和保险市场实行的监督和管理。需要加强保险市场监管的原因:一是保险业涉及公众利益,二是其经营具有很强的技术性,三是保险业是易于产生过度竞争的行业,四是保险监管有利于促进民族保险业的发展。保险监管的目标是保证保险人的偿付能力,防止利用保险进行欺诈、防止保险市场上的不正当竞争和防止保险市场失败,同时发挥保险业对社会经济发展的推动作用。各国对保险市场的监管主要采用公告管理、规范管理、实体管理三种方式,监管的手段有法律手段、经济手段、行政手段和计划手段等四种。

2. 完整的保险监管体系包括外部监管制度和内部控制机制。保险监管的内容主要包括组织监管、业务监管、财务监管和对保险中介机构的监管。

3. 保险监管在我国是一项刚刚起步的工作。从1949年一直到20世纪80年代初期,我国实际上只有保险经营,而没有保险监管。在《保险法》颁布之前,我国颁发的有关法规条例主要局限于对非保险机构经营保险业务的禁止,以保护中国人民保险公司的独家垄断地位,还不是真正意义上的现代保险监管。1995年《保险法》颁布实施和1998年中国保监会的成立,标志着我国的保险业和保险监管进入了一个新的历史发展时期。

关键概念索引

保险监管　保险市场失败　公告管理　规范管理　实体管理　外部监管制度　行业自律　保险评级　内部控制机制　组织监管　业务监管　财务监管　偿付能力

复习思考题

1. 为什么要进行保险监管？保险监管的目标是什么？
2. 概述保险监管的方式与手段。
3. 一个完整的保险监管体系是由哪几个部分构成的？
4. 什么是保险行业自律组织？它具有哪些功能？
5. 保险监管的内容有哪些？
6. 试述我国对保险公司偿付能力的有关规定。
7. 结合实际，你是怎样评价我国现行的保险监管法律体系的？

附录一 中华人民共和国保险法（修订）

（1995年6月30日第八届全国人民代表大会常务委员会第十四次会议通过，根据2002年10月28日第九届全国人民代表大会常务委员会第三十次会议《关于修改〈中华人民共和国保险法〉的决定》修正，2009年2月28日第十一届全国人民代表大会常务委员会第七次会议修订）

第一章 总 则

第一条 为了规范保险活动，保护保险活动当事人的合法权益，加强对保险业的监督管理，维护社会经济秩序和社会公共利益，促进保险事业的健康发展，制定本法。

第二条 本法所称保险，是指投保人根据合同约定，向保险人支付保险费，保险人对于合同约定的可能发生的事故因其发生所造成的财产损失承担赔偿保险金责任，或者当被保险人死亡、伤残、疾病或者达到合同约定的年龄、期限等条件时承担给付保险金责任的商业保险行为。

第三条 在中华人民共和国境内从事保险活动，适用本法。

第四条 从事保险活动必须遵守法律、行政法规，尊重社会公德，不得损害社会公共利益。

第五条 保险活动当事人行使权利、履行义务应当遵循诚实信用原则。

第六条 保险业务由依照本法设立的保险公司以及法律、行政法规规定的其他保险组织经营，其他单位和个人不得经营保险业务。

第七条 在中华人民共和国境内的法人和其他组织需要办理境内保险的，应当向中华人民共和国境内的保险公司投保。

第八条 保险业和银行业、证券业、信托业实行分业经营、分业管理，保险公司与银行、证券、信托业务机构分别设立。国家另有规定的除外。

第九条 国务院保险监督管理机构依法对保险业实施监督管理。

国务院保险监督管理机构根据履行职责的需要设立派出机构。派出机构按照国务院保险监督管理机构的授权履行监督管理职责。

第二章 保险合同

第一节 一般规定

第十条 保险合同是投保人与保险人约定保险权利义务关系的协议。

投保人是指与保险人订立保险合同，并按照合同约定负有支付保险费义务的人。

保险人是指与投保人订立保险合同，并按照合同约定承担赔偿或者给付保险金责任的保险公司。

第十一条 订立保险合同,应当协商一致,遵循公平原则确定各方的权利和义务。

除法律、行政法规规定必须保险的外,保险合同自愿订立。

第十二条 人身保险的投保人在保险合同订立时,对被保险人应当具有保险利益。

财产保险的被保险人在保险事故发生时,对保险标的应当具有保险利益。

人身保险是以人的寿命和身体为保险标的的保险。

财产保险是以财产及其有关利益为保险标的的保险。

被保险人是指其财产或者人身受保险合同保障,享有保险金请求权的人。投保人可以为被保险人。

保险利益是指投保人或者被保险人对保险标的具有的法律上承认的利益。

第十三条 投保人提出保险要求,经保险人同意承保,保险合同成立。保险人应当及时向投保人签发保险单或者其他保险凭证。

保险单或者其他保险凭证应当载明当事人双方约定的合同内容。当事人也可以约定采用其他书面形式载明合同内容。

依法成立的保险合同,自成立时生效。投保人和保险人可以对合同的效力约定附条件或者附期限。

第十四条 保险合同成立后,投保人按照约定交付保险费,保险人按照约定的时间开始承担保险责任。

第十五条 除本法另有规定或者保险合同另有约定外,保险合同成立后,投保人可以解除合同,保险人不得解除合同。

第十六条 订立保险合同,保险人就保险标的或者被保险人的有关情况提出询问的,投保人应当如实告知。

投保人故意或者因重大过失未履行前款规定的如实告知义务,足以影响保险人决定是否同意承保或者提高保险费率的,保险人有权解除合同。

前款规定的合同解除权,自保险人知道有解除事由之日起,超过三十日不行使而消灭。自合同成立之日起超过两年的,保险人不得解除合同;发生保险事故的,保险人应当承担赔偿或者给付保险金的责任。

投保人故意不履行如实告知义务的,保险人对于合同解除前发生的保险事故,不承担赔偿或者给付保险金的责任,并不退还保险费。

投保人因重大过失未履行如实告知义务,对保险事故的发生有严重影响的,保险人对于合同解除前发生的保险事故,不承担赔偿或者给付保险金的责任,但应当退还保险费。

保险人在合同订立时已经知道投保人未如实告知的情况的,保险人不得解除合同;发生保险事故的,保险人应当承担赔偿或者给付保险金的责任。

保险事故是指保险合同约定的保险责任范围内的事故。

第十七条 订立保险合同,采用保险人提供的格式条款的,保险人向投保人提供的投保单应当附格式条款,保险人应当向投保人说明合同的内容。

对保险合同中免除保险人责任的条款,保险人在订立合同时应当在投保单、保险单或者其他保险凭证上作出足以引起投保人注意的提示,并对该条款的内容以书面或者口头形式向投保人作出明确说明;未作提示或者明确说明的,该条款不产生效力。

第十八条 保险合同应当包括下列事项:
（一）保险人的名称和住所;
（二）投保人、被保险人的姓名或者名称、住所,以及人身保险的受益人的姓名或者名称、住所;
（三）保险标的;
（四）保险责任和责任免除;
（五）保险期间和保险责任开始时间;
（六）保险金额;
（七）保险费以及支付办法;
（八）保险金赔偿或者给付办法;
（九）违约责任和争议处理;
（十）订立合同的年、月、日。
投保人和保险人可以约定与保险有关的其他事项。

受益人是指人身保险合同中由被保险人或者投保人指定的享有保险金请求权的人。投保人、被保险人可以为受益人。

保险金额是指保险人承担赔偿或者给付保险金责任的最高限额。

第十九条 采用保险人提供的格式条款订立的保险合同中的下列条款无效:
（一）免除保险人依法应承担的义务或者加重投保人、被保险人责任的;
（二）排除投保人、被保险人或者受益人依法享有的权利的。

第二十条 投保人和保险人可以协商变更合同内容。
变更保险合同的,应当由保险人在保险单或者其他保险凭证上批注或者附贴批单,或者由投保人和保险人订立变更的书面协议。

第二十一条 投保人、被保险人或者受益人知道保险事故发生后,应当及时通知保险人。故意或者因重大过失未及时通知,致使保险事故的性质、原因、损失程度等难以确定的,保险人对无法确定的部分,不承担赔偿或者给付保险金的责任,但保险人通过其他途径已经及时知道或者应当及时知道保险事故发生的除外。

第二十二条 保险事故发生后,按照保险合同请求保险人赔偿或者给付保险金时,投保人、被保险人或者受益人应当向保险人提供其所能提供的与确认保险事故的性质、原因、损失程度等有关的证明和资料。

保险人按照合同的约定,认为有关的证明和资料不完整的,应当及时一次性通知投保人、被保险人或者受益人补充提供。

第二十三条 保险人收到被保险人或者受益人的赔偿或者给付保险金的请求后,应当及时作出核定;情形复杂的,应当在三十日内作出核定,但合同另有约定的除外。保险人应当将核定结果通知被保险人或者受益人；对属于保险责任的，在与被保险人或者受益人达成赔偿或者给付保险金的协议后十日内，履行赔偿或者给付保险金义务。保险合同对赔偿或者给付保险金的期限有约定的，保险人应当按照约定履行赔偿或者给付保险金义务。

保险人未及时履行前款规定义务的，除支付保险金外，应当赔偿被保险人或者受益人因此受到的损失。

任何单位和个人不得非法干预保险人履行赔偿或者给付保险金的义务，也不得限制被保险人或者受益人取得保险金的权利。

第二十四条 保险人依照本法第二十三条的规定作出核定后，对不属于保险责任的，应当自作出核定之日起三日内向被保险人或者受益人发出拒绝赔偿或者拒绝给付保险金通知书，并说明理由。

第二十五条 保险人自收到赔偿或者给付保险金的请求和有关证明、资料之日起六十日内，对其赔偿或者给付保险金的数额不能确定的，应当根据已有证明和资料可以确定的数额先予支付；保险人最终确定赔偿或者给付保险金的数额后，应当支付相应的差额。

第二十六条 人寿保险以外的其他保险的被保险人或者受益人，向保险人请求赔偿或者给付保险金的诉讼时效期间为两年，自其知道或者应当知道保险事故发生之日起计算。

人寿保险的被保险人或者受益人向保险人请求给付保险金的诉讼时效期间为五年，自其知道或者应当知道保险事故发生之日起计算。

第二十七条 未发生保险事故，被保险人或者受益人谎称发生了保险事故，向保险人提出赔偿或者给付保险金请求的，保险人有权解除合同，并不退还保险费。

投保人、被保险人故意制造保险事故的，保险人有权解除合同，不承担赔偿或者给付保险金的责任；除本法第四十三条规定外，不退还保险费。

保险事故发生后，投保人、被保险人或者受益人以伪造、变造的有关证明、资料或者其他证据，编造虚假的事故原因或者夸大损失程度的，保险人对其虚报的部分不承担赔偿或者给付保险金的责任。

投保人、被保险人或者受益人有前三款规定行为之一，致使保险人支付保险金或者支出费用的，应当退回或者赔偿。

第二十八条 保险人将其承担的保险业务，以分保形式部分转移给其他保险人的，为再保险。

应再保险接受人的要求，再保险分出人应当将其自负责任及原保险的有关情况书面告知再保险接受人。

第二十九条 再保险接受人不得向原保险的投保人要求支付保险费。

原保险的被保险人或者受益人不得向再保险接受人提出赔偿或者给付保险金的请求。

再保险分出人不得以再保险接受人未履行再保险责任为由，拒绝履行或者迟延履行其原保险责任。

第三十条 采用保险人提供的格式条款订立的保险合同，保险人与投保人、被保险人或者受益人对合同条款有争议的，应当按照通常理解予以解释。对合同条款有两种以上解释的,人民法院或者仲裁机构应当作出有利于被保险人和受益人的解释。

第二节 人身保险合同

第三十一条 投保人对下列人员具有保险利益:

(一) 本人;

(二) 配偶、子女、父母;

(三) 前项以外与投保人有抚养、赡养或者扶养关系的家庭其他成员、近亲属;

(四) 与投保人有劳动关系的劳动者。

除前款规定外,被保险人同意投保人为其订立合同的,视为投保人对被保险人具有保险利益。

订立合同时,投保人对被保险人不具有保险利益的,合同无效。

第三十二条 投保人申报的被保险人年龄不真实,并且其真实年龄不符合合同约定的年龄限制的,保险人可以解除合同,并按照合同约定退还保险单的现金价值。保险人行使合同解除权,适用本法第十六条第三款、第六款的规定。

投保人申报的被保险人年龄不真实,致使投保人支付的保险费少于应付保险费的,保险人有权更正并要求投保人补交保险费,或者在给付保险金时按照实付保险费与应付保险费的比例支付。

投保人申报的被保险人年龄不真实,致使投保人支付的保险费多于应付保险费的,保险人应当将多收的保险费退还投保人。

第三十三条 投保人不得为无民事行为能力人投保以死亡为给付保险金条件的人身保险,保险人也不得承保。

父母为其未成年子女投保的人身保险,不受前款规定限制。但是,因被保险人死亡给付的保险金总和不得超过国务院保险监督管理机构规定的限额。

第三十四条 以死亡为给付保险金条件的合同,未经被保险人同意并认可保险金额的,合同无效。

按照以死亡为给付保险金条件的合同所签发的保险单,未经被保险人书面同意,不得转让或者质押。

父母为其未成年子女投保的人身保险,不受本条第一款规定限制。

第三十五条 投保人可以按照合同约定向保险人一次支付全部保险费或者分期支付保险费。

第三十六条 合同约定分期支付保险费,投保人支付首期保险费后,除合同另有约定外,投保人自保险人催告之日起超过三十日未支付当期保险费,或者超过约定的期限六十日未支付当期保险费的,合同效力中止,或者由保险人按照合同约定的条件减少保险金额。

被保险人在前款规定期限内发生保险事故的,保险人应当按照合同约定给付保险金,但可以扣减欠交的保险费。

第三十七条 合同效力依照本法第三十六条规定中止的,经保险人与投保人协商并达成协议,在投保人补交保险费后,合同效力恢复。但是,自合同效力中止之日起满两年双方未达成协议的,保险人有权解除合同。

保险人依照前款规定解除合同的,应当按照合同约定退还保险单的现金价值。

第三十八条　保险人对人寿保险的保险费,不得用诉讼方式要求投保人支付。

第三十九条　人身保险的受益人由被保险人或者投保人指定。

投保人指定受益人时须经被保险人同意。投保人为与其有劳动关系的劳动者投保人身保险,不得指定被保险人及其近亲属以外的人为受益人。

被保险人为无民事行为能力人或者限制民事行为能力人的,可以由其监护人指定受益人。

第四十条　被保险人或者投保人可以指定一人或者数人为受益人。

受益人为数人的,被保险人或者投保人可以确定受益顺序和受益份额;未确定受益份额的,受益人按照相等份额享有受益权。

第四十一条　被保险人或者投保人可以变更受益人并书面通知保险人。保险人收到变更受益人的书面通知后,应当在保险单或者其他保险凭证上批注或者附贴批单。

投保人变更受益人时须经被保险人同意。

第四十二条　被保险人死亡后,有下列情形之一的,保险金作为被保险人的遗产,由保险人依照《中华人民共和国继承法》的规定履行给付保险金的义务:

(一) 没有指定受益人,或者受益人指定不明无法确定的;

(二) 受益人先于被保险人死亡,没有其他受益人的;

(三) 受益人依法丧失受益权或者放弃受益权,没有其他受益人的。

受益人与被保险人在同一事件中死亡,且不能确定死亡先后顺序的,推定受益人死亡在先。

第四十三条　投保人故意造成被保险人死亡、伤残或者疾病的,保险人不承担给付保险金的责任。投保人已交足二年以上保险费的,保险人应当按照合同约定向其他权利人退还保险单的现金价值。

受益人故意造成被保险人死亡、伤残、疾病的,或者故意杀害被保险人未遂的,该受益人丧失受益权。

第四十四条　以被保险人死亡为给付保险金条件的合同,自合同成立或者合同效力恢复之日起二年内,被保险人自杀的,保险人不承担给付保险金的责任,但被保险人自杀时为无民事行为能力人的除外。

保险人依照前款规定不承担给付保险金责任的,应当按照合同约定退还保险单的现金价值。

第四十五条　因被保险人故意犯罪或者抗拒依法采取的刑事强制措施导致其伤残或者死亡的,保险人不承担给付保险金的责任。投保人已交足二年以上保险费的,保险人应当按照合同约定退还保险单的现金价值。

第四十六条　被保险人因第三者的行为而发生死亡、伤残或者疾病等保险事故的,保险人向被保险人或者受益人给付保险金后,不享有向第三者追偿的权利,但被保险人或者受益人仍有权向第三者请求赔偿。

第四十七条 投保人解除合同的，保险人应当自收到解除合同通知之日起三十日内，按照合同约定退还保险单的现金价值。

第三节 财产保险合同

第四十八条 保险事故发生时，被保险人对保险标的不具有保险利益的，不得向保险人请求赔偿保险金。

第四十九条 保险标的转让的，保险标的的受让人承继被保险人的权利和义务。

保险标的转让的，被保险人或者受让人应当及时通知保险人，但货物运输保险合同和另有约定的合同除外。

因保险标的转让导致危险程度显著增加的，保险人自收到前款规定的通知之日起三十日内，可以按照合同约定增加保险费或者解除合同。保险人解除合同的，应当将已收取的保险费，按照合同约定扣除自保险责任开始之日起至合同解除之日止应收的部分后，退还投保人。

被保险人、受让人未履行本条第二款规定的通知义务的，因转让导致保险标的危险程度显著增加而发生的保险事故，保险人不承担赔偿保险金的责任。

第五十条 货物运输保险合同和运输工具航程保险合同，保险责任开始后，合同当事人不得解除合同。

第五十一条 被保险人应当遵守国家有关消防、安全、生产操作、劳动保护等方面的规定，维护保险标的的安全。

保险人可以按照合同约定对保险标的的安全状况进行检查，及时向投保人、被保险人提出消除不安全因素和隐患的书面建议。

投保人、被保险人未按照约定履行其对保险标的的安全应尽责任的，保险人有权要求增加保险费或者解除合同。

保险人为维护保险标的的安全，经被保险人同意，可以采取安全预防措施。

第五十二条 在合同有效期内，保险标的的危险程度显著增加的，被保险人应当按照合同约定及时通知保险人，保险人可以按照合同约定增加保险费或者解除合同。保险人解除合同的，应当将已收取的保险费，按照合同约定扣除自保险责任开始之日起至合同解除之日止应收的部分后，退还投保人。

被保险人未履行前款规定的通知义务的，因保险标的的危险程度显著增加而发生的保险事故，保险人不承担赔偿保险金的责任。

第五十三条 有下列情形之一的，除合同另有约定外，保险人应当降低保险费，并按日计算退还相应的保险费：

（一）据以确定保险费率的有关情况发生变化，保险标的的危险程度明显减少的；

（二）保险标的的保险价值明显减少的。

第五十四条 保险责任开始前，投保人要求解除合同的，应当按照合同约定向保险人支付手续费，保险人应当退还保险费。保险责任开始后，投保人要求解除合同的，保险人应当将已收取的保险费,按照合同约定扣除自保险责任开始之日起至合同解除之日止应收的部分后,退还投保人。

第五十五条 投保人和保险人约定保险标的的保险价值并在合同中载明的,保险标的发生损失时,以约定的保险价值为赔偿计算标准。

投保人和保险人未约定保险标的的保险价值的,保险标的发生损失时,以保险事故发生时保险标的的实际价值为赔偿计算标准。

保险金额不得超过保险价值。超过保险价值的,超过部分无效,保险人应当退还相应的保险费。

保险金额低于保险价值的,除合同另有约定外,保险人按照保险金额与保险价值的比例承担赔偿保险金的责任。

第五十六条 重复保险的投保人应当将重复保险的有关情况通知各保险人。

重复保险的各保险人赔偿保险金的总和不得超过保险价值。除合同另有约定外,各保险人按照其保险金额与保险金额总和的比例承担赔偿保险金的责任。

重复保险的投保人可以就保险金额总和超过保险价值的部分,请求各保险人按比例返还保险费。

重复保险是指投保人对同一保险标的、同一保险利益、同一保险事故分别与两个以上保险人订立保险合同,且保险金额总和超过保险价值的保险。

第五十七条 保险事故发生时,被保险人应当尽力采取必要的措施,防止或者减少损失。

保险事故发生后,被保险人为防止或者减少保险标的的损失所支付的必要的、合理的费用,由保险人承担;保险人所承担的费用数额在保险标的损失赔偿金额以外另行计算,最高不超过保险金额的数额。

第五十八条 保险标的发生部分损失的,自保险人赔偿之日起三十日内,投保人可以解除合同;除合同另有约定外,保险人也可以解除合同,但应当提前十五日通知投保人。

合同解除的,保险人应当将保险标的未受损失部分的保险费,按照合同约定扣除自保险责任开始之日起至合同解除之日止应收的部分后,退还投保人。

第五十九条 保险事故发生后,保险人已支付了全部保险金额,并且保险金额等于保险价值的,受损保险标的的全部权利归于保险人;保险金额低于保险价值的,保险人按照保险金额与保险价值的比例取得受损保险标的的部分权利。

第六十条 因第三者对保险标的的损害而造成保险事故的,保险人自向被保险人赔偿保险金之日起,在赔偿金额范围内代位行使被保险人对第三者请求赔偿的权利。

前款规定的保险事故发生后,被保险人已经从第三者取得损害赔偿的,保险人赔偿保险金时,可以相应扣减被保险人从第三者已取得的赔偿金额。

保险人依照本条第一款规定行使代位请求赔偿的权利,不影响被保险人就未取得赔偿的部分向第三者请求赔偿的权利。

第六十一条 保险事故发生后,保险人未赔偿保险金之前,被保险人放弃对第三者请求赔偿的权利的,保险人不承担赔偿保险金的责任。

保险人向被保险人赔偿保险金后,被保险人未经保险人同意放弃对第三者请求赔偿的权利的,该行为无效。

被保险人故意或者因重大过失致使保险人不能行使代位请求赔偿的权利的,保险人可以扣减或者要求返还相应的保险金。

第六十二条 除被保险人的家庭成员或者其组成人员故意造成本法第六十条第一款规定的保险事故外,保险人不得对被保险人的家庭成员或者其组成人员行使代位请求赔偿的权利。

第六十三条 保险人向第三者行使代位请求赔偿的权利时,被保险人应当向保险人提供必要的文件和所知道的有关情况。

第六十四条 保险人、被保险人为查明和确定保险事故的性质、原因和保险标的的损失程度所支付的必要的、合理的费用,由保险人承担。

第六十五条 保险人对责任保险的被保险人给第三者造成的损害,可以依照法律的规定或者合同的约定,直接向该第三者赔偿保险金。

责任保险的被保险人给第三者造成损害,被保险人对第三者应负的赔偿责任确定的,根据被保险人的请求,保险人应当直接向该第三者赔偿保险金。被保险人怠于请求的,第三者有权就其应获赔偿部分直接向保险人请求赔偿保险金。

责任保险的被保险人给第三者造成损害,被保险人未向该第三者赔偿的,保险人不得向被保险人赔偿保险金。

责任保险是指以被保险人对第三者依法应负的赔偿责任为保险标的的保险。

第六十六条 责任保险的被保险人因给第三者造成损害的保险事故而被提起仲裁或者诉讼的,被保险人支付的仲裁或者诉讼费用以及其他必要的、合理的费用,除合同另有约定外,由保险人承担。

第三章 保险公司

第六十七条 设立保险公司应当经国务院保险监督管理机构批准。

国务院保险监督管理机构审查保险公司的设立申请时,应当考虑保险业的发展和公平竞争的需要。

第六十八条 设立保险公司应当具备下列条件:

(一)主要股东具有持续盈利能力,信誉良好,最近三年内无重大违法违规记录,净资产不低于人民币二亿元;

(二)有符合本法和《中华人民共和国公司法》规定的章程;

(三)有符合本法规定的注册资本;

(四)有具备任职专业知识和业务工作经验的董事、监事和高级管理人员;

(五)有健全的组织机构和管理制度;

(六)有符合要求的营业场所和与经营业务有关的其他设施;

(七)法律、行政法规和国务院保险监督管理机构规定的其他条件。

第六十九条 设立保险公司,其注册资本的最低限额为人民币二亿元。

国务院保险监督管理机构根据保险公司的业务范围、经营规模,可以调整其注册资本的最低限额,但不得低于本条第一款规定的限额。

保险公司的注册资本必须为实缴货币资本。

第七十条 申请设立保险公司,应当向国务院保险监督管理机构提出书面申请,并提交下列材料:

(一)设立申请书,申请书应当载明拟设立的保险公司的名称、注册资本、业务范围等;
(二)可行性研究报告;
(三)筹建方案;
(四)投资人的营业执照或者其他背景资料,经会计师事务所审计的上一年度财务会计报告;
(五)投资人认可的筹备组负责人和拟任董事长、经理名单及本人认可证明;
(六)国务院保险监督管理机构规定的其他材料。

第七十一条 国务院保险监督管理机构应当对设立保险公司的申请进行审查,自受理之日起六个月内作出批准或者不批准筹建的决定,并书面通知申请人。决定不批准的,应当书面说明理由。

第七十二条 申请人应当自收到批准筹建通知之日起一年内完成筹建工作;筹建期间不得从事保险经营活动。

第七十三条 筹建工作完成后,申请人具备本法第六十八条规定的设立条件的,可以向国务院保险监督管理机构提出开业申请。

国务院保险监督管理机构应当自受理开业申请之日起六十日内,作出批准或者不批准开业的决定。决定批准的,颁发经营保险业务许可证;决定不批准的,应当书面通知申请人并说明理由。

第七十四条 保险公司在中华人民共和国境内设立分支机构,应当经保险监督管理机构批准。

保险公司分支机构不具有法人资格,其民事责任由保险公司承担。

第七十五条 保险公司申请设立分支机构,应当向保险监督管理机构提出书面申请,并提交下列材料:

(一)设立申请书;
(二)拟设机构三年业务发展规划和市场分析材料;
(三)拟任高级管理人员的简历及相关证明材料;
(四)国务院保险监督管理机构规定的其他材料。

第七十六条 保险监督管理机构应当对保险公司设立分支机构的申请进行审查,自受理之日起六十日内作出批准或者不批准的决定。决定批准的,颁发分支机构经营保险业务许可证;决定不批准的,应当书面通知申请人并说明理由。

第七十七条 经批准设立的保险公司及其分支机构,凭经营保险业务许可证向工商行政管理机关办理登记,领取营业执照。

第七十八条 保险公司及其分支机构自取得经营保险业务许可证之日起六个月内,无正当理由未向工商行政管理机关办理登记的,其经营保险业务许可证失效。

第七十九条 保险公司在中华人民共和国境外设立子公司、分支机构、代表机构,应当经国务院保险监督管理机构批准。

第八十条 外国保险机构在中华人民共和国境内设立代表机构,应当经国务院保险监督管理机构批准。代表机构不得从事保险经营活动。

第八十一条 保险公司的董事、监事和高级管理人员,应当品行良好,熟悉与保险相关的法律、行政法规,具有履行职责所需的经营管理能力,并在任职前取得保险监督管理机构核准的任职资格。

保险公司高级管理人员的范围由国务院保险监督管理机构规定。

第八十二条 有《中华人民共和国公司法》第一百四十六条规定的情形或者下列情形之一的,不得担任保险公司的董事、监事、高级管理人员:

(一)因违法行为或者违纪行为被金融监督管理机构取消任职资格的金融机构的董事、监事、高级管理人员,自被取消任职资格之日起未逾五年的;

(二)因违法行为或者违纪行为被吊销执业资格的律师、注册会计师或者资产评估机构、验证机构等机构的专业人员,自被吊销执业资格之日起未逾五年的。

第八十三条 保险公司的董事、监事、高级管理人员执行公司职务时违反法律、行政法规或者公司章程的规定,给公司造成损失的,应当承担赔偿责任。

第八十四条 保险公司有下列情形之一的,应当经保险监督管理机构批准:

(一)变更名称;

(二)变更注册资本;

(三)变更公司或者分支机构的营业场所;

(四)撤销分支机构;

(五)公司分立或者合并;

(六)修改公司章程;

(七)变更出资额占有限责任公司资本总额百分之五以上的股东,或者变更持有股份有限公司股份百分之五以上的股东;

(八)国务院保险监督管理机构规定的其他情形。

第八十五条 保险公司应当聘用专业人员,建立精算报告制度和合规报告制度。

第八十六条 保险公司应当按照保险监督管理机构的规定,报送有关报告、报表、文件和资料。

保险公司的偿付能力报告、财务会计报告、精算报告、合规报告及其他有关报告、报表、文件和资料必须如实记录保险业务事项,不得有虚假记载、误导性陈述和重大遗漏。

第八十七条 保险公司应当按照国务院保险监督管理机构的规定妥善保管业务经营活动的完整账簿、原始凭证和有关资料。

前款规定的账簿、原始凭证和有关资料的保管期限,自保险合同终止之日起计算,保险期间在一年以下的不得少于五年,保险期间超过一年的不得少于十年。

第八十八条 保险公司聘请或者解聘会计师事务所、资产评估机构、资信评级机构等中介服务机构,应当向保险监督管理机构报告;解聘会计师事务所、资产评估机构、资信评级机构等中介服务机构,应当说明理由。

第八十九条 保险公司因分立、合并需要解散,或者股东会、股东大会决议解散,或者公司章程规定的解散事由出现,经国务院保险监督管理机构批准后解散。

经营有人寿保险业务的保险公司,除因分立、合并或者被依法撤销外,不得解散。

保险公司解散,应当依法成立清算组进行清算。

第九十条 保险公司有《中华人民共和国企业破产法》第二条规定情形的,经国务院保险监督管理机构同意,保险公司或者其债权人可以依法向人民法院申请重整、和解或者破产清算;国务院保险监督管理机构也可以依法向人民法院申请对该保险公司进行重整或者破产清算。

第九十一条 破产财产在优先清偿破产费用和共益债务后,按照下列顺序清偿:

(一) 所欠职工工资和医疗、伤残补助、抚恤费用,所欠应当划入职工个人账户的基本养老保险、基本医疗保险费用,以及法律、行政法规规定应当支付给职工的补偿金;

(二) 赔偿或者给付保险金;

(三) 保险公司欠缴的除第(一)项规定以外的社会保险费用和所欠税款;

(四) 普通破产债权。

破产财产不足以清偿同一顺序的清偿要求的,按照比例分配。

破产保险公司的董事、监事和高级管理人员的工资,按照该公司职工的平均工资计算。

第九十二条 经营有人寿保险业务的保险公司被依法撤销或者被依法宣告破产的,其持有的人寿保险合同及责任准备金,必须转让给其他经营有人寿保险业务的保险公司;不能同其他保险公司达成转让协议的,由国务院保险监督管理机构指定经营有人寿保险业务的保险公司接受转让。

转让或者由国务院保险监督管理机构指定接受转让前款规定的人寿保险合同及责任准备金的,应当维护被保险人、受益人的合法权益。

第九十三条 保险公司依法终止其业务活动,应当注销其经营保险业务许可证。

第九十四条 保险公司,除本法另有规定外,适用《中华人民共和国公司法》的规定。

第四章 保险经营规则

第九十五条 保险公司的业务范围:

(一) 人身保险业务,包括人寿保险、健康保险、意外伤害保险等保险业务;

(二) 财产保险业务,包括财产损失保险、责任保险、信用保险、保证保险等保险业务;

(三) 国务院保险监督管理机构批准的与保险有关的其他业务。

保险人不得兼营人身保险业务和财产保险业务。但是,经营财产保险业务的保险公司经国务院保险监督管理机构批准,可以经营短期健康保险业务和意外伤害保险业务。

保险公司应当在国务院保险监督管理机构依法批准的业务范围内从事保险经营活动。

第九十六条 经国务院保险监督管理机构批准，保险公司可以经营本法第九十五条规定的保险业务的下列再保险业务：

（一）分出保险；

（二）分入保险。

第九十七条 保险公司应当按照其注册资本总额的百分之二十提取保证金，存入国务院保险监督管理机构指定的银行，除公司清算时用于清偿债务外，不得动用。

第九十八条 保险公司应当根据保障被保险人利益、保证偿付能力的原则，提取各项责任准备金。

保险公司提取和结转责任准备金的具体办法，由国务院保险监督管理机构制定。

第九十九条 保险公司应当依法提取公积金。

第一百条 保险公司应当缴纳保险保障基金。

保险保障基金应当集中管理，并在下列情形下统筹使用：

（一）在保险公司被撤销或者被宣告破产时，向投保人、被保险人或者受益人提供救济；

（二）在保险公司被撤销或者被宣告破产时，向依法接受其人寿保险合同的保险公司提供救济；

（三）国务院规定的其他情形。

保险保障基金筹集、管理和使用的具体办法，由国务院制定。

第一百零一条 保险公司应当具有与其业务规模和风险程度相适应的最低偿付能力。保险公司的认可资产减去认可负债的差额不得低于国务院保险监督管理机构规定的数额；低于规定数额的，应当按照国务院保险监督管理机构的要求采取相应措施达到规定的数额。

第一百零二条 经营财产保险业务的保险公司当年自留保险费，不得超过其实有资本金加公积金总和的四倍。

第一百零三条 保险公司对每一危险单位，即对一次保险事故可能造成的最大损失范围所承担的责任，不得超过其实有资本金加公积金总和的百分之十；超过的部分应当办理再保险。

保险公司对危险单位的划分应当符合国务院保险监督管理机构的规定。

第一百零四条 保险公司对危险单位的划分方法和巨灾风险安排方案，应当报国务院保险监督管理机构备案。

第一百零五条 保险公司应当按照国务院保险监督管理机构的规定办理再保险，并审慎选择再保险接受人。

第一百零六条 保险公司的资金运用必须稳健，遵循安全性原则。

保险公司的资金运用限于下列形式：

（一）银行存款；

（二）买卖债券、股票、证券投资基金份额等有价证券；

（三）投资不动产；

（四）国务院规定的其他资金运用形式。

保险公司资金运用的具体管理办法，由国务院保险监督管理机构依照前两款的规定制定。

第一百零七条 经国务院保险监督管理机构会同国务院证券监督管理机构批准，保险公司可以设立保险资产管理公司。

保险资产管理公司从事证券投资活动，应当遵守《中华人民共和国证券法》等法律、行政法规的规定。

保险资产管理公司的管理办法，由国务院保险监督管理机构会同国务院有关部门制定。

第一百零八条 保险公司应当按照国务院保险监督管理机构的规定，建立对关联交易的管理和信息披露制度。

第一百零九条 保险公司的控股股东、实际控制人、董事、监事、高级管理人员不得利用关联交易损害公司的利益。

第一百一十条 保险公司应当按照国务院保险监督管理机构的规定，真实、准确、完整地披露财务会计报告、风险管理状况、保险产品经营情况等重大事项。

第一百一十一条 保险公司从事保险销售的人员应当符合国务院保险监督管理机构规定的资格条件，取得保险监督管理机构颁发的资格证书。

前款规定的保险销售人员的范围和管理办法，由国务院保险监督管理机构规定。

第一百一十二条 保险公司应当建立保险代理人登记管理制度，加强对保险代理人的培训和管理，不得唆使、诱导保险代理人进行违背诚信义务的活动。

第一百一十三条 保险公司及其分支机构应当依法使用经营保险业务许可证，不得转让、出租、出借经营保险业务许可证。

第一百一十四条 保险公司应当按照国务院保险监督管理机构的规定，公平、合理拟订保险条款和保险费率，不得损害投保人、被保险人和受益人的合法权益。

保险公司应当按照合同约定和本法规定，及时履行赔偿或者给付保险金义务。

第一百一十五条 保险公司开展业务，应当遵循公平竞争的原则，不得从事不正当竞争。

第一百一十六条 保险公司及其工作人员在保险业务活动中不得有下列行为：

（一）欺骗投保人、被保险人或者受益人；

（二）对投保人隐瞒与保险合同有关的重要情况；

（三）阻碍投保人履行本法规定的如实告知义务，或者诱导其不履行本法规定的如实告知义务；

（四）给予或者承诺给予投保人、被保险人、受益人保险合同约定以外的保险费回扣或者其他利益；

（五）拒不依法履行保险合同约定的赔偿或者给付保险金义务；

（六）故意编造未曾发生的保险事故、虚构保险合同或者故意夸大已经发生的保险事故的损失程度进行虚假理赔，骗取保险金或者牟取其他不正当利益；

（七）挪用、截留、侵占保险费；

（八）委托未取得合法资格的机构或者个人从事保险销售活动；

（九）利用开展保险业务为其他机构或者个人牟取不正当利益；

（十）利用保险代理人、保险经纪人或者保险评估机构，从事以虚构保险中介业务或者编造退保等方式套取费用等违法活动；

（十一）以捏造、散布虚假事实等方式损害竞争对手的商业信誉，或者以其他不正当竞争行为扰乱保险市场秩序；

（十二）泄露在业务活动中知悉的投保人、被保险人的商业秘密；

（十三）违反法律、行政法规和国务院保险监督管理机构规定的其他行为。

第五章 保险代理人和保险经纪人

第一百一十七条 保险代理人是根据保险人的委托，向保险人收取佣金，并在保险人授权的范围内代为办理保险业务的机构或者个人。

保险代理机构包括专门从事保险代理业务的保险专业代理机构和兼营保险代理业务的保险兼业代理机构。

第一百一十八条 保险经纪人是基于投保人的利益，为投保人与保险人订立保险合同提供中介服务，并依法收取佣金的机构。

第一百一十九条 保险代理机构、保险经纪人应当具备国务院保险监督管理机构规定的条件，取得保险监督管理机构颁发的经营保险代理业务许可证、保险经纪业务许可证。

保险专业代理机构、保险经纪人凭保险监督管理机构颁发的许可证向工商行政管理机关办理登记，领取营业执照。

保险兼业代理机构凭保险监督管理机构颁发的许可证，向工商行政管理机关办理变更登记。

第一百二十条 以公司形式设立保险专业代理机构、保险经纪人，其注册资本最低限额适用《中华人民共和国公司法》的规定。

国务院保险监督管理机构根据保险专业代理机构、保险经纪人的业务范围和经营规模，可以调整其注册资本的最低限额，但不得低于《中华人民共和国公司法》规定的限额。

保险专业代理机构、保险经纪人的注册资本或者出资额必须为实缴货币资本。

第一百二十一条 保险专业代理机构、保险经纪人的高级管理人员，应当品行良好，熟悉保险法律、行政法规，具有履行职责所需的经营管理能力，并在任职前取得保险监督管理机构核准的任职资格。

第一百二十二条 个人保险代理人、保险代理机构的代理从业人员、保险经纪人的经纪从业人员，应当具备国务院保险监督管理机构规定的资格条件，取得保险监督管理机构颁发的资格证书。

第一百二十三条 保险代理机构、保险经纪人应当有自己的经营场所，设立专门账簿记载保险代理业务、经纪业务的收支情况。

第一百二十四条 保险代理机构、保险经纪人应当按照国务院保险监督管理机构的规定缴存保证金或者投保职业责任保险。未经保险监督管理机构批准,保险代理机构、保险经纪人不得动用保证金。

第一百二十五条 个人保险代理人在代为办理人寿保险业务时,不得同时接受两个以上保险人的委托。

第一百二十六条 保险人委托保险代理人代为办理保险业务,应当与保险代理人签订委托代理协议,依法约定双方的权利和义务。

第一百二十七条 保险代理人根据保险人的授权代为办理保险业务的行为,由保险人承担责任。

保险代理人没有代理权、超越代理权或者代理权终止后以保险人名义订立合同,使投保人有理由相信其有代理权的,该代理行为有效。保险人可以依法追究越权的保险代理人的责任。

第一百二十八条 保险经纪人因过错给投保人、被保险人造成损失的,依法承担赔偿责任。

第一百二十九条 保险活动当事人可以委托保险公估机构等依法设立的独立评估机构或者具有相关专业知识的人员,对保险事故进行评估和鉴定。

接受委托对保险事故进行评估和鉴定的机构和人员,应当依法、独立、客观、公正地进行评估和鉴定,任何单位和个人不得干涉。

前款规定的机构和人员,因故意或者过失给保险人或者被保险人造成损失的,依法承担赔偿责任。

第一百三十条 保险佣金只限于向具有合法资格的保险代理人、保险经纪人支付,不得向其他人支付。

第一百三十一条 保险代理人、保险经纪人及其从业人员在办理保险业务活动中不得有下列行为:

(一)欺骗保险人、投保人、被保险人或者受益人;

(二)隐瞒与保险合同有关的重要情况;

(三)阻碍投保人履行本法规定的如实告知义务,或者诱导其不履行本法规定的如实告知义务;

(四)给予或者承诺给予投保人、被保险人或者受益人保险合同约定以外的利益;

(五)利用行政权力、职务或者职业便利以及其他不正当手段强迫、引诱或者限制投保人订立保险合同;

(六)伪造、擅自变更保险合同,或者为保险合同当事人提供虚假证明材料;

(七)挪用、截留、侵占保险费或者保险金;

(八)利用业务便利为其他机构或者个人牟取不正当利益;

(九)串通投保人、被保险人或者受益人,骗取保险金;

（十）泄露在业务活动中知悉的保险人、投保人、被保险人的商业秘密。

第一百三十二条 保险专业代理机构、保险经纪人分立、合并、变更组织形式、设立分支机构或者解散的，应当经保险监督管理机构批准。

第一百三十三条 本法第八十六条第一款、第一百一十三条的规定，适用于保险代理机构和保险经纪人。

第六章 保险业监督管理

第一百三十四条 保险监督管理机构依照本法和国务院规定的职责，遵循依法、公开、公正的原则，对保险业实施监督管理，维护保险市场秩序，保护投保人、被保险人和受益人的合法权益。

第一百三十五条 国务院保险监督管理机构依照法律、行政法规制定并发布有关保险业监督管理的规章。

第一百三十六条 关系社会公众利益的保险险种、依法实行强制保险的险种和新开发的人寿保险险种等的保险条款和保险费率，应当报国务院保险监督管理机构批准。国务院保险监督管理机构审批时，应当遵循保护社会公众利益和防止不正当竞争的原则。其他保险险种的保险条款和保险费率，应当报保险监督管理机构备案。

保险条款和保险费率审批、备案的具体办法，由国务院保险监督管理机构依照前款规定制定。

第一百三十七条 保险公司使用的保险条款和保险费率违反法律、行政法规或者国务院保险监督管理机构的有关规定的，由保险监督管理机构责令停止使用，限期修改；情节严重的，可以在一定期限内禁止申报新的保险条款和保险费率。

第一百三十八条 国务院保险监督管理机构应当建立健全保险公司偿付能力监管体系，对保险公司的偿付能力实施监控。

第一百三十九条 对偿付能力不足的保险公司，国务院保险监督管理机构应当将其列为重点监管对象，并可以根据具体情况采取下列措施：

（一）责令增加资本金、办理再保险；

（二）限制业务范围；

（三）限制向股东分红；

（四）限制固定资产购置或者经营费用规模；

（五）限制资金运用的形式、比例；

（六）限制增设分支机构；

（七）责令拍卖不良资产、转让保险业务；

（八）限制董事、监事、高级管理人员的薪酬水平；

（九）限制商业性广告；

（十）责令停止接受新业务。

第一百四十条 保险公司未依照本法规定提取或者结转各项责任准备金，或者未依照本法规定办理再保险，或者严重违反本法关于资金运用的规定的，由保险监督管理机构责令限期改正,并可以责令调整负责人及有关管理人员。

第一百四十一条 保险监督管理机构依照本法第一百四十条的规定作出限期改正的决定后,保险公司逾期未改正的,国务院保险监督管理机构可以决定选派保险专业人员和指定该保险公司的有关人员组成整顿组,对公司进行整顿。

整顿决定应当载明被整顿公司的名称、整顿理由、整顿组成员和整顿期限,并予以公告。

第一百四十二条 整顿组有权监督被整顿保险公司的日常业务。被整顿公司的负责人及有关管理人员应当在整顿组的监督下行使职权。

第一百四十三条 整顿过程中,被整顿保险公司的原有业务继续进行。但是,国务院保险监督管理机构可以责令被整顿公司停止部分原有业务、停止接受新业务,调整资金运用。

第一百四十四条 被整顿保险公司经整顿已纠正其违反本法规定的行为,恢复正常经营状况的,由整顿组提出报告,经国务院保险监督管理机构批准,结束整顿,并由国务院保险监督管理机构予以公告。

第一百四十五条 保险公司有下列情形之一的,国务院保险监督管理机构可以对其实行接管:

(一)公司的偿付能力严重不足的;

(二)违反本法规定,损害社会公共利益,可能严重危及或者已经严重危及公司的偿付能力的。

被接管的保险公司的债权债务关系不因接管而变化。

第一百四十六条 接管组的组成和接管的实施办法,由国务院保险监督管理机构决定,并予以公告。

第一百四十七条 接管期限届满,国务院保险监督管理机构可以决定延长接管期限,但接管期限最长不得超过二年。

第一百四十八条 接管期限届满,被接管的保险公司已恢复正常经营能力的,由国务院保险监督管理机构决定终止接管,并予以公告。

第一百四十九条 被整顿、被接管的保险公司有《中华人民共和国企业破产法》第二条规定情形的,国务院保险监督管理机构可以依法向人民法院申请对该保险公司进行重整或者破产清算。

第一百五十条 保险公司因违法经营被依法吊销经营保险业务许可证的,或者偿付能力低于国务院保险监督管理机构规定标准,不予撤销将严重危害保险市场秩序、损害公共利益的,由国务院保险监督管理机构予以撤销并公告,依法及时组织清算组进行清算。

第一百五十一条 国务院保险监督管理机构有权要求保险公司股东、实际控制人在指定的期限内提供有关信息和资料。

第一百五十二条 保险公司的股东利用关联交易严重损害公司利益,危及公司偿付能力的,由国务院保险监督管理机构责令改正。在按照要求改正前,国务院保险监督管理机构可以限制其股东权利;拒不改正的,可以责令其转让所持的保险公司股权。

第一百五十三条 保险监督管理机构根据履行监督管理职责的需要,可以与保险公司董事、监事和高级管理人员进行监督管理谈话,要求其就公司的业务活动和风险管理的重大事项作出说明。

第一百五十四条 保险公司在整顿、接管、撤销清算期间,或者出现重大风险时,国务院保险监督管理机构可以对该公司直接负责的董事、监事、高级管理人员和其他直接责任人员采取以下措施:

(一) 通知出境管理机关依法阻止其出境;

(二) 申请司法机关禁止其转移、转让或者以其他方式处分财产,或者在财产上设定其他权利。

第一百五十五条 保险监督管理机构依法履行职责,可以采取下列措施:

(一) 对保险公司、保险代理人、保险经纪人、保险资产管理公司、外国保险机构的代表机构进行现场检查;

(二) 进入涉嫌违法行为发生场所调查取证;

(三) 询问当事人及与被调查事件有关的单位和个人,要求其对与被调查事件有关的事项作出说明;

(四) 查阅、复制与被调查事件有关的财产权登记等资料;

(五) 查阅、复制保险公司、保险代理人、保险经纪人、保险资产管理公司、外国保险机构的代表机构以及与被调查事件有关的单位和个人的财务会计资料及其他相关文件和资料;对可能被转移、隐匿或者毁损的文件和资料予以封存;

(六) 查询涉嫌违法经营的保险公司、保险代理人、保险经纪人、保险资产管理公司、外国保险机构的代表机构以及与涉嫌违法事项有关的单位和个人的银行账户;

(七) 对有证据证明已经或者可能转移、隐匿违法资金等涉案财产或者隐匿、伪造、毁损重要证据的,经保险监督管理机构主要负责人批准,申请人民法院予以冻结或者查封。

保险监督管理机构采取前款第(一)项、第(二)项、第(五)项措施的,应当经保险监督管理机构负责人批准;采取第(六)项措施的,应当经国务院保险监督管理机构负责人批准。

保险监督管理机构依法进行监督检查或者调查,其监督检查、调查的人员不得少于二人,并应当出示合法证件和监督检查、调查通知书;监督检查、调查的人员少于二人或者未出示合法证件和监督检查、调查通知书的,被检查、调查的单位和个人有权拒绝。

第一百五十六条 保险监督管理机构依法履行职责,被检查、调查的单位和个人应当配合。

第一百五十七条 保险监督管理机构工作人员应当忠于职守,依法办事,公正廉洁,不得利用职务便利牟取不正当利益,不得泄露所知悉的有关单位和个人的商业秘密。

第一百五十八条 国务院保险监督管理机构应当与中国人民银行、国务院其他金融监督管理机构建立监督管理信息共享机制。

保险监督管理机构依法履行职责,进行监督检查、调查时,有关部门应当予以配合。

第七章　法　律　责　任

第一百五十九条　违反本法规定,擅自设立保险公司、保险资产管理公司或者非法经营商业保险业务的,由保险监督管理机构予以取缔,没收违法所得,并处违法所得一倍以上五倍以下的罚款;没有违法所得或者违法所得不足二十万元的,处二十万元以上一百万元以下的罚款。

第一百六十条　违反本法规定,擅自设立保险专业代理机构、保险经纪人,或者未取得经营保险代理业务许可证、保险经纪业务许可证从事保险代理业务、保险经纪业务的,由保险监督管理机构予以取缔,没收违法所得,并处违法所得一倍以上五倍以下的罚款;没有违法所得或者违法所得不足五万元的,处五万元以上三十万元以下的罚款。

第一百六十一条　保险公司违反本法规定,超出批准的业务范围经营的,由保险监督管理机构责令限期改正,没收违法所得,并处违法所得一倍以上五倍以下的罚款;没有违法所得或者违法所得不足十万元的,处十万元以上五十万元以下的罚款。逾期不改正或者造成严重后果的,责令停业整顿或者吊销业务许可证。

第一百六十二条　保险公司有本法第一百一十六条规定行为之一的,由保险监督管理机构责令改正,处五万元以上三十万元以下的罚款;情节严重的,限制其业务范围、责令停止接受新业务或者吊销业务许可证。

第一百六十三条　保险公司违反本法第八十四条规定的,由保险监督管理机构责令改正,处一万元以上十万元以下的罚款。

第一百六十四条　保险公司违反本法规定,有下列行为之一的,由保险监督管理机构责令改正,处五万元以上三十万元以下的罚款:

(一) 超额承保,情节严重的;

(二) 为无民事行为能力人承保以死亡为给付保险金条件的保险的。

第一百六十五条　违反本法规定,有下列行为之一的,由保险监督管理机构责令改正,处五万元以上三十万元以下的罚款;情节严重的,可以限制其业务范围、责令停止接受新业务或者吊销业务许可证:

(一) 未按照规定提存保证金或者违反规定动用保证金的;

(二) 未按照规定提取或者结转各项责任准备金的;

(三) 未按照规定缴纳保险保障基金或者提取公积金的;

(四) 未按照规定办理再保险的;

(五) 未按照规定运用保险公司资金的;

(六) 未经批准设立分支机构或者代表机构的;

(七) 未按照规定申请批准保险条款、保险费率的。

第一百六十六条　保险代理机构、保险经纪人有本法第一百三十一条规定行为之一的,由保险监督管理机构责令改正,处五万元以上三十万元以下的罚款;情节严重的,吊销业务许可证。

第一百六十七条　保险代理机构、保险经纪人违反本法规定,有下列行为之一的,由保

险监督管理机构责令改正,处二万元以上十万元以下的罚款;情节严重的,责令停业整顿或者吊销业务许可证:

（一）未按照规定缴存保证金或者投保职业责任保险的;

（二）未按照规定设立专门账簿记载业务收支情况的。

第一百六十八条　保险专业代理机构、保险经纪人违反本法规定,未经批准设立分支机构或者变更组织形式的,由保险监督管理机构责令改正,处一万元以上五万元以下的罚款。

第一百六十九条　违反本法规定,聘任不具有任职资格、从业资格的人员的,由保险监督管理机构责令改正,处二万元以上十万元以下的罚款。

第一百七十条　违反本法规定,转让、出租、出借业务许可证的,由保险监督管理机构处一万元以上十万元以下的罚款;情节严重的,责令停业整顿或者吊销业务许可证。

第一百七十一条　违反本法规定,有下列行为之一的,由保险监督管理机构责令限期改正;逾期不改正的,处一万元以上十万元以下的罚款:

（一）未按照规定报送或者保管报告、报表、文件、资料的,或者未按照规定提供有关信息、资料的;

（二）未按照规定报送保险条款、保险费率备案的;

（三）未按照规定披露信息的。

第一百七十二条　违反本法规定,有下列行为之一的,由保险监督管理机构责令改正,处十万元以上五十万元以下的罚款;情节严重的,可以限制其业务范围、责令停止接受新业务或者吊销业务许可证:

（一）编制或者提供虚假的报告、报表、文件、资料的;

（二）拒绝或者妨碍依法监督检查的;

（三）未按照规定使用经批准或者备案的保险条款、保险费率的。

第一百七十三条　保险公司、保险资产管理公司、保险专业代理机构、保险经纪人违反本法规定的,保险监督管理机构除分别依照本法第一百六十一条至第一百七十二条的规定对该单位给予处罚外,对其直接负责的主管人员和其他直接责任人员给予警告,并处一万元以上十万元以下的罚款;情节严重的,撤销任职资格或者从业资格。

第一百七十四条　个人保险代理人违反本法规定的,由保险监督管理机构给予警告,可以并处二万元以下的罚款;情节严重的,处二万元以上十万元以下的罚款,并可以吊销其资格证书。

未取得合法资格的人员从事个人保险代理活动的,由保险监督管理机构给予警告,可以并处二万元以下的罚款;情节严重的,处二万元以上十万元以下的罚款。

第一百七十五条　外国保险机构未经国务院保险监督管理机构批准,擅自在中华人民共和国境内设立代表机构的,由国务院保险监督管理机构予以取缔,处五万元以上三十万元以下的罚款。

外国保险机构在中华人民共和国境内设立的代表机构从事保险经营活动的,由保险监督管理机构责令改正,没收违法所得,并处违法所得一倍以上五倍以下的罚款;没有违法所得或者违法所得不足二十万元的,处二十万元以上一百万元以下的罚款;对其首席代表可以责令撤换;情节严重的,撤销其代表机构。

第一百七十六条 投保人、被保险人或者受益人有下列行为之一,进行保险诈骗活动,尚不构成犯罪的,依法给予行政处罚:

(一) 投保人故意虚构保险标的,骗取保险金的;

(二) 编造未曾发生的保险事故,或者编造虚假的事故原因或者夸大损失程度,骗取保险金的;

(三) 故意造成保险事故,骗取保险金的。

保险事故的鉴定人、评估人、证明人故意提供虚假的证明文件,为投保人、被保险人或者受益人进行保险诈骗提供条件的,依照前款规定给予处罚。

第一百七十七条 违反本法规定,给他人造成损害的,依法承担民事责任。

第一百七十八条 拒绝、阻碍保险监督管理机构及其工作人员依法行使监督检查、调查职权,未使用暴力、威胁方法的,依法给予治安管理处罚。

第一百七十九条 违反法律、行政法规的规定,情节严重的,国务院保险监督管理机构可以禁止有关责任人员一定期限直至终身进入保险业。

第一百八十条 保险监督管理机构从事监督管理工作的人员有下列情形之一的,依法给予处分:

(一) 违反规定批准机构的设立的;

(二) 违反规定进行保险条款、保险费率审批的;

(三) 违反规定进行现场检查的;

(四) 违反规定查询账户或者冻结资金的;

(五) 泄露其知悉的有关单位和个人的商业秘密的;

(六) 违反规定实施行政处罚的;

(七) 滥用职权、玩忽职守的其他行为。

第一百八十一条 违反本法规定,构成犯罪的,依法追究刑事责任。

第八章 附　则

第一百八十二条 保险公司应当加入保险行业协会。保险代理人、保险经纪人、保险公估机构可以加入保险行业协会。

保险行业协会是保险业的自律性组织,是社会团体法人。

第一百八十三条 保险公司以外的其他依法设立的保险组织经营的商业保险业务,适用本法。

第一百八十四条 海上保险适用《中华人民共和国海商法》的有关规定;《中华人民共和国海商法》未规定的,适用本法的有关规定。

第一百八十五条 中外合资保险公司、外资独资保险公司、外国保险公司分公司适用本法规定;法律、行政法规另有规定的,适用其规定。

第一百八十六条 国家支持发展为农业生产服务的保险事业。农业保险由法律、行政法规另行规定。

强制保险,法律、行政法规另有规定的,适用其规定。

第一百八十七条 本法自 2009 年 10 月 1 日起施行。

附录二 最高人民法院关于适用《中华人民共和国保险法》若干问题的解释

《最高人民法院关于适用〈中华人民共和国保险法〉若干问题的解释(一)》已于2009年9月14日由最高人民法院审判委员会第1473次会议通过,现予公布,自2009年10月1日起施行。

为正确审理保险合同纠纷案件,切实维护当事人的合法权益,现就人民法院适用2009年2月28日第十一届全国人大常委会第七次会议修订的《中华人民共和国保险法》(以下简称保险法)的有关问题规定如下:

第一条 保险法施行后成立的保险合同发生的纠纷,适用保险法的规定。保险法施行前成立的保险合同发生的纠纷,除本解释另有规定外,适用当时的法律规定;当时的法律没有规定的,参照适用保险法的有关规定。

认定保险合同是否成立,适用合同订立时的法律。

第二条 对于保险法施行前成立的保险合同,适用当时的法律认定无效而适用保险法认定有效的,适用保险法的规定。

第三条 保险合同成立于保险法施行前而保险标的转让、保险事故、理赔、代位求偿等行为或事件,发生于保险法施行后的,适用保险法的规定。

第四条 保险合同成立于保险法施行前,保险法施行后,保险人以投保人未履行如实告知义务或者申报被保险人年龄不真实为由,主张解除合同的,适用保险法的规定。

第五条 保险法施行前成立的保险合同,下列情形下的期间自2009年10月1日起计算:

(一)保险法施行前,保险人收到赔偿或者给付保险金的请求,保险法施行后,适用保险法第二十三条规定的三十日的;

(二)保险法施行前,保险人知道解除事由,保险法施行后,按照保险法第十六条、第三十二条的规定行使解除权,适用保险法第十六条规定的三十日的;

(三)保险法施行后,保险人按照保险法第十六条第二款的规定请求解除合同,适用保险法第十六条规定的二年的;

(四)保险法施行前,保险人收到保险标的转让通知,保险法施行后,以保险标的转让导致危险程度显著增加为由请求按照合同约定增加保险费或者解除合同,适用保险法第四十九条规定的三十日的。

第六条　保险法施行前已经终审的案件,当事人申请再审或者按照审判监督程序提起再审的案件,不适用保险法的规定。

《最高人民法院关于适用〈中华人民共和国保险法〉若干问题的解释(二)》　已于2013年5月6日由最高人民法院审判委员会第1577次会议通过,现予公布,自2013年6月8日起施行。

为正确审理保险合同纠纷案件,切实维护当事人的合法权益,根据《中华人民共和国保险法》《中华人民共和国合同法》《中华人民共和国民事诉讼法》等法律规定,结合审判实践,就保险法中关于保险合同一般规定部分有关法律适用问题解释如下:

第一条　财产保险中,不同投保人就同一保险标的分别投保,保险事故发生后,被保险人在其保险利益范围内依据保险合同主张保险赔偿的,人民法院应予支持。

第二条　人身保险中,因投保人对被保险人不具有保险利益导致保险合同无效,投保人主张保险人退还扣减相应手续费后的保险费的,人民法院应予支持。

第三条　投保人或者投保人的代理人订立保险合同时没有亲自签字或者盖章,而由保险人或者保险人的代理人代为签字或者盖章的,对投保人不生效。但投保人已经交纳保险费的,视为其对代签字或者盖章行为的追认。

保险人或者保险人的代理人代为填写保险单证后经投保人签字或者盖章确认的,代为填写的内容视为投保人的真实意思表示。但有证据证明保险人或者保险人的代理人存在保险法第一百一十六条、第一百三十一条相关规定情形的除外。

第四条　保险人接受了投保人提交的投保单并收取了保险费,尚未作出是否承保的意思表示,发生保险事故,被保险人或者受益人请求保险人按照保险合同承担赔偿或者给付保险金责任,符合承保条件的,人民法院应予支持;不符合承保条件的,保险人不承担保险责任,但应当退还已经收取的保险费。

保险人主张不符合承保条件的,应承担举证责任。

第五条　保险合同订立时,投保人明知的与保险标的或者被保险人有关的情况,属于保险法第十六条第一款规定的投保人"应当如实告知"的内容。

第六条　投保人的告知义务限于保险人询问的范围和内容。当事人对询问范围及内容有争议的,保险人负举证责任。

保险人以投保人违反了对投保单询问表中所列概括性条款的如实告知义务为由请求解除合同的,人民法院不予支持。但该概括性条款有具体内容的除外。

第七条　保险人在保险合同成立后知道或者应当知道投保人未履行如实告知义务,仍然收取保险费,又依照保险法第十六条第二款的规定主张解除合同的,人民法院不予支持。

第八条　保险人未行使合同解除权,直接以存在保险法第十六条第四款、第五款规定的情形为由拒绝赔偿的,人民法院不予支持。但当事人就拒绝赔偿事宜及保险合同存续另行达成一致的情况除外。

附录二　最高人民法院关于适用《中华人民共和国保险法》若干问题的解释

第九条　保险人提供的格式合同文本中的责任免除条款、免赔额、免赔率、比例赔付或者给付等免除或者减轻保险人责任的条款,可以认定为保险法第十七条第二款规定的"免除保险人责任的条款"。

保险人因投保人、被保险人违反法定或者约定义务,享有解除合同权利的条款,不属于保险法第十七条第二款规定的"免除保险人责任的条款"。

第十条　保险人将法律、行政法规中的禁止性规定情形作为保险合同免责条款的免责事由,保险人对该条款作出提示后,投保人、被保险人或者受益人以保险人未履行明确说明义务为由主张该条款不生效的,人民法院不予支持。

第十一条　保险合同订立时,保险人在投保单或者保险单等其他保险凭证上,对保险合同中免除保险人责任的条款,以足以引起投保人注意的文字、字体、符号或者其他明显标志作出提示的,人民法院应当认定其履行了保险法第十七条第二款规定的提示义务。

保险人对保险合同中有关免除保险人责任条款的概念、内容及其法律后果以书面或者口头形式向投保人作出常人能够理解的解释说明的,人民法院应当认定保险人履行了保险法第十七条第二款规定的明确说明义务。

第十二条　通过网络、电话等方式订立的保险合同,保险人以网页、音频、视频等形式对免除保险人责任条款予以提示和明确说明的,人民法院可以认定其履行了提示和明确说明义务。

第十三条　保险人对其履行了明确说明义务负举证责任。

投保人对保险人履行了符合本解释第十一条第二款要求的明确说明义务在相关文书上签字、盖章或者以其他形式予以确认的,应当认定保险人履行了该项义务。但另有证据证明保险人未履行明确说明义务的除外。

第十四条　保险合同中记载的内容不一致的,按照下列规则认定:

(一)投保单与保险单或者其他保险凭证不一致的,以投保单为准。但不一致的情形系经保险人说明并经投保人同意的,以投保人签收的保险单或者其他保险凭证载明的内容为准;

(二)非格式条款与格式条款不一致的,以非格式条款为准;

(三)保险凭证记载的时间不同的,以形成时间在后的为准;

(四)保险凭证存在手写和打印两种方式的,以双方签字、盖章的手写部分的内容为准。

第十五条　保险法第二十三条规定的三十日核定期间,应自保险人初次收到索赔请求及投保人、被保险人或者受益人提供的有关证明和资料之日起算。

保险人主张扣除投保人、被保险人或者受益人补充提供有关证明和资料期间的,人民法院应予支持。扣除期间自保险人根据保险法第二十二条规定作出的通知到达投保人、被保险人或者受益人之日起,至投保人、被保险人或者受益人按照通知要求补充提供的有关证明和资料到达保险人之日止。

第十六条　保险人应以自己的名义行使保险代位求偿权。

根据保险法第六十条第一款的规定,保险人代位求偿权的诉讼时效期间应自其取得代位求偿权之日起算。

第十七条 保险人在其提供的保险合同格式条款中对非保险术语所作的解释符合专业意义,或者虽不符合专业意义,但有利于投保人、被保险人或者受益人的,人民法院应予认可。

第十八条 行政管理部门依据法律规定制作的交通事故认定书、火灾事故认定书等,人民法院应当依法审查并确认其相应的证明力,但有相反证据能够推翻的除外。

第十九条 保险事故发生后,被保险人或者受益人起诉保险人,保险人以被保险人或者受益人未要求第三者承担责任为由抗辩不承担保险责任的,人民法院不予支持。

财产保险事故发生后,被保险人就其所受损失从第三者取得赔偿后的不足部分提起诉讼,请求保险人赔偿的,人民法院应予依法受理。

第二十条 保险公司依法设立并取得营业执照的分支机构属于《中华人民共和国民事诉讼法》第四十八条规定的其他组织,可以作为保险合同纠纷案件的当事人参加诉讼。

第二十一条 本解释施行后尚未终审的保险合同纠纷案件,适用本解释;本解释施行前已经终审,当事人申请再审或者按照审判监督程序决定再审的案件,不适用本解释。

《最高人民法院关于适用〈中华人民共和国保险法〉若干问题的解释(三)》已于2015年9月21日由最高人民法院审判委员会第1661次会议通过,现予公布,自2015年12月1日起施行。

为正确审理保险合同纠纷案件,切实维护当事人的合法权益,根据《中华人民共和国保险法》《中华人民共和国合同法》《中华人民共和国民事诉讼法》等法律规定,结合审判实践,就保险法中关于保险合同章人身保险部分有关法律适用问题解释如下:

第一条 当事人订立以死亡为给付保险金条件的合同,根据保险法第三十四条的规定,"被保险人同意并认可保险金额"可以采取书面形式、口头形式或者其他形式;可以在合同订立时作出,也可以在合同订立后追认。

有下列情形之一的,应认定为被保险人同意投保人为其订立保险合同并认可保险金额:

(一) 被保险人明知他人代其签名同意而未表示异议的;

(二) 被保险人同意投保人指定的受益人的;

(三) 有证据足以认定被保险人同意投保人为其投保的其他情形。

第二条 被保险人以书面形式通知保险人和投保人撤销其依据保险法第三十四条第一款规定所作出的同意意思表示的,可认定为保险合同解除。

第三条 人民法院审理人身保险合同纠纷案件时,应主动审查投保人订立保险合同时是否具有保险利益,以及以死亡为给付保险金条件的合同是否经过被保险人同意并认可保险金额。

第四条 保险合同订立后,因投保人丧失对被保险人的保险利益,当事人主张保险合同无效的,人民法院不予支持。

第五条 保险合同订立时,被保险人根据保险人的要求在指定医疗服务机构进行体检,当事人主张投保人如实告知义务免除的,人民法院不予支持。

保险人知道被保险人的体检结果,仍以投保人未就相关情况履行如实告知义务为由要求解除合同的,人民法院不予支持。

第六条 未成年人父母之外的其他履行监护职责的人为未成年人订立以死亡为给付保险金条件的合同,当事人主张参照保险法第三十三条第二款、第三十四条第三款的规定认定该合同有效的,人民法院不予支持,但经未成年人父母同意的除外。

第七条 当事人以被保险人、受益人或者他人已经代为支付保险费为由,主张投保人对应的交费义务已经履行的,人民法院应予支持。

第八条 保险合同效力依照保险法第三十六条规定中止,投保人提出恢复效力申请并同意补交保险费的,除被保险人的危险程度在中止期间显著增加外,保险人拒绝恢复效力的,人民法院不予支持。

保险人在收到恢复效力申请后,三十日内未明确拒绝的,应认定为同意恢复效力。

保险合同自投保人补交保险费之日恢复效力。保险人要求投保人补交相应利息的,人民法院应予支持。

第九条 投保人指定受益人未经被保险人同意的,人民法院应认定指定行为无效。

当事人对保险合同约定的受益人存在争议,除投保人、被保险人在保险合同之外另有约定外,按照以下情形分别处理:

(一)受益人约定为"法定"或者"法定继承人"的,以继承法规定的法定继承人为受益人;

(二)受益人仅约定为身份关系,投保人与被保险人为同一主体的,根据保险事故发生时与被保险人的身份关系确定受益人;投保人与被保险人为不同主体的,根据保险合同成立时与被保险人的身份关系确定受益人;

(三)受益人的约定包括姓名和身份关系,保险事故发生时身份关系发生变化的,认定为未指定受益人。

第十条 投保人或者被保险人变更受益人,当事人主张变更行为自变更意思表示发出时生效的,人民法院应予支持。

投保人或者被保险人变更受益人未通知保险人,保险人主张变更对其不发生效力的,人民法院应予支持。

投保人变更受益人未经被保险人同意的,人民法院应认定变更行为无效。

第十一条 投保人或者被保险人在保险事故发生后变更受益人,变更后的受益人请求保险人给付保险金的,人民法院不予支持。

第十二条 投保人或者被保险人指定数人为受益人,部分受益人在保险事故发生前死亡、放弃受益权或者依法丧失受益权的,该受益人应得的受益份额按照保险合同的约定处理;保险合同没有约定或者约定不明的,该受益人应得的受益份额按照以下情形分别处理:

（一）未约定受益顺序和受益份额的，由其他受益人平均享有；

（二）未约定受益顺序但约定受益份额的，由其他受益人按照相应比例享有；

（三）约定受益顺序但未约定受益份额的，由同顺序的其他受益人平均享有；同一顺序没有其他受益人的，由后一顺序的受益人平均享有；

（四）约定受益顺序和受益份额的，由同顺序的其他受益人按照相应比例享有；同一顺序没有其他受益人的，由后一顺序的受益人按照相应比例享有。

第十三条 保险事故发生后，受益人将与本次保险事故相对应的全部或者部分保险金请求权转让给第三人，当事人主张该转让行为有效的，人民法院应予支持，但根据合同性质、当事人约定或者法律规定不得转让的除外。

第十四条 保险金根据保险法第四十二条规定作为被保险人的遗产，被保险人的继承人要求保险人给付保险金，保险人以其已向持有保险单的被保险人的其他继承人给付保险金为由抗辩的，人民法院应予支持。

第十五条 受益人与被保险人存在继承关系，在同一事件中死亡且不能确定死亡先后顺序的，人民法院应根据保险法第四十二条第二款的规定推定受益人死亡在先，并按照保险法及本解释的相关规定确定保险金归属。

第十六条 保险合同解除时，投保人与被保险人、受益人为不同主体，被保险人或者受益人要求退还保险单的现金价值的，人民法院不予支持，但保险合同另有约定的除外。

投保人故意造成被保险人死亡、伤残或者疾病，保险人依照保险法第四十三条规定退还保险单的现金价值的，其他权利人按照被保险人、被保险人继承人的顺序确定。

第十七条 投保人解除保险合同，当事人以其解除合同未经被保险人或者受益人同意为由主张解除行为无效的，人民法院不予支持，但被保险人或者受益人已向投保人支付相当于保险单现金价值的款项并通知保险人的除外。

第十八条 保险人给付费用补偿型的医疗费用保险金时，主张扣减被保险人从公费医疗或者社会医疗保险取得的赔偿金额的，应当证明该保险产品在厘定医疗费用保险费率时已经将公费医疗或者社会医疗保险部分相应扣除，并按照扣减后的标准收取保险费。

第十九条 保险合同约定按照基本医疗保险的标准核定医疗费用，保险人以被保险人的医疗支出超出基本医疗保险范围为由拒绝给付保险金的，人民法院不予支持；保险人有证据证明被保险人支出的费用超过基本医疗保险同类医疗费用标准，要求对超出部分拒绝给付保险金的，人民法院应予支持。

第二十条 保险人以被保险人未在保险合同约定的医疗服务机构接受治疗为由拒绝给付保险金的，人民法院应予支持，但被保险人因情况紧急必须立即就医的除外。

第二十一条 保险人以被保险人自杀为由拒绝给付保险金的，由保险人承担举证责任。

受益人或者被保险人的继承人以被保险人自杀时无民事行为能力为由抗辩的，由其承担举证责任。

第二十二条 保险法第四十五条规定的"被保险人故意犯罪"的认定，应当以刑事侦查机关、检察机关和审判机关的生效法律文书或者其他结论性意见为依据。

第二十三条 保险人主张根据保险法第四十五条的规定不承担给付保险金责任的,应当证明被保险人的死亡、伤残结果与其实施的故意犯罪或者抗拒依法采取的刑事强制措施的行为之间存在因果关系。

被保险人在羁押、服刑期间因意外或者疾病造成伤残或者死亡,保险人主张根据保险法第四十五条的规定不承担给付保险金责任的,人民法院不予支持。

第二十四条 投保人为被保险人订立以死亡为给付保险金条件的保险合同,被保险人被宣告死亡后,当事人要求保险人按照保险合同约定给付保险金的,人民法院应予支持。

被保险人被宣告死亡之日在保险责任期间之外,但有证据证明下落不明之日在保险责任期间之内,当事人要求保险人按照保险合同约定给付保险金的,人民法院应予支持。

第二十五条 被保险人的损失系由承保事故或者非承保事故、免责事由造成难以确定,当事人请求保险人给付保险金的,人民法院可以按照相应比例予以支持。

第二十六条 本解释自2015年12月1日起施行。本解释施行后尚未终审的保险合同纠纷案件,适用本解释;本解释施行前已经终审,当事人申请再审或者按照审判监督程序决定再审的案件,不适用本解释。

附录三　保险公司管理规定

(2009年9月25日中国保险监督管理委员会令2009年第1号发布　根据2015年10月19日中国保险监督管理委员会令2015年第3号《关于修改〈保险公司设立境外保险类机构管理办法〉等八部规章的决定》修订)

第一章　总　则

第一条　为了加强对保险公司的监督管理,维护保险市场的正常秩序,保护被保险人合法权益,促进保险业健康发展,根据《中华人民共和国保险法》(以下简称《保险法》)、《中华人民共和国公司法》(以下简称《公司法》)等法律、行政法规,制定本规定。

第二条　中国保险监督管理委员会(以下简称中国保监会)根据法律和国务院授权,对保险公司实行统一监督管理。

中国保监会的派出机构在中国保监会授权范围内依法履行监管职责。

第三条　本规定所称保险公司,是指经保险监督管理机构批准设立,并依法登记注册的商业保险公司。

本规定所称保险公司分支机构,是指经保险监督管理机构批准,保险公司依法设立的分公司、中心支公司、支公司、营业部、营销服务部以及各类专属机构。专属机构的设立和管理,由中国保监会另行规定。

本规定所称保险机构,是指保险公司及其分支机构。

第四条　本规定所称分公司,是指保险公司依法设立的以分公司命名的分支机构。

本规定所称省级分公司,是指保险公司根据中国保监会的监管要求,在各省、自治区、直辖市内负责许可申请、报告提交等相关事宜的分公司。保险公司在住所地以外的各省、自治区、直辖市已经设立分公司的,应当指定其中一家分公司作为省级分公司。

保险公司在计划单列市设立分支机构的,应当指定一家分支机构,根据中国保监会的监管要求,在计划单列市负责许可申请、报告提交等相关事宜。

省级分公司设在计划单列市的,由省级分公司同时负责前两款规定的事宜。

第五条　保险业务由依照《保险法》设立的保险公司以及法律、行政法规规定的其他保险组织经营,其他单位和个人不得经营或者变相经营保险业务。

第二章　法人机构设立

第六条　设立保险公司,应当遵循下列原则:

(一)符合法律、行政法规;

(二)有利于保险业的公平竞争和健康发展。

第七条　设立保险公司,应当向中国保监会提出筹建申请,并符合下列条件:

（一）有符合法律、行政法规和中国保监会规定条件的投资人，股权结构合理；

（二）有符合《保险法》和《公司法》规定的章程草案；

（三）投资人承诺出资或者认购股份，拟注册资本不低于人民币2亿元，且必须为实缴货币资本；

（四）具有明确的发展规划、经营策略、组织机构框架、风险控制体系；

（五）拟任董事长、总经理应当符合中国保监会规定的任职资格条件；

（六）有投资人认可的筹备组负责人；

（七）中国保监会规定的其他条件。

中国保监会根据保险公司业务范围、经营规模，可以调整保险公司注册资本的最低限额，但不得低于人民币2亿元。

第八条 申请筹建保险公司的，申请人应当提交下列材料一式三份：

（一）设立申请书，申请书应当载明拟设立保险公司的名称、拟注册资本和业务范围等；

（二）设立保险公司可行性研究报告，包括发展规划、经营策略、组织机构框架和风险控制体系等；

（三）筹建方案；

（四）保险公司章程草案；

（五）中国保监会规定投资人应当提交的有关材料；

（六）筹备组负责人、拟任董事长、总经理名单及本人认可证明；

（七）中国保监会规定的其他材料。

第九条 中国保监会应当对筹建保险公司的申请进行审查，自受理申请之日起6个月内作出批准或者不批准筹建的决定，并书面通知申请人。决定不批准的，应当书面说明理由。

第十条 中国保监会在对筹建保险公司的申请进行审查期间，应当对投资人进行风险提示。

中国保监会应当听取拟任董事长、总经理对拟设保险公司在经营管理和业务发展等方面的工作思路。

第十一条 经中国保监会批准筹建保险公司的，申请人应当自收到批准筹建通知之日起1年内完成筹建工作。筹建期间届满未完成筹建工作的，原批准筹建决定自动失效。

筹建机构在筹建期间不得从事保险经营活动。筹建期间不得变更主要投资人。

第十二条 筹建工作完成后，符合下列条件的，申请人可以向中国保监会提出开业申请：

（一）股东符合法律、行政法规和中国保监会的有关规定；

（二）有符合《保险法》和《公司法》规定的章程；

（三）注册资本最低限额为人民币2亿元，且必须为实缴货币资本；

（四）有符合中国保监会规定任职资格条件的董事、监事和高级管理人员；

（五）有健全的组织机构；

（六）建立了完善的业务、财务、合规、风险控制、资产管理、反洗钱等制度；

（七）有具体的业务发展计划和按照资产负债匹配等原则制定的中长期资产配置计划；

（八）具有合法的营业场所，安全、消防设施符合要求，营业场所、办公设备等与业务发展规划相适应，信息化建设符合中国保监会要求；

（九）法律、行政法规和中国保监会规定的其他条件。

第十三条 申请人提出开业申请，应当提交下列材料一式三份：

（一）开业申请书；

（二）创立大会决议，没有创立大会决议的，应当提交全体股东同意申请开业的文件或者决议；

（三）公司章程；

（四）股东名称及其所持股份或者出资的比例，资信良好的验资机构出具的验资证明，资本金入账原始凭证复印件；

（五）中国保监会规定股东应当提交的有关材料；

（六）拟任该公司董事、监事、高级管理人员的简历以及相关证明材料；

（七）公司部门设置以及人员基本构成；

（八）营业场所所有权或者使用权的证明文件；

（九）按照拟设地的规定提交有关消防证明；

（十）拟经营保险险种的计划书、3年经营规划、再保险计划、中长期资产配置计划，以及业务、财务、合规、风险控制、资产管理、反洗钱等主要制度；

（十一）信息化建设情况报告；

（十二）公司名称预先核准通知书；

（十三）中国保监会规定提交的其他材料。

第十四条 中国保监会应当审查开业申请，进行开业验收，并自受理开业申请之日起60日内作出批准或者不批准开业的决定。验收合格决定批准开业的，颁发经营保险业务许可证；验收不合格决定不批准开业的，应当书面通知申请人并说明理由。

经批准开业的保险公司，应当持批准文件以及经营保险业务许可证，向工商行政管理部门办理登记注册手续，领取营业执照后方可营业。

第三章 分支机构设立

第十五条 保险公司可以根据业务发展需要申请设立分支机构。

保险公司分支机构的层级依次为分公司、中心支公司、支公司、营业部或者营销服务部。保险公司可以不逐级设立分支机构，但其在住所地以外的各省、自治区、直辖市开展业务，应当首先设立分公司。

保险公司可以不按照前款规定的层级逐级管理下级分支机构；营业部、营销服务部不得再管理其他任何分支机构。

第十六条 保险公司以2亿元人民币的最低资本金额设立的，在其住所地以外的每一省、自治区、直辖市首次申请设立分公司，应当增加不少于人民币2千万元的注册资本。

申请设立分公司,保险公司的注册资本达到前款规定的增资后额度的,可以不再增加相应的注册资本。

保险公司注册资本达到人民币5亿元,在偿付能力充足的情况下,设立分公司不需要增加注册资本。

第十七条 设立省级分公司,由保险公司总公司提出申请;设立其他分支机构,由保险公司总公司提出申请,或者由省级分公司持总公司批准文件提出申请。

在计划单列市申请设立分支机构,还可以由保险公司根据本规定第四条第三款指定的分支机构持总公司批准文件提出申请。

第十八条 设立分支机构,应当提出设立申请,并符合下列条件:

(一) 上一年度偿付能力充足,提交申请前连续2个季度偿付能力均为充足;

(二) 保险公司具备良好的公司治理结构,内控健全;

(三) 申请人具备完善的分支机构管理制度;

(四) 对拟设立分支机构的可行性已进行充分论证;

(五) 在住所地以外的省、自治区、直辖市申请设立省级分公司以外其他分支机构的,该省级分公司已经开业;

(六) 申请人最近2年内无受金融监管机构重大行政处罚的记录,不存在因涉嫌重大违法行为正在受到中国保监会立案调查的情形;

(七) 申请设立省级分公司以外其他分支机构,在拟设地所在的省、自治区、直辖市内,省级分公司最近2年内无受金融监管机构重大行政处罚的记录,已设立的其他分支机构最近6个月内无受重大保险行政处罚的记录;

(八) 有申请人认可的筹建负责人;

(九) 中国保监会规定的其他条件。

第十九条 设立分支机构,申请人应当提交下列材料一式三份:

(一) 设立申请书;

(二) 申请前连续2个季度的偿付能力报告和上一年度经审计的偿付能力报告;

(三) 保险公司上一年度公司治理结构报告以及申请人内控制度;

(四) 分支机构设立的可行性论证报告,包括拟设机构3年业务发展规划和市场分析,设立分支机构与公司风险管理状况和内控状况相适应的说明;

(五) 申请人分支机构管理制度;

(六) 申请人作出的其最近2年无受金融监管机构重大行政处罚的声明;

(七) 申请设立省级分公司以外其他分支机构的,提交省级分公司最近2年无受金融监管机构重大行政处罚的声明;

(八) 拟设机构筹建负责人的简历以及相关证明材料;

(九) 中国保监会规定提交的其他材料。

第二十条 中国保监会应当自收到完整申请材料之日起30日内对设立申请进行书面审查,对不符合本规定第十八条的,作出不予批准决定,并书面说明理由;对符合本规定第十八条的,向申请人发出筹建通知。

第二十一条 申请人应当自收到筹建通知之日起 6 个月内完成分支机构的筹建工作。筹建期间不计算在行政许可的期限内。

筹建期间届满未完成筹建工作的,应当根据本规定重新提出设立申请。

筹建机构在筹建期间不得从事任何保险经营活动。

第二十二条 筹建工作完成后,筹建机构具备下列条件的,申请人可以向中国保监会提交开业验收报告:

(一) 具有合法的营业场所,安全、消防设施符合要求;

(二) 建立了必要的组织机构和完善的业务、财务、风险控制、资产管理、反洗钱等管理制度;

(三) 建立了与经营管理活动相适应的信息系统;

(四) 具有符合任职条件的拟任高级管理人员或者主要负责人;

(五) 对员工进行了上岗培训;

(六) 筹建期间未开办保险业务;

(七) 中国保监会规定的其他条件。

第二十三条 申请人提交的开业验收报告应当附下列材料一式三份:

(一) 筹建工作完成情况报告;

(二) 拟任高级管理人员或者主要负责人简历及有关证明;

(三) 拟设机构营业场所所有权或者使用权证明;

(四) 计算机设备配置、应用系统及网络建设情况报告;

(五) 业务、财务、风险控制、资产管理、反洗钱等制度;

(六) 机构设置和从业人员情况报告,包括员工上岗培训情况报告等;

(七) 按照拟设地规定提交有关消防证明,无需进行消防验收或者备案的,提交申请人作出的已采取必要措施确保消防安全的书面承诺;

(八) 中国保监会规定提交的其他材料。

第二十四条 中国保监会应当自收到完整的开业验收报告之日起 30 日内,进行开业验收,并作出批准或者不予批准的决定。验收合格批准设立的,颁发分支机构经营保险业务许可证;验收不合格不予批准设立的,应当书面通知申请人并说明理由。

第二十五条 经批准设立的保险公司分支机构,应当持批准文件以及分支机构经营保险业务许可证,向工商行政管理部门办理登记注册手续,领取营业执照后方可营业。

第四章 机构变更、解散与撤销

第二十六条 保险机构有下列情形之一的,应当经中国保监会批准:

(一) 保险公司变更名称;

(二) 变更注册资本;

(三) 扩大业务范围;

(四) 变更营业场所;

（五）保险公司分立或者合并；

（六）修改保险公司章程；

（七）变更出资额占有限责任公司资本总额 5% 以上的股东，或者变更持有股份有限公司股份 5% 以上的股东；

（八）中国保监会规定的其他情形。

第二十七条 保险机构有下列情形之一，应当自该情形发生之日起 15 日内，向中国保监会报告：

（一）变更出资额不超过有限责任公司资本总额 5% 的股东，或者变更持有股份有限公司股份不超过 5% 的股东，上市公司的股东变更除外；

（二）保险公司的股东变更名称，上市公司的股东除外；

（三）保险公司分支机构变更名称；

（四）中国保监会规定的其他情形。

第二十八条 保险公司依法解散的，应当经中国保监会批准，并报送下列材料一式三份：

（一）解散申请书；

（二）股东大会或者股东会决议；

（三）清算组织及其负责人情况和相关证明材料；

（四）清算程序；

（五）债权债务安排方案；

（六）资产分配计划和资产处分方案；

（七）中国保监会规定提交的其他材料。

第二十九条 保险公司依法解散的，应当成立清算组，清算工作由中国保监会监督指导。

保险公司依法被撤销的，由中国保监会及时组织股东、有关部门以及相关专业人员成立清算组。

第三十条 清算组应当自成立之日起 10 日内通知债权人，并于 60 日内在中国保监会指定的报纸上至少公告 3 次。

清算组应当委托资信良好的会计师事务所、律师事务所，对公司债权债务和资产进行评估。

第三十一条 保险公司撤销分支机构，应当经中国保监会批准。分支机构经营保险业务许可证自被批准撤销之日起自动失效，并应当于被批准撤销之日起 15 日内缴回。

保险公司合并、撤销分支机构的，应当进行公告，并书面通知有关投保人、被保险人或者受益人，对交付保险费、领取保险金等事宜应当充分告知。

第三十二条 保险公司依法解散或者被撤销的，其资产处分应当采取公开拍卖、协议转让或者中国保监会认可的其他方式。

第三十三条 保险公司依法解散或者被撤销的，在保险合同责任清算完毕之前，公司股东不得分配公司资产，或者从公司取得任何利益。

第三十四条 保险公司有《中华人民共和国企业破产法》第二条规定情形的，依法申请重整、和解或者破产清算。

第五章 分支机构管理

第三十五条 保险公司应当加强对分支机构的管理，督促分支机构依法合规经营，确保上级机构对管理的下级分支机构能够实施有效管控。

第三十六条 保险公司总公司应当根据本规定和发展需要制定分支机构管理制度，其省级分公司应当根据总公司的规定和当地实际情况，制定本省、自治区、直辖市分支机构管理制度。

保险公司在计划单列市设立分支机构的，应当由省级分公司或者保险公司根据本规定第四条第三款指定的分支机构制定当地分支机构管理制度。

第三十七条 分支机构管理制度至少应当包括下列内容：

（一）各级分支机构职能；

（二）各级分支机构人员、场所、设备等方面的配备要求；

（三）分支机构设立、撤销的内部决策制度；

（四）上级机构对下级分支机构的管控职责和措施。

第三十八条 保险公司分支机构应当配备必要数量的工作人员，分支机构高级管理人员或者主要负责人应当是与保险公司订立劳动合同的正式员工。

第三十九条 保险公司分支机构在经营存续期间，应当具有规范和稳定的营业场所，配备必要的办公设备。

第四十条 保险公司分支机构应当将经营保险业务许可证原件放置于营业场所显著位置，以备查验。

第六章 保险经营

第四十一条 保险公司的分支机构不得跨省、自治区、直辖市经营保险业务，本规定第四十二条规定的情形和中国保监会另有规定的除外。

第四十二条 保险机构参与共保、经营大型商业保险或者统括保单业务，以及通过互联网、电话营销等方式跨省、自治区、直辖市承保业务，应当符合中国保监会的有关规定。

第四十三条 保险机构应当公平、合理拟订保险条款和保险费率，不得损害投保人、被保险人和受益人的合法权益。

第四十四条 保险机构的业务宣传资料应当客观、完整、真实，并应当载有保险机构的名称和地址。

第四十五条 保险机构应当按照中国保监会的规定披露有关信息。

保险机构不得利用广告或者其他宣传方式，对其保险条款内容和服务质量等做引人误解的宣传。

第四十六条 保险机构对保险合同中有关免除保险公司责任、退保、费用扣除、现金价值和犹豫期等事项，应当依照《保险法》和中国保监会的规定向投保人作出提示。

第四十七条 保险机构开展业务,应当遵循公平竞争的原则,不得从事不正当竞争。

第四十八条 保险机构不得将其保险条款、保险费率与其他保险公司的类似保险条款、保险费率或者金融机构的存款利率等进行片面比较。

第四十九条 保险机构不得以捏造、散布虚假事实等方式损害其他保险机构的信誉。

保险机构不得利用政府及其所属部门、垄断性企业或者组织,排挤、阻碍其他保险机构开展保险业务。

第五十条 保险机构不得劝说或者诱导投保人解除与其他保险机构的保险合同。

第五十一条 保险机构不得给予或者承诺给予投保人、被保险人、受益人保险合同约定以外的保险费回扣或者其他利益。

第五十二条 除再保险公司以外,保险机构应当按照规定设立客户服务部门或者咨询投诉部门,并向社会公开咨询投诉电话。

保险机构对保险投诉应当认真处理,并将处理意见及时告知投诉人。

第五十三条 保险机构应当建立保险代理人的登记管理制度,加强对保险代理人的培训和管理,不得唆使、诱导保险代理人进行违背诚信义务的活动。

第五十四条 保险机构不得委托未取得合法资格的机构或者个人从事保险销售活动,不得向未取得合法资格的机构或者个人支付佣金或者其他利益。

第五十五条 保险公司应当建立健全公司治理结构,加强内部管理,建立严格的内部控制制度。

第五十六条 保险公司应当建立控制和管理关联交易的有关制度。保险公司的重大关联交易应当按照规定及时向中国保监会报告。

第五十七条 保险机构任命董事、监事、高级管理人员,应当在任命前向中国保监会申请核准上述人员的任职资格。

保险机构董事、监事、高级管理人员的任职资格管理,按照《保险法》和中国保监会有关规定执行。

第五十八条 保险机构应当依照《保险法》和中国保监会的有关规定管理、使用经营保险业务许可证。

第七章 监 督 管 理

第五十九条 中国保监会对保险机构的监督管理,采取现场监管与非现场监管相结合的方式。

第六十条 保险机构有下列情形之一的,中国保监会可以将其列为重点监管对象:

(一)严重违法;

(二)偿付能力不足;

(三)财务状况异常;

(四)中国保监会认为需要重点监管的其他情形。

第六十一条 中国保监会对保险机构的现场检查包括但不限于下列事项:

(一)机构设立、变更是否依法经批准或者向中国保监会报告;

（二）董事、监事、高级管理人员任职资格是否依法经核准；

（三）行政许可的申报材料是否真实；

（四）资本金、各项准备金是否真实、充足；

（五）公司治理和内控制度建设是否符合中国保监会的规定；

（六）偿付能力是否充足；

（七）资金运用是否合法；

（八）业务经营和财务情况是否合法，报告、报表、文件、资料是否及时、完整、真实；

（九）是否按规定对使用的保险条款和保险费率报经审批或者备案；

（十）与保险中介的业务往来是否合法；

（十一）信息化建设工作是否符合规定；

（十二）需要事后报告的其他事项是否按照规定报告；

（十三）中国保监会依法检查的其他事项。

第六十二条 中国保监会对保险机构进行现场检查，保险机构应当予以配合，并按中国保监会的要求提供有关文件、材料。

第六十三条 中国保监会工作人员依法实施现场检查；检查人员不得少于2人，并应当出示有关证件和检查通知书。

中国保监会可以在现场检查中，委托会计师事务所等中介服务机构提供相关专业服务；委托上述中介服务机构提供专业服务的，应当签订书面委托协议。

第六十四条 保险机构出现频繁撤销分支机构、频繁变更分支机构营业场所等情形，可能或者已经对保险公司经营造成不利影响的，中国保监会有权根据监管需要采取下列措施：

（一）要求保险机构在指定时间内完善分支机构管理的相关制度；

（二）询问保险机构负责人、其他相关人员，了解变更、撤销的有关情况；

（三）要求保险机构提供其内部对变更、撤销行为进行决策的相关文件和资料；

（四）出示重大风险提示函，或者对有关人员进行监管谈话；

（五）依法采取的其他措施。

保险机构应当按照中国保监会的要求进行整改，并及时将整改情况书面报告中国保监会。

第六十五条 中国保监会有权根据监管需要，要求保险机构进行报告或者提供专项资料。

第六十六条 保险机构应当按照规定及时向中国保监会报送营业报告、精算报告、财务会计报告、偿付能力报告、合规报告等报告、报表、文件和资料。

保险机构向中国保监会提交的各类报告、报表、文件和资料，应当真实、完整、准确。

第六十七条 保险公司的股东大会、股东会、董事会的重大决议，应当在决议作出后30日内向中国保监会报告，中国保监会另有规定的除外。

第六十八条 中国保监会有权根据监管需要，对保险机构董事、监事、高级管理人员进行监管谈话,要求其就保险业务经营、风险控制、内部管理等有关重大事项作出说明。

第六十九条 保险机构或者其从业人员违反本规定,由中国保监会依照法律、行政法规进行处罚;法律、行政法规没有规定的,由中国保监会责令改正,给予警告,对有违法所得的处以违法所得1倍以上3倍以下罚款,但最高不得超过3万元,对没有违法所得的处以1万元以下罚款;涉嫌犯罪的,依法移交司法机关追究其刑事责任。

第八章 附 则

第七十条 外资独资保险公司、中外合资保险公司分支机构设立适用本规定;中国保监会之前作出的有关规定与本规定不一致的,以本规定为准。

对外资独资保险公司、中外合资保险公司的其他管理,适用本规定,法律、行政法规和中国保监会另有规定的除外。

第七十一条 除本规定第四十二条和第七十二条第一款规定的情形外,外国保险公司分公司只能在其住所地的省、自治区、直辖市行政辖区内开展业务。

对外国保险公司分公司的其他管理,参照本规定对保险公司总公司的有关规定执行,法律、行政法规和中国保监会另有规定的除外。

第七十二条 再保险公司,包括外国再保险公司分公司,可以直接在全国开展再保险业务。

再保险公司适用本规定,法律、行政法规和中国保监会另有规定的除外。

第七十三条 政策性保险公司、相互制保险公司参照适用本规定,国家另有规定的除外。

第七十四条 保险公司在境外设立子公司、分支机构,应当经中国保监会批准;其设立条件和管理,由中国保监会另行规定。

第七十五条 保险公司应当按照《保险法》的规定,加入保险行业协会。

第七十六条 本规定施行前已经设立的分支机构,无需按照本规定的设立条件重新申请设立审批,但应当符合本规定对分支机构的日常管理要求。不符合规定的,应当自本规定施行之日起2年内进行整改,在高级管理人员或者主要负责人资质、场所规范、许可证使用、分支机构管理等方面达到本规定的相关要求。

第七十七条 保险机构依照本规定报送的各项报告、报表、文件和资料,应当用中文书写。原件为外文的,应当附中文译本;中文与外文意思不一致的,以中文为准。

第七十八条 本规定中的日是指工作日,不含法定节假日;本规定中的以上、以下,包括本数。

第七十九条 本规定由中国保监会负责解释。

第八十条 本规定自2009年10月1日起施行。中国保监会2004年5月13日发布的《保险公司管理规定》(保监会令〔2004〕3号)同时废止。

参 考 文 献

[1] 江生忠,祝向军.保险经营管理学.北京:中国金融出版社,2001.
[2] 张晓玲.人寿保险信托 投资理财新方式.国际金融报.2002-04-04.
[3] 蓝松.保险概论.成都:西南财经大学出版社,2002.
[4] 杨翠迎,李世平.保险学.西安地图出版社,2002.
[5] 魏巧琴.保险公司经营管理.上海:上海财经大学出版社,2002.
[6] 林义.社会保险.北京:中国金融出版社,2003.
[7] 尹成远,闫屹.保险学.北京:人民邮电出版社,2003.
[8] 张迎利.保险社会管理功能的实现路径.中国保险.2003(12).
[9] Kenneth Black 著.孙祁祥等译.人寿与健康保险.北京:经济科学出版社,2003.
[10] 卓志.保险职能与功能及在我国实现创新.保险研究.2004(1).
[11] 魏华林.论人类对保险功能的认识及其变迁.保险研究.2004(2).
[12] 吴定富.充分发挥保险社会管理功能.中国保险.2004(5).
[13] 张洪涛.保险学.北京:中国人民大学出版社,2014.
[14] 郑功成,许飞琼.财产保险.北京:中国金融出版社,2005.
[15] 张虹,陈迪红.保险学教程.北京:中国金融出版社,2005.
[16] 王绪瑾.保险学概论.北京:中央广播电视大学出版社,2005.
[17] 林江.引入外资后中国保险产业组织研究.北京:中国社会科学出版社,2005.
[18] 董登新.中国保险资金入市历程回顾与现状分析.经济学家网,2005-02-28.
[19] 陈立双,段志强.保险学.南京:东南大学出版社,2005.
[20] 魏华林,林宝清.保险学.北京:高等教育出版社,2011.
[21] 吴定富.中国保险业发展蓝皮书.北京:中国广播电视出版社,2006.
[22] 杜鹃.保险学基础(第二版).上海:上海财经大学出版社,2007.
[23] 申曙光.现代保险学教程.北京:高等教育出版社,2008.
[24] 池小萍.保险学案例.北京:中国财政经济出版社,2008.
[25] 邢秀芹,彭爱美.保险学.北京:北京邮电大学出版社,2008.
[26] 杜鹃,郑祎华.人身保险.北京:中国人民大学出版社,2009.
[27] 李文娟.与巨灾风险博弈.武汉:武汉大学出版社,2009.
[28] 孙祁祥.保险学.北京:北京大学出版社,2017.
[29] 庹国柱.保险学.北京:首都经济贸易大学出版社,2016.
[30] 刘永刚.保险学案例分析.北京:中国财政经济出版社,2016.